反復式 会計問題集
全商1級会計

解答編

実教出版

1　企業と会計　　　　　　　　　　(p.4)

1 1

ア	イ	ウ	エ	オ
会　計	企業会計	管理会計	利害調整	情報提供

1 2

	借　　　方	貸　　　方
(1)	当 座 預 金　14,000,000	資 本 金　14,000,000
(2)	損　　　益　2,000,000	繰越利益剰余金　2,000,000
(3)	繰越利益剰余金　550,000	未払配当金　500,000 利益準備金　50,000

1 3

	借　　　方	貸　　　方
(1)	仮払法人税等　600,000	当 座 預 金　600,000
(2)	法 人 税 等　1,000,000	仮払法人税等　600,000 未払法人税等　400,000
(3)	未払法人税等　400,000	当 座 預 金　400,000

1 4

ア	イ	ウ	エ	オ
会計公準	企業実体	継続企業	会計期間	貨幣的測定

1 5

A 群	①	②	③	④
B 群	イ	エ	ア	ウ

検定問題　　　　　　　　　　(p.7)

1 6

ア	イ
2	1

2　企業会計制度と会計法規　　　　(p.8)

2 1

ア	イ	ウ	エ	オ
企業会計制度	企業会計原則	会 社 法	法人税法	企業会計基準

2 2

(1)	(2)	(3)	(4)
真実性の原則	正規の簿記の原則	資本取引・損益 取引区分の原則	明瞭性の原則
(5)	(6)	(7)	
継続性の原則	保守主義の原則 (安全性の原則)	単一性の原則	

2 3

A 群	①	②	③
B 群	ウ	ア	イ

検定問題　　　　　　　　　　(p.10)

2 4

(1)				(2)		
ア	イ	ウ	エ	ア	イ	ウ
1	9	5	6	1	9	3

3　貸借対照表のあらまし　　　　　(p.11)

3 1

ア	イ	ウ	エ	オ
財政状態	運用状態	勘定式	報告式	純資産

3 2

ア	イ	ウ	エ	オ
流動資産	有　形	固定資産	固定負債	株主資本

3 3

左の貸借対照表	勘　定　式
右の貸借対照表	報　告　式

4　資産の意味・分類・評価　　　　(p.13)

4 1

ア	イ	ウ	エ	オ
6	3	5	1	2

4 2

(1)	(2)	(3)	(4)
流動資産	固定資産	有形固定資産	無形固定資産

4 3

(1)　(×)	(2)　(×)	(3)　(○)	(4)　(×)
(5)　(○)	(6)　(×)	(7)　(○)	(8)　(×)
(9)　(○)	(10)　(○)		

4 4

ア	イ	ウ	エ
3,000,000	2,000,000	2,800,000	過　大
オ	カ		
1,900,000	過　小		

解説　本問を解くために必要な計算式は，次の二つである。
①売上原価＝期首商品棚卸高＋当期商品仕入高－期末商品棚卸高
※ただし本問では，期首商品棚卸高は0（零）である。
②売上総利益＝売上高－売上原価

5　流動資産(1)　―当座資産①―　　(p.16)

5 1

ア	イ
受　取　手　形	他人振り出しの小切手

5 2

	借　　　方		貸　　　方	
(1)	当座預金	100,000	受取手形	100,000
(2)	仕訳なし			
(3)	支払手形	70,000	当座預金	70,000
(4)	仕訳なし			
(5)	当座預金	150,000	買掛金	150,000

銀 行 勘 定 調 整 表
令和○年3月31日

摘　　　　　要	当座預金出納帳残高	銀行残高
残高	800,000	960,000
加算：(1)取り立てた約束手形が未記入	100,000	
(2)預け入れた現金が翌日付入金（時間外預け入れ）		80,000
(5)振り出した小切手が未渡し（未渡小切手）	150,000	
	1,050,000	1,040,000
減算：(3)振り出した約束手形が口座より支払われたが未記入	70,000	
(4)振り出した小切手が銀行で未払い（未取付小切手）		60,000
	980,000	980,000

解説　(1)(3)当社で未記入なので仕訳を行い，当座預金出納帳の残高を修正する。
(5)作成した小切手を仕入先に渡していないので，振り出し時に行った仕訳を訂正し，当座預金出納帳の残高を修正する。
(2)(4)銀行側の修正なので，仕訳は行わない。

検定問題　　　　　　　　　　　　(p.18)

5 3

銀 行 勘 定 調 整 表
令和○年3月31日

摘　　　　　要	当座預金出納帳残高	銀行残高
残高	520,000	720,000
加算：3．振り出した小切手が未渡し（未渡小切手）	100,000	
	620,000	720,000
減算：1．電気代引き落とし未記帳	50,000	
2．振り出した小切手が銀行で未払い（未取付小切手）		150,000
	570,000	570,000

解説　1．当社で未記帳なので，企業側の修正となる。
　　　2．未取付小切手は，銀行側の修正となる。
　　　3．未渡小切手は企業側の修正となる。

5 4

銀 行 勘 定 調 整 表
令和○年3月31日

摘　　　　　要	当座預金出納帳残高	銀行残高
残高	1,563,000	1,873,000
加算：2．振り出した小切手が未渡し（未渡小切手）	120,000	
4．預け入れた現金が翌日付入金（時間外預け入れ）		87,000
	1,683,000	1,960,000
減算：1．振り出した小切手が銀行で未払い（未取付小切手）		280,000
3．新聞代引き落とし未記帳	3,000	
	1,680,000	1,680,000

解説 1．未取付小切手は，銀行側の修正となる。
2．未渡小切手は，企業側の修正となる。
3．当社で未記帳なので，企業側の修正となる。
4．時間外預け入れは，銀行側の修正となる。

6 流動資産(2) ―当座資産②― (p.19)

6-1

	借 方		貸 方	
(1)	鹿児島商店	電子記録債権 620,000	売 掛 金	620,000
	熊本商店	買 掛 金 620,000	電子記録債務	620,000
(2)	鹿児島商店	当座預金 620,000	電子記録債権	620,000
	熊本商店	電子記録債務 620,000	当座預金	620,000

6-2

	借 方		貸 方	
(1)	電子記録債権	360,000	売 掛 金	360,000
(2)	当座預金	570,000	電子記録債権	570,000
(3)	当座預金 電子記録 債権売却損	328,000 2,000	電子記録債権	330,000
(4)	当座預金 電子記録 債権売却損	403,000 17,000	電子記録債権	420,000

6-3

	借 方		貸 方	
5/8	クレジット 売 掛 金 支払手数料	97,000 3,000	売 上	100,000
6/10	当座預金	97,000	クレジット 売 掛 金	97,000

6-4

	借 方		貸 方	
(1)	クレジット 売 掛 金 支払手数料	214,700 11,300	売 上	226,000
(2)	当座預金	214,700	クレジット 売 掛 金	214,700

6-5

貸 借 対 照 表

新潟商事株式会社　　令和○年/2月3/日　　　（単位：円）

資 産 の 部

Ⅰ 流 動 資 産
1．現 金 預 金 　　　　　　　　　　（ 3,670,000 ）
2．受 取 手 形 （ 1,300,000 ）
　　貸 倒 引 当 金 （ 13,000 ） （ 1,287,000 ）
3．電 子 記 録 債 権 （ 600,000 ）
　　貸 倒 引 当 金 （ 6,000 ） （ 594,000 ）
4．売 掛 金 （ 1,700,000 ）
　　貸 倒 引 当 金 （ 17,000 ） （ 1,683,000 ）

解説 決算整理仕訳
　（借）貸倒引当金繰入 15,000 （貸）貸倒引当金 15,000
　貸倒引当金の設定額
　（受取手形 ¥1,300,000＋電子記録債権 ¥600,000
　＋売掛金 ¥1,700,000）×0.01＝¥36,000
　貸倒引当金繰入の金額
　¥36,000－¥21,000＝¥15,000

6-6

	計 算 式	金 額
(1)	¥400,000×0.03＝¥12,000	¥ 12,000
(2)	（¥600,000－¥250,000）×0.2＝¥70,000	¥ 70,000
(3)	¥1,800,000－¥1,500,000＝¥300,000	¥ 300,000

7 流動資産(3) ―当座資産③― (p.23)

7-1

	借 方		貸 方	
5/26	売買目的 有価証券 有価証券利息	582,000 8,400	当座預金	590,400
6/30	現 金	10,500	有価証券利息	10,500
9/11	当座預金	592,200	売買目的 有価証券 有価証券売却益 有価証券利息	582,000 6,000 4,200

解説 5/26 売買目的有価証券の金額（取得原価）

$$¥600,000×\frac{¥96}{¥100}+¥6,000＝¥582,000$$

　9/11 売買目的有価証券の売却価額

$$¥600,000×\frac{¥98}{¥100}＝¥588,000$$

　有価証券売却益
　¥588,000－¥582,000＝¥6,000

7-2

	借 方		貸 方	
(1)	売買目的 有価証券 有価証券利息	6,860,000 42,000	当座預金	6,902,000
(2)	現 金	105,000	有価証券利息	105,000
(3)	当座預金	7,014,000	売買目的 有価証券 有価証券売却益 有価証券利息	6,860,000 70,000 84,000

7-3

	借 方		貸 方	
(1)	売買目的 有価証券 有価証券利息	7,936,000 32,000	当座預金	7,968,000
(2)	現 金	19,965,000	売買目的 有価証券 有価証券売却益 有価証券利息	19,760,000 140,000 65,000

解説 (2)買入時の仕訳
　（借）売買目的 有価証券 29,640,000 （貸）当座預金など 29,693,000
　　　有価証券利息 53,000
　　　　　　　　　　　［帳簿価額］
　売買目的有価証券の金額

$$¥30,000,000×\frac{¥98.40}{¥100}+¥120,000$$

$$＝¥29,640,000$$

　売買目的有価証券の売却原価

$$¥29,640,000×\frac{¥20,000,000}{¥30,000,000}＝¥19,760,000$$

売買目的有価証券の売却価額

$$¥20,000,000 × \frac{¥99.50}{¥100} = ¥19,900,000$$

有価証券売却益

$$¥19,900,000 - ¥19,760,000 = ¥140,000$$

7|4|

貸 借 対 照 表	（単位：円）
⋮	
I 流 動 資 産	
⋮	
4.(有 価 証 券)	（1,180,000）

解説 決算整理仕訳

(借)有価証券評価損 300,000 (貸)売買目的 300,000
有価証券評価損   有価証券

(帳簿価額¥7,400－時価¥5,900)×200株
＝¥300,000

7|5|

貸 借 対 照 表 （一部）

関西商事株式会社　　令和○2年3月3/日　　（単位：円）
　　　　　　資 産 の 部

I 流 動 資 産
　1. 現 金 預 金　　　　　　　　　（ 3,184,000）
　2.(受 取 手 形)　（ 5,800,000）
　　(貸倒引当金)　（ 58,000）　（ 5,742,000）
　3.(電子記録債権)　（ 5,300,000）
　　(貸倒引当金)　（ 53,000）　（ 5,247,000）
　4.(売 掛 金)　（ 4,800,000）
　　(貸倒引当金)　（ 48,000）　（ 4,752,000）
　5.(有 価 証 券)　　　　　　　（ 3,360,000）

解説 付記事項の仕訳

①(借)当座預金 300,000 (貸)受取手形 300,000
②(借)貸倒引当金 60,000 (貸)売掛金 60,000
決算整理仕訳

a.(借)貸倒引当金繰入 134,000 (貸)貸倒引当金 134,000
貸倒引当金の設定額
(受取手形¥6,100,000－付記事項①¥300,000
＋電子記録債権¥5,300,000＋売掛金¥4,860,000
－付記事項②¥60,000)×0.01＝¥159,000
貸倒引当金繰入の金額
¥159,000－(¥85,000－付記事項②¥60,000)
＝¥134,000

b.(借)有価証券評価損 120,000 (貸)売買目的 120,000
　　　　　　　　　　　　　　　　有価証券
有価証券評価損益
(時価¥8,400－帳簿価額¥8,700)×400株
＝－¥120,000(評価損)
貸借対照表には時価の金額(¥8,400×400株＝
¥3,360,000)が記載される。

検定問題　　　　　　　　　　　(p.26)

7|6|

	借　　　　方		貸　　　　方	
(1)	売買目的 有価証券 有価証券利息	6,927,000 21,000	当座預金	6,948,000
(2)	当座預金	4,976,000	売買目的 有価証券 有価証券売却益 有価証券利息	4,900,000 30,000 46,000

解説 (2)買入時の仕訳

(借)売買目的 7,840,000 ◀ (貸)当座預金など 7,912,000
　　有価証券
　　有価証券利息 72,000
　　　　　[帳簿価額]

売買目的有価証券の金額

$$¥8,000,000 × \frac{¥97.80}{¥100} + ¥16,000$$

$$= ¥7,840,000$$

売買目的有価証券の売却原価

$$¥7,840,000 × \frac{¥5,000,000}{¥8,000,000} = ¥4,900,000$$

売買目的有価証券の売却価額

$$¥5,000,000 × \frac{¥98.60}{¥100} = ¥4,930,000$$

有価証券売却益

$$¥4,930,000 - ¥4,900,000 = ¥30,000$$

7|7|

貸 借 対 照 表 （一部）

宮崎商事株式会社　令和○2年3月3/日　　（単位：円）
　　　　　　資 産 の 部

I 流 動 資 産
　1.(現 金 預 金)　　　　　　　（ 2,265,000）
　2.(受 取 手 形)　（ 1,800,000）
　　(貸倒引当金)　（ 18,000）　（ 1,782,000）
　3.(売 掛 金)　（ 1,400,000）
　　(貸倒引当金)　（ 14,000）　（ 1,386,000）
　4.(有 価 証 券)　　　　　　　（ 1,680,000）

解説 付記事項の仕訳

①(ア)仕訳なし…未取付小切手は，銀行側の修正なの
で，仕訳は行わない。
　(イ)(借)当座預金 80,000 (貸)買掛金 80,000
　(ウ)(借)当座預金 200,000 (貸)受取手形 200,000
決算整理仕訳

a.(借)貸倒引当金繰入 20,000 (貸)貸倒引当金 20,000
貸倒引当金の設定額
(受取手形¥2,000,000－付記事項(ウ)¥200,000
＋売掛金¥1,400,000)×0.01＝¥32,000
貸倒引当金繰入の金額
¥32,000－¥12,000＝¥20,000

b.(借)売買目的 90,000 (貸)有価証券評価益 90,000
　　有価証券
有価証券評価益
時価¥1,680,000(30株×@¥56,000)－帳簿価
額¥1,590,000＝¥90,000
貸借対照表には時価の金額¥1,680,000が記載さ
れる。

8 流動資産(4) —棚卸資産①—　　(p.27)

8|1|

ア	イ	ウ	エ
200,000	費 用 配 分	150	150,000
オ	カ		
損益計算書	商　　品		

8 2

商 品 有 高 帳

(1)先入先出法 　　A 商 品 　　単位：個

令和○年		摘 要	受 入 数量	単価	金 額	払 出 数量	単価	金 額	残 高 数量	単価	金 額
7	1	前月繰越	200	800	160,000				200	800	160,000
	8	仕 入 れ	400	830	332,000				200	800	160,000
									400	830	332,000
	12	売り上げ				200	800	160,000			
						300	830	249,000	100	830	83,000
	20	仕 入 れ	400	850	340,000				100	830	83,000
									400	850	340,000
	26	売り上げ				100	830	83,000			
						320	850	272,000	80	850	68,000
	31	次月繰越				80	850	68,000			
			1,000		832,000	1,000		832,000			
8	1	前月繰越	80	850	68,000				80	850	68,000

売上原価 ¥ 764,000	期末商品棚卸高 ¥ 68,000	売上総利益 ¥ 206,000

商 品 有 高 帳

(2)移動平均法 　　A 商 品 　　単位：個

令和○年		摘 要	受 入 数量	単価	金 額	払 出 数量	単価	金 額	残 高 数量	単価	金 額
7	1	前月繰越	200	800	160,000				200	800	160,000
	8	仕 入 れ	400	830	332,000				600	820	492,000
	12	売り上げ				500	820	410,000	100	820	82,000
	20	仕 入 れ	400	850	340,000				500	844	422,000
	26	売り上げ				420	844	354,480	80	844	67,520
	31	次月繰越				80	844	67,520			
			1,000		832,000	1,000		832,000			
8	1	前月繰越	80	844	67,520				80	844	67,520

売上原価 ¥ 764,480	期末商品棚卸高 ¥ 67,520	売上総利益 ¥ 205,520

商 品 有 高 帳

(3)総平均法 　　A 商 品 　　単位：個

令和○年		摘 要	受 入 数量	単価	金 額	払 出 数量	単価	金 額	残 高 数量	単価	金 額
7	1	前月繰越	200	800	160,000				200	800	160,000
	8	仕 入 れ	400	830	332,000				600		
	12	売り上げ				500	832	416,000	100		
	20	仕 入 れ	400	850	340,000				500		
	26	売り上げ				420	832	349,440	80	832	66,560
	31	次月繰越				80	832	66,560			
			1,000		832,000	1,000		832,000			
8	1	前月繰越	80	832	66,560				80	832	66,560

売上原価 ¥ 765,440	期末商品棚卸高 ¥ 66,560	売上総利益 ¥ 204,560

解説 商品有高帳を締め切る前の払出欄の合計金額が，売上原価となる。

8 3

ア	イ	ウ	エ
2	8	4	6

8 4

	先入先出法	移動平均法	総平均法
払出価額	¥ 91,700	¥ 92,300	¥ 92,990
期末商品棚卸高	¥ 17,700	¥ 17,100	¥ 16,410

解説 払出価額→払出欄の合計金額（網かけの部分）

①先入先出法

		受 入			払 出			残 高		
9	1	300	100	30,000				300	100	30,000
	6				200	100	20,000	100	100	10,000
	14	400	110	44,000				100	100	10,000
								400	110	44,000
	19				100	100	10,000			
					200	110	22,000	200	110	22,000
	24	300	118	35,400				200	110	22,000
								300	118	35,400
	28				200	110	22,000			
					150	118	17,700	150	118	17,700

②移動平均法

		受 入			払 出			残 高		
9	1	300	100	30,000				300	100	30,000
	6				200	100	20,000	100	100	10,000
	14	400	110	44,000				500	108	54,000
	19				300	108	32,400	200	108	21,600
	24	300	118	35,400				500	114	57,000
	28				350	114	39,900	150	114	17,100

③総平均法

		受 入			払 出			残 高		
9	1	300	100	30,000				300	100	30,000
	6				200	109.4	21,880	100		
	14	400	110	44,000				500		
	19				300	109.4	32,820	200		
	24	300	118	35,400				500		
	28				350	109.4	38,290	150	109.4	16,410

検定問題 　　(p.30)

8 5

(1)		(2)		(3)	
ア	イ	ウ	エ	オ	カ
6	3	11	1	5	10

9 　流動資産(5) ―棚卸資産②― 　(p.31)

9 1

(1)

		借	方		貸	方	
決算整理仕訳	仕 入	600,000		繰越商品	600,000		❶
	繰越商品	720,000		仕 入	720,000		❷
	棚卸減耗損	30,000		繰越商品	30,000		
	商品評価損	23,000		繰越商品	23,000		❸
	仕 入	30,000		棚卸減耗損	30,000		
	仕 入	23,000		商品評価損	23,000		❹

BOX図

			棚卸減耗損
@¥(600) (原価)	商品評価損 ¥(23,000)		¥(30,000)
	下落分@¥(20)×実地棚卸数量(1,150)個		原価@¥(600)×
@¥(580) (正味売却価額)	実地棚卸高 ¥(667,000)		数量減少分(50)個
	正味売却価額@¥(580)×実地棚卸数量(1,150)個		
	(1,150)個 (実地棚卸数量)	(1,200)個 (帳簿棚卸数量)	

(2) 損 益 計 算 書 (一部)

秋田商事株式会社　令和○年/月/日から令和○年/2月3/日まで　　　（単位：円）

I 売 上 高　　　　　　　　　　　　　　　　　4,800,000
II 売 上 原 価
　1. 期首商品棚卸高　　　　600,000
　2. 当期商品仕入高　　　4,100,000
　　　　合　　計　　　　　4,700,000
　3. 期末商品棚卸高　（　720,000）
　　　　　　　　　　　（　3,980,000）
　4.（棚卸減耗損）　　（　30,000）❺
　5. 商品評価損　　（　23,000）❺　（　4,033,000）
　　　　売 上 総 利 益　　　　　（　767,000）

解説 ❶期首商品棚卸高¥600,000を，繰越商品勘定から仕入勘定の借方に振り替える。
　　❷期末商品棚卸高（原価@¥600×帳簿棚卸数量1,200個）を，繰越商品勘定の借方と仕入勘定の貸方に記入する。
　　❸BOX図参照。
　　　棚卸減耗損
　　　@¥600×（1,200個−1,150個）＝¥30,000
　　　商品評価損
　　　（@¥600−@¥580）×1,150個＝¥23,000
　　❹棚卸減耗損と商品評価損は売上原価の内訳項目となるので，仕入勘定に振り替える。
　　❺棚卸減耗損と商品評価損は，売上原価に加算する。

9 2

(1)

	借　　方	貸　　方	
商品勘定の 整　　理	仕　入 1,325,000	繰越商品 1,325,000	❶
	繰越商品 1,872,000	仕　入 1,872,000	❷
棚卸減耗損の 計　　　上	棚卸減耗損 234,000	繰越商品 234,000	❸
商品評価損の 計　　　上	商品評価損 63,000	繰越商品 63,000	
商品評価損の 売上原価計上	仕　入 63,000	商品評価損 63,000	❹

(2) 損 益 計 算 書 (一部)

九州物産株式会社　令和○年4月/日から令和○2年3月3/日まで　　　（単位：円）

I 売 上 高　　　　　　　　　　　　　（　9,670,000）
II 売 上 原 価
　1. 期首商品棚卸高　（　1,325,000）
　2. 当期商品仕入高　（　6,400,000）
　　　　合　　計　　　（　7,725,000）
　3. 期末商品棚卸高　（　1,872,000）❺
　　　　　　　　　　　（　5,853,000）
　4. 商品評価損　　　（　63,000）❻（　5,916,000）
　　　　売 上 総 利 益　　　　　（　3,754,000）
III 販売費及び一般管理費
　　　　　　　　　：
　3. 棚卸減耗損　（　234,000）❼

(3) 貸 借 対 照 表 (一部)

九州物産株式会社　令和○2年3月3/日　　　（単位：円）
資 産 の 部

I 流 動 資 産
　　　　　：
　5.（商　　　品）　　　（　1,575,000）❽

解説 ❶期首商品棚卸高¥1,325,000を，繰越商品勘定から仕入勘定の借方に振り替える。
　　❷期末商品棚卸高（原価@¥780×帳簿棚卸数量2,400個）を，繰越商品勘定の借方と仕入勘定の貸方に記入する。
　　❸棚卸減耗損
　　　@¥780×（2,400個−2,100個）＝¥234,000
　　　商品評価損
　　　（@¥780−@¥750）×2,100個＝¥63,000
　　❹商品評価損は売上原価の内訳項目となるので，仕入勘定に振り替える。
　　❺損益計算書の期末商品棚卸高は，帳簿棚卸高（原価@¥780×帳簿棚卸数量2,400個）を記載する。
　　❻商品評価損は，売上原価に加算する。
　　❼棚卸減耗損は，販売費及び一般管理費に記載する。
　　❽貸借対照表の商品は，実地棚卸高（正味売却価額@¥750×実地棚卸数量2,100個）を記載する。

9 3

計　　　算　　　式	期末商品の評価額
$\dfrac{¥576,000+¥4,824,000}{¥800,000+¥6,400,000}×100=75\%$　¥860,000×0.75＝¥645,000	¥　645,000

検定問題　　　　　　　　　　　　（p.34）

9 4

繰 越 商 品

4/1 前期繰越	❶3,280,000	3/31 仕　入	（3,280,000）❷
❸ 3/31（仕　入）（3,500,000）		〃 （棚卸減耗損）（100,000）❹	
		〃 商品評価損 170,000 ❺	
		〃 次期繰越 （3,230,000）❽	
	（6,780,000）		（6,780,000）

棚 卸 減 耗 損

❺ 3/31（繰越商品）（100,000）		3/31 仕　入 （25,000）❻	
		〃 （損　益）（75,000）❼	
	（100,000）		（100,000）

解説 ❶期首商品棚卸高は，繰越商品勘定の前期繰越である。

― 8 ―

決算整理仕訳を示すと次のようになる。

❷期首商品棚卸高を仕入勘定に振り替える。
　（借）仕　　　入　3,280,000　（貸）繰越商品　3,280,000
❸期末商品棚卸高を仕入勘定に振り替える。
　（借）繰越商品　3,500,000　（貸）仕　　　入　3,500,000
　原価@¥5,000×帳簿棚卸数量700個
❹棚卸減耗損を計上する。
　（借）棚卸減耗損　100,000　（貸）繰越商品　100,000
　@¥5,000×（700個－680個）
❺商品評価損を計上する。
　（借）商品評価損　170,000　（貸）繰越商品　170,000
　（@¥5,000－@¥4,750）×680個
❻棚卸減耗損のうち，5個分を仕入勘定へ振り替える。
　（借）仕　　　入　25,000　（貸）棚卸減耗損　25,000
　@¥5,000×5個
❼営業外費用とする分は，損益勘定へ振り替える。
　（借）損　　　益　75,000　（貸）棚卸減耗損　75,000
❽次期繰越は，実地棚卸高（正味売却価額@¥4,750×実地棚卸数量680個）と一致する。

9 5

| ア ¥ 4,760,000 | イ ¥ 95,000 | ウ | 仕 | 入 |

解説　決算整理仕訳を示すと次のようになる。
　（借）仕　　　入　3,859,000　（貸）繰越商品　3,859,000
　　　　繰越商品　4,760,000　　　　仕　　　入　4,760,000
　　　　　　　　　　　　　　　　　　…アの金額
　　　Ａ品@¥2,800×1,200個＋Ｂ品@¥1,400
　　　×1,000個
　（借）商品評価損　95,000　（貸）繰越商品　95,000
　　　　　　　　　　　　　　　　　　…イの金額
　　　Ｂ品（@¥1,400－@¥1,300）×950個
　　　なお，Ａ品は商品評価損を計上しない。
　（借）仕　　　入　95,000　（貸）商品評価損　95,000
　（借）棚卸減耗損　182,000　（貸）繰越商品　182,000
　　　Ａ品@¥2,800×（1,200個－1,160個）
　　　＋Ｂ品@¥1,400×（1,000個－950個）
　（借）仕　　　入　182,000　（貸）棚卸減耗損　182,000
　　　　↑──ウの勘定科目

9 6

(1)

	❶		❷
ア	前期の期末商品棚卸高の原価率	68 ％	イ	当期の期末商品棚卸高（原価）	¥ 495,000

(2)

| 期末商品棚卸高（原価） | ¥ 8,246,000 | ❸ |

(3)

| 期末商品棚卸高（原価） | ¥ 413,000 | ❹ |

(4)

| 期末商品棚卸高（原価） | ¥ 1,710,000 | ❺ |

解説　
❶ $\dfrac{¥612,000}{¥900,000} \times 100 = 68\%$

❷ $\dfrac{¥612,000+¥7,308,000}{¥900,000+¥11,100,000} \times 100 = 66\%$
　¥750,000×0.66＝¥495,000

❸ $\dfrac{¥8,190,000+¥47,610,000}{¥12,600,000+¥77,400,000} \times 100 = 62\%$
　¥13,300,000×0.62＝¥8,246,000

❹ $\dfrac{¥423,000+¥4,603,000}{¥600,000+¥6,580,000} \times 100 = 70\%$
　¥590,000×0.7＝¥413,000

❺ $\dfrac{¥2,128,000+¥18,737,000}{¥2,800,000+¥25,020,000} \times 100 = 75\%$
　¥2,280,000×0.75＝¥1,710,000

9 7

(1)

　　　　　　　　繰　越　商　品

1/1	前期繰越	783,000	12/31	仕　　入	(783,000) ❶
12/31	(仕　　入)	(❷ 960,000)	〃	棚卸減耗損	(24,000) ❸
			〃	(商品評価損)	(39,000) ❹
			〃	(次期繰越)	(897,000) ❾
		(1,743,000)			(1,743,000)

　　　　　　　　仕　　　　　入

		6,184,000			190,000
12/31	(繰越商品)	(❶ 783,000)	12/31	(繰越商品)	(960,000) ❷
〃	棚卸減耗損	(❺ 12,000)	〃	(損　　益)	(5,868,000) ❽
〃	(商品評価損)	(❻ 39,000)			
		(7,018,000)			(7,018,000)

　　　　　　　　棚　卸　減　耗　損

12/31	(繰越商品)	❸ 24,000	12/31	(仕　　入)	12,000 ❺
			〃	損　　益	(12,000) ❼
		(24,000)			(24,000)

　　　　　　　　商　品　評　価　損

| 12/31 | (繰越商品) | (❹ 39,000) | 12/31 | (仕　　入) | 39,000 ❻ |

(2)

　　　　　　　　損　益　計　算　書
福岡商事株式会社　令和○年/月/日から令和○年/2月3/日まで　　（単位：円）

Ⅰ　売　上　高　　　　　　　　　　　　　　　(7,280,000)
Ⅱ　売　上　原　価
　　1．期首商品棚卸高　(　783,000)
　　2．当期商品仕入高　(5,994,000)
　　　　　合　　計　　　(6,777,000)
　　3．(期末商品棚卸高) (　960,000) ❷
　　　　　　　　　　　　(5,817,000)
　　4．棚　卸　減　耗　損 (　12,000) ❺
　　5．(商品評価損)　(　39,000) ❻ (5,868,000) ❽
　　　　売　上　総　利　益　　　　　　　　　 (1,412,000)

解説　決算整理仕訳を示すと次のようになる。
❶期首商品棚卸高を仕入勘定に振り替える。
　（借）仕　　　入　783,000　（貸）繰越商品　783,000
❷期末商品棚卸高（帳簿棚卸高：損益計算書の期末商品棚卸高）を仕入勘定に振り替える。
　（借）繰越商品　960,000　（貸）仕　　　入　960,000
　原価@¥1,200×帳簿棚卸数量800個
❸棚卸減耗損を計上する。
　（借）棚卸減耗損　24,000　（貸）繰越商品　24,000
　@¥1,200×（800個－780個）
❹商品評価損を計上する。
　（借）商品評価損　39,000　（貸）繰越商品　39,000
　（@¥1,200－@¥1,150）×780個
❺棚卸減耗損のうち，10個分を仕入勘定へ振り替える。

— 9 —

（借）仕　　入　12,000　（貸）棚卸減耗損　12,000
@¥1,200×10個

❻商品評価損を仕入勘定へ振り替える。
（借）仕　　入　39,000　（貸）商品評価損　39,000

❼棚卸減耗損のうち，営業外費用とする分は，損益勘定へ振り替える。
（借）損　　益　12,000　（貸）棚卸減耗損　12,000

❽仕入勘定の残高（損益計算書の売上原価の金額）は，損益勘定へ振り替える。
（借）損　　益　5,868,000　（貸）仕　　入　5,868,000

❾繰越商品勘定は，貸方に次期繰越と記入して締め切る。なお，次期繰越は，実地棚卸高（正味売却価額@¥1,150×実地棚卸数量780個）と一致する。

10　その他の流動資産　　　　(p.37)

10 1

流　動　資　産		
当　座　資　産	棚　卸　資　産	その他の流動資産
2　6　13　16　24	3　5　10　17　23	9　12　15

10 2

貸　借　対　照　表　（一部）

東北商事株式会社　　令和○年/2月3/日　　（単位：円）
資　産　の　部

Ⅰ　流　動　資　産
　　　　　　　…
　5.　短　期　貸　付　金　　　（　　850,000）❶
　6.　前　　払　　金　　　　　（　　60,000）
　7.　未　収　入　金　　　　　（　　190,000）
　8.（前　払　費　用）　　　　（　　45,000）❷
　9.（未　収　収　益）　　　　（　　180,000）❸

🈟 付記事項の仕訳
　①（借）短期貸付金　600,000　（貸）貸 付 金　820,000
　　　　長期貸付金　220,000
　②（借）前 払 金　60,000　（貸）仮 払 金　60,000
決算整理事項の仕訳
　a.（借）前払保険料　45,000　（貸）保 険 料　45,000
　b.（借）未収家賃　180,000　（貸）受取家賃　180,000
貸借対照表の表示
❶手形貸付金¥250,000＋短期貸付金（付記事項①）
　¥600,000＝¥850,000
❷前払保険料¥45,000
❸未収家賃¥180,000

10 3

貸　借　対　照　表　（一部）

大垣商事株式会社　　令和○2年3月3/日　　（単位：円）
資　産　の　部

Ⅰ　流　動　資　産
　1.　現　金　預　金　　　　　　　（　5,000,000）❶
　2.　受　取　手　形　（　5,200,000）
　　　（貸倒引当金）　（　　52,000）❷（　5,148,000）
　3.（電子記録債権）（　4,800,000）
　　　（貸倒引当金）　（　　48,000）❷（　4,752,000）
　4.　売　　掛　　金　（　5,400,000）
　　　（貸倒引当金）　（　　54,000）❷（　5,346,000）
　5.（有　価　証　券）　　　　　　（　2,800,000）❸
　6.（商　　　　　品）　　　　　　（　3,984,000）❹
　7.　短　期　貸　付　金　　　　　（　　700,000）❺
　8.（前　　払　　金）　　　　　　（　　100,000）
　9.（前　払　費　用）　　　　　　（　　217,000）❻
　10.（未　収　収　益）　　　　　　（　　20,000）❼

🈟 付記事項の仕訳
　①(ア)仕訳なし…未取付小切手なので，仕訳は行わない。
　　(イ)（借）当座預金　300,000　（貸）売 掛 金　300,000
　②　（借）短期貸付金　700,000　（貸）貸 付 金　2,000,000
　　　　　長期貸付金1,300,000
　③　（借）前 払 金　100,000　（貸）仮 払 金　100,000
決算整理事項の仕訳
　a.（借）仕　　入　4,500,000　（貸）繰越商品　4,500,000
　　　　繰越商品　4,200,000　　　　仕　　入　4,200,000
　　原価@¥840×帳簿棚卸数量5,000個
　　（借）棚卸減耗損　16,800　（貸）繰越商品　16,800
　　@¥840×（5,000個−4,980個）
　　（借）商品評価損　199,200　（貸）繰越商品　199,200
　　（@¥840−@¥800）×4,980個
　b.（借）貸倒引当金繰入　112,000　（貸）貸倒引当金　112,000
　　貸倒引当金の設定額
　　（受取手形¥5,200,000＋電子記録債権¥4,800,000
　　＋売掛金¥5,700,000−付記事項①(イ)¥300,000)
　　×0.01＝¥154,000
　　貸倒引当金繰入の金額
　　¥154,000−¥42,000＝¥112,000
　c.（借）売買目的
　　　　有価証券　120,000　（貸）有価証券評価益　120,000
　　有価証券評価損益
　　（時価¥7,000−帳簿価額¥6,700）×400株
　　＝¥120,000（評価益）
　d.（借）前払保険料　22,000　（貸）保 険 料　22,000
　　¥132,000÷12か月×2か月＝¥22,000
　e.（借）前払家賃　195,000　（貸）支払家賃　195,000
　f.（借）未収利息　20,000　（貸）受取利息　20,000
貸借対照表の表示
❶現金預金
　現金¥1,100,000＋当座預金¥3,600,000
　＋付記事項①(イ)¥300,000＝¥5,000,000
❷貸倒引当金
　受取手形　¥5,200,000×0.01＝¥52,000
　電子記録
　債　　権　¥4,800,000×0.01＝¥48,000
　売掛金　（¥5,700,000−付記事項①(イ)
　　　　　¥300,000）×0.01＝¥54,000

❸有価証券　時価の金額（¥7,000×400株＝¥2,800,000）を記載し，有価証券と表示する。
❹商品　期末商品の実地棚卸高（正味売却価額@¥800×実地棚卸数量4,980個）を記載する。
❺短期貸付金（付記事項②）¥700,000
❻前払費用
　前払保険料¥22,000＋前払家賃¥195,000
❼未収収益
　未収利息¥20,000

総合問題 ❷ (1)　　　　　　　　　　　　(p.40)

2—1

	借　　　方		貸　　　方	
(1)	電子記録債権	270,000	売 掛 金	270,000
(2)	当 座 預 金 電子記録 債権売却損	610,000 10,000	電子記録債権	620,000
(3)	クレジット 売 掛 金 支払手数料	432,000 18,000	売　　上	450,000
(4)	売買目的 有価証券 有価証券利息	2,986,000 45,000	当 座 預 金	3,031,000 ❶
(5)	現　　金 有価証券売却損	9,950,000 20,000	売買目的 有価証券 有価証券利息	9,850,000 ❷ 120,000
(6)	当 座 預 金	4,975,000	売買目的 有価証券 有価証券売却益 有価証券利息	4,920,000 15,000 ❸ 40,000

解説 ❶取得原価 $¥3,000,000 \times \dfrac{¥98.60}{¥100}$
　　　　　　 $+¥28,000$（買入手数料）$=¥2,986,000$

❷売却価額　$¥10,000,000 \times \dfrac{¥98.30}{¥100} = ¥9,830,000$

帳簿価額　$¥10,000,000 \times \dfrac{¥98.50}{¥100} = ¥9,850,000$

売 却 損　$¥9,850,000 - ¥9,830,000 = ¥20,000$

❸売却価額　$¥5,000,000 \times \dfrac{¥98.70}{¥100} = ¥4,935,000$

帳簿価額　$¥5,000,000 \times \dfrac{¥98.40}{¥100} = ¥4,920,000$

売 却 益　$¥4,935,000 - ¥4,920,000 = ¥15,000$

2—2

銀 行 勘 定 調 整 表
令和○年3月3/日

摘　　　　要	当座預金 出納帳残高	銀行残高
残高	600,000	400,000
加算：(1)時間外預け入れ		260,000
(3)未渡小切手	70,000	
	670,000	660,000
減算：(2)手形代金支払い未記入	50,000	
(4)未取付小切手		40,000
	620,000	620,000

解説 (1)営業時間外の預け入れは銀行側の修正なので，仕訳をする必要はない。
　　 (2)当店での未記帳分は仕訳をする必要がある。

(3)費用（修繕費）の支払いのために振り出した小切手が未渡しの場合は，当座預金を増加させると同時に，費用については，まだ支払っていないということになるので，未払金で仕訳をする。
(4)振り出して，市川商店に渡してある小切手については，修正する必要がない。

2—3

	先入先出法	移動平均法	総 平 均 法
売 上 原 価	¥ 512,000	¥ 514,000	¥ 515,200
期末商品棚卸高	¥ 48,000	¥ 46,000	¥ 44,800

解説 売上原価→払出欄の合計金額（網かけの部分）
　①先入先出法

		受　　入			払　　出			残　　高		
4	1	100	2,100	210,000				100	2,100	210,000
	8	100	2,300	230,000				{ 100	2,100	210,000
								100	2,300	230,000
	11				100	2,100	210,000			
					50	2,300	115,000	50	2,300	115,000
	17	50	2,400	120,000				{ 50	2,300	115,000
								50	2,400	120,000
	23				{ 50	2,300	115,000			
					30	2,400	72,000	20	2,400	48,000

　②移動平均法

		受　　入			払　　出			残　　高		
4	1	100	2,100	210,000				100	2,100	210,000
	8	100	2,300	230,000				200	2,200	440,000
	11				150	2,200	330,000	50	2,200	110,000
	17	50	2,400	120,000				100	2,300	230,000
	23				80	2,300	184,000	20	2,300	46,000

　③総平均法

		受　　入			払　　出			残　　高		
4	1	100	2,100	210,000				100	2,100	210,000
	8	100	2,300	230,000				200		
	11				150	2,240	336,000	50		
	17	50	2,400	120,000				100		
	23				80	2,240	179,200	20	2,240	44,800

2—4

期末商品棚卸高（原価）	¥	342,000

解説 $\dfrac{¥340,000 + ¥2,700,000}{¥425,000 + ¥3,575,000} \times 100 = 76\%$
　　 $¥450,000 \times 0.76 = ¥342,000$

2—5

	計　　算　　式	金　　額
(1)	$(¥500,000 + ¥250,000) \times 0.025 = ¥18,750$	¥ 18,750
(2)	$(¥800,000 - ¥500,000) \times 0.2 = ¥60,000$	¥ 60,000
(3)	$(¥2,000,000 + ¥1,300,000) - ¥2,500,000 = ¥800,000$	¥ 800,000

2—6

(1)

繰 越 商 品

1/1	前期繰越	3,200,000	12/31 仕　入	3,200,000
12/31	仕　入	3,060,000	〃 棚卸減耗損	19,000 ❶
			〃 商品評価損	219,000 ❷
			〃 次期繰越	2,822,000
		6,260,000		6,260,000

仕 入

		52,800,000	12/31 繰越商品	3,060,000
12/31	繰越商品	3,200,000	〃 損　益	53,164,700
❸	〃 棚卸減耗損	5,700		
❹	〃 商品評価損	219,000		
		56,224,700		56,224,700

棚 卸 減 耗 損

12/31 繰越商品	19,000	12/31 仕　入	5,700
		〃 損　益	13,300
	19,000		19,000

商 品 評 価 損

12/31 繰越商品	219,000	12/31 仕　入	219,000

売 上

12/31 損　益	71,000,000		71,000,000

損 益

12/31 仕　入	53,164,700	12/31 売　上	71,000,000
〃 棚卸減耗損	13,300		

(2)

損 益 計 算 書 （一部）

青森商事株式会社　令和○年/月/日から令和○年/2月3/日まで　　（単位：円）

I 売 上 高 （71,000,000）
II 売 上 原 価
　1. 期首商品棚卸高 （3,200,000）
　2. 当期商品仕入高 （52,800,000）
　　　合　　計 （56,000,000）
　3. 期末商品棚卸高 （3,060,000）
　　　　　　 （52,940,000）
　4.（棚卸減耗損） （5,700）
　5. 商品評価損 （219,000） （53,164,700）
　　　売 上 総 利 益 （17,835,300）
　　　　　　　…
V 営 業 外 費 用
　1.（棚卸減耗損） （13,300）

貸 借 対 照 表 （一部）

青森商事株式会社　　令和○年/2月3/日　　（単位：円）

資 産 の 部

I 流 動 資 産
　1. 現 金 預 金 （3,220,000）❺
　2. 電子記録債権 （4,600,000）
　　　貸倒引当金 （46,000） （4,554,000）
　3. 売 掛 金 （4,100,000）
　　　貸倒引当金 （41,000） （4,059,000）
　4. 有 価 証 券 （2,730,000）❻
　5. 商　　品 （2,822,000）
　6. 短 期 貸 付 金 （1,500,000）❼
　7. 前 払 金 （80,000）
　8. 未 収 入 金 （310,000）
　9. 前 払 費 用 （355,000）❽
　10. 未 収 収 益 （14,000）❾

解説〔付記事項〕

①(借)貸倒引当金 200,000 （貸)売 掛 金 200,000
②(借)当座預金 300,000 （貸)電子記録債権 300,000
③(借)短期貸付金 1,100,000 （貸)貸 付 金 1,500,000
　　　長期貸付金 400,000
④(借)前 払 金 80,000 （貸)仮 払 金 80,000

〔決算整理仕訳〕

A品

B品

a.(借)仕　入 3,200,000 （貸)繰越商品 3,200,000
　　 繰越商品 3,060,000 　　 仕　入 3,060,000
　❶棚卸減耗損 19,000 　　 繰越商品 19,000
　❷商品評価損 219,000 　　 繰越商品 219,000
　　 仕　入 5,700 　　 棚卸減耗損 5,700 ❸
　　 仕　入 219,000 　　 商品評価損 219,000 ❹

b. 付記事項①②により，電子記録債権残高
¥4,600,000，売掛金残高¥4,100,000，貸倒引当
金残高¥60,000
　電子記録債権の貸倒見積額
　¥4,600,000×0.01＝¥46,000
　売掛金の貸倒見積額
　¥4,100,000×0.01＝¥41,000
　貸倒引当金繰入の金額
　¥87,000－貸倒引当金残高¥60,000＝¥27,000
　(借)貸倒引当金繰入 27,000 （貸)貸倒引当金 27,000
c.(借)売買目的 30,000 （貸)有価証券評価 30,000
d. 保険料1か月分：¥84,000÷12か月＝¥7,000
　1/1～5/31までの5か月分が前払のため
　¥7,000×5か月＝¥35,000となる。
　(借)前払保険料 35,000 （貸)保 険 料 35,000
e. 支払家賃1か月分：¥480,000÷6か月＝¥80,000
　1/1～4/30までの4か月分が前払のため
　¥80,000×4か月＝¥320,000となる。
　(借)前払家賃 320,000 （貸)支払家賃 320,000
f. 受取利息1か月分：¥42,000÷6か月＝¥7,000
　貸付金は11/1に貸し付けたものなので，11/1～
　12/31の2か月分の利息が未収になる。
　¥7,000×2か月＝¥14,000
　(借)未収利息 14,000 （貸)受取利息 14,000
❺現金勘定¥520,000＋当座預金勘定¥2,400,000
　＋付記事項②当座預金¥300,000＝¥3,220,000
❻時価¥9,100×300株＝¥2,730,000
❼付記事項③から短期貸付金¥1,100,000＋手形貸
　付金¥400,000＝¥1,500,000
❽前払保険料¥35,000と前払家賃¥320,000は貸借
　対照表上，前払費用と表示する。
❾未収利息は貸借対照表上，未収収益と表示する。

11 有形固定資産(1)　　　　　(p.44)

11-1

	ア	イ	ウ
	有形固定資産	買入価額	付随費用

11-2

	借 方		貸 方	
(1)	建設仮勘定	2,000,000	当座預金	2,000,000
(2)	建 物	8,000,000	建設仮勘定	6,000,000
			営業外支払手形	2,000,000
(3)	機械装置	3,590,000	当座預金	3,590,000
(4)	機械装置	730,000	建設仮勘定	280,000
			当座預金	400,000
			現 金	50,000

解説 (1)建物の完成前に，建築代金の一部を支払ったとき
は，建設仮勘定（資産）で処理する。
(2)建物が完成したときは，建設仮勘定で処理してい
た代金を建築代金から差し引く。
(3)機械装置の買い入れにともなう引取運賃や据付費
も，機械装置の取得原価に加算する。

11-3

	借 方		貸 方	
(1)	建設仮勘定	15,000,000	当座預金	15,000,000
(2)	建 物	60,000,000	建設仮勘定	15,000,000
			当座預金	45,000,000
(3)	機械装置	5,450,000	未 払 金	5,000,000
			現 金	80,000
			当座預金	370,000
(4)	土 地	121,500,000	当座預金	121,500,000

11-4

	借 方		貸 方	
(1)	建 物	1,500,000	当座預金	2,500,000
	修 繕 費	1,000,000		
(2)	建 物	520,000	当座預金	870,000
	修 繕 費	350,000		

解説 (1)資本的支出は，その固定資産の帳簿価額に加える。
残額は収益的支出となるので，修繕費とする。
(2)建物の維持・管理のための支出は収益的支出であ
る。

11-5

貸借対照表　　　（単位：円）

⋮

Ⅱ 固 定 資 産
　(1) 有形固定資産
　　　備　　　品　　（8,640,000）
　　　（減価償却累計額）（3,240,000）（5,400,000）

備品の期末評価額	¥	5,400,000

解説 期末減価償却累計額＝期首減価償却累計額＋当期減
価償却高
¥2,160,000＋¥1,080,000＝¥3,240,000
備品の期末評価額＝備品の取得原価－期末減価償却
累計額
¥8,640,000－¥3,240,000＝¥5,400,000

11-6

	借 方		貸 方	
(1)	建設仮勘定	3,000,000	当座預金	3,000,000
(2)	建 物	10,000,000	建設仮勘定	6,000,000
			当座預金	4,000,000
(3)	建 物	800,000	当座預金	1,000,000
	修 繕 費	200,000		
(4)	建 物	600,000	当座預金	900,000
	修 繕 費	300,000		

解説 (1)建物の完成前に，建築代金の一部を支払ったとき
は，建設仮勘定（資産）で処理する。
(2)建物が完成したときは，建設仮勘定で処理してい
た代金を建築代金から差し引く。
(3)(4)資本的支出は，固定資産の帳簿価額に加算し，収
益的支出は，修繕費勘定（費用）で処理する。

検定問題　　　　　　　　　　　(p.47)

11-7

(1)		(2)	
ア	イ	ウ	エ
2	3	4	1

11-8

	借 方		貸 方	
(1)	建 物	58,000,000	建設仮勘定	43,000,000
			当座預金	15,000,000
(2)	建 物	5,300,000	当座預金	6,700,000
	修 繕 費	1,400,000		
(3)	構 築 物	2,500,000	建設仮勘定	1,500,000
			当座預金	1,000,000
(4)	建 物	6,500,000	当座預金	7,700,000
	修 繕 費	1,200,000		
(5)	建 物	3,000,000	当座預金	3,680,000
	修 繕 費	680,000		

解説 (1)建物が完成し引き渡しを受けたときは，建設仮勘
定で処理していた代金を建築代金から差し引く。
(2)(4)(5)資本的支出は固定資産の帳簿価額に加算し，
建物の維持・管理のための支出は収益的支出なの
で，修繕費勘定（費用）で処理する。
(3)広告塔は構築物として処理する。

12 有形固定資産⑵ —減価償却— (p.48)

12 1

ア	イ	ウ	エ
1	5	4	2

12 2

	第 1 期	第 2 期	第 3 期	
定 額 法	¥1,250,000	¥1,250,000	¥1,250,000	❶
定 率 法	¥2,500,000	¥1,875,000	¥1,406,250	❷
生産高比例法	¥600,000	¥1,000,000	¥1,400,000	❸

解説 ❶定額法による毎期の減価償却費

$$=\frac{取得原価-残存価額}{耐用年数}=\frac{¥10,000,000-¥0}{8年}$$

$$=¥1,250,000（1期〜3期同じ）$$

❷定率法による毎期の減価償却費＝（取得原価−減価償却累計額）×償却率

第1期減価償却費

（¥10,000,000−¥0）×0.25＝¥2,500,000
（減価償却累計額¥2,500,000）

第2期減価償却費

（¥10,000,000−¥2,500,000）×0.25＝¥1,875,000
（減価償却累計額¥4,375,000）

第3期減価償却費

（¥10,000,000−¥4,375,000）×0.25
＝¥1,406,250

❸生産高比例法による毎期の減価償却費

$$=\frac{取得原価-残存価額}{総生産量}×当期生産量$$

第1期減価償却費

$$\frac{¥10,000,000-¥0}{500,000トン}×30,000トン＝¥600,000$$

第2期減価償却費

$$\frac{¥10,000,000-¥0}{500,000トン}×50,000トン＝¥1,000,000$$

第3期減価償却費

$$\frac{¥10,000,000-¥0}{500,000トン}×70,000トン＝¥1,400,000$$

12 3

(1)
機械装置減価償却累計額

次 期 繰 越	2,625,000	前 期 繰 越	1,500,000
		減 価 償 却 費	1,125,000
	2,625,000		2,625,000

(2)
貸 借 対 照 表 （単位：円）

Ⅱ 固 定 資 産

⑴ 有形固定資産

機 械 装 置 （ 6,000,000）

（減価償却累計額）（ 2,625,000）（ 3,375,000）

解説 当期減価償却費＝未償却残高×償却率

（¥6,000,000−¥1,500,000）×0.25＝¥1,125,000

期末減価償却累計額＝期首減価償却累計額
＋当期減価償却費

¥1,500,000＋¥1,125,000＝¥2,625,000

12 4

	借 方		貸 方	
(1)	備品減価償却累計額	840,000	備 品	960,000
	固定資産除却損	120,000		
(2)	機械装置減価償却累計額	600,000	機械装置	1,000,000
	現 金	300,000		
	固定資産売却損	100,000		

解説 (1)固定資産除却損＝取得原価−減価償却累計額

¥960,000−¥840,000＝¥120,000

(2)固定資産売却損＝（取得原価−減価償却累計額）
−売却額

（¥1,000,000−¥600,000）−¥300,000
＝¥100,000

12 5

	借 方		貸 方	
(1)	機械装置減価償却累計額	350,000	機械装置	800,000
	未 収 入 金	480,000	固定資産売却益	30,000
(2)	備品減価償却累計額	375,000	備 品	600,000
	備 品	800,000	当座預金	720,000
	固定資産売却損	145,000		
(3)	機械装置減価償却累計額	540,000	機械装置	600,000
	固定資産除却損	60,000		

解説 (1)第1期末減価償却費

¥800,000×0.25＝¥200,000

第2期末減価償却費

（¥800,000−¥200,000）×0.25＝¥150,000

機械装置減価償却累計額

¥200,000＋¥150,000＝¥350,000

(2)毎期の減価償却費

¥600,000÷8年＝¥75,000

備品減価償却累計額

¥75,000×5年＝¥375,000

小切手振り出し分（支払額）

¥800,000−¥80,000＝¥720,000

(3)固定資産除却損

¥600,000−¥540,000＝¥60,000

検定問題 (p.50)

12 6

(1)		(2)		(3)		(4)	
ア	イ	ウ	エ	オ	カ	キ	ク
4	12	2	4	7	5	3	9

12 7

	借　　方		貸　　方	
(1)	備品減価償却累計額	2,730,000	備　　品	3,640,000
	固定資産除却損	910,000		
(2)	備品減価償却累計額	288,000	備　　品	800,000
	備　　品	920,000	現　　金	520,000
	固定資産売却損	112,000		
(3)	備品減価償却累計額	1,440,000	備　　品	2,400,000
	備　　品	2,200,000	現　　金	1,400,000
	固定資産売却損	160,000		
(4)	備品減価償却累計額	732,000	備　　品	1,500,000
	固定資産除却損	768,000		
(5)	備品減価償却累計額	976,000	備　　品	2,000,000
	備　　品	2,200,000	未　払　金	1,400,000
	固定資産売却損	224,000		

解説 (1)備品減価償却累計額

$$\frac{¥3,640,000-¥0}{8\ 年}×6\ 年=¥2,730,000$$

帳簿価額(¥3,640,000－¥2,730,000＝¥910,000)
が固定資産除却損になる。

(2)備品減価償却累計額（2期分）

第10期

¥800,000×0.2＝¥160,000

（減価償却累計額¥160,000）

第11期

（¥800,000－¥160,000）×0.2＝¥128,000

（減価償却累計額¥288,000）

支払金額

¥920,000－¥400,000＝¥520,000

固定資産売却損

帳簿価額（¥800,000－¥288,000）－売却価額
¥400,000＝¥112,000

(3)備品減価償却累計額

$$\frac{¥2,400,000-¥0}{5\ 年}×3\ 年=¥1,440,000$$

支払金額

¥2,200,000－¥800,000＝¥1,400,000

固定資産売却損

帳簿価額（¥2,400,000－¥1,440,000）－売却価
額¥800,000＝¥160,000

(4)備品減価償却累計額（3期分）

第17期

¥1,500,000×0.2＝¥300,000

（減価償却累計額¥300,000）

第18期

（¥1,500,000－¥300,000）×0.2＝¥240,000

（減価償却累計額¥540,000）

第19期

（¥1,500,000－¥540,000）×0.2＝¥192,000

（減価償却累計額¥732,000）

帳簿価額（¥1,500,000－¥732,000＝¥768,000）
が固定資産除却損になる。

(5)備品減価償却累計額（3期分）

第10期

¥2,000,000×0.2＝¥400,000

（減価償却累計額¥400,000）

第11期

（¥2,000,000－¥400,000）×0.2＝¥320,000

（減価償却累計額¥720,000）

第12期

（¥2,000,000－¥720,000）×0.2＝¥256,000

（減価償却累計額¥976,000）

固定資産売却損

帳簿価額（¥2,000,000－¥976,000）－売却価額
¥800,000＝¥224,000

13 有形固定資産(3) －リース資産－ （p.52）

13 1

《利子込み法》

	借　　方		貸　　方	
4/ 1	リース資産	3,540,000	リース債務	3,540,000
3/31	リース債務	590,000	当座預金	590,000
〃	減価償却費	590,000	リース資産減価償却累計額	590,000

《利子抜き法》

	借　　方		貸　　方	
4/ 1	リース資産	3,000,000	リース債務	3,000,000
3/31	リース債務	500,000	当座預金	590,000
	支払利息	90,000		
〃	減価償却費	500,000	リース資産減価償却累計額	500,000

解説 《利子込み法》

利子込み法ではリース取引を開始したときに，リース料総額をリース資産勘定（資産）の借方とリース債務勘定（負債）の貸方に記入する。

減価償却費　（¥3,540,000－¥0)÷6 年＝¥590,000

《利子抜き法》

利子抜き法ではリース取引を開始したときに，見積現金購入価額をリース資産勘定（資産）の借方とリース債務勘定（負債）の貸方に記入する。

支払利息

（リース料総額¥3,540,000－見積現金購入価額¥3,000,000）÷6 年＝¥90,000

減価償却費　（¥3,000,000－¥0)÷6 年＝¥500,000

13 2

《利子込み法》

	借　方	貸　方
4/ 1	リース資産　6,000,000	リース債務　6,000,000
3/31	リース債務　1,200,000	当座預金　1,200,000
〃	減価償却費　1,200,000	リース資産減価償却累計額　1,200,000

《利子抜き法》

	借　方	貸　方
4/ 1	リース資産　5,000,000	リース債務　5,000,000
3/31	リース債務　1,000,000 支払利息　200,000	当座預金　1,200,000
〃	減価償却費　1,000,000	リース資産減価償却累計額　1,000,000

解説　《利子込み法》
減価償却費
$(¥6,000,000－¥0)÷5$ 年$=¥1,200,000$
《利子抜き法》
支払利息
(リース料総額$¥6,000,000－$見積現金購入価額
$¥5,000,000)÷5$ 年$=¥200,000$
減価償却費
$(¥5,000,000－¥0)÷5$ 年$=¥1,000,000$

13 3

	借　方	貸　方
4/ 1	仕訳なし	
3/31	支払リース料　510,000	当座預金　510,000

解説　オペレーティング・リース取引では，リース取引開始時に仕訳は行わない。リース料を支払ったさいに，支払リース料勘定（費用）で処理する。

13 4

《利子込み法》

	第1期末	第2期末	第3期末
リース債務	¥3,010,000	¥2,580,000	¥2,150,000
リース資産減価償却累計額	¥430,000	¥860,000	¥1,290,000

《利子抜き法》

	第1期末	第2期末	第3期末
リース債務	¥2,730,000	¥2,340,000	¥1,950,000
リース資産減価償却累計額	¥390,000	¥780,000	¥1,170,000

解説　《利子込み法》
契約時の仕訳
(借)リース資産　3,440,000　(貸)リース債務　3,440,000
リース料年額$¥430,000×8$ 年$=¥3,440,000$
支払い時の仕訳
(借)リース債務　430,000　(貸)現金など　430,000
リース債務は毎期支払うたびに，$¥430,000$ずつ減少する。
決算時の仕訳
(借)減価償却費　430,000　(貸)リース資産減価償却累計額　430,000
$(¥3,440,000－¥0)÷8$ 年$=¥430,000$

《利子抜き法》
契約時の仕訳
(借)リース資産　3,120,000　(貸)リース債務　3,120,000
支払い時の仕訳
(借)リース債務　390,000　(貸)現金など　430,000
　　支払利息　40,000
見積現金購入価額$¥3,120,000÷8$ 年$=¥390,000$
リース債務は毎期支払うたびに，$¥390,000$ずつ減少する。
決算時の仕訳
(借)減価償却費　390,000　(貸)リース資産減価償却累計額　390,000
$(¥3,120,000－¥0)÷8$ 年$=¥390,000$

13 5

貸 借 対 照 表

群馬商事株式会社　　令和○2年3月31日　　（単位：円）
資 産 の 部
⋮

Ⅱ　固 定 資 産
(1) 有形固定資産
　1. 建　　物　　(8,000,000)
　　　減価償却累計額　(2,800,000)　(5,200,000)
　2. 備　　品　　(1,600,000)
　　　減価償却累計額　(925,000)　(675,000)
　3. リース資産　(1,100,000)
　　　減価償却累計額　(660,000)　(440,000)

解説　決算整理仕訳
(借)減価償却費　845,000　(貸)建物減価償却累計額　400,000
　　　　　　　　　　　　　　備品減価償却累計額　225,000
　　　　　　　　　　　　　　リース資産減価償却累計額　220,000
　a. 建物減価償却高
　　減価償却費
　　$(¥8,000,000－¥0)÷20$年$=¥400,000$
　b. 備品減価償却高
　　減価償却費　$(¥1,600,000－¥700,000)×0.25$
　　　　　　　　　$=¥225,000$
　c. リース資産減価償却高
　　減価償却費
　　$(¥1,100,000－¥0)÷5$ 年$=¥220,000$
有形固定資産は，取得原価から減価償却累計額を差し引く形式で，貸借対照表に表示する。

13 6

	借　方	貸　方
4/1	リース資産　2,200,000	リース債務　2,200,000
3/31	リース債務　550,000	現　　金　550,000
〃	減価償却費　550,000	リース資産減価償却累計額　550,000

解説　減価償却費
$(¥2,200,000－¥0)÷4$ 年$=¥550,000$

13 7

	借　方	貸　方
4/1	リース資産　8,400,000	リース債務　8,400,000
3/31	リース債務　1,400,000 支払利息　200,000	当座預金　1,600,000
〃	減価償却費　1,400,000	リース資産減価償却累計額　1,400,000

解説 支払利息

（リース料総額 ¥9,600,000 － 見積現金購入価額
¥8,400,000）÷ 6 年 ＝ ¥200,000

減価償却費

（¥8,400,000 － ¥0）÷ 6 年 ＝ ¥1,400,000

13 8

	借　　方		貸　　方	
(1)	リース資産	1,300,000	リース債務	1,300,000
(2)	リース資産	1,900,000	リース債務	1,900,000
(3)	リース債務	750,000	当座預金	750,000
(4)	リース債務	300,000	当座預金	350,000
	支払利息	50,000		
(5)	支払リース料	240,000	現　金	240,000
(6)	支払リース料	120,000	現　金	120,000
(7)	減価償却費	520,000	リース資産減価償却累計額	520,000

14　無形固定資産　　　　　(p.58)

14 1

ア	イ	ウ	エ
の れ ん	無形固定資産	鉱 業 権	収益還元価値

14 2

	借　　方		貸　　方	
(1)	特 許 権	2,200,000	当座預金	2,200,000
(2)	特許権償却	275,000	特 許 権	275,000
(3)	売 掛 金	3,900,000	買 掛 金	3,800,000
	建　　物	5,000,000	長期借入金	2,300,000
	備　　品	700,000	当座預金	4,600,000
	の れ ん	1,100,000		
(4)	のれん償却	55,000	の れ ん	55,000
(5)	鉱 業 権	240,000,000	当座預金	240,000,000
(6)	鉱業権償却	9,600,000	鉱 業 権	9,600,000
(7)	ソフトウェア仮 勘 定	1,800,000	当座預金	1,800,000
(8)	ソフトウェア	1,800,000	ソフトウェア仮 勘 定	1,800,000
(9)	ソフトウェア償却	720,000	ソフトウェア	720,000

解説 (1)手数料は，特許権勘定（資産）の取得原価に加算する。

(2)特許権などの無形固定資産の償却は直接法による。

(3)のれんの金額は次のように計算する。

①東南商店の純資産額

資産総額 ¥9,600,000 － 負債総額 ¥6,100,000
＝ ¥3,500,000

②のれんの金額

取得金額 ¥4,600,000 － 純資産額 ¥3,500,000
＝ ¥1,100,000

(4)のれんなどの無形固定資産の償却は直接法による。

(6)鉱業権償却の金額（生産高比例法）

$$\frac{¥240,000,000}{5,000,000 \text{トン}} \times 200,000 \text{トン} = ¥9,600,000$$

(7)(8)自社利用目的のソフトウェアは，完成・引き渡しを受けるまでに支出があったときは一時的にソフトウェア仮勘定（資産）で処理し，引き渡しを受けたときにソフトウェア勘定（資産）に振り替える。

(9)ソフトウェアなどの無形固定資産の償却は直接法による。

14 3

	借　　方		貸　　方		
受 取 手 形		2,000,000	支 払 手 形	1,000,000	
売 掛 金		1,600,000	買 掛 金	1,200,000	
繰 越 商 品 ❶		2,800,000	長期借入金	1,600,000	
備　　　品		1,600,000	当 座 預 金 ❷	4,800,000	
の れ ん		600,000			
買 掛 金		250,000	売 掛 金	250,000	❸

貸 借 対 照 表 ❹

長野商事株式会社　　　令和○年4月/日　　　（単位：円）

現 金 預 金	(2,200,000)	支 払 手 形	(2,700,000)
受 取 手 形	(3,800,000)	（ 買　掛　金 ）	(4,850,000)
（ 売　掛　金 ）	(4,950,000)	未 払 金	(2,600,000)
（ 商　　品 ）	(5,600,000)	長期借入金	(1,600,000)
建　　物	(8,000,000)	（ 資　本　金 ）	(10,000,000)
備　　品	(2,800,000)	資本剰余金	(4,200,000)
（ の れ ん ）	(600,000)	利益剰余金	(2,000,000)
	(27,950,000)		(27,950,000)

解説 ❶商品は，仕訳では繰越商品勘定を用いること。

❷取得金額＝¥480,000÷0.1＝¥4,800,000

❸買掛金（南北商会）と売掛金（長野商事）を相殺する。

❹各科目の金額は次のように計算する。

現金預金　¥7,000,000 － ¥4,800,000
＝ ¥2,200,000

受取手形　¥1,800,000 ＋ ¥2,000,000
＝ ¥3,800,000

売掛金　¥3,600,000 ＋ ¥1,600,000
－ ¥250,000 ＝ ¥4,950,000

商　品　¥2,800,000 ＋ ¥2,800,000
＝ ¥5,600,000

建　物　¥8,000,000

備　品　¥1,200,000 ＋ ¥1,600,000
＝ ¥2,800,000

のれん ¥600,000 は，取得時の仕訳で計上される。

支払手形　¥1,700,000 ＋ ¥1,000,000
＝ ¥2,700,000

買掛金　¥3,900,000 ＋ ¥1,200,000
－ ¥250,000 ＝ ¥4,850,000

未払金　¥2,600,000

長期借入金　¥1,600,000

資本金　¥10,000,000

資本剰余金　¥4,200,000

利益剰余金　¥2,000,000

14 4

	借 方		貸 方	
(1)	特 許 権	4,400,000	当 座 預 金	4,400,000
(2)	特 許 権 償 却	550,000	特 許 権	550,000
(3)	ソフトウェア仮 勘 定	2,800,000	当 座 預 金	2,800,000
(4)	ソフトウェア	2,800,000	ソフトウェア仮 勘 定	2,800,000
(5)	ソフトウェア償却	700,000	ソフトウェア	700,000

解説 (1)手数料は，特許権勘定（資産）の取得原価に加算する。
(2)(5)無形固定資産の償却は直接法による。

14 5

	借 方		貸 方	
(1)	鉱 業 権	35,000,000	当 座 預 金	35,000,000
(2)	鉱 業 権 償 却	5,250,000	鉱 業 権	5,250,000
(3)	ソフトウェア仮 勘 定	1,500,000	当 座 預 金	1,500,000
(4)	ソフトウェア	4,200,000	ソフトウェア仮 勘 定 / 当 座 預 金	1,500,000 / 2,700,000
(5)	ソフトウェア償却	1,400,000	ソフトウェア	1,400,000

解説 (2)鉱業権償却の金額（生産高比例法）

$$\frac{¥35,000,000}{8,000,000 \text{トン}} \times 1,200,000 \text{トン} = ¥5,250,000$$

(4)ソフトウェアが完成し引き渡しを受けたときは，さきに支払ってソフトウェア仮勘定で処理していた代金を契約総額から差し引く。

検定問題 (p.63)

14 6

	借 方		貸 方	
(1)	売 掛 金 / 繰 越 商 品 / の れ ん	2,600,000 / 5,900,000 / 400,000	買 掛 金 / 長 期 借 入 金 / 当 座 預 金	1,800,000 / 1,700,000 / 5,400,000
(2)	鉱 業 権 償 却	3,600,000	鉱 業 権	3,600,000
(3)	売 掛 金 / 繰 越 商 品 / の れ ん	2,800,000 / 3,600,000 / 200,000	支 払 手 形 / 買 掛 金 / 当 座 預 金	1,300,000 / 1,100,000 / 4,200,000
(4)	鉱 業 権 償 却	3,740,000	鉱 業 権	3,740,000

解説 (1)のれんの金額は次のように計算する。
①東西商会の純資産額
資産総額¥8,500,000−負債総額¥3,500,000
＝¥5,000,000
②取得金額
¥378,000÷0.07＝¥5,400,000
③のれんの金額
取得金額¥5,400,000−純資産額¥5,000,000
＝¥400,000
(2)鉱業権償却の金額（生産高比例法）

$$\frac{¥150,000,000}{750,000 \text{トン}} \times 18,000 \text{トン} = ¥3,600,000$$

(3)のれんの金額は次のように計算する。
①北東商会の純資産額
資産総額¥6,400,000−負債総額¥2,400,000
＝¥4,000,000
②取得金額
¥252,000÷0.06＝¥4,200,000
③のれんの金額
取得金額¥4,200,000−純資産額¥4,000,000
＝¥200,000
(4)鉱業権償却の金額（生産高比例法）

$$\frac{¥187,000,000}{850,000 \text{トン}} \times 17,000 \text{トン} = ¥3,740,000$$

15 投資その他の資産 (p.64)

15 1

	借 方		貸 方	
(1)	満 期 保 有目 的 債 券	2,910,000	当 座 預 金	2,910,000
(2)	現 金	45,000	有価証券利息	45,000
(3)	現 金	45,000	有価証券利息	45,000
	満 期 保 有目 的 債 券	9,000	有価証券利息	9,000

解説 (1)満期保有目的債券の金額

$$¥3,000,000 \times \frac{¥97}{¥100} = ¥2,910,000$$

(2)有価証券利息の金額

$$¥3,000,000 \times 0.03 \times \frac{6 \text{か月}}{12 \text{か月}} = ¥45,000$$

(3)有価証券利息の金額（現金受け取り）…(2)に同じ
償却原価法による満期保有目的債券の増加額
（¥3,000,000−¥2,910,000）÷10年＝¥9,000

15 2

	借 方		貸 方	
(1)	その他有価証券	160,000	その他有価証券評 価 差 額 金	160,000
(2)	その他有価証券	300,000	その他有価証券評 価 差 額 金	300,000
(3)	その他有価証券	150,000	その他有価証券評 価 差 額 金	150,000

解説 (1)高知商事（時価¥82,000−取得原価¥70,000）
×30株＝¥360,000（評価益）
香川商事（時価¥60,000−取得原価¥65,000）
×40株＝−¥200,000（評価損）
評価損益 ¥360,000−¥200,000
＝¥160,000（評価益）
(2)秋田工業（時価¥55,000−取得原価¥60,000）
×40株＝−¥200,000（評価損）
福島産業（時価¥75,000−取得原価¥50,000）
×20株＝¥500,000（評価益）
評価損益 ¥500,000−¥200,000
＝¥300,000（評価益）
(3)取得原価 ¥68,000×100株＋¥50,000
＝¥6,850,000
時 価 ¥70,000×100株＝¥7,000,000
評価損益 ¥7,000,000−¥6,850,000
＝¥150,000（評価益）

15 3

借　　方	貸　　方
子会社株式 評　価　損　10,640,000	子会社株式　10,640,000

解説 子会社株式評価損は，次のように計算する。
　①東西商会の純資産額を計算する。
　　純資産額＝諸資産 ¥40,000,000
　　　－諸負債 ¥26,000,000＝¥14,000,000
　②①から1株あたりの実質価額を計算する。
　　実質価額＝純資産額 ¥14,000,000
　　　÷発行済株式数400株＝¥35,000
　③②と帳簿価額を比較し，下落していれば，1株あたりの評価損を計算する。
　　1株あたりの評価損＝帳簿価額 ¥73,000
　　　－実質価額 ¥35,000＝¥38,000
　④1株あたりの評価損に保有株式数を乗じて子会社株式評価損を計算する。
　　子会社株式評価損＝¥38,000×280株
　　　＝¥10,640,000

15 4

(1)

計　　算　　式	実 質 価 額
$\dfrac{¥10,800,000－¥7,430,000}{100株}$	¥　　33,700

(2)

借　　方	貸　　方
子会社株式 評　価　損　2,891,000	子会社株式　2,891,000

解説 子会社株式評価損
　　（¥75,000－¥33,700）×70株＝¥2,891,000

15 5

貸 借 対 照 表

前橋商事株式会社　　令和○年/2月3/日　　　（単位：円）

資 産 の 部

　　　　　　　：
Ⅱ 固 定 資 産
　　　　　　　：
　(2) 無形固定資産
　　1.（の　れ　ん）　　　　（　　68,000）❶
　　　無形固定資産合計　　（　　68,000）
　(3) 投資その他の資産
　　1. 投資有価証券　　　（　1,800,000）❷
　　2. 関係会社株式　　　（　2,500,000）❸
　　3. 長期前払費用　　　（　　60,000）❹
　　　投資その他の資産合計（　4,360,000）

解説 決算整理事項の仕訳
　a.（借）のれん償却　4,000　（貸）の れ ん　4,000
　b.（借）その他有価証券　120,000　（貸）その他有価証券
評価差額金　120,000
　c.（借）長期前払
保 険 料　60,000　（貸）保険料　60,000
　貸借対照表の表示
　❶のれん
　　¥72,000－¥4,000＝¥68,000
　❷投資有価証券（その他有価証券）
　　¥1,680,000＋¥120,000＝¥1,800,000
　❸関係会社株式は，子会社株式の金額を記載する。
　❹長期前払保険料は，長期前払費用と記載する。

検定問題　　　　　　　　　　　　　　　　　　　(p.67)

15 6

ア	イ
2	4

15 7

	借　　方		貸　　方	
(1)	子会社株式 評　価　損	7,150,000	子会社株式	7,150,000
(2)	満 期 保 有 目 的 債 券	112,000	有価証券利息	112,000
(3)	子会社株式 評　価　損	8,700,000	子会社株式	8,700,000
(4)	満 期 保 有 目 的 債 券 有価証券利息	8,381,000 34,000	当座預金	8,415,000
(5)	満 期 保 有 目 的 債 券	64,000	有価証券利息	64,000

解説 (1)①子会社の純資産額
　　　資産総額 ¥35,000,000－負債総額 ¥26,000,000
　　　　＝¥9,000,000
　　②子会社株式評価損
　　　帳簿価額（¥55,000×220株）－$\dfrac{¥9,000,000}{400株}$
　　　　×220株＝¥7,150,000
　(2)満期保有目的債券の金額
　　　¥80,000,000×$\dfrac{¥98.60}{¥100}$＝¥78,880,000
　　　償却原価法による増加額
　　　¥80,000,000－¥78,880,000＝¥1,120,000
　　　¥1,120,000÷10年＝¥112,000
　(3)①子会社の純資産額
　　　資産総額 ¥46,500,000－負債総額 ¥35,000,000
　　　　＝¥11,500,000
　　②子会社株式評価損
　　　帳簿価額 ¥15,600,000－$\dfrac{¥11,500,000}{500株}$×300株
　　　　＝¥8,700,000
　(4)満期保有目的債券の金額
　　　¥8,500,000×$\dfrac{¥98.40}{¥100}$＋¥17,000＝¥8,381,000
　(5)償却原価法による増加額
　　　（¥80,000,000－¥80,000,000×$\dfrac{¥99.20}{¥100}$）÷10年
　　　＝¥64,000

2—7

	借　　方		貸　　方	
(1)	機械装置	2,600,000	当座預金	1,250,000
			未　払　金	1,200,000
			現　　　金	150,000
(2)	建設仮勘定	1,800,000	仮　払　金	1,800,000
(3)	機械装置	30,000,000	建設仮勘定	20,000,000
			当座預金	10,000,000
(4)	備品減価償却累計額	525,000	備　　　品	600,000
	固定資産除却損	75,000		
(5)	備品減価償却累計額	240,000	備　　　品	800,000
	備　　　品	1,200,000	当座預金	600,000
			固定資産売却益	40,000
(6)	車両運搬具減価償却累計額	525,000	車両運搬具	1,200,000
	車両運搬具	1,400,000	未　払　金	920,000
	固定資産売却損	195,000		

解説 (1)機械装置の据付費および試運転費は資本的支出であるので，買入価額に加えて取得原価とする。

(2)建設中の建物に対する工事代金の支払額は，建設仮勘定に計上し，その分，仮払金を減額する。

(3)機械装置が完成したさい，すでに支払ってある代金は建設仮勘定で処理してあるのでこれを建設代金から差し引く。

(4)備品減価償却累計額

$$\frac{¥600,000-¥0}{8 \text{ 年}} \times 7 \text{ 年} = ¥525,000$$

(5)備品減価償却累計額

$$\frac{¥800,000-¥0}{20 \text{ 年}} \times 6 \text{ 年} = ¥240,000$$

(6)第6期末減価償却費

$(¥1,200,000-¥0) \times 0.25 = ¥300,000$

第7期末減価償却費

$(¥1,200,000-¥300,000) \times 0.25 = ¥225,000$

車両運搬具減価償却累計額

$¥300,000+¥225,000 = ¥525,000$

未払金　$¥1,400,000-¥480,000 = ¥920,000$

2—8

	借　　方		貸　　方	
(1)	リース資産	2,100,000	リース債務	2,100,000
(2)	減価償却費	320,000	リース資産減価償却累計額	320,000
(3)	支払リース料	280,000	現　　　金	280,000
(4)	鉱業権償却	7,200,000	鉱　業　権	7,200,000
(5)	売　掛　金	2,700,000	買　掛　金	1,250,000
	建　　　物	2,580,000	長期借入金	1,530,000
	備　　　品	2,000,000	当座預金	5,800,000
	の　れ　ん	1,300,000		
(6)	のれん償却	65,000	の　れ　ん	65,000

解説 (1)利子込み法ではリース取引を開始したときに，リース料総額をリース資産勘定（資産）の借方とリース債務勘定（負債）の貸方に記入する。

(2)利子抜き法ではリース取引を開始したときに，見積現金購入価額でリース資産勘定（資産）の借方とリース債務勘定（負債）の貸方に記入しているため，リース資産の取得原価は¥1,600,000である。

減価償却費　$\frac{¥1,600,000-¥0}{5 \text{ 年}} = ¥320,000$

(3)オペレーティング・リース取引では，リース料を支払ったさいに，支払リース料勘定（費用）で処理する。

(4)鉱業権償却

$$\frac{¥180,000,000}{600,000 \text{トン}} \times 24,000 \text{トン} = ¥7,200,000$$

(5)資産総額¥7,280,000－負債総額¥2,780,000
＝純資産額¥4,500,000

取得対価¥5,800,000－純資産額¥4,500,000
＝のれんの金額¥1,300,000

(6)のれんの償却は，直接法による。

2—9

	借　　方		貸　　方	
(1)	ソフトウェア仮勘定	260,000	当座預金	260,000
(2)	ソフトウェア	210,000	現　　　金	210,000
(3)	ソフトウェア償却	294,000	ソフトウェア	294,000
(4)	満期保有目的債券	2,961,000	当座預金	3,009,000
	有価証券利息	48,000		
(5)	子会社株式評価損	5,525,000	子会社株式	5,525,000
(6)	現　　　金	80,000	有価証券利息	80,000
	満期保有目的債券	15,000	有価証券利息	15,000

解説 (1)自社利用目的のソフトウェアは，完成・引き渡しを受けるまでに支出があったときは，一時的にソフトウェア仮勘定（資産）で処理する。

(2)自社利用目的のソフトウェアを取得したときは，ソフトウェア勘定（資産）で処理する。

(3)ソフトウェアなどの無形固定資産の償却は直接法による。

ソフトウェア償却高

$¥1,470,000 \div 5 \text{ 年} = ¥294,000$

(4)満期保有目的債券

$$¥3,000,000 \times \frac{¥98}{¥100} + ¥21,000 = ¥2,961,000$$

(5)1株あたり実質価額

$$\frac{¥22,450,000-¥12,700,000}{300 \text{株}} = ¥32,500$$

子会社株式評価損

$(¥65,000-¥32,500) \times 170 \text{株} = ¥5,525,000$

(6)半年分の利息

$$¥4,000,000 \times 0.04 \times \frac{6 \text{か月}}{12 \text{か月}} = ¥80,000$$

帳簿価額に加算する金額

$$(¥4,000,000-¥4,000,000 \times \frac{¥97}{¥100}) \div 8 \text{ 年}$$
$$= ¥15,000$$

2—10

貸借対照表（一部）

水戸商事株式会社　令和○年/2月3/日　（単位：円）
資産の部

Ⅰ　流動資産
1. 現金預金　　　　　　　　　　　　(2,457,000)
2. 受取手形　(2,100,000)
　　（貸倒引当金）(42,000) (2,058,000)
3.（売 掛 金）(2,600,000)
　　（貸倒引当金）(52,000) (2,548,000)
4.（商　　品）　　　　　　　(980,000)
5.（前払費用）　　　　　　　(40,000)
　　流動資産合計　　　　　　　　　　(8,083,000)

Ⅱ　固定資産
(1) 有形固定資産
1.（備　品）(4,000,000)
　　（減価償却累計額）(1,750,000) (2,250,000)
2.（リース資産）(800,000)
　　（減価償却累計額）(200,000) (600,000)
3.（建設仮勘定）　　　　　　(1,800,000)
　　有形固定資産合計　　　　　　　　(4,650,000)
(2) 無形固定資産
1.（ソフトウェア）　　　　　(1,200,000)
　　無形固定資産合計　　　　　　　　(1,200,000)
(3) 投資その他の資産
1.（投資有価証券）　　　　　(1,476,000)
　　投資その他の資産合計　　　　　　(1,476,000)
　　固定資産合計　　　　　　　　　　(7,326,000)
　　資産合計　　　　　　　　　　　　(15,409,000)

解説〔付記事項〕
①(借)現　金 45,000 (貸)有価証券利息 45,000
　(借)満期保有
　　　目的債券 6,000 (貸)有価証券利息 6,000
半年分利息

$$¥1,500,000×0.06×\frac{6か月}{12か月}=¥45,000$$

帳簿価額に加算する金額

$$(¥1,500,000-¥1,500,000×\frac{¥98}{¥100})÷5年$$

$$=¥6,000$$

満期保有目的債券は投資有価証券と記載する。
②(借)建設仮勘定 1,800,000 (貸)仮払金 1,800,000
〔決算整理事項〕
a.(借)仕　入 2,360,000 (貸)繰越商品 2,360,000
　　　繰越商品 1,040,000 　　仕　入 1,040,000
　(借)商品評価損 60,000 (貸)繰越商品 60,000
b. 貸倒引当金設定額
　受取手形　¥2,100,000×0.02=¥42,000
　売 掛 金　¥2,600,000×0.02=¥52,000
c. 減価償却費（備品）
　(¥4,000,000-¥1,000,000)×0.25=¥750,000
　備品減価償却累計額
　¥1,000,000+¥750,000=¥1,750,000
d. 減価償却費（リース資産）

$$\frac{¥800,000-¥0}{4年}=¥200,000$$

　リース資産減価償却累計額は，当期の減価償却費
　¥200,000となる。
e. (借)ソフトウェア償却 300,000 (貸)ソフトウェア 300,000

ソフトウェアの償却は直接法による。
f. (借)前払保険料 40,000 (貸)保険料 40,000
前払保険料は前払費用と記載する。

16 負債の意味と分類 (p.72)

16-1

ア	イ	ウ	エ
経済的資源	負　債	流動負債	営業循環基準

16-2

流動負債	1，3，4，5，6，7，8，9，10
固定負債	2，11，12

17 流動負債 (p.73)

17-1

ア	イ	ウ	エ	オ
支払手形	買掛金	短期借入金	未払金	未払費用
カ	キ	ク	ケ	コ
前受金	預り金	前受収益	役員賞与引当金	保証債務

17-2

	借　　方		貸　　方	
(1)	役員賞与引当金繰入	2,000,000	役員賞与引当金	2,000,000
(2)	役員賞与引当金	2,000,000	当座預金	2,000,000
(3)	当座預金	692,000	受取手形	700,000
	手形売却損	8,000		
	保証債務費用	7,000	保証債務	7,000
(4)	保証債務	7,000	保証債務取崩益	7,000

解説 (1)役員賞与の見込額は役員賞与引当金に計上する。
(2)役員賞与が決議され，支払いが行われたときは，役員賞与引当金を取り崩す。
(3)受け取った手形を割り引いたときは，手形の二次的責任を評価し，保証債務を計上する。
(4)割り引いた手形が決済されたときは，保証債務を取り崩す。なお，次の仕訳をしないように注意すること。
(借)保証債務 7,000 (貸)保証債務費用 7,000(誤った仕訳)

17 3

	借	方		貸	方	
(1)	法 人 税 等	473,000	仮払法人税等 未払法人税等		280,000 193,000	❶
(2)	支 払 手 形	400,000	手形借入金 (短期借入金)		400,000	❷
(3)	買 掛 金	230,000	電子記録債務		230,000	❸
(4)	電子記録債務	150,000	当 座 預 金		150,000	
(5)	前 受 金 売 掛 金	80,000 240,000	売 上		320,000	
(6)	仕 入 保証債務費用	900,000 9,000	受 取 手 形 保 証 債 務		900,000 9,000	❹
(7)	保 証 債 務	9,000	保証債務取崩益		9,000	❺

解説 ❶中間申告ですでに一部を納付しているので，その金額を差し引いた額が，未払法人税等¥193,000となる。
❷貸方は短期借入金でもよい。
❸電子債権記録機関に発生記録の請求を行い，買掛金を電子記録債務としたときは，電子記録債務勘定（負債）で処理する。
❹手形の割引や裏書譲渡をしたさいに，将来負債となるおそれのあるとき，保証債務を時価で評価して計上する。保証債務の計上は，借方に保証債務費用勘定（費用），貸方に保証債務勘定（負債）と仕訳する。
❺決済されたときは，保証債務取崩益勘定（収益）を計上する。

17 4

	借	方		貸	方
(1)	当 座 預 金 手形売却損 保証債務費用	492,500 7,500 25,000	受 取 手 形 保 証 債 務		500,000 25,000
(2)	保 証 債 務	25,000	保証債務取崩益		25,000

17 5

貸 借 対 照 表

石狩商事株式会社 　令和〇2年3月3/日 　　（単位：円）

：

負 債 の 部

Ⅰ 流 動 負 債
1. 支 払 手 形 　　　　（ 2,000,000 ）
2. (電子記録債務) 　　（ 1,800,000 ）
3. 買 掛 金 　　　　　（ 3,000,000 ）
4. (短期借入金) 　　　（ 240,000 ）❶
5. (未 払 費 用) 　　　（ 32,000 ）❷
6. 未払法人税等 　　　（ 1,800,000 ）
7. 役員賞与引当金 　　（ 350,000 ）
　流動負債合計 　　　（ 9,222,000 ）

解説 付記事項の仕訳
　　（借）買 掛 金 1,800,000 （貸）電子記録債務 1,800,000
　決算整理事項の仕訳
　a. (借)当座預金 40,000 (貸)当座借越 40,000
　b. (借)支払利息 32,000 (貸)未払利息 32,000

c. (借)役員賞与
引当金繰入 350,000 （貸)役員賞与引当金 350,000
d. (借)法人税等 2,300,000 （貸)仮払法人税等 500,000
　　　　　　　　　　　　　　　　 未払法人税等 1,800,000

貸借対照表の表示
❶短期借入金
　手形借入金¥200,000＋当座借越¥40,000
　＝¥240,000
❷未払費用＝未払利息¥32,000

18 　固定負債 　　　　　　　　(p.77)

18 1

	借	方		貸	方
(1)	退職給付費用	5,000,000	退職給付引当金		5,000,000
(2)	退職給付引当金	2,400,000	当 座 預 金		2,400,000
(3)	保証債務見返	2,000,000	保 証 債 務		2,000,000
(4)	保 証 債 務	2,000,000	保証債務見返		2,000,000
(5)	未 収 入 金 保 証 債 務	2,080,000 2,000,000	当 座 預 金 保証債務見返		2,080,000 2,000,000

解説 (1)退職給付引当金を計上したときは，借方科目は退職給付費用とする。
(2)退職金を支払ったときは，退職給付引当金を取り崩す。
(3)他人の債務の保証人になったときは，
　(借)保証債務見返　　(貸)保 証 債 務
　の対照勘定で処理する。
(4)債務者が債務を返済したときは，対照勘定を取り消す仕訳を行う。
(5)債務者が債務を返済しなかったときは，保証人が債務を立て替えるので，未収入金勘定（資産）で処理する。また，対照勘定を取り消す仕訳を行う。

18 2

	借	方		貸	方	
(1)	保証債務見返	3,000,000	保 証 債 務		3,000,000	❶
(2)	未 収 入 金 保 証 債 務	3,100,000 3,000,000	当 座 預 金 保証債務見返		3,100,000 3,000,000	❷

解説 ❶保証人になると偶発債務を負うので，保証金額によって，
　(借)保証債務見返　　(貸)保 証 債 務
　という対照勘定を用いて処理する。
❷東南商店に立て替えて支払った分を請求できるので，未収入金勘定（資産）で処理する。また，対照勘定を取り消す仕訳を行う。

18 3

貸 借 対 照 表

浦和商事株式会社　　令和○2年3月31日　　（単位：円）
⋮
負 債 の 部
⋮

Ⅱ 固 定 負 債
1.（長 期 借 入 金）　　　　　（ 1,500,000）❶
2.（リ ー ス 債 務）　　　　　（ 900,000）❷
3.（退職給付引当金）　　　　（ 1,230,000）❸
　　固定負債合計　　　　　　　（ 3,630,000）

解説 付記事項の仕訳
①（借）長期借入金 500,000　（貸）短期借入金 500,000
②（借）リース債務 300,000　（貸）短期リース債務 300,000
決算整理事項の仕訳
a.（借）退職給付費用 230,000　（貸）退職給付引当金 230,000
貸借対照表の表示
❶長期借入金
　¥2,000,000－付記事項①¥500,000
　＝¥1,500,000
❷リース債務
　¥1,200,000－付記事項②¥300,000
　＝¥900,000
❸退職給付引当金
　¥1,000,000＋¥230,000＝¥1,230,000

18 4

貸 借 対 照 表

舞鶴商事株式会社　　令和○2年3月31日　　（単位：円）
⋮
負 債 の 部

Ⅰ 流 動 負 債
1. 支 払 手 形　　　　　　（ 1,800,000）
2.（電 子 記 録 債 務）　　　（ 2,300,000）
3. 買 掛 金　　　　　　　（ 1,200,000）
4.（短 期 借 入 金）　　　　（ 1,930,000）❶
5. リ ー ス 債 務　　　　（ 640,000）
6.（未 払 費 用）　　　　　（ 100,000）❷
7. 未 払 法 人 税 等　　　（ 1,600,000）
8. 役員賞与引当金　　　　（ 400,000）
　　流動負債合計　　　　　　（ 9,970,000）
Ⅱ 固 定 負 債
1. 長 期 借 入 金　　　　（ 3,500,000）❸
2.（リ ー ス 債 務）　　　　（ 2,560,000）❹
3.（退職給付引当金）　　　（ 1,380,000）❺
　　固定負債合計　　　　　　（ 7,440,000）
　　　負 債 合 計　　　　　　（17,410,000）

解説 付記事項の仕訳
①（借）長期借入金 1,500,000　（貸）短期借入金 1,500,000
②（借）リース債務 640,000　（貸）短期リース債務 640,000
決算整理事項の仕訳
a.（借）当座預金 130,000　（貸）当座借越 130,000
b.（借）支払利息 100,000　（貸）未払利息 100,000
c.（借）役員賞与引当金繰入 400,000　（貸）役員賞与引当金 400,000
d.（借）退職給付費用 380,000　（貸）退職給付引当金 380,000
e.（借）法人税等 2,300,000　（貸）仮払法人税等 700,000
　　　　　　　　　　　　　未払法人税等 1,600,000

貸借対照表の表示
❶短期借入金
　手形借入金¥300,000＋当座借越¥130,000
　＋付記事項①¥1,500,000＝¥1,930,000
❷未払費用＝未払利息¥100,000
❸長期借入金
　¥5,000,000－付記事項①¥1,500,000
　＝¥3,500,000
❹リース債務
　¥3,200,000－付記事項②¥640,000
　＝¥2,560,000
❺退職給付引当金
　¥1,000,000＋¥380,000＝¥1,380,000

総合問題 2 (3)　　　　　　　　　　（p.80）

2—11

(1)

		借　　方		貸　　方	
①	当 座 預 金	350,000	当座借越（短期借入金）	350,000	
②	支 払 手 形	300,000	手形借入金（短期借入金）	300,000	
③	仮 受 金	450,000	売 掛 金 前 受 金	300,000 150,000	
a	貸倒引当金繰入	19,000	貸倒引当金	19,000	
b	減価償却費	648,000	備品減価償却累計額 リース資産減価償却累計額	128,000 520,000	
c	売買目的有価証券	150,000	有価証券評価益	150,000	
d	支 払 家 賃	25,000	未 払 家 賃	25,000	
e	退職給付費用	140,000	退職給付引当金	140,000	
f	法 人 税 等	930,000	仮払法人税等 未払法人税等	400,000 530,000	

(2)

受 取 手 形

	7,600,000		5,800,000
		3/31 次期繰越	1,800,000
	7,600,000		7,600,000

支 払 手 形

3/31	手形借入金（短期借入金）	2,000,000 300,000		4,000,000
〃	次 期 繰 越	1,700,000		
		4,000,000		4,000,000

退職給付引当金

3/31	次 期 繰 越	450,000			310,000
			3/31	退職給付費用	140,000
		450,000			450,000

(3)

貸 借 対 照 表 （一部）

埼玉商事株式会社　　　　令和○2年3月3/日　　　　　（単位：円）

資 産 の 部			負 債 の 部		
科　　目	金　額		科　　目	金　額	
流 動 資 産			流 動 負 債		
…			支 払 手 形	(1,700,000)	
受 取 手 形	(1,800,000)		電子記録債務	(1,500,000)	
(貸倒引当金)	(36,000)	(1,764,000)	買 掛 金	(1,400,000)	
売 掛 金	(2,400,000)		短期借入金	(840,000)	❶
(貸倒引当金)	(48,000)	(2,352,000)	(リース債務)	(520,000)	❷
有 価 証 券		(2,100,000)	前 受 金	(150,000)	
…			未 払 費 用	(25,000)	
流動資産合計		×××	(未払法人税等)	(530,000)	
固 定 資 産			流動負債合計	(6,665,000)	
備　　品	(1,000,000)		固 定 負 債		
(減価償却累計額)	(488,000)	(512,000)	リース債務	(1,040,000)	❷
リース資産	(2,600,000)		(退職給付引当金)	(450,000)	
(減価償却累計額)	(1,040,000)	(1,560,000)	固定負債合計	(1,490,000)	
			負 債 合 計	(8,155,000)	
固定資産合計		×××	…		
		×××		×××	

解説 〔決算整理事項〕

a．受取手形・売掛金残高の2％とする。
{¥1,800,000＋（¥2,700,000−付記事項③
¥300,000）}×0.02＝¥84,000
¥84,000−¥65,000＝¥19,000

b．備　　品：（¥1,000,000−¥360,000）×0.2
＝¥128,000

リース資産：$\dfrac{¥2,600,000−¥0}{5\ 年}=¥520,000$

c．有価証券評価益
（時価¥7,000−帳簿価額¥6,500）×300株
＝¥150,000
貸借対照表には，時価（¥7,000×300株）が記載
される。

f．すでに仮払法人税等として¥400,000を支払っ
ているので，¥530,000が未払法人税等になる。

❶当座借越¥350,000（付記事項①）と手形借入金
¥490,000（手形借入金勘定残高¥190,000＋付
記事項②¥300,000）は，貸借対照表には短期借
入金として表示する。

❷リース債務は，決算日の翌日から1年以内に支払
期限が到来する分を流動負債に，それ以外を固定
負債に表示する。

---

19 純資産の意味と分類　　　　（p.82）

19 1

ア	イ	ウ	エ	オ
株主資本	株　主	利　益	資本準備金	利益準備金

19 2

貸 借 対 照 表

高崎商事株式会社　　　　令和○年/2月3/日　　　　（単位：円）

…

純 資 産 の 部

Ⅰ 株 主 資 本
(1)（資 本 金）　　　　　　　　　　　　　50,000,000
(2)（資本剰余金）
　1. 資 本 準 備 金　　　　（ 3,000,000）
　2. その他資本剰余金　　　　2,000,000
　　　資本剰余金合計　　　　　　　　　　5,000,000
(3)（利 益 剰 余 金）
　1. 利 益 準 備 金　　　　（ 1,000,000）
　2. その他利益剰余金
　①（新 築 積 立 金）　　　1,400,000
　②繰越利益剰余金　　　（ 1,600,000）
　　　利益剰余金合計　　　　　　　　　　4,000,000
　　　株主資本合計　　　　　　　　　　59,000,000
Ⅱ（評価・換算差額等）
　その他有価証券評価差額金　　　　　　　700,000
Ⅲ（新 株 予 約 権）　　　　　　　　　　800,000
　　　純資産合計　　　　　　　　　　60,500,000

---

20 資本金　　　　（p.84）

20 1

ア	イ	ウ	エ	オ
資 本 金	2	資本準備金	資本準備金	資本準備金

20 2

	借　　　　　方		貸　　　　　方		
(1)	当 座 預 金	10,000,000	資 本 金	5,000,000	❶
			資本準備金	5,000,000	
(2)	当 座 預 金	24,000,000	資 本 金	12,000,000	
			資本準備金	12,000,000	
(3)	資本準備金	5,000,000	資 本 金	5,000,000	
(4)	資 本 金	8,000,000	資本準備金	8,000,000	

解説 ❶会社法に規定する最高限度額は，払込金額の2分
の1である。よって，次のようになる。
¥50,000×200株÷2＝¥5,000,000
この金額は，資本準備金勘定（純資産）に計上す
る。

20⃣3⃣

	借　方		貸　方	
(1)	当 座 預 金	20,000,000	資 本 金	10,000,000
			資本準備金	10,000,000
(2)	その他資本剰 余 金	2,000,000	資 本 金	2,000,000
(3)	資 本 金	7,000,000	資本準備金	7,000,000
(4)	当 座 預 金	8,000,000	資 本 金	8,000,000

検定問題　　　　　　　　　　(p.86)

20⃣4⃣

	借　方		貸　方		
(1)	当 座 預 金	57,400,000	資 本 金	28,700,000	
			資本準備金	28,700,000	❶
	株式交付費	450,000	当 座 預 金	450,000	
(2)	当 座 預 金	59,500,000	資 本 金	59,500,000	
	株式交付費	430,000	当 座 預 金	430,000	
(3)	当 座 預 金	78,000,000	資 本 金	39,000,000	
			資本準備金	39,000,000	
	株式交付費	450,000	当 座 預 金	450,000	

解説 ❶会社設立後株式発行に要した諸費用は, 株式交付費勘定(費用)で処理する。

21 資本剰余金　　　　　　(p.87)

21⃣1⃣

ア	イ	ウ
資　本　金	会　社　法	その他資本剰余金

21⃣2⃣

	借　方		貸　方	
(1)	資本準備金	3,000,000	その他資本剰 余 金	3,000,000
(2)	資本準備金	800,000	資 本 金	800,000

21⃣3⃣

借　方		貸　方		
現 金 預 金	9,700,000	買 掛 金	6,300,000	
建　　　物	5,800,000	資 本 金	8,000,000	
備　　　品	500,000	資本準備金	2,000,000	❶
の れ ん	300,000			

解説 ❶のれん=交付株式の時価総額-被合併会社の純資産時価
¥50,000×200株-(¥16,000,000
-¥6,300,000)=¥300,000

21⃣4⃣

(1)

借　方		貸　方		
現 金 預 金	2,000,000	買 掛 金	8,400,000	
売 掛 金	10,000,000	借 入 金	5,000,000	
繰 越 商 品	4,000,000	資 本 金	7,000,000	❶
備　　　品	7,000,000	資本準備金	3,000,000	
の れ ん	400,000			

(2)

船橋商事㈱　　貸借対照表 ❷　(単位：円)

現 金 預 金	(7,000,000)	買 掛 金	(26,400,000)
売 掛 金	(45,000,000)	借 入 金	(11,000,000)
商　　　品	(14,000,000)	資 本 金	(43,000,000)
建　　　物	(15,000,000)	(資本準備金)	(8,000,000)
備　　　品	(7,000,000)		
の れ ん	(400,000)		
	(88,400,000)		(88,400,000)

解説 ❶のれん
¥100,000×100株-(¥23,000,000
-¥8,400,000-¥5,000,000)
=¥10,000,000-¥9,600,000=¥400,000
❷船橋商事㈱の合併直前の貸借対照表の各科目と(1)の仕訳の同一科目を合算して, 合併貸借対照表を作成する。

21⃣5⃣

借　方		貸　方		
売 掛 金	2,700,000	買 掛 金	1,300,000	
有 価 証 券	7,500,000	資 本 金	6,000,000	❶
備　　　品	2,680,000	資本準備金	5,600,000	
の れ ん	20,000			

解説 ❶被合併会社の資産と負債は, 時価で評価する。本問の場合, 有価証券の時価が帳簿価額と異なるため注意する。
のれん
¥58,000×200株-(¥12,680,000
+¥200,000-¥1,300,000)=¥20,000
有価証券評価益

21⃣6⃣

(1)

借　方		貸　方		
現 金 預 金	3,100,000	買 掛 金	6,300,000	
有 価 証 券	9,000,000	借 入 金	5,000,000	
繰 越 商 品	5,000,000	資 本 金	8,000,000	❶
備　　　品	4,000,000	資本準備金	1,600,000	
の れ ん	200,000	その他資本剰余金	400,000	

(2)

千葉商事㈱　　貸借対照表 ❷　(単位：円)

(現 金 預 金)	(21,100,000)	(買 掛 金)	(20,300,000)
(有 価 証 券)	(30,000,000)	(借 入 金)	(13,000,000)
(商　　　品)	(15,000,000)	(資 本 金)	(48,000,000)
(建　　　物)	(17,000,000)	(資本準備金)	(5,600,000)
(備　　　品)	(4,000,000)	(その他資本剰余金)	(400,000)
(の れ ん)	(200,000)		
	(87,300,000)		(87,300,000)

解説 ❶被合併会社の資産と負債は, 時価で評価する。本問の場合, 有価証券の時価が帳簿価額と異なるため注意する。
のれん
¥100,000×100株-(¥20,800,000
+¥300,000-¥11,300,000)=¥200,000
有価証券評価益
❷千葉商事㈱の合併直前の貸借対照表の各科目と(1)の仕訳の同一科目を合算して, 合併貸借対照表を作成する。

22 利益剰余金 (p.91)

22 1

		借 方		貸 方	
(1)	繰越利益剰余金	4,000,000	減債積立金	4,000,000
(2)	建 物	60,000,000	当座預金	60,000,000
	新築積立金	60,000,000	繰越利益剰余金	60,000,000
(3)	別途積立金	500,000	繰越利益剰余金	500,000
(4)	その他資本剰余金	2,200,000	未払配当金	5,000,000
	繰越利益剰余金	3,300,000	資本準備金	200,000
			利益準備金	300,000
(5)	配当平均積立金	3,000,000	繰越利益剰余金	3,000,000
	繰越利益剰余金	3,300,000	未払配当金	3,000,000
			利益準備金	300,000

22 2

	準備金の名称	計 上 金 額
(1)	利益準備金	¥ 150,000 ❶
(2)	資本準備金	¥ 180,000 ❷
(3)	利益準備金	¥ 360,000 ❸
(4)	資本準備金	¥ 100,000 ❹

(解説) ❶ 繰越利益剰余金からの配当なので、利益準備金を計上する。その額は次のように求める。
まず、配当額の10分の1の金額を算出する。
¥1,800,000÷10＝¥180,000
次に資本金の4分の1の金額と準備金の合計額を比較すると後者の方が大きくなる。
¥80,000,000÷4＝¥20,000,000
¥18,000,000＋¥1,850,000＋¥180,000
＝¥20,030,000
よって、計上する利益準備金は資本金の4分の1に達するまでの金額となる。
¥20,000,000－（¥18,000,000＋¥1,850,000）
＝¥150,000

❷ その他資本剰余金からの配当なので、資本準備金を計上する。その額は次のように求める。
まず、配当額の10分の1の金額を算出する。
¥1,800,000÷10＝¥180,000
次に資本金の4分の1の金額と準備金の合計額を比較すると後者の方が小さい。
¥80,000,000÷4＝¥20,000,000
¥16,000,000＋¥180,000＝¥16,180,000
よって、計上する資本準備金は¥180,000となる。

❸ 繰越利益剰余金からの配当なので、利益準備金を計上する。その額は次のように求める。
まず、配当額の10分の1の金額を算出する。
¥3,600,000÷10＝¥360,000
次に資本金の4分の1の金額と準備金の合計額を比較すると後者の方が小さい。
¥60,000,000÷4＝¥15,000,000
¥12,000,000＋¥2,250,000＋¥360,000
＝¥14,610,000
よって、計上する利益準備金は¥360,000となる。

❹ その他資本剰余金からの配当なので、資本準備金を計上する。その額は次のように求める。
まず、配当額の10分の1の金額を算出する。
¥2,200,000÷10＝¥220,000
次に資本金の4分の1の金額と準備金の合計額を比較すると後者の方が大きくなる。
¥50,000,000÷4＝¥12,500,000
¥9,000,000＋¥3,400,000＋¥220,000
＝¥12,620,000
よって、計上する資本準備金は資本金の4分の1に達するまでの金額となる。
¥12,500,000－（¥9,000,000＋¥3,400,000）
＝¥100,000

検定問題 (p.94)

22 3

		借 方		貸 方	
(1)	その他資本剰余金	1,100,000	未払配当金	4,000,000
	繰越利益剰余金	3,300,000	資本準備金	100,000
			利益準備金	300,000
(2)	繰越利益剰余金	1,760,000	未払配当金	1,410,000
			利益準備金	130,000 ❶
			別途積立金	220,000
(3)	建 物	86,000,000	建設仮勘定	56,000,000
			当座預金	30,000,000
	新築積立金	86,000,000	繰越利益剰余金	86,000,000
(4)	建 物	88,000,000	建設仮勘定	65,000,000
			当座預金	23,000,000
	新築積立金	88,000,000	繰越利益剰余金	88,000,000
(5)	利益準備金	800,000	繰越利益剰余金	800,000
(6)	その他資本剰余金	3,300,000	未払配当金	6,500,000
	繰越利益剰余金	3,850,000	資本準備金	300,000
			利益準備金	350,000
(7)	繰越利益剰余金	4,000,000	減債積立金	4,000,000

(解説) ❶ 配当金¥1,410,000÷10＝¥141,000
資本金¥64,000,000÷4－（資本準備金¥14,500,000＋利益準備金¥1,370,000）＝¥130,000
よって、利益準備金は¥130,000

23 自己株式 (p.95)

23 1

ア	イ	ウ
自 己 株 式	処 分	その他資本剰余金

23 2

	借 方		貸 方		
(1)	自己株式 支払手数料	12,000,000 200,000	当座預金	12,200,000	
(2)	当座預金	4,200,000	自己株式 その他資本剰余金	3,600,000 600,000	❶
(3)	当座預金 その他資本剰余金	6,000,000 1,200,000	自己株式	7,200,000	❶
(4)	その他資本剰余金	1,200,000	自己株式	1,200,000	❷

解説 ❶自己株式の売却価額と帳簿価額との差額は，その他資本剰余金勘定（純資産）で処理する。
❷自己株式を消却したときは，その他資本剰余金勘定を減少させる。

23 3

ア	イ	ウ	エ
資　本	減　少	控　除	株　式

23 4

	借 方		貸 方		
(1)	自己株式 支払手数料	2,500,000 100,000	当座預金	2,600,000	
(2)	当座預金	2,100,000	自己株式 その他資本剰余金	1,500,000 600,000	
(3)	当座預金 その他資本剰余金	1,500,000 500,000	自己株式	2,000,000	
(4)	その他資本剰余金	800,000	自己株式	800,000	

検定問題 (p.97)

23 5

	借 方		貸 方	
(1)	その他資本剰余金	12,000,000	自己株式	12,000,000
(2)	自己株式	12,000,000	当座預金	12,000,000
(3)	その他資本剰余金	6,300,000	自己株式	6,300,000
(4)	当座預金	4,800,000	自己株式 その他資本剰余金	4,000,000 800,000
(5)	自己株式	6,000,000	当座預金	6,000,000

24 新株予約権 (p.98)

24 1

ア	イ	ウ
株　式	負　債	純　資　産

24 2

	借 方		貸 方		
(1)	当座預金	600,000	新株予約権	600,000	
(2)	当座預金 新株予約権	2,000,000 300,000	資　本　金	2,300,000	❶
(3)	当座預金 新株予約権	1,600,000 240,000	自己株式 その他資本剰余金	1,700,000 140,000	❷
(4)	新株予約権	60,000	新株予約権戻入益	60,000	❸

解説 ❶新株予約権の権利行使があった場合は，新株予約権を減少させる。本問では，5個分の新株予約権を減少させる。
¥60,000×5個＝¥300,000
権利行使価額¥2,000,000は，1個あたりの権利行使価額が¥400,000で5個分の権利行使があったので，¥400,000×5個＝¥2,000,000と計算されたものである。
❷新株予約権の権利行使にあたり，新株にかえて自己株式を交付した場合は，自己株式の処分対価（新株予約権＋権利行使価額）と自己株式の帳簿価額との差額を，その他資本剰余金勘定（純資産）に計上する。
❸権利行使期限までに行使されなかった新株予約権は，その帳簿価額を新株予約権戻入益勘定（収益）に計上する。

24 3

	借 方		貸 方	
(1)	当座預金	500,000	新株予約権	500,000
(2)	当座預金 新株予約権	1,050,000 250,000	資　本　金 資本準備金	650,000 650,000
(3)	当座預金 新株予約権	630,000 150,000	自己株式 その他資本剰余金	540,000 240,000
(4)	新株予約権	100,000	新株予約権戻入益	100,000

総合問題 ② (4) (p.100)

2—12

	借 方		貸 方		
(1)	資　本　金 その他資本剰余金	7,000,000 7,000,000	その他資本剰余金 繰越利益剰余金	7,000,000 7,000,000	
(2)	資　本　金 その他資本剰余金	4,400,000 4,400,000	その他資本剰余金 未払配当金 資本準備金	4,400,000 4,000,000 400,000	
(3)	現金預金 売掛金 繰越商品 備　品 土　地 のれん	1,200,000 1,600,000 3,700,000 2,500,000 3,200,000 600,000	買掛金 借入金 資　本　金 資本準備金	1,800,000 2,000,000 5,000,000 4,000,000	❶
(4)	その他資本剰余金	1,400,000	自己株式	1,400,000	

—27—

解説 ❶のれん＝交付株式時価総額－被合併会社純資産時価

$¥50,000×180株－(¥12,000,000＋¥200,000$
$－¥3,800,000)＝¥600,000$

2—13

	借　　　　方		貸　　　　方	
(1)	建　　　物	15,000,000	当 座 預 金	15,000,000
	新築積立金	15,000,000	繰越利益剰余金	15,000,000
(2)	配当平均積立金	3,000,000	繰越利益剰余金	3,000,000
	繰越利益剰余金	3,300,000	未払配当金	3,000,000
			利益準備金	300,000
(3)	その他資本剰余金	2,200,000	未払配当金	6,000,000
	繰越利益剰余金	4,400,000	資本準備金	200,000
			利益準備金	400,000

2—14

貸 借 対 照 表

日立商事株式会社　　　　令和○年/2月3/日　　　　（単位：円）

⋮

純 資 産 の 部

Ⅰ 株 主 資 本
(1) 資　本　金　　　　　　　　　　　　　　(25,000,000)
(2) (資本剰余金)
　1. 資 本 準 備 金　　　　　(3,700,000)
　2. その他資本剰余金　　　　(600,000)
　　資本剰余金合計　　　　　　　　　　(4,300,000)
(3) 利 益 剰 余 金
　1.(利 益 準 備 金)　　　　(1,400,000)
　2.(その他利益剰余金)
　①別途積立金　　　　　　(1,100,000)
　②繰越利益剰余金　　　　(3,400,000)
　　利益剰余金合計　　　　　　　　　　(5,900,000)
　　株主資本合計　　　　　　　　　　　(35,200,000)
　　　純 資 産 合 計　　　　　　　　　(35,200,000)
　　　負債及び純資産合計　　　　　　　(51,800,000)

解説 繰越利益剰余金は純資産合計を求めてから逆算する。
　純資産合計＝資産総額－負債総額
$¥51,800,000－¥16,600,000＝¥35,200,000$
本問では，評価・換算差額等と新株予約権はないので，純資産合計はそのまま株主資本合計となる。次に，下記のようにして利益剰余金合計を逆算して求める。
利益剰余金合計＝株主資本合計－資本金－資本剰余金合計
$¥35,200,000－¥25,000,000－¥4,300,000$
$＝¥5,900,000$
繰越利益剰余金＝利益剰余金合計－利益準備金－別途積立金
$¥5,900,000－¥1,400,000－¥1,100,000$
$＝¥3,400,000$

2—15

貸 借 対 照 表

山梨商事株式会社　　　令和○年3月3/日　　　（単位：円）

⋮

負 債 の 部

Ⅰ 流 動 負 債
　1. 支 払 手 形　　　　　　　(38,000,000)
　2. 買 掛 金　　　　　　　　(145,000,000)
　3.(短期借入金)　　　　　　(17,000,000)
　4. 未払法人税等　　　　　　(28,000,000)
　　流動負債合計　　　　　　　　　　　(228,000,000)
Ⅱ 固 定 負 債
　1. 長 期 借 入 金　　　　　90,000,000
　2.(退職給付引当金)　　　　(70,000,000)
　　固定負債合計　　　　　　　　　　　(160,000,000)
　　　負 債 合 計　　　　　　　　　　(388,000,000)

純 資 産 の 部

Ⅰ 株 主 資 本
(1) 資　本　金　　　　　　　　　　　　(315,000,000)
(2) (資本剰余金)
　1. 資 本 準 備 金　　　　　(46,000,000)
　　資本剰余金合計　　　　　　　　　　(46,000,000)
(3) (利益剰余金)
　1. 利 益 準 備 金　　　　　(13,300,000)
　2.(その他利益剰余金)
　①(別 途 積 立 金)　　　　(41,000,000)
　②繰越利益剰余金　　　　　(107,600,000)
　　利益剰余金合計　　　　　　　　　　(161,900,000)
　　株主資本合計　　　　　　　　　　　(522,900,000)
Ⅱ (評価・換算差額等)
　その他有価証券評価差額金　　　　　　(800,000)
Ⅲ (新 株 予 約 権)　　　　　　　　　(3,000,000)
　　純 資 産 合 計　　　　　　　　　　(526,700,000)
　　負債及び純資産合計　　　　　　　　(914,700,000)

解説 (2)取引の仕訳
①(借)繰越利益剰余金 45,300,000　(貸)未払配当金 33,000,000
　　　　　　　　　　　　　　　　利益準備金 3,300,000
　　　　　　　　　　　　　　　　新築積立金 5,000,000
　　　　　　　　　　　　　　　　別途積立金 4,000,000
②(借)未払配当金 33,000,000　(貸)当座預金 33,000,000
③(借)建　　物 50,000,000　(貸)当座預金 50,000,000
　　　新築積立金 50,000,000　　繰越利益剰余金 50,000,000
④(借)現金預金 2,000,000　(貸)買 掛 金 18,000,000
　　　売 掛 金 19,000,000　　短期借入金 13,000,000
　　　商　　品 10,000,000　　資 本 金 15,000,000
　　　建　　物 20,000,000　　資本準備金 6,000,000
　　　のれん 1,000,000
(3)決算整理事項
(a)(借)退職給付費用 8,000,000　(貸)退職給付引当金 8,000,000
(b)(借)その他有価証券 800,000　(貸)その他有価証券評価差額金 800,000
(c)(借)法人税等 46,000,000　(貸)仮払法人税等 18,000,000
　　　　　　　　　　　　　　　　未払法人税等 28,000,000
(d)(借)損　　益 52,000,000　(貸)繰越利益剰余金 52,000,000

25 **1**

ア	イ	ウ	エ	オ	カ
7	1	8	6	5	3

25 **2**

貸 借 対 照 表

千葉商事株式会社　　令和○5年3月3/日　　(単位：円)

資 産 の 部

I 流 動 資 産
1. 現 金 預 金 　　　　　　　　　(6,100,000)
2. 受 取 手 形 　(3,400,000)
　 (貸倒引当金) (34,000) (3,366,000)
3. (電子記録債権) (800,000)
　 (貸倒引当金) (8,000) (792,000)
4. 売 掛 金 　(3,000,000)
　 (貸倒引当金) (30,000) (2,970,000)
5. (有 価 証 券) 　　　　　　　　(1,200,000)
6. (商 　 品) 　　　　　　　　(4,040,000)
7. (前 払 費 用) 　　　　　　　　(184,000)
　 流動資産合計 　　　　　　　　　　　(18,652,000)

II 固 定 資 産
(1) 有形固定資産
1. (備 　 品) (2,000,000)
　 (減価償却累計額) (875,000) (1,125,000)
2. (土 　 地) 　　　　　　　(8,500,000)
　 有形固定資産合計 　　　　　　　(9,625,000)
(2) 投資その他の資産
1. (長 期 貸 付 金) 　　　　(1,125,000)
　 投資その他の資産合計 　　　(1,125,000)
　 固定資産合計 　　　　　　　　　　(10,750,000)
　 資 産 合 計 　　　　　　　　　　(29,402,000)

負 債 の 部

I 流 動 負 債
1. 支 払 手 形 　　　　　　　(3,140,000)
2. (電子記録債務) 　　　　　　　(300,000)
3. 買 掛 金 　　　　　　　(2,225,000)
4. (短 期 借 入 金) 　　　　　　　(800,000)
5. (未 払 費 用) 　　　　　　　(35,000)
6. (未払法人税等) 　　　　　　　(550,000)
　 流動負債合計 　　　　　　　　　(7,050,000)

II 固 定 負 債
1. (長 期 借 入 金) 　　　　　　　(900,000)
2. (退職給付引当金) 　　　　　　(2,550,000)
　 固定負債合計 　　　　　　　　　(3,450,000)
　 負 債 合 計 　　　　　　　　　(10,500,000)

純 資 産 の 部

I 株 主 資 本
(1) 資 本 金 　　　　　　　　(15,000,000)
(2) 資 本 剰 余 金
1. (資 本 準 備 金) 　　　　(1,000,000)
　 資本剰余金合計 　　　　　　　(1,000,000)
(3) 利 益 剰 余 金
1. 利 益 準 備 金 　　　　　(700,000)
2. その他利益剰余金
① (別 途 積 立 金) 　　　　(300,000)
② 繰越利益剰余金 　　　　(1,902,000)
　 利益剰余金合計 　　　　　　　(2,902,000)
　 株主資本合計 　　　　　　　　(18,902,000)
　 純 資 産 合 計 　　　　　　　(18,902,000)
　 負債及び純資産合計 　　　　　　(29,402,000)

解説 〔付記事項〕
① (借)貸倒引当金 70,000 (貸)売 掛 金 70,000
② (借)電子記録債権 800,000 (貸)売 掛 金 800,000
③ (借)当座預金 100,000 (貸)買 掛 金 100,000
④ (借)買 掛 金 300,000 (貸)電子記録債務 300,000
⑤ (借)長期借入金 800,000 (貸)短期借入金 800,000

〔決算整理事項〕
a. (借)仕 入 4,074,000 (貸)繰越商品 4,074,000
　　　 繰越商品 4,040,000 　　 仕 入 4,040,000
b. (借)貸倒引当金繰入 63,000 (貸)貸倒引当金 63,000
　 貸倒引当金設定額
　 受取手形 ¥3,400,000×0.01＝¥34,000
　 電子記録債権 ¥800,000×0.01＝¥8,000
　 売 掛 金 (¥3,870,000－¥70,000－¥800,000)
　　　　　×0.01＝¥30,000
c. (借)有価証券評価損 300,000 (貸)売買目的 有価証券 300,000
　 有価証券評価損
　 (¥75,000－¥60,000)×20株＝¥300,000
d. (借)減価償却費 375,000 (貸)備品減価 償却累計額 375,000
　 当期分減価償却費
　 (¥2,000,000－¥500,000)×0.25＝¥375,000
　 備品減価償却累計額
　 ¥500,000＋¥375,000＝¥875,000
e. (借)前払家賃 184,000 (貸)支払家賃 184,000
　 前払分は2か月分（4月・5月）
　 ¥276,000÷3か月×2か月＝¥184,000
f. (借)支払利息 35,000 (貸)未払利息 35,000
g. (借)退職給付費用 425,000 (貸)退職給付引当金 425,000
h. (借)法人税等 1,170,000 (貸)仮払法人税等 620,000
　　　　　　　　　　　　　 未払法人税等 550,000

・資産合計－負債合計＝純資産合計
　¥29,402,000－¥10,500,000＝¥18,902,000
・純資産合計－資本金－資本剰余金合計
　＝利益剰余金合計
　¥18,902,000－¥15,000,000－¥1,000,000
　＝¥2,902,000
・利益剰余金合計－利益準備金－別途積立金
　＝繰越利益剰余金
　¥2,902,000－¥700,000－¥300,000
　＝¥1,902,000

貸借対照表

奈良物産株式会社　令和○2年3月3/日　（単位：円）

資　産　の　部

Ⅰ　流　動　資　産
1. 現　金　預　金　(3,316,000)
2. 受　取　手　形　(3,800,000)
　　(貸倒引当金)　(38,000)　(3,762,000)
3. (売　掛　金)　(4,300,000)
　　(貸倒引当金)　(43,000)　(4,257,000)
4. (有 価 証 券)　(3,600,000)❶
5. (商　　　品)　(4,180,000)❷
6. (前 払 費 用)　(75,000)❸
　　流動資産合計　(19,190,000)

Ⅱ　固　定　資　産
(1) 有形固定資産
1. (リース資産)　(4,000,000)
　　(減価償却累計額)　(2,000,000)❹(2,000,000)
2. (土　　　地)　(12,000,000)
　　有形固定資産合計　(14,000,000)
(2) 投資その他の資産
1. (投資有価証券)　(3,520,000)❺
　　投資その他の資産合計　(3,520,000)
　　固定資産合計　(17,520,000)
　　資　産　合　計　(36,710,000)

負　債　の　部

Ⅰ　流　動　負　債
1. 支　払　手　形　(2,183,000)
2. 買　掛　金　(1,795,000)
3. リ ー ス 債 務　(400,000)
4. (未 払 費 用)　(39,000)❻
5. (未払法人税等)　(1,080,000)❼
　　流動負債合計　(5,497,000)

Ⅱ　固　定　負　債
1. (長 期 借 入 金)　(2,000,000)
2. リ ー ス 債 務　(1,600,000)
3. (退職給付引当金)　(1,380,000)❽
　　固定負債合計　(4,980,000)
　　負　債　合　計　(10,477,000)

純　資　産　の　部

Ⅰ　株　主　資　本
(1) 資　本　金　(17,000,000)
(2) 資本剰余金
1. (資 本 準 備 金)　(1,600,000)
　　資本剰余金合計　(1,600,000)
(3) 利益剰余金
1. (利 益 準 備 金)　(480,000)
2. その他利益剰余金
① 新 築 積 立 金　(1,200,000)
② 別 途 積 立 金　(340,000)
③ (繰越利益剰余金)　(3,813,000)
　　利益剰余金合計　(5,833,000)
　　株主資本合計　(24,433,000)

Ⅱ　評価・換算差額等
その他有価証券評価差額金　(100,000)❾

Ⅲ　新　株　予　約　権　(1,700,000)
　　純資産合計　(26,233,000)
　　負債及び純資産合計　(36,710,000)

解説〔付記事項〕
① (借)退職給付引当金　400,000　(貸)仮 払 金　400,000
② (借)リース債務　400,000　(貸)短期リース債務　400,000

〔決算整理事項〕
a.
❷ (借)仕　　入　4,570,000　(貸)繰越商品　4,570,000
　　　繰越商品　4,180,000　　　仕　　入　4,180,000
b.
　貸倒引当金設定額
　　受取手形　¥3,800,000×0.01＝¥38,000
　　売 掛 金　¥4,300,000×0.01＝¥43,000
　(借)貸倒引当金繰入　35,000　(貸)貸倒引当金　35,000
c.
❶有価証券　売買目的有価証券
　時価¥72,000×50株＝¥3,600,000
　(借)有価証券評価損　100,000　(貸)売買目的有価証券　100,000
d.
❹減価償却累計額
　¥4,000,000÷10年＝¥400,000
　¥1,600,000＋¥400,000＝¥2,000,000
　(借)減価償却費　400,000　(貸)リース資産減価償却累計額　400,000
e. f.
❺投資有価証券
　その他有価証券と満期保有目的債券
　決算整理事項f¥700,000＋決算整理事項e
　¥2,820,000＝¥3,520,000
　有価証券利息
　評価額¥2,820,000－帳簿価額¥2,800,000
　＝¥20,000
　(借)満期保有目的債券　20,000　(貸)有価証券利息　20,000
❾その他有価証券評価差額金
　時価¥700,000－帳簿価額¥600,000＝¥100,000
　(借)その他有価証券　100,000　(貸)その他有価証券評価差額金　100,000
g.
❸前払保険料
　¥300,000÷12か月×3か月＝¥75,000
　(借)前払保険料　75,000　(貸)保 険 料　75,000
h.
❻未払利息
　(借)支払利息　39,000　(貸)未払利息　39,000
i.
❽退職給付引当金
　¥960,000－付記事項①¥400,000＋¥820,000
　＝¥1,380,000
　(借)退職給付費用　820,000　(貸)退職給付引当金　820,000
j.
❼未払法人税等
　法人税，住民税及び事業税¥2,380,000－仮払法人税等¥1,300,000＝¥1,080,000
　(借)法人税等　2,380,000　(貸)仮払法人税等　1,300,000
　　　　　　　　　　　　　　　　未払法人税等　1,080,000
・資産合計－負債合計＝純資産合計
　¥36,710,000－¥10,477,000＝¥26,233,000
・純資産合計－新株予約権
　－その他有価証券評価差額金＝株主資本合計
　¥26,233,000－¥1,700,000－¥100,000
　＝¥24,433,000
・株主資本合計－資本金－資本剰余金合計
　＝利益剰余金合計

$¥24,433,000 - ¥17,000,000 - ¥1,600,000$
$= ¥5,833,000$

- 利益剰余金合計－利益準備金－新築積立金
  －別途積立金＝繰越利益剰余金
  $¥5,833,000 - ¥480,000 - ¥1,200,000$
  $- ¥340,000 = ¥3,813,000$

検定問題 **(p.110)**

25 4

貸 借 対 照 表

鹿児島商事株式会社　令和○3年3月3/日　　　（単位：円）

資 産 の 部

I 流 動 資 産
1. 現 金 預 金		(3,821,000)
2. 受 取 手 形	(2,000,000)	
貸 倒 引 当 金	(40,000)	(1,960,000)
3. 売 掛 金	(3,900,000)	
貸 倒 引 当 金	(78,000)	(3,822,000)
4.(有 価 証 券)		(4,500,000)❶
5.(商　　　品)		(5,070,000)❷
6.(前 払 費 用)		(288,000)❸
流動資産合計		(19,461,000)

II 固 定 資 産
(1) 有形固定資産
1. 建　　　物	6,000,000	
減価償却累計額	(3,780,000)❹	(2,220,000)
2. 備　　　品	(3,500,000)	
減価償却累計額	(1,400,000)❹	(2,100,000)
3. 土　　　地	7,843,000	
有形固定資産合計		(12,163,000)

(2) 投資その他の資産
1.(投 資 有 価 証 券)		(5,500,000)❺
2.(長 期 前 払 費 用)		(480,000)❸
投資その他の資産合計		(5,980,000)
固 定 資 産 合 計		(18,143,000)
資 産 合 計		(37,604,000)

負 債 の 部

I 流 動 負 債
1. 支 払 手 形		1,257,000
2. 買 掛 金		3,740,000
3. 短 期 借 入 金		(2,500,000)
4.(未 払 金)		(172,000)
5.(未払法人税等)		(1,141,000)❻
6.(前 受 収 益)		(70,000)❼
流動負債合計		(8,880,000)

II 固 定 負 債
1. 長 期 借 入 金		3,000,000
2. 退職給付引当金		(3,730,000)❽
固定負債合計		(6,730,000)
負 債 合 計		(15,610,000)

純 資 産 の 部

I 株 主 資 本
(1) 資 本 金 13,000,000
(2) 資本剰余金
1. 資本準備金	2,000,000	
資本剰余金合計		2,000,000

(3) 利益剰余金
1. 利益準備金	(860,000)	
2. その他利益剰余金		
① 繰越利益剰余金	(6,034,000)	
利益剰余金合計		(6,894,000)
株主資本合計		(21,894,000)

II 評価・換算差額等
1. その他有価証券評価差額金	(100,000)❺	
評価・換算差額等合計		(100,000)
純 資 産 合 計		(21,994,000)
負債及び純資産合計		(37,604,000)

解説 〔付記事項〕

① (借)貸倒引当金　64,000　(貸)売 掛 金　84,000
　　　貸倒損失　　20,000

〔決算整理事項〕

a .
棚卸減耗損　¥2,700×(2,000個－1,950個)
　　　　　　＝¥135,000
商品評価損　(¥2,700－¥2,600)×1,950個
　　　　　　＝¥195,000

❷期末商品

(借)仕　　　　入　5,142,000　(貸)繰越商品　5,142,000
　　繰越商品　5,400,000　　　　仕　　　入　5,400,000
　　棚卸減耗損　135,000　　　　繰越商品　　135,000
　　商品評価損　195,000　　　　繰越商品　　195,000

b .
貸倒引当金設定額
　受取手形　¥2,000,000×0.02＝¥40,000
　売 掛 金　(¥3,984,000－¥84,000)×0.02
　　　　　　＝¥78,000
貸倒引当金繰入額　¥40,000＋¥78,000
　　　　　　　　　＝¥118,000

(借)貸倒引当金繰入　118,000　(貸)貸倒引当金　118,000

c .
❶売買目的有価証券　　帳簿価額　　　　時　価
　西南株式会社　¥3,020,000　¥3,000,000
　佐賀株式会社　¥1,300,000　¥1,500,000
　合　　計　　　¥4,320,000　¥4,500,000
評価益　¥4,500,000－¥4,320,000＝¥180,000
(借)売買目的有価証券　180,000　(貸)有価証券評価益　180,000

❺その他有価証券
評価差額　¥1,100×5,000株－¥1,080×5,000株
　　　　　＝¥100,000
(借)その他有価証券　100,000　(貸)その他有価証券評価差額金　100,000

d .
❹減価償却累計額
建物　(¥6,000,000－¥6,000,000×0.1)
　　　÷30年＝¥180,000
備品　(¥3,500,000－¥0)÷10年＝¥350,000
(借)減価償却費　530,000　(貸)建物減価償却累計額　180,000
　　　　　　　　　　　　　　備品減価償却累計額　350,000

e .
❸前払保険料
1か月分の保険料
¥864,000÷36か月（3年）＝¥24,000
当期保険料（12月～翌年3月）
¥24,000×4か月＝¥96,000
前払保険料（令和○3年4/1～令和○4年3/31）
¥24,000×12か月＝¥288,000
長期前払保険料（令和○4年4/1～○5年11/30）
¥864,000－¥96,000－¥288,000＝¥480,000
(借)前払保険料　288,000　(貸)保 険 料　768,000
　　長期前払保険料　480,000

f .
❼前受家賃
(借)受取家賃　70,000　(貸)前受家賃　70,000

g .
❽退職給付引当金
(借)退職給付費用　1,245,000　(貸)退職給付引当金　1,245,000

h .
❻未払法人税等
(借)法人税等　2,341,000　(貸)仮払法人税等　1,200,000
　　　　　　　　　　　　　　未払法人税等　1,141,000

・資産合計－負債合計＝純資産合計
　¥37,604,000－¥15,610,000＝¥21,994,000
・純資産合計－資本金－資本剰余金合計
　－評価・換算差額等＝利益剰余金合計
　¥21,994,000－¥13,000,000－¥2,000,000
　－¥100,000＝¥6,894,000
・利益剰余金合計－利益準備金＝繰越利益剰余金
　¥6,894,000－¥860,000＝¥6,034,000

— 32 —

貸借対照表

岡山商事株式会社　令和○2年3月31日　　（単位：円）

資 産 の 部

I 流 動 資 産
1. 現 金 預 金 　　　　　　　　　（ 3,904,000）
2. 受 取 手 形 （ 2,200,000）
　　貸 倒 引 当 金 （ 22,000）　（ 2,178,000）
3. 売 掛 金 （ 3,000,000）
　　貸 倒 引 当 金 （ 30,000）　（ 2,970,000）
4. (有 価 証 券) 　　　　　　　　（ 1,200,000）❶
5. (商 　 品) 　　　　　　　　　（ 2,263,000）❷
6. (前 払 費 用) 　　　　　　　　（ 60,000）❸
　　流 動 資 産 合 計 　　　　　（ 12,575,000）

II 固 定 資 産
(1) 有形固定資産
1. 建 　 物 　7,500,000
　　減価償却累計額 （ 1,800,000）❹（ 5,700,000）
2. 備 　 品 　3,500,000
　　減価償却累計額 （ 1,708,000）❹（ 1,792,000）
3. 土 　 地 　3,185,000
4. 建 設 仮 勘 定 　4,800,000
　　有形固定資産合計 　　　　　（ 15,477,000）
(2) 投資その他の資産
1. 投資有価証券 　　　　　　　　（ 1,952,000）❺
　　投資その他の資産合計 　　　（ 1,952,000）
　　固 定 資 産 合 計 　　　　　（ 17,429,000）
　　資 産 合 計 　　　　　　　　（ 30,004,000）

負 債 の 部

I 流 動 負 債
1. 支 払 手 形 　701,000
2. 買 掛 金 　2,102,000
3. (未 払 費 用) 　　　　　　　（ 8,000）❻
4. (未払法人税等) 　　　　　　　（ 504,000）❼
　　流 動 負 債 合 計 　　　　　（ 3,315,000）
II 固 定 負 債
1. 長 期 借 入 金 　4,000,000
2. (退職給付引当金) 　　　　　　（ 1,869,000）❽
　　固 定 負 債 合 計 　　　　　（ 5,869,000）
　　負 債 合 計 　　　　　　　　（ 9,184,000）

純 資 産 の 部

I 株 主 資 本
(1) 資 本 金 　　　　　　　　　14,000,000
(2) 資本剰余金
1. 資 本 準 備 金 　1,900,000
　　資本剰余金合計 　　　　　　1,900,000
(3) 利益剰余金
1. 利 益 準 備 金 　1,300,000
2. その他利益剰余金
① 別 途 積 立 金 　830,000
② 繰越利益剰余金 （ 2,790,000）
　　利益剰余金合計 　　　　　　（ 4,920,000）
　　株 主 資 本 合 計 　　　　　（ 20,820,000）
　　純 資 産 合 計 　　　　　　（ 20,820,000）
　　負債及び純資産合計 　　　　（ 30,004,000）

解説〔付記事項〕

①(借)現 　 金 20,000 （貸)有価証券利息 20,000

〔決算整理事項〕

a.
棚卸減耗損 　¥920×（1,500個－1,400個）
　　　　　　＝¥92,000
商品評価損 　（¥800－¥750）×1,300個
　　　　　　＝¥65,000

❷期末商品
(借)仕 　 入 2,340,000 （貸)繰越商品 2,340,000
　　繰越商品 2,420,000 　　仕 　 入 2,420,000
　　棚卸減耗損 92,000 　　繰越商品 92,000
　　商品評価損 65,000 　　繰越商品 65,000

b.
貸倒引当金設定額
受 取 手 形 　¥2,200,000×0.01＝¥22,000
売 掛 金 　¥3,000,000×0.01＝¥30,000
貸倒引当金繰入額 　（¥22,000＋¥30,000）
　　　　　　　　　　－¥15,000＝¥37,000
(借)貸倒引当金繰入 37,000 （貸)貸倒引当金 37,000

c.
❶売買目的有価証券
評価益 　¥1,200,000－¥1,170,000＝¥30,000
(借)売買目的有価証券 30,000 （貸)有価証券評価益 30,000
❺満期保有目的債券
償却額 　¥1,952,000－¥1,944,000＝¥8,000
(借)満期保有目的債券 8,000 （貸)有価証券利息 8,000

d.
❹減価償却累計額
建物 　（¥7,500,000－¥0）÷50年＝¥150,000
備品 　（¥3,500,000－¥1,260,000）×0.2
　　　　＝¥448,000
(借)減価償却費 598,000 （貸)建物減価償却累計額 150,000
　　　　　　　　　　　　　　　備品減価償却累計額 448,000

e.
❸前払保険料
(借)前払保険料 60,000 （貸)保 険 料 60,000

f.
❻未払利息
問題文に元帳勘定残高の利息は全額長期借入金に対する利息であるという断り書きがないので，次のようにして未払利息を計算する。
1か月分の利息 　¥4,000,000×0.024÷12か月
　　　　　　　　＝¥8,000
すでに当期の令和○1年8月末と令和○2年2月末に支払いが済んでいるので，未払高は令和○2年3月分の¥8,000である。
(借)支払利息 8,000 （貸)未払利息 8,000
なお，問題文に元帳勘定残高の利息は全額長期借入金に対する利息であるという断り書きがあれば，勘定残高の支払利息¥88,000は11か月分（＝6か月分＋6か月分－期首再振替1か月分）であることから，¥88,000を11か月で割って1か月分を求め，未払高は3月分の¥8,000と計算してもよい。

g.
❽退職給付引当金
(借)退職給付費用 802,000 （貸)退職給付引当金 802,000

h.

❼未払法人税等

(借)法人税等　954,000　　(貸)仮払法人税等　450,000
　　　　　　　　　　　　　　　　未払法人税等　504,000

・資産合計−負債合計＝純資産合計
　¥30,004,000−¥9,184,000＝¥20,820,000
・純資産合計−資本金−資本剰余金合計
　＝利益剰余金合計
　¥20,820,000−¥14,000,000−¥1,900,000
　＝¥4,920,000
・利益剰余金合計−利益準備金−別途積立金
　＝繰越利益剰余金
　¥4,920,000−¥1,300,000−¥830,000
　＝¥2,790,000

---

25 6

貸借対照表

茨城商事株式会社　　令和○2年3月3/日　　（単位：円）

資 産 の 部

I 流 動 資 産

項目	内訳	金額
1. 現 金 預 金		(2,736,000)
2. 受 取 手 形	(1,700,000)	
貸 倒 引 当 金	(17,000)	(1,683,000)
3. 売 掛 金	(1,500,000)	
貸 倒 引 当 金	(15,000)	(1,485,000)
4.（商　　　品）		(1,725,000) ❶
5.（前 払 費 用）		(180,000) ❷
流動資産合計		(7,809,000)

II 固 定 資 産

(1) 有形固定資産

項目	内訳	金額
1. 建　　　　物	4,000,000	
減価償却累計額	(1,584,000) ❸	(2,416,000)
2. 備　　　　品	2,000,000	
減価償却累計額	(976,000) ❸	(1,024,000)
3. 土　　　　地	14,095,000	
4. 建 設 仮 勘 定	1,450,000	
有形固定資産合計		(18,985,000)

(2) 投資その他の資産

1. 投 資 有 価 証 券	(2,460,000) ❹
2.（関 係 会 社 株 式）	(1,540,000) ❺
3.（長 期 前 払 費 用）	(255,000) ❷
投資その他の資産合計	(4,255,000)
固定資産合計	(23,240,000)
資 産 合 計	(31,049,000)

負 債 の 部

I 流 動 負 債

1. 支 払 手 形	24/9,000
2. 買 掛 金	2,105,000
3.（未 払 費 用）	(38,000) ❻
4.（未 払 法 人 税 等）	(625,000) ❼
流動負債合計	(5,187,000)

II 固 定 負 債

1. 長 期 借 入 金	1,900,000
2.（退職給付引当金）	(3,670,000) ❽
固定負債合計	(5,570,000)
負 債 合 計	(10,757,000)

純 資 産 の 部

I 株 主 資 本

項目	内訳	金額
(1) 資 本 金		12,000,000
(2) 資 本 剰 余 金		
1. 資 本 準 備 金	1,500,000	
資本剰余金合計		1,500,000
(3) 利 益 剰 余 金		
1. 利 益 準 備 金	1,280,000	
2. その他利益剰余金		
① 別 途 積 立 金	1,490,000	
② 繰越利益剰余金	(3,722,000)	
利益剰余金合計		(6,492,000)
株 主 資 本 合 計		(19,992,000)

II 評価・換算差額等

1. その他有価証券評価差額金	(300,000) ❹
評価・換算差額等合計	(300,000)
純 資 産 合 計	(20,292,000)
負債及び純資産合計	(31,049,000)

解説 〔付記事項〕

① (借)貸倒引当金 35,000 (貸)売 掛 金 50,000
　　貸倒損失 15,000

〔決算整理事項〕

a.
棚卸減耗損 ￥900×(1,300個−1,200個)
　　　　　　＋￥630×(1,200個−1,100個)
　　　　　　＝￥153,000
商品評価損 (￥900−￥860)×1,200個＝￥48,000

❶期末商品

(借)仕　　入 1,560,000 (貸)繰越商品 1,560,000
　　繰越商品 1,926,000　　仕　　入 1,926,000
　　棚卸減耗損 153,000　　繰越商品 153,000
　　商品評価損 48,000　　繰越商品 48,000

b.
貸倒引当金設定額
　受取手形 ￥1,700,000×0.01＝￥17,000
　売 掛 金 (￥1,550,000−￥50,000)×0.01
　　　　　＝￥15,000
　貸倒引当金繰入額 ￥17,000＋￥15,000
　　　　　　　　　＝￥32,000
(借)貸倒引当金繰入 32,000 (貸)貸倒引当金 32,000

c.
❹その他有価証券
評価差額 ￥8,200×300株−￥2,160,000
　　　　＝￥300,000
(借)その他有価証券 300,000 (貸)その他有価証券評価差額金 300,000

❺子会社株式
評価損 ￥3,220,000−￥2,200×700株
　　　＝￥1,680,000
(借)子会社株式評価損 1,680,000 (貸)子会社株式 1,680,000

d.
❸減価償却累計額
建物 (￥4,000,000−￥4,000,000×0.1)÷50年
　　＝￥72,000
備品 (￥2,000,000−￥720,000)×0.2
　　＝￥256,000
(借)減価償却費 328,000 (貸)建物減価償却累計額 72,000
　　　　　　　　　　　　備品減価償却累計額 256,000

e.
❷前払保険料
1か月分の保険料
￥540,000÷36か月 (3年)＝￥15,000
当期保険料(9月〜翌年3月)
￥15,000×7か月＝￥105,000
前払保険料 (令和○2年4/1〜令和○3年3/31)
￥15,000×12か月＝￥180,000
長期前払保険料 (令和○3年4/1〜令和○4年8/31)
￥540,000−￥105,000−￥180,000＝￥255,000
(借)前払保険料 180,000 (貸)保 険 料 435,000
　　長期前払保険料 255,000

f.
❻未払利息
(借)支払利息 38,000 (貸)未払利息 38,000

g.
❽退職給付引当金
(借)退職給付費用 840,000 (貸)退職給付引当金 840,000

h.
❼未払法人税等
(借)法人税等 1,495,000 (貸)仮払法人税等 870,000
　　　　　　　　　　　　未払法人税等 625,000

・資産合計−負債合計＝純資産合計
￥31,049,000−￥10,757,000＝￥20,292,000

・純資産合計−資本金−資本剰余金合計
　−評価・換算差額等＝利益剰余金合計
￥20,292,000−￥12,000,000−￥1,500,000
−￥300,000＝￥6,492,000

・利益剰余金合計−利益準備金−別途積立金
　＝繰越利益剰余金
￥6,492,000−￥1,280,000−￥1,490,000
＝￥3,722,000

26 損益計算書のあらまし　(p.116)

26 1

ア	イ	ウ	エ	オ
経営成績	収　益	費　用	純損益計算	報 告 式

26 2

ア	イ	ウ	エ	オ
販売費及び一般管理費	営業外費用	特別損失	100	当期純利益

26 3

左の損益計算書	勘 定 式
右の損益計算書	報 告 式

27 損益計算の意味と基準　(p.118)

27 1

ア	イ	ウ
損　益　法	実 現 主 義	収　支　額

27 2

(1) 現金主義 ¥ 48,000	(2) 発生主義 ¥ 32,000

解説 現金主義は，現金の支出があったときに費用を認識する。発生主義は，現金の支出に関係なく，当期に発生した事実にもとづいて収益を認識する。

発生主義による当期の保険料

$$¥48,000 × \frac{8か月分（8月〜翌3月）}{12か月分（8月〜翌7月）} = ¥32,000$$

27 3

ア	イ	ウ
損　益　法	期　間　損　益	発　生　主　義
エ	**オ**	
実　現　主　義	費用収益対応の原則	

検定問題　(p.120)

27 4

ア	イ
4	2

27 5

(1)		(2)	
ア	イ	ウ	エ
発生主義	前　　受	○	費用収益対応

28 売上高・売上原価・販売費及び一般管理費　(p.121)

28 1

① 出荷基準による売上高	¥ 660,000	② 引渡基準による売上高	¥ 510,000
③ 検収基準による売上高	¥ 240,000		

解説 販売基準は，販売のプロセスにおける三つの段階（出荷・引渡・検収）に分かれる。各企業は取引の実態に応じて，選択適用する。

28 2

	借　　方	貸　　方	
付記事項の仕　　訳	売　　上　160,000	売 掛 金　160,000	❶
決算整理仕訳	仕　　入　470,000 繰越商品　454,000	繰越商品　470,000 仕　　入　454,000	❷

解説 ❶検収されていない金額を，売上勘定・売掛金勘定から差し引く。

❷期末商品棚卸高¥362,000に未検収の商品（原価¥92,000）を含める。

28 3

	借　　方	貸　　方	
(1)	現　　金　254,800 売　　上 ❶　5,200	売 掛 金　260,000	
(2)	現　　金　514,100 売　　上 ❷　15,900	売 掛 金　530,000	

解説 ❶¥260,000×0.02＝¥5,200

❷¥530,000×0.03＝¥15,900

28 4

① 工事進行基準❶¥70,000,000	② 原価回収基準❷¥33,700,000
③ 工事完成基準❸¥　　　　0	

解説 ❶工事進行基準は，工事の進捗度に応じて工事収益を見積もる。

工事収益総額¥200,000,000×

$$\frac{当期中の工事原価¥52,500,000}{工事原価総額¥150,000,000} = ¥70,000,000$$

❷原価回収基準は①工事収益，②工事原価，③工事進捗度の三つの要件を合理的に見積もることができないとき，当期に発生した工事原価の分だけ収益を計上する方法。当期の工事原価¥33,700,000と同額を工事収益に計上する。

❸工事完成基準は，完成したら工事収益を計上する方法。次期完成予定のため，当期の工事収益は¥0である。

28 5

	借　　方	貸　　方	
(1)	工 事 原 価　48,000,000 契 約 資 産　60,000,000	工事費用の諸 勘 定　48,000,000 工 事 収 益❶60,000,000	
(2)	工 事 原 価　8,400,000 契 約 資 産　12,000,000	工事費用の諸 勘 定　8,400,000 工 事 収 益❷12,000,000	

解説 工事進行基準では進捗度に応じて収益を計上する。工事費用の諸勘定は，原価計算で学習する材料費，労務費，経費などである。

❶工事収益総額¥200,000,000×

$$\frac{当期中の工事原価¥48,000,000}{工事原価総額¥160,000,000}$$

$$= ¥60,000,000$$

❷工事収益総額 ¥30,000,000 ×
$$\frac{当期中の工事原価 ¥8,400,000}{工事原価総額 ¥21,000,000} = ¥12,000,000$$

28 6

	借 方		貸 方		
(1)	開 発 費	700,000	当 座 預 金	700,000	❶
(2)	開 発 費	20,000	消 耗 品 費	20,000	
(3)	研 究 開 発 費	800,000	現 金	800,000	❷
(4)	研 究 開 発 費	450,000	給 料	450,000	

解説 ❶新製品の市場開拓のために支出した費用は, 開発費勘定（費用）で処理する。
❷新製品の研究開発のために支出した費用は, 研究開発費勘定（費用）で処理する。

28 7

損 益 計 算 書

岡山商事株式会社 令和○年/月/日から令和○年/2月3/日まで （単位：円）

I 売 上 高			(15,600,000)
II 売 上 原 価			
1. 期首商品棚卸高	(2,500,000)		
2. 当期商品仕入高	(9,500,000)		
合 計	(12,000,000)		
3. 期末商品棚卸高	(1,760,000)	(10,240,000)	
売 上 総 利 益			(5,360,000)
III 販売費及び一般管理費			
1. 給 料	(540,000)❶		
2. 広 告 料	(240,000)		
3. 貸倒引当金繰入	(13,000)❷		
4. 保 険 料	(120,000)❸		
5. 減 価 償 却 費	(60,000)		
6. 消 耗 品 費	(240,000)❹		
7. 開 発 費	(400,000)		
8. 研 究 開 発 費	(660,000)❺		
9. 雑 費	(36,000)	(2,309,000)	
営 業 利 益			(3,051,000)

解説 ❶給料
¥840,000 − ¥300,000 = ¥540,000
❷貸倒引当金繰入
¥7,300,000 × 0.01 − ¥60,000 = ¥13,000
❸保険料
¥130,000 − ¥10,000 = ¥120,000
❹消耗品費
¥400,000 − ¥160,000 = ¥240,000
❺研究開発費
付記事項より
(借)研究開発費 460,000 (貸)給 料 300,000
消耗品費 160,000
¥200,000 + ¥460,000 = ¥660,000

検定問題 (p.125)

28 8

当 期 の 工 事 収 益	¥ 162,540,000

解説 工事収益総額 ¥903,000,000 ×
$$\frac{当期中の工事原価 ¥135,450,000}{工事原価総額 ¥752,500,000} = ¥162,540,000$$

---

29 営業外収益・営業外費用 (p.126)

29 1

ア	イ	ウ
営 業 外 損 益	仕 入 割 引	営 業 利 益

29 2

	借 方		貸 方		
(1)	買 掛 金	500,000	当 座 預 金	490,000	
			仕 入 割 引	10,000	❶
(2)	買 掛 金	400,000	現 金	396,000	
			仕 入 割 引	4,000	❷
(3)	仕 入	13,000	仕 入 割 引	13,000	

解説 ❶ ¥500,000 × 0.02 = ¥10,000
❷ ¥400,000 − ¥396,000 = ¥4,000

29 3

損 益 計 算 書

宮城商事株式会社 令和○年/月/日から令和○年/2月3/日まで （単位：円）

⋮			
営 業 利 益			(2,500,000)
IV 営 業 外 収 益			
1. 受 取 利 息	(60,000)		
2. 有価証券利息	(45,000)		
3. 仕 入 割 引	(15,000)		
4. 雑 益	(10,000)	(130,000)	
V 営 業 外 費 用			
1. 支 払 利 息	(90,000)		
2. 有価証券評価損	(80,000)		
3. 雑 損	(7,000)	(177,000)	
経 常 利 益			(2,453,000)

検定問題 (p.127)

29 4

	借 方		貸 方	
(1)	買 掛 金	250,000	現 金	245,000
			仕 入 割 引	5,000
(2)	買 掛 金	300,000	現 金	298,000
			仕 入 割 引	2,000
(3)	買 掛 金	800,000	当 座 預 金	796,000
			仕 入 割 引	4,000

30 特別利益・特別損失　(p.128)

30 1

借　　　方		貸　　　方	
当 座 預 金	4,500,000	その他有価証券	4,200,000
		投 資 有 価 証 券 売 却 益	300,000

30 2

特 別 利 益	6　11	特 別 損 失	3　9　10

30 3

	借　　　方		貸　　　方	
(1)	建 物 減 価 償 却 累 計 額	9,000,000	建　　　物	15,000,000
	火 災 損 失	6,000,000		
(2)	未 収 入 金	590,000	その他有価証券	700,000
	投 資 有 価 証 券 売 却 損	110,000		

検定問題　(p.129)

30 4

区　　分	番号	区　　分	番号
販売費及び一般管理費	3	営 業 外 費 用	1
営 業 外 収 益	2	特 別 損 失	2

30 5

区　　分	番号	区　　分	番号
営 業 外 収 益	2	特 別 利 益	2
営 業 外 費 用	1	特 別 損 失	3

総合問題 3 (1)　(p.130)

3—1

区　分	項目（科目）	区　分	項目（科目）
販売費及び 一般管理費	b．租 税 公 課 （固定資産税）	特別利益	c．固定資産売却益
営業外収益	e．受取配当金	特別損失	d．固定資産除却損
営業外費用	a．電 子 記 録 債 権 売 却 損		

3—2

ア	イ	ウ	エ	オ	カ	キ
4	5	7	6	8	2	1

3—3

(1)	工事進行基準	¥171,000,000 ❶	(2)	原価回収基準	¥　126,000,000

解説 ❶ $¥570,000,000 \times \dfrac{¥126,000,000}{¥420,000,000}$
　　　　$= ¥171,000,000$

3—4

	借　　　方		貸　　　方		
(1)	現　　　金	2,475,000	売 掛 金	2,500,000	❶
	売　　　上	25,000			
(2)	買 掛 金	3,800,000	当 座 預 金	3,762,000	❷
			仕 入 割 引	38,000	
(3)	当 座 預 金	3,400,000	その他有価証券	3,600,000	❸
	投 資 有 価 証 券 売 却 損	200,000			
(4)	建 物 減 価 償 却 累 計 額	18,000,000	建　　　物	30,000,000	
	火 災 損 失	12,000,000			
(5)	開 発 費	1,200,000	当 座 預 金	1,200,000	❹
(6)	研究開発費	87,000	消 耗 品 費	87,000	❺
(7)	売　　　上	100,000	売 掛 金	100,000	
(8)	契 約 資 産	23,410,000	工 事 収 益	23,410,000	❻

解説 ❶ $¥2,500,000 \times 0.01 = ¥25,000$
　　　❷ $¥3,800,000 \times 0.01 = ¥38,000$
　　　❸ $¥3,600,000 - ¥3,400,000$
　　　　（200株×@¥17,000）$= ¥200,000$
　　　❹ 新市場の開拓にかかった市場調査費用は，開発費
　　　　勘定（費用）で処理する。
　　　❺ 研究開発目的にかかった費用は，研究開発費勘定
　　　　（費用）で処理する。
　　　❻ 原価回収基準によるため，当期中の工事原価
　　　　¥23,410,000を工事収益として計上する。

31 **1**

損 益 計 算 書

京都商事株式会社　令和○年/月/日から令和○年/2月3/日まで　（単位：千円）

I	（①売　上　高）		/6,772
II	（②売 上 原 価）		
	1. 期首商品棚卸高	2,6/0	
	2. 当期商品仕入高	/3,360	
	合　　　計	（ /5,970)	
	3. 期末商品棚卸高	2,7/0	（ /3,260)
	売 上 総 利 益		（ 3,5/2)
III	販売費及び一般管理費		
	1. 給　　　料	/,826	
	2. （㋐発 送 費）	（ /58)	
	3. 広　告　料	/35	
	4. （㋑貸倒引当金繰入）	（ 44)	
	5. （㋒減価償却費）	（ 237)	
	6. （㋓支 払 地 代）	（ /90)	
	7. （㋔保 険 料）	（ 34)	
	8. 雑　　　費	/5	（ 2,639)
	（ⓐ営 業 利 益）		（ 873)
IV	（③営 業 外 収 益）		
	1. （㋕有価証券利息）	（ 20)	
	2. （㋖受 取 配 当 金）	（ /30)	
	3. （㋗仕 入 割 引）	（ 76)	（ 226)
V	（④営 業 外 費 用）		
	1. 支 払 利 息	26	
	2. （㋘有価証券評価損）	（ /00)	（ /26)
	（ⓑ経 常 利 益）		（ 973)
VI	（⑤特 別 利 益）		
	1. （㋙固定資産売却益）	（ 40)	（ 40)
VII	（⑥特 別 損 失）		
	1. （㋚子会社株式評価損）	（ 88)	（ 88)
	税引前当期純利益		（ 925)
	法人税，住民税 及 び 事 業 税		275
	（ⓒ当 期 純 利 益）		（ 650)

（注）　㋐〜㋔，㋕〜㋗の解答は，それぞれ順不同でよい。

31 **2**

損 益 計 算 書

大阪商事株式会社 令和○年4月/日から令和○2年3月3/日まで　（単位：円）

I	売　上　高		（44,800,000)
II	売 上 原 価		
	1. 期首商品棚卸高	/,850,000	
	2. 当期商品仕入高	（38,250,000)	
	合　　　計	（40,/00,000)	
	3. 期末商品棚卸高	（ 2,760,000)	
		（37,340,000)	
	4. （棚卸減耗損）	（ /20,000)❶	（37,460,000)
	売 上 総 利 益		（ 7,340,000)
III	販売費及び一般管理費		
	1. 給　　　　　料	3,800,000	
	2. 広　　告　　料	（ 800,000)	
	3. 発　　送　　費	（ 295,000)	
	4. 旅　　　　　費	（ 25,000)	
	5. （貸倒引当金繰入）	（ /8,440)❷	
	6. （減 価 償 却 費）	（ /50,000)❸	
	7. 通　　信　　費	（ /49,000)❹	
	8. （退 職 給 付 費 用）	（ 45,000)❼	
	9. 保　　険　　料	（ 52,000)❺	
	10. （雑　　　　　費）	（ 49,560)	（ 5,384,000)
	営 業 利 益		（ /,956,000)
IV	営 業 外 収 益		
	1. 受　取　利　息	（ 6,000)❻	
	2. （仕 入 割 引）	（ 3,000)	（ 9,000)
V	営 業 外 費 用		
	1. 支 払 利 息	（ 2/,000)	（ 2/,000)
	経 常 利 益		（ /,944,000)
VI	特 別 利 益		
	1. （固定資産売却益）	（ 50,000)	（ 50,000)
	税引前当期純利益		（ /,994,000)
	法人税，住民税 及 び 事 業 税		（ 598,000)❽
	当 期 純 利 益		（ /,396,000)

解説 〔付記事項の仕訳〕

①（借）仮 受 金　80,000　（貸）売 掛 金　80,000

②（借）買 掛 金　3,000　（貸）仕 入 割 引　3,000

〔決算整理事項の仕訳〕

❶a. （借）仕　入 /,850,000　（貸）繰越商品 /,850,000

　　　　繰越商品 2,760,000　　　仕　入 2,760,000

　　　　棚卸減耗損 /20,000　　　繰越商品 /20,000

　　　　仕　入 /20,000　　　棚卸減耗損 /20,000

　　棚卸減耗損　¥2,760,000 − ¥2,640,000 = ¥/20,000

❷b. （借）貸倒引当金繰入 /8,440　（貸）貸倒引当金 /8,440

　　貸倒引当金繰入

　　（¥/,624,000 + ¥2,300,000 − ¥80,000)

　　×0.0/ − ¥20,000 = ¥/8,440

❸c. （借）減価償却費 /50,000　（貸）備品減価
償却累計額 /50,000

　　減価償却費　（¥800,000 − ¥200,000)×0.25 = ¥/50,000

❹d. （借）貯 蔵 品　90,000　（貸）通 信 費　90,000

　　通信費　¥239,000 − ¥90,000 = ¥/49,000

❺e. （借）前払保険料　20,000　（貸）保 険 料　20,000

　　保険料　¥72,000 − ¥20,000 = ¥52,000

❻f. （借）未 収 利 息　3,000　（貸）受 取 利 息　3,000

　　受取利息　¥3,000 + ¥3,000 = ¥6,000

❼g. （借）退職給付費用　45,000　（貸）退職給付引当金　45,000

❽h. （借）法人税等　598,000　（貸）未払法人税等　598,000

31-3

損 益 計 算 書

関東商事株式会社　令和○/年4月/日から令和○2年3月3/日まで　（単位：円）

Ⅰ 売 上 高　　　　　　　　　　　　　（79,477,000）
Ⅱ 売 上 原 価
　1. 期首商品棚卸高　（ 4,800,000）
　2. 当期商品仕入高　（60,560,000）
　　　合　　計　　　（65,360,000）
　3. 期末商品棚卸高　（ 4,930,000）
　　　　　　　　　　（60,430,000）
　4.（棚卸減耗損）　（　199,000）❶（60,629,000）
　　　売 上 総 利 益　　　　　　　（18,848,000）
Ⅲ 販売費及び一般管理費
　1. 給　　　　料　（ 6,180,000）
　2. 発　送　費　（　798,000）
　3. 広　告　料　（　450,000）
　4.（貸倒引当金繰入）（　30,500）❷
　5.（減価償却費）　（　587,500）❹
　6.（退職給付費用）（　160,000）❼
　7. 支　払　家　賃（　560,000）❻
　8. 保　険　料　（　78,000）❺
　9. 雑　　　　費　（　320,000）（ 9,164,000）
　　　営 業 利 益　　　　　　　　（ 9,684,000）
Ⅳ 営 業 外 収 益
　1.（有価証券利息）（　270,000）
　2.（仕 入 割 引）（　43,000）（　313,000）
Ⅴ 営 業 外 費 用
　1. 支 払 利 息　（　168,000）
　2. 手 形 売 却 損（　184,000）
　3.（有価証券評価損）（　80,000）❸（　432,000）
　　　経 常 利 益　　　　　　　　（ 9,565,000）
Ⅵ 特 別 損 失
　1.（固定資産除却損）（　98,000）（　98,000）
　　　税引前当期純利益　　　　　　（ 9,467,000）
　　　法人税，住民税及び事業税　　（ 2,840,000）❽
　　　当 期 純 利 益　　　　　　　（ 6,627,000）

解説〔付記事項の仕訳〕
①（借）固定資産除却損 98,000 （貸）雑　損 98,000
②（借）仮 受 金 100,000 （貸）売 掛 金 100,000
〔決算整理事項の仕訳〕
❶a.（借）仕　入 4,800,000 （貸）繰越商品 4,800,000
　　　繰越商品 4,930,000　　仕　入 4,930,000
　　　棚卸減耗損 199,000　　繰越商品 199,000
　　　仕　入 199,000　　棚卸減耗損 199,000
　棚卸減耗損
　¥4,930,000－¥4,731,000＝¥199,000
❷b.（借）貸倒引当金繰入 30,500 （貸）貸倒引当金 30,500
　貸倒引当金繰入
　（¥2,780,000＋¥5,570,000－¥100,000）
　×0.01－¥52,000＝¥30,500
❸c.（借）有価証券評価損 80,000 （貸）売買目的有価証券 80,000
　有価証券評価損
　関西商事 （¥79,000－¥75,000）×20株
　　　　＝¥80,000
❹d.（借）減価償却費 587,500 （貸）備品減価償却累計額 487,500
　　　　　　　　　　　　リース資産減価償却累計額 100,000
　減価償却費
　備　　品 （¥2,600,000－¥650,000）×0.25

（右段）
＝¥487,500
リース資産 （¥500,000－¥0）÷5年
　　　＝¥100,000
❺e.（借）前払保険料 48,000 （貸）保険料 48,000
　保険料前払高
　¥72,000÷12か月×8か月＝¥48,000
　保険料 ¥126,000－¥48,000＝¥78,000
❻f.（借）前払家賃 440,000 （貸）支払家賃 440,000
　支払家賃 ¥1,000,000－¥440,000＝¥560,000
❼g.（借）退職給付費用 160,000 （貸）退職給付引当金 160,000
❽h.（借）法人税等 2,840,000 （貸）未払法人税等 2,840,000

検定問題　　　　　　　（p.138）

31-4

損 益 計 算 書

福島商事株式会社　令和○6年4月/日から令和○7年3月/日まで　（単位：円）

Ⅰ 売 上 高　　　　　　　　　　　　67,800,000
Ⅱ 売 上 原 価
　1. 期首商品棚卸高　3,104,000
　2. 当期商品仕入高　（47,125,000）
　　　合　　計　　　（50,229,000）
　3. 期末商品棚卸高　（ 3,200,000）❶
　　　　　　　　　　（47,029,000）
　4.（棚卸減耗損）　（　130,000）❷
　5.（商品評価損）　（　70,000）❸（47,229,000）
　　　売 上 総 利 益　　　　　　　（20,571,000）
Ⅲ 販売費及び一般管理費
　1. 給　　　　料　6,654,000
　2. 発　送　費　1,653,000
　3. 広　告　料　2,680,000
　4. 貸倒引当金繰入（　50,000）❹
　5.（特許権償却）（　215,000）❼
　6. 減価償却費　（　450,000）❻
　7.（退職給付費用）（　429,000）
　8. 支　払　家　賃 3,120,000
　9. 通　信　費　（ 1,540,000）
　10. 保　険　料　（　120,000）❽
　11. 租　税　公　課（　350,000）
　12. 雑　　　　費　（　137,000）（17,398,000）
　　　営 業 利 益　　　　　　　　（ 3,173,000）
Ⅳ 営 業 外 収 益
　1. 受 取 地 代　408,000
　2. 受 取 配 当 金　96,000
　3.（有価証券評価益）（　65,000）❺（　569,000）
Ⅴ 営 業 外 費 用
　1. 支 払 利 息　35,000
　2.（手 形 売 却 損）（　75,000）（　110,000）
　　　経 常 利 益　　　　　　　　（ 3,632,000）
Ⅵ 特 別 損 失
　1.（固定資産除却損）（　520,000）（　520,000）
　　　税引前当期純利益　　　　　　（ 3,112,000）
　　　法人税，住民税及び事業税　　（ 1,092,000）
　　　当 期 純 利 益　　　　　　　（ 2,020,000）

解説〔付記事項の仕訳〕
①（借）貸倒引当金 24,000 （貸）売 掛 金 24,000
②（借）建設仮勘定 3,000,000 （貸）仮 払 金 3,000,000

— 40 —

〔決算整理事項の仕訳〕
a. (借)仕　入　3,104,000　(貸)繰越商品　3,104,000
　　　繰越商品　3,200,000　　　仕　入　3,200,000
　　　棚卸減耗損　130,000　　　繰越商品　130,000
　　　商品評価損　70,000　　　繰越商品　70,000
　　　仕　入　130,000　　　棚卸減耗損　130,000
　　　仕　入　70,000　　　商品評価損　70,000
b. (借)貸倒引当金繰入　50,000　(貸)貸倒引当金　50,000
c. (借)売買目的有価証券　65,000　(貸)有価証券評価益　65,000
d. (借)減価償却費　450,000　(貸)備品減価償却累計額　450,000
e. (借)特許権償却　215,000　(貸)特許権　215,000
f. (借)前払保険料　120,000　(貸)保険料　240,000
　　　長期前払保険料　120,000
g. (借)支払利息　35,000　(貸)未払利息　35,000
h. (借)退職給付費用　429,000　(貸)退職給付引当金　429,000
i. (借)法人税等　1,092,000　(貸)仮払法人税等　948,000
　　　　　　　　　　　　　　　未払法人税等　144,000

❶期末商品棚卸高（期末帳簿棚卸高）
　A品　￥800×3,400個＝￥2,720,000
　B品　￥500× 960個＝￥ 480,000
　　　　　　　　計　￥3,200,000
❷棚卸減耗損
　A品　実地棚卸数量と帳簿棚卸数量が同数なので，棚卸減耗はない。
　B品　￥500×(960個−700個)＝￥130,000
❸商品評価損
　A品　原価より正味売却価額が高いので，評価替えはせず，評価損はない。
　B品　(￥500−￥400)×700個＝￥70,000
❹受取手形の貸倒引当金
　￥2,700,000×0.01＝￥27,000
　売掛金の貸倒引当金
　(￥2,524,000−￥24,000（付記事項①))×0.01
　＝￥25,000
　貸倒引当金の期末残高
　￥26,000−￥24,000（付記事項①)＝￥2,000
　貸倒引当金繰入額
　￥27,000＋￥25,000−￥2,000＝￥50,000
❺売買目的有価証券評価高
　甲社株￥49,000（時価)×25株＋乙社株￥26,000（時価)×20株＝￥1,745,000
　有価証券評価益
　￥1,745,000（時価)−￥1,680,000（帳簿価額)＝￥65,000
❻備品の減価償却高
　(￥2,400,000−￥600,000)×0.25（償却率)＝￥450,000
❼特許権償却高
　￥1,720,000（取得原価)÷8年＝￥215,000
　補足　もし取得原価が資料で与えられていなければ，決算整理前の元帳残高￥1,505,000÷7年＝￥215,000
　（前期末に1年分の償却が済んでいるので，元帳残高はあと7年で償却する分である)
❽保険料前払高
　$￥360,000×\dfrac{24か月（令和○7年4月〜令和○9年3月)}{36か月}$
　＝￥240,000

保険料
￥360,000−￥240,000＝￥120,000
なお，保険料前払高のうち1年以内に費用となる12か月分￥120,000は前払保険料，1年を超えて費用となる残りの12か月分￥120,000は長期前払保険料とする。

31 5
(1)　　　　　損　益　計　算　書
埼玉商事株式会社　令和○8年4月/日から令和○9年3月3/日まで　　（単位：円)

Ⅰ　売　上　高　　　　　　　　　　　　（73,368,000)
Ⅱ　売　上　原　価
　1. 期首商品棚卸高　　　2,5/0,000
　2. 当期商品仕入高　（51,730,000)
　　　合　　計　　　（54,240,000)
　3. 期末商品棚卸高　（ 2,312,000)❶
　　　　　　　　　　　（51,928,000)
　4.(棚卸減耗損)　　（ 102,000)❷（52,030,000)
　　　売上総利益　　　　　　　（21,338,000)
Ⅲ　販売費及び一般管理費
　1. 給　　料　　　7,290,000
　2. 発　送　費　　2,280,000
　3. 広　告　料　　3,/50,000
　4.(貸倒引当金繰入)　（ 16,000)❸
　5.(減価償却費)　　（ 844,000)❹
　6.(退職給付費用)　（ 450,000)
　7. 支　払　家　賃　3,/35,000
　8. 保　険　料　　（ 300,000)❺
　9. 租　税　公　課　379,000
　10.(雑　　費)　　（ 150,000)（17,994,000)
　　　営　業　利　益　　　　（ 3,344,000)
Ⅳ　営　業　外　収　益
　1.(有価証券利息)　（ 36,000)❻
　2. 受取配当金　　180,000（ 216,000)
Ⅴ　営　業　外　費　用
　1. 支　払　利　息　（ 40,000)
　2.(有価証券評価損)（ 100,000)❼（ 140,000)
　　　経　常　利　益　　　　（ 3,420,000)
Ⅵ　特　別　損　失
　1. 固定資産除却損　（ 120,000)（ 120,000)
　　　税引前当期純利益　　　（ 3,300,000)
　　　法人税，住民税及び事業税　　　（ 990,000)
　　　当　期　純　利　益　　（ 2,310,000)

(2)
貸借対照表の負債の部に記載する合計額　￥ 8,982,000 ❽

解説〔付記事項の仕訳〕
①(借)貸倒引当金　13,000　(貸)売　掛　金　13,000
〔決算整理仕訳〕
a. (借)仕　入　2,510,000　(貸)繰越商品　2,510,000
　　　繰越商品　2,312,000　　　仕　入　2,312,000
　　　棚卸減耗損　102,000　　　繰越商品　102,000
　　　仕　入　102,000　　　棚卸減耗損　102,000
b. (借)貸倒引当金繰入　16,000　(貸)貸倒引当金　16,000
c. (借)有価証券評価損　100,000　(貸)売買目的有価証券　100,000
　(借)満期保有目的債券　6,000　(貸)有価証券利息　6,000
　(借)その他有価証券　20,000　(貸)その他有価証券評価差額金　20,000

d. (借)減価償却費　*844,000*　（貸）建物減価償却累計額　*300,000*
　　　　　　　　　　　　　　　　備品減価償却累計額　*544,000*
e. (借)前払保険料　*50,000*　（貸）保険料　*50,000*
f. (借)支払利息　*8,000*　（貸）未払利息　*8,000*
g. (借)退職給付費用　*450,000*　（貸）退職給付引当金　*450,000*
h. (借)法人税等　*990,000*　（貸）仮払法人税等　*760,000*
　　　　　　　　　　　　　　　　未払法人税等　*230,000*

❶期末商品棚卸高
　680個×¥*3,400*＝¥*2,312,000*
❷棚卸減耗損
　(680個−650個)×¥*3,400*＝¥*102,000*
❸貸倒引当金繰入
　(受取手形¥*1,500,000*＋売掛金¥*1,213,000*
　−¥*13,000*（付記事項①））×0.01
　−(貸倒引当金¥*24,000*−¥*13,000*（付記事項①））
　＝¥*16,000*
❹建物の減価償却高
　(¥*9,000,000*−¥*0*)÷30年＝¥*300,000*
　備品の減価償却高
　(¥*3,400,000*−¥*680,000*)×0.2＝¥*544,000*
　減価償却費
　¥*300,000*＋¥*544,000*＝¥*844,000*
❺保険料前払高
　$¥300,000 \times \dfrac{2か月}{12か月} = ¥50,000$
　当期の保険料
　¥*350,000*−¥*50,000*＝¥*300,000*
❻満期保有目的債券評価高
　¥*1,482,000*−¥*1,476,000*＝¥*6,000*
　有価証券利息
　¥*30,000*＋¥*6,000*＝¥*36,000*
❼売買目的有価証券評価高
　有価証券評価損
　帳簿価額¥*2,400,000*−¥*115,000*（時価）×20株
　＝¥*100,000*
❽負債の部の合計額
　支払手形¥*1,610,000*＋買掛金¥*1,872,000*＋手形借入金¥*1,412,000*＋未払利息¥*8,000*（決算整理事項f)＋未払法人税等¥*230,000*（決算整理事項h)＋長期借入金¥*1,600,000*＋退職給付引当金（¥*1,800,000*＋¥*450,000*（決算整理事項g))
　＝¥*8,982,000*
　純資産の部の合計額
　資本金¥*12,000,000*＋資本準備金¥*1,100,000*＋利益準備金¥*780,000*＋別途積立金¥*1,372,000*＋繰越利益剰余金（¥*376,000*＋¥*2,310,000*（当期純利益))＋その他有価証券評価差額金¥*20,000*（決算整理事項c)＝¥*17,958,000*
　資産の部の合計額¥*26,940,000*＝負債の部の合計額¥*8,982,000*＋純資産の部の合計額¥*17,958,000*
　となる。

3—5
(1)

損益計算書

土岐物産株式会社　　令和○/年4月/日から令和○2年3月3/日まで　　（単位：円）

Ⅰ 売 上 高		(77,850,000)
Ⅱ 売 上 原 価		
1. 期首商品棚卸高	(15,600,000)	
2. 当期商品仕入高	(54,260,000)	
合 計	(69,860,000)	
3. 期末商品棚卸高	(15,200,000)❶	
	(54,660,000)	
4. (棚卸減耗損)	(330,000)❷	(54,990,000)
売上総利益		(22,860,000)
Ⅲ 販売費及び一般管理費		
1. 給 料	(9,678,000)	
2. 広 告 料	(792,000)	
3. 貸倒引当金繰入	(79,100)❸	
4. (のれん償却)	(500,000)❹	
5. (減価償却費)	(1,125,000)❺	
6. (退職給付費用)	(500,000)	
7. 支 払 家 賃	(1,260,000)❻	
8. 支 払 地 代	(2,100,000)❼	
9. (保 険 料)	(168,000)	
10. (雑 費)	(365,900)	(16,568,000)
営 業 利 益		(6,292,000)
Ⅳ 営 業 外 収 益		
1. (受 取 利 息)	(148,000)	
2. (受 取 配 当 金)	(760,000)	
3. (有価証券評価益)	(500,000)❽	(1,408,000)
Ⅴ 営 業 外 費 用		
1. (支 払 利 息)	(204,000)	(204,000)
経 常 利 益		(7,496,000)
Ⅵ 特 別 利 益		
1. (固定資産売却益)	(76,000)	(76,000)
Ⅶ 特 別 損 失		
1. (固定資産除却損)	(900,000)	(900,000)
税引前当期純利益		(6,672,000)
法人税, 住民税及び事業税	(2,000,000)	
(当 期 純 利 益)		(4,672,000)

(2)
貸借対照表
土岐物産株式会社　令和○2年3月3/日　（単位：円）
資 産 の 部
Ⅰ 流 動 資 産
1. 現 金 預 金 （11,320,100）
2. 受 取 手 形 （7,800,000）
（貸倒引当金）（ 78,000）（ 7,722,000）
3.（売 掛 金）（9,310,000）❶
（貸倒引当金）（ 93,100）（ 9,216,900）
4.（有 価 証 券）（12,000,000）❷
5.（商　　品）（14,870,000）❸
6.（短 期 貸 付 金）（ 1,940,000）
7.（前 払 費 用）（ 840,000）
　　流動資産合計（57,909,000）
Ⅱ 固 定 資 産
（1）有形固定資産
1.（備　品）（8,000,000）❹
（減価償却累計額）（4,625,000）❺（3,375,000）
　　有形固定資産合計（3,375,000）
（2）無形固定資産
1.（の れ ん）（2,000,000）❻
　　無形固定資産合計（2,000,000）
　　固定資産合計（5,375,000）
　　　資 産 合 計（63,284,000）
負 債 の 部
Ⅰ 流 動 負 債
1. 支 払 手 形 （9,492,000）
2. 買 掛 金 （8,700,000）
3. 短 期 借 入 金 （960,000）
4.（未 払 費 用）（700,000）❼
5.（未払法人税等）（940,000）❽
　　流動負債合計（20,792,000）
Ⅱ 固 定 負 債
1.（長 期 借 入 金）（5,800,000）
2.（退職給付引当金）（2,900,000）❾
　　固定負債合計（8,700,000）
　　負 債 合 計（29,492,000）
純 資 産 の 部
Ⅰ 株 主 資 本
（1）資 本 金 （20,000,000）
（2）資 本 剰 余 金
1. 資 本 準 備 金 （3,200,000）
　　資本剰余金合計（3,200,000）
（3）利 益 剰 余 金
1. 利 益 準 備 金 （1,520,000）
2. その他利益剰余金
①（別 途 積 立 金）（3,560,000）
②（繰越利益剰余金）（5,512,000）❿
　　利益剰余金合計（10,592,000）
　　株主資本合計（33,792,000）
　　純 資 産 合 計（33,792,000）
　　負債及び純資産合計（63,284,000）

解説〔付記事項の仕訳〕
①（借）貸倒引当金　80,000　（貸）売 掛 金　80,000
②（借）備品減価償却累計額　700,000　（貸）備　品　1,600,000
　　固定資産除却損　900,000
（1）損益計算書
❶期末商品棚卸高　帳簿棚卸高￥15,200,000
❷棚卸減耗損
　￥15,200,000－￥14,870,000＝￥330,000
❸貸倒引当金繰入
　（￥7,800,000＋￥9,390,000－付記事項①￥80,000）
　×0.01＝￥171,100
　貸倒引当金勘定の残高￥172,000－付記事項①
　￥80,000＝￥92,000
　￥171,100－￥92,000＝￥79,100
❹のれん償却　￥2,500,000÷5年＝￥500,000
❺減価償却費
　{（￥9,600,000－付記事項②￥1,600,000）
　－（￥4,200,000－付記事項②￥700,000）}
　×0.25＝￥1,125,000
❻支払家賃
　￥2,100,000－前払高￥840,000＝￥1,260,000
❼支払地代
　￥1,400,000÷8か月×（12か月－8か月）
　＝￥700,000
　￥1,400,000＋未払高￥700,000＝￥2,100,000
❽有価証券評価益
　￥60,000×200株－￥11,500,000＝￥500,000
（2）貸借対照表
❶売掛金
　￥9,390,000－付記事項①￥80,000
　＝￥9,310,000
❷有価証券
　時価￥60,000×200株＝￥12,000,000
❸商品　実地棚卸高￥14,870,000
❹備品
　￥9,600,000－付記事項②￥1,600,000
　＝￥8,000,000
❺減価償却累計額
　元帳勘定残高の修正
　￥4,200,000－付記事項②￥700,000＝￥3,500,000
　当期の減価償却費
　（￥8,000,000－￥3,500,000）×0.25＝￥1,125,000
　￥3,500,000＋￥1,125,000＝￥4,625,000
❻のれん
　￥2,500,000－（￥2,500,000÷5年）
　＝￥2,000,000
❼未払費用（未払地代）
　￥1,400,000÷8か月×4か月＝￥700,000
❽未払法人税等
　法人税等￥2,000,000－仮払法人税等
　￥1,060,000＝￥940,000
❾退職給付引当金
　￥2,400,000＋￥500,000＝￥2,900,000
❿繰越利益剰余金
　￥840,000＋当期純利益￥4,672,000
　＝￥5,512,000

3—6

(1)　　　　　損 益 計 算 書

神戸商事株式会社　令和○/年4月/日から令和○2年3月3/日まで　（単位：円）

Ⅰ　売　上　高　　　　　　　　　　　　　　　（ 71,190,000 ）
Ⅱ　売　上　原　価
　　1.　期首商品棚卸高　　　　4,940,000
　　2.　当期商品仕入高　　　（ 57,200,000 ）
　　　　　合　　　計　　　　（ 62,140,000 ）
　　3.　期末商品棚卸高　　　（ 4,692,000 ）❶
　　　　　　　　　　　　　　（ 57,448,000 ）
　　4.（商品評価損）　　　　（ 96,000 ）❷（ 57,544,000 ）
　　　　　売 上 総 利 益　　　　　　　　　　（ 13,646,000 ）
Ⅲ　販売費及び一般管理費
　　1.　給　　　　　料　　　　3,140,000
　　2.　発　送　費　　　　　　460,000
　　3.　広　告　料　　　　　　980,000
　　4.　旅　　　費　　　　　　340,000
　　5.（貸倒引当金繰入）　　（ 96,000 ）❸
　　6.（減価償却費）　　　　（ 731,250 ）❹
　　7.　消耗品費　　　　　　（ 680,000 ）
　　8.（退職給付費用）　　　（ 220,000 ）
　　9.（支払地代）　　　　　（ 240,000 ）❺
　　10.　保　険　料　　　　　（ 240,000 ）
　　11.　租　税　公　課　　　（ 324,000 ）
　　12.（雑　　　　費）　　　（ 349,750 ）（ 7,801,000 ）
　　　　　営 業 利 益　　　　　　　　　　　（ 5,845,000 ）
Ⅳ　営 業 外 収 益
　　1.（受取配当金）　　　　（ 40,000 ）
　　2.（有価証券利息）　　　（ 137,000 ）（ 177,000 ）
Ⅴ　営 業 外 費 用
　　1.　支　払　利　息　　　（ 182,000 ）
　　2.　電子記録債権売却損　（ 14,000 ）
　　3.（棚卸減耗損）　　　　（ 276,000 ）❻（ 472,000 ）
　　　　　経 常 利 益　　　　　　　　　　　（ 5,550,000 ）
Ⅵ　特　別　利　益
　　1.（固定資産売却益）　　（ 260,000 ）（ 260,000 ）
Ⅶ　特　別　損　失
　　1.（固定資産除却損）　　（ 180,000 ）（ 180,000 ）
　　　　　税引前当期純利益　　　　　　　　（ 5,630,000 ）
　　　　　法人税，住民税
　　　　　及び事業税　　　　　　　　　　　（ 1,689,000 ）
　　　　　当 期 純 利 益　　　　　　　　　　（ 3,941,000 ）

(2)　　　　　貸 借 対 照 表

神戸商事株式会社　　令和○2年3月3/日　　（単位：円）
　　　　　　　　　資 産 の 部
Ⅰ　流 動 資 産
　　1.　現 金 預 金　　　　　　　　　　　（ 6,051,250 ）❶
　　2.　受 取 手 形　　（ 5,700,000 ）
　　　　（貸倒引当金）（ 57,000 ）（ 5,643,000 ）
　　3.（電子記録債権）（ 1,350,000 ）❷
　　　　（貸倒引当金）（ 13,500 ）（ 1,336,500 ）
　　4.（売 掛 金）　　（ 5,350,000 ）
　　　　（貸倒引当金）（ 53,500 ）（ 5,296,500 ）
　　5.（商　　　品）　　　　　　　　　　　（ 4,320,000 ）❸
　　6.（貯 蔵 品）　　　　　　　　　　　　（ 80,000 ）❹
　　7.（前 払 費 用）　　　　　　　　　　（ 240,000 ）❺
　　　　流動資産合計　　　　　　　　　　（ 22,967,250 ）
Ⅱ　固 定 資 産
　(1) 有形固定資産
　　1.（建　　　　　物）（ 9,000,000 ）
　　　　（減価償却累計額）（ 1,350,000 ）（ 7,650,000 ）
　　2.（備　　　　　品）（ 2,000,000 ）
　　　　（減価償却累計額）（ 1,156,250 ）（ 843,750 ）
　　　　有形固定資産合計　　　　　　　　（ 8,493,750 ）
　(2) 投資その他の資産
　　1.　関係会社株式　　　　　　　　　　（ 4,870,000 ）
　　2.（長期前払費用）　　　　　　　　　（ 120,000 ）❻
　　　　投資その他の資産合計　　　　　　（ 4,990,000 ）
　　　　固定資産合計　　　　　　　　　　（ 13,483,750 ）
　　　　資 産 合 計　　　　　　　　　　　（ 36,451,000 ）
　　　　　　　　　負 債 の 部
Ⅰ　流 動 負 債
　　1.　支 払 手 形　　　　　　　　　　　（ 3,960,000 ）
　　2.　買　掛　金　　　　　　　　　　　（ 3,810,000 ）
　　3.（未 払 費 用）　　　　　　　　　　（ 41,000 ）
　　4.（未払法人税等）　　　　　　　　　（ 889,000 ）
　　　　流動負債合計　　　　　　　　　　（ 8,700,000 ）
Ⅱ　固 定 負 債
　　1.（長期借入金）　　　　　　　　　　（ 2,600,000 ）
　　2.（退職給付引当金）　　　　　　　　（ 2,010,000 ）
　　　　固定負債合計　　　　　　　　　　（ 4,610,000 ）
　　　　負 債 合 計　　　　　　　　　　　（ 13,310,000 ）
　　　　　　　　　純 資 産 の 部
Ⅰ　株 主 資 本
　(1) 資　本　金　　　　　　　　　　　　（ 11,620,000 ）
　(2) 資本剰余金
　　1.　資本準備金　　　　　　　　　　　（ 1,400,000 ）
　　　　資本剰余金合計　　　　　　　　　（ 1,400,000 ）
　(3) 利益剰余金
　　1.　利益準備金　　　　　　　　　　　（ 1,040,000 ）
　　2.　その他利益剰余金
　　　①　新築積立金　　　　　　　　　　（ 1,000,000 ）
　　　②　別途積立金　　　　　　　　　　（ 3,180,000 ）
　　　③　繰越利益剰余金　　　　　　　　（ 4,901,000 ）❼
　　　　利益剰余金合計　　　　　　　　　（ 10,121,000 ）
　　　　株 主 資 本 合 計　　　　　　　　（ 23,141,000 ）
　　　　純 資 産 合 計　　　　　　　　　（ 23,141,000 ）
　　　　負債及び純資産合計　　　　　　　（ 36,451,000 ）

解説 〔付記事項の仕訳〕

①(ア)(借)支払利息 9,000 (貸)当座預金 9,000

(イ)(借)当座預金 40,000 (貸)受取配当金 40,000

(ウ)(借)当座預金 436,000 (貸)電子記録債権 450,000
電子記録
債権売却損 14,000

〔決算整理仕訳〕

a. (借)仕 入 4,940,000 (貸)繰越商品 4,940,000

繰越商品 4,692,000 仕 入 4,692,000

棚卸減耗損 276,000 繰越商品 276,000

商品評価損 96,000 繰越商品 96,000

仕 入 96,000 商品評価損 96,000

b. (借)貸倒引当金繰入 96,000 (貸)貸倒引当金 96,000

c. (借)減価償却費 731,250 (貸)建物減価償却累計額 450,000
備品減価償却累計額 281,250

d. (借)貯 蔵 品 80,000 (貸)租税公課 80,000

e. (借)前払地代 240,000 (貸)支払地代 360,000
(前払費用)

長期前払地代 120,000
(長期前払費用)

f. (借)支払利息 41,000 (貸)未払利息 41,000

g. (借)退職給付費用 220,000 (貸)退職給付引当金 220,000

h. (借)法人税等 1,689,000 (貸)仮払法人税等 800,000
未払法人税等 889,000

(1)損益計算書

❶期末商品棚卸高
帳簿残高510個×¥9,200＝¥4,692,000

❷商品評価損
480個×（¥9,200－¥9,000）＝¥96,000
問題文の指示により，商品評価損は売上原価の内訳項目とする。

❸貸倒引当金繰入
（受取手形¥5,700,000＋電子記録債権¥1,800,000
－¥450,000（付記事項①(ウ)）＋売掛金¥5,350,000）
×0.01－貸倒引当金¥28,000＝¥96,000

❹減価償却費
建物の減価償却高
（¥9,000,000－¥0）÷20年＝¥450,000
備品の減価償却高
（¥2,000,000－¥875,000）×0.25＝¥281,250
減価償却費
¥450,000＋¥281,250＝¥731,250

❺支払地代
前払地代（前払費用）
$¥440,000×\dfrac{12か月（○2年4月から○3年3月）}{22か月（○1年12月から○3年9月）}$
＝¥240,000
長期前払地代（長期前払費用）
$¥440,000×\dfrac{6か月（○3年4月から○3年9月）}{22か月（○1年12月から○3年9月）}$
＝¥120,000
当期の支払地代
¥600,000－¥240,000－¥120,000＝¥240,000

❻棚卸減耗損
（510個－480個）×¥9,200＝¥276,000
問題文の指示により，棚卸減耗損は営業外費用とする。

(2)貸借対照表

❶現金預金
現金¥784,250＋当座預金¥4,800,000－¥9,000
（付記事項①(ア)）＋¥40,000（付記事項①(イ)）
＋¥436,000（付記事項①(ウ)）＝¥6,051,250

❷電子記録債権
¥1,800,000－¥450,000（付記事項①(ウ)）
＝¥1,350,000

❸商品
実地棚卸高 480個×¥9,000＝¥4,320,000

❹貯蔵品
収入印紙未使用高 ¥80,000

❺前払費用
(1)❺より，前払地代 ¥240,000

❻長期前払費用
(1)❻より，長期前払地代 ¥120,000

❼繰越利益剰余金
¥960,000＋当期純利益¥3,941,000＝¥4,901,000

32 その他の財務諸表 (p.148)

32 1

	借 方		貸 方	
令和○1年 6/25	繰越利益 剰余金	4,600,000	未払配当金	3,000,000
			利益準備金	300,000
			新築積立金	500,000
			別途積立金	800,000
令和○2年 3/31	損 益	6,500,000	繰越利益 剰余金	6,500,000

株主資本等変動計算書

千葉商事株式会社　　　　令和○1年4月1日から令和○2年3月31日まで　　　　（単位：千円）

		株主資本								純資産合計
		資本剰余金			利益剰余金					
						その他利益剰余金				
	資本金	資本準備金	その他資本剰余金	資本剰余金合計	利益準備金	新築積立金	別途積立金	繰越利益剰余金	利益剰余金合計	
当期首残高	16,000	500	700	1,200	400	250	300	5,000	5,950	23,150
当期変動額										
新株の発行										
剰余金の配当					300			△3,300	△3,000	△3,000
新築積立金の積立						500		△500	—	—
別途積立金の積立							800	△800	—	—
当期純利益								6,500	6,500	6,500
当期変動額合計	—	—	—	—	300	500	800	1,900	3,500	3,500
当期末残高	16,000	500	700	1,200	700	750	1,100	6,900	9,450	26,650

32 2

(1)

	借　　　方	貸　　　方
令和○1年 5/15	当座預金 6,000,000	資本金 3,000,000 資本準備金 3,000,000
令和○1年 6/25	繰越利益剰余金 3,080,000	未払配当金 2,500,000 利益準備金 ❶250,000 新築積立金 200,000 別途積立金 130,000
令和○2年 3/31	損　　益 3,600,000	繰越利益剰余金 3,600,000

(2)

株主資本等変動計算書

福井商事株式会社　　　　令和○1年4月1日から令和○2年3月31日まで　　　　（単位：千円）

		株主資本								純資産合計
		資本剰余金			利益剰余金					
						その他利益剰余金				
	資本金	資本準備金	その他資本剰余金	資本剰余金合計	利益準備金	新築積立金	別途積立金	繰越利益剰余金	利益剰余金合計	
当期首残高	25,000	1,200	500	1,700	850	400	350	6,000	7,600	34,300
当期変動額										
新株の発行	3,000	3,000		3,000						6,000
剰余金の配当					250			△2,750	△2,500	△2,500
新築積立金の積立						200		△200	—	—
別途積立金の積立							130	△130	—	—
当期純利益								3,600	3,600	3,600
当期変動額合計	3,000	3,000	—	3,000	250	200	130	520	1,100	7,100
当期末残高	28,000	4,200	500	4,700	1,100	600	480	6,520	8,700	41,400

解説 ❶利益準備金

配当金 $¥2,500,000 × \dfrac{1}{10} = ¥250,000$ ⓐ

資本金（$¥25,000,000 + ¥3,000,000$(5/15)）

$× \dfrac{1}{4} -$ 資本準備金（$¥1,200,000 + ¥3,000,000$

(5/15)）− 利益準備金 $¥850,000 = ¥1,950,000$ⓑ

ⓐ＜ⓑより利益準備金 $¥250,000$

32 3

（第18期） 株主資本等変動計算書

A社　　　　　　　　　令和○3年4月1日から令和○4年3月31日まで　　　　　　　　　（単位：千円）

| | 資本金 | 資本剰余金 | | 利益剰余金 | | | | 純資産合計 |
| | | 資本準備金 | 資本剰余金合計 | 利益準備金 | その他利益剰余金 | | 利益剰余金合計 | |
					新築積立金	繰越利益剰余金		
当期首残高	6,000	600	600	800	520	2,080	3,400	10,000
当期変動額								
剰余金の配当				(100)		(△ 1,500)	(△ 1,400)	(△ 1,400)
新築積立金の積立					(80)	△ 80	———	———
当期純利益						(2,400)	(2,400)	(2,400)
当期変動額合計	———	———	———	(100)	(80)	(820)	(1,000)	(1,000)
当期末残高	6,000	600	600	(900)	600	(2,900)	(4,400)	11,000

解説 資料 i　6/25

（借）繰越利益剰余金　1,580,000　（貸）未払配当金　1,400,000
　　　　　　　　　　　　　　　　利益準備金　　100,000
　　　　　　　　　　　　　　　　新築積立金　　 80,000

利益準備金の積立額

配当金 ¥1,400,000 × $\frac{1}{10}$ = ¥140,000 ⓐ

資本金 ¥6,000,000 × $\frac{1}{4}$ − 資本準備金 ¥600,000

− 利益準備金 ¥800,000 = ¥100,000 ⓑ

ⓐ＞ⓑより利益準備金 ¥100,000

資料 ii　3/31

（借）損　　益　2,400,000　（貸）繰越利益剰余金　2,400,000

32 4

株主資本等変動計算書

新潟商事株式会社　　　　　　　令和○4年4月1日から令和○5年3月31日まで　　　　　　（単位：千円）

| | 資本金 | 資本剰余金 | | 利益剰余金 | | | | 純資産合計 |
| | | 資本準備金 | 資本剰余金合計 | 利益準備金 | その他利益剰余金 | | 利益剰余金合計 | |
					別途積立金	繰越利益剰余金		
当期首残高	6,000	400	400	250	500	(1,850)	2,600	9,000
当期変動額								
新株の発行	(80)	(80)	(80)					(160)
剰余金の配当				(100)		(△ 1,100)	(△ 1,000)	(△ 1,000)
別途積立金の積立					(90)	△ 90	———	———
当期純利益						1,440	(1,440)	(1,440)
当期変動額合計	(80)	(80)	(80)	(100)	(90)	(250)	(440)	(600)
当期末残高	(6,080)	(480)	(480)	(350)	(590)	(2,100)	(3,040)	(9,600)

解説 5/11

（借）当座預金など　160,000　（貸）資　本　金　　80,000
　　　　　　　　　　　　　　　　資本準備金　　80,000

6/25

（借）繰越利益剰余金　1,190,000　（貸）未払配当金　1,000,000
　　　　　　　　　　　　　　　　利益準備金　　100,000
　　　　　　　　　　　　　　　　別途積立金　　 90,000

利益準備金の積立額

配当金 ¥1,000,000 × $\frac{1}{10}$ = ¥100,000 ⓐ

資本金（¥6,000,000 + ¥80,000 (5/11)）× $\frac{1}{4}$

− 資本準備金（¥400,000 + ¥80,000 (5/11)）

− 利益準備金 ¥250,000 = ¥790,000 ⓑ

ⓐ＜ⓑより利益準備金 ¥100,000

期首の繰越利益剰余金

利益剰余金合計 ¥2,600,000 − 利益準備金 ¥250,000

− 別途積立金 ¥500,000 = ¥1,850,000

33 役務収益・役務原価　　　　　　　　(p.152)

33 1

ア	イ
役 務 収 益	役 務 原 価

33 2

	借　　　　方		貸　　　　方	
(1)	現　　　　金	*1,200,000*	前 受 金	*1,200,000*
(2)	前 受 金	*800,000*	役 務 収 益	*800,000* ❶
(3)	役 務 原 価	*450,000*	現　　　　金	*450,000* ❷

(解説) ❶サービスの提供が終了した部分は，役務収益勘定
(収益)に計上する。全体の3分の2が終了してい
るので，

$$¥1,200,000×\frac{2}{3}=¥800,000$$

❷サービスの提供にかかった費用は，役務原価勘定
(費用)に計上する。

33 3

	借　　　　方		貸　　　　方	
(1)	給　　　料 旅　　　費	*200,000* *120,000*	現　　　　金	*320,000*
(2)	仕 掛 品	*240,000*	給　　　料 旅　　　費	*150,000* *90,000* ❶
(3)	現　　　　金 役 務 原 価	*340,000* *240,000*	役 務 収 益 仕 掛 品	*340,000* *240,000* ❷

(解説) ❶サービスを提供する前に，そのサービスにかかる
給料や旅費などの諸費用があった場合は，仕掛品
勘定(資産)の借方に計上する。

❷サービスの提供があった時点で，その支出額を仕
掛品勘定から役務原価勘定に振り替える。

33 4

	借　　　　方		貸　　　　方	
(1)	現　　　　金	*800,000*	前 受 金	*800,000*
(2)	前 受 金	*320,000*	役 務 収 益	*320,000* ❶
(3)	役 務 原 価	*450,000*	現　　　　金	*450,000*
(4)	仕 掛 品	*120,000*	給　　　料 旅　　　費	*70,000* *50,000*
(5)	現　　　　金 役 務 原 価	*230,000* *120,000*	役 務 収 益 仕 掛 品	*230,000* *120,000*
(6)	仕 掛 品	*54,300*	給　　　料 旅　　　費	*48,000* *6,300*

(解説) ❶全体の5分の2が終了しているので，

$$¥800,000×\frac{2}{5}=¥320,000$$ を役務収益勘定に計

上する。

33 5

損　益　計　算　書　(一部)

神奈川旅行社　令和○年/月/日から令和○年/2月3/日まで　　(単位：円)
- I (役 務 収 益) 　　　　　　　　　(9,562,000)
- II (役 務 原 価) 　　　　　　　　　(6,120,000)
- 　　売 上 総 利 益 　　　　　　　(3,442,000)
- III　販売費及び一般管理費
  - 1. 給　　　料　　　(4,560,000)
  - 　　　　　⋮
  - 4. 旅　　　費　　　(690,000)

(解説)〔付記事項の仕訳〕
- ①(借)役務原価 *800,000* (貸)現　金 *800,000*
- ②(借)仕掛品 *160,000* (貸)給　料 *120,000*
  - 　　　　　　　　　　　　　旅　費 *40,000*

34 外貨建取引　　　　　　　　　　(p.155)

34 1

(1) ¥ *76,300* ❶	(2) ¥ *148,800* ❷	(3) ¥ *46,870* ❸

(解説) ❶$700×¥109=¥76,300
- ❷€1,240×¥120=¥148,800
- ❸$430×¥109=¥46,870

34 2

	借　　　　方		貸　　　　方	
7/ 1	仕　　　入	*330,000*	買 掛 金	❶*330,000*
8/31	買 掛 金 為替差損益	*330,000* *12,000*	現　　　　金	❷*342,000*
9/ 6	売 掛 金	❸*504,000*	売　　　上	*504,000*
10/31	現　　　　金	❹*531,000*	売 掛 金 為替差損益	*504,000* *27,000*

(解説) ❶$3,000×¥110=¥330,000
- ❷$3,000×¥114=¥342,000
- ❸$4,500×¥112=¥504,000
- ❹$4,500×¥118=¥531,000

34 3

	借　　　　方		貸　　　　方	
11/ 1	仕　　　入	*226,000*	買 掛 金	❶*226,000*
12/20	買 掛 金	*226,000*	現　　　　金 為替差損益	❷*218,000* *8,000*
1/10	売 掛 金	❸*585,000*	売　　　上	*585,000*
2/28	現　　　　金 為替差損益	❹*555,000* *30,000*	売 掛 金	*585,000*

(解説) ❶$2,000×¥113=¥226,000
- ❷$2,000×¥109=¥218,000
- ❸$5,000×¥117=¥585,000
- ❹$5,000×¥111=¥555,000

34 4

	借 方		貸 方	
(1)	現　　金	106,000	前　受　金	106,000 ❶
(2)	前　受　金 売　掛　金	106,000 204,000	売　　上	310,000 ❷
(3)	前　払　金	156,000	現　　金	156,000 ❸
(4)	仕　　入	431,000	前　払　金 買　掛　金	156,000 275,000 ❹

解説 ❶前受金 $1,000×¥106＝¥106,000
❷売掛金（$3,000−$1,000）×¥102＝¥204,000
前受金はすでに受け取り済みなので，(2)の仕訳で
換算替えする必要はない。
❸前払金 $1,500×¥104＝¥156,000
❹買掛金（$4,000−$1,500）×¥110＝¥275,000
前払金はすでに支払い済みなので，(4)の仕訳で換
算替えする必要はない。

34 5

	借 方		貸 方	
3/ 1	仕　　入	210,000	買　掛　金	210,000 ❶
3/31	買　掛　金	4,000	為替差損益	4,000 ❷
4/30	買　掛　金 為替差損益	206,000 2,000	現　　金	208,000 ❸

解説 ❶買掛金 $2,000×¥105＝¥210,000
❷為替差損益（¥105−¥103）×$2,000＝¥4,000
買掛金が¥4,000減少する。
❸現金 $2,000×¥104＝¥208,000

34 6

損 益 計 算 書 (一部)

青森商事株式会社　令和○2年4月/日から令和○3年3月3/日まで　　　(単位：円)
　　　　　　　　　　　：
Ⅲ　販売費及び一般管理費
　4.（貸倒引当金繰入）（　　28,100）❶
　　　　　　　　　　　：
Ⅳ　営 業 外 収 益
　4.（為　替　差　益）（　　40,000）❷

貸 借 対 照 表 (一部)

青森商事株式会社　令和○3年3月3/日　　　(単位：円)
資 産 の 部
Ⅰ　流 動 資 産
　2.　売　掛　金　（ 5,240,000）❸
　　　貸倒引当金　（　 52,400）（ 5,187,600）
　　　　　　　　　　　：
負 債 の 部
Ⅰ　流 動 負 債
　1.　買　掛　金　　　　（ 2,814,000）❹

解説〔決算整理仕訳〕
　a.（借)売　掛　金　120,000　（貸)為替差損益　120,000
　　（借)為替差損益　 80,000　（貸)買　掛　金　 80,000
　b.（借)貸倒引当金繰入　28,100　（貸)貸倒引当金　28,100
❶貸倒引当金繰入
（¥5,120,000＋¥120,000）×0.01−¥24,300
＝¥28,100

❷為替差損益
売掛金に対する為替差損益
$15,000×（¥115−¥107）＝¥120,000
　　　　　　　　　　　（為替差益）
買掛金に対する為替差損益
$20,000×（¥115−¥111）＝¥80,000
　　　　　　　　　　　（為替差損）
¥120,000−¥80,000＝¥40,000（為替差益）
為替差益は営業外収益に表示する。
❸売掛金
¥5,120,000＋¥120,000＝¥5,240,000
❹買掛金
¥2,734,000＋¥80,000＝¥2,814,000

34 7

	借 方		貸 方	
1/ 7	仕　　入	206,000	買　掛　金	206,000 ❶
2/15	為替差損益	4,000	買　掛　金	4,000 ❷
3/31	仕 訳 な し			❸
5/20	買　掛　金	210,000	現　　金	210,000 ❹

解説 ❶買掛金 $2,000×¥103＝¥206,000
❷¥105で取引する契約になったので，$2,000×
（¥105−¥103）＝¥4,000買掛金が増加する。増
加額は為替差損益勘定で処理する。
❸¥105で取引する契約になったので，為替レート
が$1あたり¥106になっても仕訳は行わない。
❹2/15に契約した為替レートで，買掛金の支払いが
行われる。

34 8

	借 方		貸 方	
1/12	売　掛　金	342,000	売　　上	342,000 ❶
2/23	為替差損益	6,000	売　掛　金	6,000 ❷
3/31	仕 訳 な し			❸
4/25	現　　金	336,000	売　掛　金	336,000 ❹

解説 ❶売掛金 $3,000×¥114＝¥342,000
❷¥112で取引する契約になったので，$3,000×
（¥114−¥112）＝¥6,000売掛金が減少する。減
少額は為替差損益勘定で処理する。
❸¥112で取引する契約になったので，為替レート
が$1あたり¥110になっても仕訳は行わない。
❹2/23に契約した為替レートで，売掛金の受け取り
が行われる。

34 9

為替差（ 益 ・ ⓛ損 ）	¥	130,000

解説 売掛金（A社）
（借)売　掛　金　150,000　（貸)為替差損益　150,000
為替差損益（貸方）　$30,000×（¥118−¥113）
　　　　　　　　　　　　＝¥150,000
売掛金（B社）
（借)為替差損益　100,000　（貸)売　掛　金　100,000
為替差損益（借方）　$25,000×（¥120−¥116）
　　　　　　　　　　　　＝¥100,000

買掛金（C社）

(借)為替差損益 192,000　(貸)買 掛 金 192,000

為替差損益(借方)　$32,000×(¥118−¥112)
　　　　　　　　　　＝¥192,000

買掛金（D社）

　仕訳なし

上記仕訳を為替差損益勘定に転記すると次のように
なる。

為 替 差 損 益

3/31 売掛金(B社)	100,000	(残　　高)	12,000
〃　 買掛金(C社)	192,000	3/31 売掛金(A社)	150,000
		〃　 損　益	130,000
	292,000		292,000

為替差損益勘定の借方残高は，損益計算書の営業外
費用の区分に，為替差損として記載される。

35 税効果会計　　　　　　　　　(p.160)

35 1

ア	イ	ウ	エ
税効果会計	将来減算一時差異	繰延税金負債	法人税等調整額

35 2

	借　　方		貸　　方		
(1)	貸倒引当金繰入	100,000	貸倒引当金	100,000	❶
	繰延税金資産	6,000	法人税等調整額	6,000	
(2)	法人税等調整額	6,000	繰延税金資産	6,000	❷
(3)	貸倒引当金繰入	85,000	貸倒引当金	85,000	❸
	繰延税金資産	7,500	法人税等調整額	7,500	
(4)	減価償却費	360,000	備品減価償却累計額	360,000	❹
	繰延税金資産	18,000	法人税等調整額	18,000	
(5)	減価償却費	240,000	建物減価償却累計額	240,000	❺
	繰延税金資産	12,000	法人税等調整額	12,000	
(6)	その他有価証券	200,000	その他有価証券評価差額金	140,000	❻
			繰延税金負債	60,000	
(7)	その他有価証券評価差額金	105,000	その他有価証券	150,000	❼
	繰延税金資産	45,000			

解説 ❶繰延税金資産

超過額（損金不算入額）¥20,000×0.3＝¥6,000

❷将来減算一時差異が解消したため，繰延税金資産
を計上したときと逆の仕訳を行う。

❸損金不算入額

¥85,000−¥60,000＝¥25,000

繰延税金資産

¥25,000×0.3＝¥7,500

❹会計上の減価償却費

(¥1,800,000−¥0)÷5年＝¥360,000

税法上の減価償却費

(¥1,800,000−¥0)÷6年＝¥300,000
　　　　　　　　　　　　(損金算入限度額)

損金不算入額

¥360,000−¥300,000＝¥60,000

繰延税金資産

¥60,000×0.3＝¥18,000

❺会計上の減価償却費

(¥6,000,000−¥0)÷25年＝¥240,000

税法上の減価償却費

(¥6,000,000−¥0)÷30年＝¥200,000
　　　　　　　　　　　　(損金算入限度額)

損金不算入額

¥240,000−¥200,000＝¥40,000

繰延税金資産

¥40,000×0.3＝¥12,000

❻取得原価¥400,000＜時価¥600,000より

繰延税金負債

(¥600,000−¥400,000)×0.3＝¥60,000

その他有価証券評価差額金は貸借対照表に計上さ
れるため費用(収益)・損金(益金)に差異は生じ
ない。そのため，法人税等調整額は生じない。

❼取得原価¥700,000＞時価¥550,000より

繰延税金資産

(¥700,000−¥550,000)×0.3＝¥45,000

35 3

(1)

	借　　方		貸　　方		
a	貸倒引当金繰入	34,000	貸倒引当金	34,000	❶
	繰延税金資産	2,100	法人税等調整額	2,100	
b	減価償却費	200,000	備品減価償却累計額	200,000	❷
	繰延税金資産	24,000	法人税等調整額	24,000	
c	その他有価証券	100,000	その他有価証券評価差額金	70,000	❸
			繰延税金負債	30,000	

(2)
損 益 計 算 書

京都商事株式会社　令和○1年4月1日から令和○2年3月31日まで　　(単位：円)

　　　　　　　　　　　　　⋮

税引前当期純利益		1,830,000
法人税,住民税及び事業税	575,100	
法人税等調整額	(△ 26,100)	(549,000)
当 期 純 利 益		(1,281,000)

貸 借 対 照 表

京都商事株式会社　令和○2年3月31日　　(単位：円)

　　　　　　　　　　　　　⋮

Ⅱ　固 定 負 債

　4. 繰延税金(負　債)　　　　　　(3,900)❹

　　　　　　　　　　　　　⋮

解説 ❶貸倒引当金繰入のうち¥7,000が損金算入が認め
られなかった。

繰延税金資産

損金不算入額¥7,000×0.3＝¥2,100

❷会計上の減価償却費

(¥600,000−¥0)÷3年＝¥200,000

税法上の減価償却費

(¥600,000−¥0)÷5年＝¥120,000
　　　　　　　　　　　　(損金算入限度額)

損金不算入額

¥200,000−¥120,000＝¥80,000

繰延税金資産

¥80,000×0.3＝¥24,000

❸取得原価¥900,000＜時価¥1,000,000より
　繰延税金負債
　（¥1,000,000－¥900,000）×0.3＝¥30,000
　評価差額は繰延税金資産または繰延税金負債を直接控除するため，法人税等調整額は生じない。
❹繰延税金負債
　繰延税金負債¥30,000－繰延税金資産（¥2,100＋¥24,000）＝¥3,900
　繰延税金資産と繰延税金負債は相殺し，純額を表示する。繰延税金負債は固定負債の区分に表示する。

35 4

繰延税金 （ 資産・負債 ）	¥	6,000

解説〔決算整理仕訳〕
a.（借）貸倒引当金繰入 150,000 （貸）貸倒引当金 150,000
　　　　 繰延税金資産　　 12,000 　　　 法人税等調整額 12,000
　損金不算入額
　¥150,000－¥110,000＝¥40,000
　繰延税金資産
　¥40,000×0.3＝¥12,000
b.（借）減価償却費 350,000 （貸）備品減価償却累計額 350,000
　　　　 繰延税金資産 15,000 　　　 法人税等調整額 15,000
　会計上の減価償却費
　（¥2,100,000－¥0）÷6年＝¥350,000
　税法上の減価償却費
　（¥2,100,000－¥0）÷7年＝¥300,000
　損金不算入額
　¥350,000－¥300,000＝¥50,000
　繰延税金資産
　¥50,000×0.3＝¥15,000
c.（借）その他有価証券 70,000 （貸）その他有価証券評価差額金 49,000
　　　　　　　　　　　　　　　　 繰延税金負債 21,000
　帳簿価額1株¥2,100＜時価1株¥2,240より
　繰延税金負債
　（時価¥2,240－帳簿価額¥2,100）×500株×0.3
　＝¥21,000
　貸借対照表に表示する繰延税金資産
　繰延税金資産（¥12,000＋¥15,000）－繰延税金負債¥21,000＝¥6,000
　繰延税金資産と繰延税金負債は相殺し，純額を貸借対照表に表示する。

総合問題 ④ (p.164)

4—1

	借　　　方		貸　　　方	
(1)	現　　　　金	2,400,000	前　受　金	2,400,000
(2)	前　受　金	1,800,000	役 務 収 益 ❶	1,800,000
(3)	役 務 原 価	130,000	現　　　　金	130,000
(4)	仕 掛 品 ❷	470,000	給　　　料	300,000
			旅　　　費	150,000
			消 耗 品 費	20,000
(5)	当 座 預 金	350,000	役 務 収 益	350,000
	役 務 原 価	220,000	仕 掛 品	220,000

解説❶¥2,400,000×$\dfrac{6か月（7月から12月）}{8か月（7月から翌2月）}$
　　＝¥1,800,000
❷サービスの提供前に，そのサービスにかかる費用が発生した場合には，その支出額を仕掛品勘定（資産）に計上する。

4—2

	借　　　方		貸　　　方	
1/13	現　　　　金	180,000	前　受　金 ❶	180,000
2/18	前　受　金	180,000	売　　　上	851,000
	売　掛　金 ❷	671,000		
3/31	売　掛　金 ❸	22,000	為替差損益	22,000
4/25	現　　　　金 ❹	682,000	売　掛　金	693,000
	為替差損益	11,000		

解説❶$1,500×¥120＝¥180,000
❷（$7,000－$1,500）×¥122＝¥671,000
❸$5,500×（¥126－¥122）＝¥22,000
❹$5,500×¥124＝¥682,000

4—3

	借　　　方		貸　　　方	
10/5	前　払　金 ❶	208,000	現　　　　金	208,000
11/20	仕　　　　入	844,000	前　払　金	208,000
			買　掛　金 ❷	636,000
12/4	為替差損益	12,000	買　掛　金 ❸	12,000
12/31	仕 訳 なし ❹			
1/20	買　掛　金 ❺	648,000	現　　　　金	648,000

❶$2,000×¥104＝¥208,000
❷（$8,000－$2,000）×¥106＝¥636,000
❸$6,000×（¥108－¥106）＝¥12,000
❹為替予約を行い，$1あたり¥108で支払う契約をしているため，仕訳は行わない。
❺$6,000×¥108＝¥648,000

4—4

	借　　　方		貸　　　方		
(1)	貸倒引当金繰入	110,000	貸倒引当金	110,000	❶
	繰延税金資産	9,000	法人税等調整額	9,000	
(2)	減価償却費	140,000	備品減価償却累計額	140,000	❷
	繰延税金資産	6,000	法人税等調整額	6,000	
(3)	その他有価証券	120,000	その他有価証券評価差額金	84,000	❸
			繰延税金負債	36,000	
(4)	その他有価証券評価差額金	245,000	その他有価証券	350,000	❹
	繰延税金資産	105,000			

解説❶貸倒引当金繰入額
　¥5,500,000×0.02＝¥110,000
　損金不算入額
　¥110,000－¥80,000＝¥30,000
　繰延税金資産
　¥30,000×0.3＝¥9,000
　なお，第1期の決算のため貸倒引当金残高はない。

❷会計上の減価償却費

（¥840,000－¥0）÷6年＝¥140,000

税法上の減価償却費

（¥840,000－¥0）÷7年＝¥120,000

（損金算入限度額）

損金不算入額

¥140,000－¥120,000＝¥20,000

繰延税金資産

¥20,000×0.3＝¥6,000

❸帳簿価額1株¥2,600＜時価1株¥2,900より

繰延税金負債

（¥2,900－¥2,600）×400株×0.3＝¥36,000

その他有価証券評価差額金は貸借対照表に計上されるため，費用（収益）・損金（益金）に差異は生じない。そのため，法人税等調整額は生じない。

❹帳簿価額1株¥3,700＞時価1株¥3,200より

繰延税金資産

（¥3,700－¥3,200）×700株×0.3＝¥105,000

36 財務諸表分析 (p.166)

36 1

(1)	(2)	(3)	(4)	(5)
流動負債	流動負債	総 資 本	自己資本	固定資産
(6)	(7)	(8)	(9)	(10)
売 上 高	売 上 高	売 上 高	当期純利益	当期純利益
(11)	(12)	(13)	(14)	(15)
総 資 本	売 上 高	売 上 高	売上原価	売 上 高

36 2

財務比率	計 算 式	比 率	判 定	
流動比率	$\dfrac{¥7,700,000}{¥3,700,000}×100$	208.1 %	短期の支払能力が十分にある。	❶
当座比率	$\dfrac{¥7,170,000}{¥3,700,000}×100$	193.8 %	即時の支払能力が十分にある。	❷
自己資本比　率	$\dfrac{¥13,800,000}{¥19,200,000}×100$	71.9 %	自己資本の占める割合が多く，安全である。	❸
負債比率	$\dfrac{¥5,400,000}{¥13,800,000}×100$	39.1 %	負債の占める割合が低く，堅実である。	❹
固定比率	$\dfrac{¥11,500,000}{¥13,800,000}×100$	83.3 %	固定資産への投資が自己資本でまかなわれ，安全である。	❺

解説 ❶流動比率＝

$\dfrac{流動資産(現金預金＋受取手形＋売掛金＋有価証券＋商品)}{流動負債(支払手形＋買掛金＋短期借入金＋未払法人税等)}$

×100（%）

❷当座比率＝

$\dfrac{当座資産（現金預金＋受取手形＋売掛金＋有価証券）}{流動負債(支払手形＋買掛金＋短期借入金＋未払法人税等)}$

×100（%）

❸自己資本比率＝

$\dfrac{自己資本}{総資本(他人資本＋自己資本)}×100（%）$

❹負債比率＝$\dfrac{負債}{自己資本}×100（%）$

❺固定比率＝$\dfrac{固定資産}{自己資本}×100（%）$

財務比率	計　算　式	比率	判　　定	
売上高純利益率	$\dfrac{¥1,500,000}{¥30,100,000}×100$	5.0%	売上高¥100につき¥5.0の純利益がある。	❶
売上高総利益率	$\dfrac{¥6,060,000}{¥30,100,000}×100$	20.1%	売上高の約$\dfrac{1}{5}$が利幅である。	❷
売上原価率	$\dfrac{¥24,040,000}{¥30,100,000}×100$	79.9%	売上高の約$\dfrac{4}{5}$が売上原価である。	❸
総資本利益率	$\dfrac{¥1,500,000}{¥19,200,000}×100$	7.8%	総資本¥100に対し¥7.8の純利益がある。	❹
自己資本利益率	$\dfrac{¥1,500,000}{¥13,800,000}×100$	10.9%	自己資本¥100に対し¥10.9の純利益がある。	❺
総資本回転率（回）	$\dfrac{¥30,100,000}{¥19,200,000}$	1.6回	1年間に1.6回の総資本の回転があった。	❻
自己資本回転率（回）	$\dfrac{¥30,100,000}{¥13,800,000}$	2.2回	1年間に2.2回の自己資本の回転があった。	❼
受取勘定回転率（回）	$\dfrac{¥30,100,000}{¥495,000+¥2,475,000}$	10.1回	1年間に10.1回の受取勘定の回転があった。	❽
商品回転率（回）	$\dfrac{¥24,040,000}{(¥2,120,000+¥2,130,000)÷2}$	11.3回	1年間に11.3回の商品の回転があった。	❾
固定資産回転率（回）	$\dfrac{¥30,100,000}{¥11,500,000}$	2.6回	1年間に2.6回の固定資産の回転があった。	❿

解説

❶売上高純利益率＝$\dfrac{当期純利益}{売上高}×100$（％）

❷売上高総利益率＝$\dfrac{売上総利益}{売上高}×100$（％）

❸売上原価率＝$\dfrac{売上原価}{売上高}×100$（％）

❹総資本利益率＝$\dfrac{当期純利益}{総資本}×100$（％）

❺自己資本利益率＝$\dfrac{当期純利益}{自己資本}×100$（％）

❻総資本回転率（回）＝$\dfrac{売上高}{総資本}$

❼自己資本回転率（回）＝$\dfrac{売上高}{自己資本}$

❽受取勘定回転率（回）＝$\dfrac{売上高}{受取勘定（受取手形＋売掛金）}$

❾商品回転率（回）＝$\dfrac{売上原価}{平均商品有高}$

❿固定資産回転率（回）＝$\dfrac{売上高}{固定資産有高}$

財務比率	計　算　式	比率	判　　定	
売上高成長率	$\dfrac{¥30,100,000-¥29,000,000}{¥29,000,000}×100$	3.8%	売上高が前期と比べて3.8%伸びている。	❶
経常利益成長率	$\dfrac{¥2,140,000-¥2,050,000}{¥2,050,000}×100$	4.4%	経常利益が前期と比べて4.4%伸びている。	❷
総資産成長率	$\dfrac{¥19,200,000-¥18,500,000}{¥18,500,000}×100$	3.8%	総資産が前期と比べて3.8%伸びている。	❸

解説

❶売上高成長率＝$\dfrac{当期売上高－前期売上高}{前期売上高}×100$（％）

❷経常利益成長率＝$\dfrac{当期経常利益－前期経常利益}{前期経常利益}×100$（％）

❸総資産成長率＝$\dfrac{当期総資産－前期総資産}{前期総資産}×100$（％）

	財務比率	計　算　式	比率	
(1)	流動比率	$\dfrac{2,580,000+4,670,000+2,020,000+3,000,000}{1,000,000+4,100,000+800,000}×100$	208.0%	❶
(2)	当座比率	$\dfrac{2,580,000+4,670,000+2,020,000}{1,000,000+4,100,000+800,000}×100$	157.1%	❷
(3)	自己資本比率	$\dfrac{10,000,000+1,400,000+2,200,000}{20,200,000}×100$	67.3%	❸
(4)	負債比率	$\dfrac{1,000,000+4,100,000+800,000+700,000}{10,000,000+1,400,000+2,200,000}×100$	48.5%	❹
(5)	固定比率	$\dfrac{4,800,000+1,200,000+1,930,000}{10,000,000+1,400,000+2,200,000}×100$	58.3%	❺

解説

❶流動比率＝

$\dfrac{流動資産（現金預金＋受取手形＋売掛金＋商品）}{流動負債（支払手形＋買掛金＋未払金）}×100$（％）

❷当座比率＝

$\dfrac{当座資産（現金預金＋受取手形＋売掛金）}{流動負債（支払手形＋買掛金＋未払金）}×100$（％）

❸自己資本比率＝$\dfrac{自己資本}{総資本（他人資本＋自己資本）}×100$（％）

❹負債比率＝$\dfrac{負債}{自己資本}×100$（％）

❺固定比率＝$\dfrac{固定資産}{自己資本}×100$（％）

36 6

(1)

a	当座比率 ❶ 95.4 %	b	固定比率 ❷ 149.6 %
c	商品回転率 ❸ 12.0 回		

(2)

a	流動比率 ❹ 195.0 %	b	売上高総利益率 ❺ 35.0 %
c	受取勘定回転率 (売上債権回転率) ❻ 18.0 回		

(3)

ア ❼	イ ❽	ウ
10.5 %	4.8 %	2

解説 ❶茨城株式会社の当座比率

$$当座比率＝\frac{当座資産 ¥2,862,000}{流動負債 ¥3,000,000}×100$$

$$＝95.4（％）$$

茨城株式会社　　　貸借対照表

当座資産 ¥2,862,000（95.4%） 　現金預金 　受取手形 　売掛金 　有価証券	流動負債 ¥3,000,000（100%） 　支払手形 　買掛金 　未払法人税等

❷茨城株式会社の固定比率

$$固定比率＝\frac{固定資産 ¥5,984,000}{自己資本 ¥4,000,000}×100$$

$$＝149.6（％）$$

茨城株式会社　　　貸借対照表

固定資産 ¥5,984,000（149.6%） 　建　　物 　備　　品 　土　　地 　投資有価証券 　関係会社株式 　長期前払費用	自己資本 ¥4,000,000（100%） 　資　本　金 　資本準備金 　利益準備金 　繰越利益剰余金

❸茨城株式会社の商品回転率

$$商品回転率＝\frac{売上原価 ¥14,700,000}{商品有高の平均 ¥1,225,000}$$

$$＝12.0（回）$$

売上原価

期首商品棚卸高 ¥1,296,000＋当期商品仕入高 ¥14,558,000－貸借対照表の商品（期末商品棚卸高）¥1,154,000＝¥14,700,000

商品有高の平均＝（期首商品棚卸高 ¥1,296,000＋貸借対照表の商品（期末商品棚卸高）¥1,154,000）÷2＝¥1,225,000

❹栃木株式会社の流動比率

$$流動比率＝\frac{流動資産 ¥1,248,000}{流動負債 ¥640,000}×100$$

$$＝195.0（％）$$

栃木株式会社　　　貸借対照表

流動資産 ¥1,248,000（195.0%） 　現金預金 　受取手形 　売掛金 　有価証券 　商　　品 　前払費用	流動負債 ¥640,000（100%） 　支払手形 　買掛金 　未払法人税等

❺栃木株式会社の売上高総利益率

$$売上高総利益率＝\frac{売上総利益 ¥2,016,000}{売上高 ¥5,760,000}×100$$

$$＝35.0（％）$$

売上総利益＝売上高 ¥5,760,000－売上原価（期首商品棚卸高 ¥307,000＋当期商品仕入高 ¥3,706,000－貸借対照表の商品 ¥269,000）＝¥2,016,000

❻栃木株式会社の受取勘定（売上債権）回転率

$$受取勘定（売上債権）回転率＝\frac{売上高 ¥5,760,000}{売上債権の平均 ¥320,000}$$

$$＝18.0（回）$$

売上債権の平均＝（期首売上債権 ¥331,000＋期末売上債権 ¥309,000）÷2＝¥320,000

期末売上債権は受取手形 ¥186,000と売掛金 ¥123,000の合計である。

❼茨城株式会社の自己資本利益率

$$自己資本利益率＝\frac{当期純利益 ¥420,000}{自己資本 ¥4,000,000}×100$$

$$＝10.5（％）$$

自己資本＝資本金 ¥2,000,000＋資本準備金 ¥1,000,000＋利益準備金 ¥241,000＋繰越利益剰余金 ¥759,000＝¥4,000,000

❽栃木株式会社の総資本利益率

$$総資本利益率＝\frac{当期純利益 ¥120,000}{総資本 ¥2,500,000}×100$$

$$＝4.8（％）$$

総資本（他人資本＋自己資本）＝貸借対照表の貸方合計 ¥2,500,000

36 7

ア ❶	イ ❷	ウ ❸	エ	オ ❹
179 %	70 %	50 %	1	10.0 %

カ	キ ❺	ク ❻	ケ ❼	コ
1	2.8 %	2.0 回	12 %	2

解説 ❶A社の流動比率（単位：千円）

$$流動比率＝\frac{流動資産 35,800千円}{流動負債 20,000千円}×100$$

$$＝179（％）$$

A社 　　　貸借対照表

流動資産	流動負債
*35,800*千円 (179%)	*20,000*千円 (100%)
┌現金預金	┌支払手形
受取手形	買掛金
売掛金	短期借入金
有価証券	└未払法人税等
商　　品	
└短期貸付金	

❷B社の当座比率

B社の貸借対照表の空欄（　）を求める

B社　　　貸借対照表

現金預金	*1,000*	支払手形	(*1,400*)
受取手形	*1,860*	↑貸借差額	
売掛金	*1,840*	買掛金	*3,200*
有価証券	*200*	短期借入金	*2,100*
商品	(*3,500*)	未払法人税等	*300*
↑商品回転率より		長期借入金	*1,100*
備品	*300*	退職給付引当金	*300*
建物	*700*	資本金	*1,800*
土地	*600*	資本剰余金	*600*
特許権	*500*	利益剰余金	*1,200*
投資有価証券	*1,500*		

B社の商品

$$商品回転率 = \frac{売上原価16,800千円}{(期首商品4,900千円 + 期末商品x) \div 2}$$
$$= 4回$$

期末商品 $x = 3,500$千円

$$当座比率 = \frac{当座資産4,900千円}{流動負債7,000千円} \times 100 = 70（\%）$$

❸A社の自己資本比率

$$自己資本比率 = \frac{自己資本22,400千円}{総資本44,800千円} \times 100$$
$$= 50（\%）$$

自己資本 = 資本金9,000千円 + 資本剰余金5,400千円 + 利益剰余金8,000千円 = 22,400千円

総資本(他人資本 + 自己資本) = 貸借対照表の貸方合計44,800千円

❹A社の総資本利益率

$$総資本利益率 = \frac{当期純利益4,480千円}{総資本44,800千円} \times 100$$
$$= 10.0（\%）$$

❺B社の売上高純利益率

B社　　　損益計算書

売上原価	(*16,800*)	売上高	*24,000*
販売費	*6,000*	営業外収益	*940*
一般管理費	*720*	特別利益	*420*
営業外費用	*570*		
特別損失	*310*		
法人税等	*288*		
当期純利益	(*672*)		
	(*25,360*)		(*25,360*)

$$売上高純利益率 = \frac{当期純利益672千円}{売上高24,000千円} \times 100$$
$$= 2.8（\%）$$

❻B社の総資本回転率

$$総資本回転率 = \frac{売上高24,000千円}{総資本12,000千円} = 2.0（回）$$

総資本(他人資本 + 自己資本) = 貸借対照表の貸方合計12,000千円

❼A社の売上高成長率

売上高成長率 =
$$\frac{当期売上高112,000千円 - 前期売上高100,000千円}{前期売上高100,000千円}$$
$$\times 100 = 12（\%）$$

36 8

(1)

	ア ❶	イ	ウ ❷	エ ❸	オ	カ ❹
	22.4 回	2	140.0 %	212.5 %	4	76.5 %

(2)

a	第 *8* 期の自己資本	❺ *35,000*千円	b	第 *8* 期の固定負債	❻ *13,475*千円
c	第 *9* 期の有形固定資産	❼ *31,374*千円			

解説 第9期における純資産の部に関する仕訳（単位：千円）

4/18	(借)当座預金など	*360*	(貸)資本金	*180*
			資本準備金	*180*
6/27	(借)繰越利益剰余金	*1,590*	(貸)未払配当金	*1,400*
			利益準備金	*140*
			別途積立金	*50*
3/31	(借)損益	*1,640*	(貸)繰越利益剰余金	*1,640*

第9期利益準備金

*1,300*千円（繰越）+ *140*千円（6/27）= *1,440*千円

第9期繰越利益剰余金

*8,600*千円（繰越）- *1,590*千円(6/27) + *1,640*千円(3/31) = *8,650*千円

❶第9期の商品回転率

商品回転率 =
$$\frac{売上原価205,296千円}{(第8期商品9,240千円 + 第9期商品9,090千円) \div 2}$$
$$= 22.4回$$

❷第8期の当座比率

$$当座比率 = \frac{当座資産19,600千円}{流動負債14,000千円} \times 100$$
$$= 140.0（\%）$$

貸借対照表 (第8期)

当座資産	流動負債
*19,600*千円 (140.0%)	*14,000*千円 (100%)
┌現金預金	┌支払手形
受取手形	買掛金
売掛金	短期借入金
└有価証券	└未払法人税等

❸第9期の流動比率

第9期の貸借対照表の空欄（　　）を求める。

貸借対照表 (第9期)

現 金 預 金	(7,424)	支 払 手 形	4,530
↑貸借差額		買 掛 金	5,605
受 取 手 形	4,250	短期借入金	3,740
売 掛 金	5,050	未払法人税等	365
有 価 証 券	4,280	長期借入金	9,100
商 品	9,090	退職給付引当金	3,894
前 払 費 用	166	資 本 金	20,180
建 物	11,500	資本準備金	2,680
備 品	(5,229)	利益準備金	(1,440)
↑固定比率より		別途積立金	2,650
土 地	14,645	繰越利益剰余金	(8,650)
長期貸付金	1,200		

$$固定比率=\frac{固定資産\,x}{自己資本35,600千円}\times100$$

$$=91.5\,(\%)$$

固定資産 x = 32,574千円

貸借対照表 (第9期)

		自己資本	
		35,600千円 (100%)	
固定資産		資 本 金	
32,574千円 (91.5%)		資本準備金	
建 物		利益準備金	
備 品		別途積立金	
土 地		繰越利益剰余金	
長期貸付金			

備品 = 固定資産32,574千円 - 建物11,500千円
　　 - 土地14,645千円 - 長期貸付金1,200千円
　　 = 5,229千円

$$流動比率=\frac{流動資産30,260千円}{流動負債14,240千円}\times100$$

$$=212.5\,(\%)$$

貸借対照表 (第9期)

流動資産		流動負債	
30,260千円 (212.5%)		14,240千円 (100%)	
現 金 預 金		支 払 手 形	
受 取 手 形		買 掛 金	
売 掛 金		短期借入金	
有 価 証 券		未払法人税等	
商 品			
前 払 費 用			

❹第9期の負債比率

$$負債比率=\frac{負債27,234千円}{自己資本35,600千円}\times100$$

$$=76.5\,(\%)$$

貸借対照表 (第9期)

		負債	
		27,234千円 (79.5%)	
		支 払 手 形	
		買 掛 金	
		短期借入金	
		未払法人税等	
		長期借入金	
		退職給付引当金	
		自己資本	
		35,600千円 (100%)	
		資 本 金	
		資本準備金	
		利益準備金	
		別途積立金	
		繰越利益剰余金	

❺第8期の自己資本

第8期の資本金 = 第9期の資本金20,180千円 - 180千円（4/18）= 20,000千円

第8期の別途積立金 = 第9期の別途積立金2,650千円 - 50千円（6/27）= 2,600千円

第8期の自己資本 = 資本金20,000千円 + 資本準備金2,500千円 + 利益準備金1,300千円 + 別途積立金2,600千円 + 繰越利益剰余金8,600千円 = 35,000千円

❻第8期の固定負債

第8期の貸対照表の空欄（　　）を求める。

貸借対照表 (第8期)

現 金 預 金	5,730	支 払 手 形	4,620
受 取 手 形	3,850	買 掛 金	5,795
売 掛 金	5,650	短期借入金	3,240
有 価 証 券	4,370	未払法人税等	345
商 品	9,240	長期借入金	9,600
前 払 費 用	210	退職給付引当金	(3,875)
建 物	12,100		↑差額
備 品	5,480	資 本 金	(20,000)
土 地	14,645	資本準備金	2,500
長期貸付金	1,200	利益準備金	1,300
		別途積立金	(2,600)
		繰越利益剰余金	8,600

第8期の固定負債 = 長期借入金9,600千円 + 退職給付引当金3,875千円 = 13,475千円

❼第9期の有形固定資産 = 建物11,500千円 + 備品5,229千円 + 土地14,645千円 = 31,374千円

37 連結財務諸表のあらまし (p.178)

37 1

ア	イ	ウ
企 業 グ ル ー プ（企 業 集 団）	連 結 財 務 諸 表	連結株主資本等変 動 計 算 書
エ		
支 配 力		

37 2

(1)	(2)	(3)❶	(4)	(5)	(6)
×	○	×	○	×	○

解説 ❶のれんは，企業結合に関する会計基準により，20年以内のその効果のおよぶ期間にわたって規則的に償却することが求められている。

総合問題 ❺ (p.180)

5—1

① （注意）エとオについては，小数第1位まで示すこと。

ア ❶	イ	ウ ❷	エ	オ ❸	カ
120 %	1	18 %	8.8 %	13.2 回	1

②

a	朝日株式会社の買掛金(キの金額)	¥ 160,000❹	b	星空株式会社の商品(クの金額)	¥ 715,000❺

解説 ❶星空株式会社の負債比率

$$負債比率 = \frac{負債}{自己資本} \times 100 （\%）$$

$$= \frac{¥2,700,000(支払手形から退職給付引当金までの合計)}{¥2,250,000（資本金と繰越利益剰余金の合計）} \times 100$$

$$= 120 \%$$

※負債比率は自己資本に対する負債の割合を示しており，低いほど安全性が高い。

❷自己資本利益率

$$自己資本利益率 = \frac{当期純利益}{自己資本} \times 100 （\%）$$

〈朝日株式会社について〉

朝日株式会社の当期純利益は総資本利益率から求める。まず負債比率が50％であることから，自己資本額¥3,000,000（資本金と繰越利益剰余金の合計）×50％＝¥1,500,000が負債総額。よって¥1,500,000＋¥3,000,000＝¥4,500,000が総資本額となる。

総資本利益率

$$= \frac{当期純利益 ¥x}{総資本 ¥4,500,000} \times 100 = 12 \% より$$

当期純利益＝¥4,500,000×0.12＝¥540,000
よって，自己資本利益率

$$= \frac{¥540,000}{¥3,000,000} \times 100 = 18 \%$$

〈星空株式会社について〉

星空株式会社の当期純利益も総資本利益率から求める。

総資本利益率

$$= \frac{当期純利益 ¥x}{総資本 ¥4,950,000} \times 100 = 4 \% より$$

当期純利益＝¥4,950,000×0.04＝¥198,000
よって，自己資本利益率

$$= \frac{¥198,000}{¥2,250,000} \times 100 = 8.8 \%$$

❸星空株式会社の受取勘定（売上債権）回転率

受取勘定（売上債権）回転率＝

$$\frac{売上高}{売上債権（受取手形＋売掛金）平均有高} （回）$$

星空株式会社の売上高は，売上原価¥8,662,500÷売上原価率0.7＝¥12,375,000
期末の売上債権は受取手形¥750,000＋売掛金¥377,000＝¥1,127,000

よって，受取勘定（売上債権）回転率＝

$$\frac{¥12,375,000}{（期首売上債権¥748,000＋期末売上債権¥1,127,000）÷ 2}$$
$$= 13.2回$$

※受取勘定（売上債権）回転率は売上債権の回収速度を示すもので，回転率が高いほど債権の回収が早く，状況が良いことになる。

❹朝日株式会社の買掛金 （ キ ）

〈解法1 総資本回転率から〉

$$総資本回転率 = \frac{売上高 ¥13,500,000}{総資本 ¥x} = 3.0回$$

よって総資本¥xは¥13,500,000÷3回＝¥4,500,000（負債・純資産合計を示す）
負債・純資産合計¥4,500,000から差し引きで買掛金は¥160,000

〈解法2 当座比率から〉

当座比率＝

$$\frac{当座資産(現金預金¥438,500＋受取手形¥175,000＋売掛金¥360,000＋有価証券¥526,500)}{流動負債(支払手形¥185,000＋買掛金¥x＋短期借入金¥330,000＋未払法人税等¥75,000)}$$
$$\times 100 = 200 \%$$

よって流動負債合計は当座資産合計¥1,500,000の2分の1の¥750,000となり，差し引きで買掛金は¥160,000

〈解法3 負債比率から〉

負債比率＝

$$\frac{負債}{自己資本(資本金¥1,900,000＋繰越利益剰余金¥1,100,000)} \times 100$$
$$= 50 \%$$

よって負債合計は自己資本合計¥3,000,000の50％分の¥1,500,000となり，差し引きで買掛金は¥160,000

❺星空株式会社の商品 （ ク ）

商品の平均在庫日数29.2日から，365÷29.2日＝12.5回の商品回転率を求める。

$$商品回転率 = \frac{売上原価¥8,662,500}{平均商品有高 ¥x} = 12.5回$$

よって平均商品有高¥xは¥8,662,500÷12.5回＝¥693,000
この¥693,000を2倍した¥1,386,000が期首と期末の商品棚卸高の合計額となり，この額から期首商品棚卸高¥671,000を差し引いて期末商品棚卸高は¥715,000

5—2

ア	イ
4	3

38 連結財務諸表 (p.182)

38 1

投資と資本の相殺消去仕訳

借 方		貸 方	
資本金当期首残高	90,000	子会社株式	100,000
利益剰余金当期首残高	26,000	非支配株主持分当期首残高	23,200 ❶
の れ ん	7,200		

連 結 精 算 表 （一部）

科 目	個別財務諸表			修 正 消 去		連結財務諸表
	P 社	S 社	合 計	借 方	貸 方	
(株主資本等変動計算書一部)						(連結株主資本等変動計算書)
資本金当期首残高	(500,000)	(90,000)	(590,000)	90,000		
利益剰余金当期首残高	(57,000)	(26,000)	(83,000)	26,000		
非支配株主持分当期首残高					23,200	
(貸借対照表一部)						(連結貸借対照表)
子 会 社 株 式	100,000		100,000		100,000	
の れ ん				7,200		

解説 ❶支配獲得日後の連結精算表には，連結株主資本等変動計算書が示される。この場合，次の科目を用いて仕訳を行う。
資本金→資本金当期首残高
利益剰余金→利益剰余金当期首残高
非支配株主持分→非支配株主持分当期首残高

38 2

借 方		貸 方	
のれん償却	40,000	の れ ん	40,000

解説 のれんの償却額 ￥800,000÷20年＝￥40,000

38 3

借 方		貸 方	
非支配株主に帰属する当期純利益	60,000	非支配株主持分当期変動額	60,000

解説 非支配株主持分の変動額
￥200,000×30％＝￥60,000
連結株主資本等変動計算書上の科目である「非支配株主持分当期変動額」を用いる。

38 4

借 方		貸 方	
借 入 金	600,000	貸 付 金	600,000
受 取 利 息	7,200	支 払 利 息	7,200

38 5

借 方		貸 方	
貸 倒 引 当 金	6,000	貸倒引当金繰入	6,000

38 6

借 方		貸 方	
売 上 高	450,000	売 上 原 価	450,000

解説 連結損益計算書上の科目である「売上原価」を用いる。

38 7

借 方		貸 方	
売 上 原 価	40,000	商 品	40,000

解説 期末商品棚卸高から未実現利益を控除すると，売上原価が増加する。連結貸借対照表上の科目である「商品」を用いる。

38 8

借 方		貸 方	
固定資産売却益	200,000	土 地	200,000

38 9

借 方		貸 方	
受 取 配 当 金	❶70,000	剰余金の配当	100,000
非支配株主持分当期変動額	❷30,000		

解説 ❶￥100,000×70％＝￥70,000
❷￥100,000×30％＝￥30,000
非支配株主に帰属する当期純利益の計上で非支配株主持分を増加させた仕訳の逆となり，配当により非支配株主持分を減少させる。親会社に配当した分は，グループ内の資金の移動に過ぎないので，受取配当金と相殺する。

連結精算表

令和○2年3月31日

科　　　　目	個別財務諸表			修正消去		連結財務諸表
	P 社	S 社	合　計	借　方	貸　方	
(損益計算書)						**(連結損益計算書)**
売　上　高	(6,370)	(2,905)	(9,275)	970		(8,305)
受　取　利　息	(10)		(10)	10		
受　取　配　当　金	(90)		(90)	90		
固　定　資　産　売　却　益	(100)		(100)	100		
売　上　原　価	4,120	1,805	5,925	25	970	4,980
の　れ　ん　償　却				5		5
支　払　利　息		10	10		10	
そ　の　他　の　費　用	1,630	690	2,320			2,320
当　期　純　利　益	(820)	(400)	(1,220)	1,200	980	(1,000)
非支配株主に帰属する当期純利益				160		160
親会社株主に帰属する当期純利益	(820)	(400)	(1,220)	1,360	980	(840)
(株主資本等変動計算書)						**(連結株主資本等変動計算書)**
資本金当期首残高	(10,000)	(2,000)	(12,000)	2,000		(10,000)
資本金当期末残高	(10,000)	(2,000)	(12,000)	2,000		(10,000)
利益剰余金当期首残高	(900)	(700)	(1,600)	700		(900)
剰　余　金　の　配　当	780	150	930		150	780
親会社株主に帰属する当期純利益	(820)	(400)	(1,220)	1,360	980	(840)
利益剰余金当期末残高	(940)	(950)	(1,890)	2,060	1,130	(960)
非支配株主持分当期首残高					1,080	(1,080)
非支配株主持分当期変動額				60	160	(100)
非支配株主持分当期末残高				60	1,240	(1,180)
(貸借対照表)						**(連結貸借対照表)**
諸　資　産	9,530	1,950	11,480			11,480
商　品	725	460	1,185		25	1,160
貸　付　金	450		450		450	
土　地	2,895	1,960	4,855		100	4,755
子　会　社　株　式	1,720		1,720		1,720	
の　れ　ん				100	5	95
資　産　合　計	15,320	4,370	19,690	100	2,300	17,490
諸　負　債	(4,380)	(970)	(5,350)			(5,350)
借　入　金		(450)	(450)	450		
資　本　金	(10,000)	(2,000)	(12,000)	2,000		(10,000)
利　益　剰　余　金	(940)	(950)	(1,890)	2,060	1,130	(960)
非　支　配　株　主　持　分				60	1,240	(1,180)
負債・純資産合計	(15,320)	(4,370)	(19,690)	4,570	2,370	(17,490)

連結損益計算書

令和○/年4月/日から令和○2年3月3/日まで

売 上 原 価	4,980	売　上　高		8,305
のれん償却	5			
その他の費用	2,320			
当 期 純 利 益	1,000			
	8,305			8,305
非支配株主に帰属 する当期純利益	160	当 期 純 利 益		1,000
親会社株主に帰属 する当期純利益	840			
	1,000			1,000

連結株主資本等変動計算書

令和○/年4月/日から令和○2年3月3/日まで

		資本金	利益剰余金	非 支 配 株主持分
当期首残高		10,000	900	1,080
当期変動額	剰余金の配当		△780	
	親会社株主に帰属する当期純利益		840	
	株主資本以外の項目の当期変動額(純額)			100
当期末残高		10,000	960	1,180

連結貸借対照表

令和○2年3月3/日

諸　　資　　産	11,480	諸　　負　　債	5,350
商　　　　　品	1,160	資　　本　　金	10,000
土　　　　　地	4,755	利 益 剰 余 金	960
の　れ　ん	95	非支配株主持分	1,180
	17,490		17,490

解説 b．開始仕訳

投資と資本の相殺消去仕訳

(借)資本金当期首残高 2,000 (貸)子会社株式 1,720
　　利益剰余金
　　当期首残高 700 　　非支配株主持分
　　当期首残高 1,080
　　の　れ　ん 100

非支配株主持分当期首残高
＝(資本金当期首残高¥2,000＋利益剰余金当期首残高¥700)×非支配株主持分比率40％
＝¥1,080

c．のれんの償却

(借)のれん償却 5 (貸)の　れ　ん 5
¥100÷20年＝¥5

d．非支配株主に帰属する当期純利益の計上

(借)非支配株主に帰属する
　　当期純利益 160 (貸)非支配株主持分
　　当期変動額 160
¥400×40％＝¥160

e．連結会社相互間の債権・債務の相殺消去

(借)借　入　金 450 (貸)貸　付　金 450
　　受 取 利 息 10 　　支 払 利 息 10

f．連結会社相互間の仕入と売上の相殺消去

(借)売　上　高 970 (貸)売 上 原 価 970

g．未実現利益の消去（期末商品）

(借)売 上 原 価 25 (貸)商　　　品 25

h．未実現利益の消去（固定資産売却益）

(借)固定資産売却益 100 (貸)土　　　地 100

i．S社の配当金の修正

(借)受取配当金 90 (貸)剰余金の配当 150
　　非支配株主持分
　　当期変動額 60
¥150×60％＝¥90
¥150×40％＝¥60

連　結　精　算　表

令和○2年3月3/日

科　目	個別財務諸表			修正消去		連結財務諸表
	P 社	S 社	合　計	借　方	貸　方	
(損益計算書)						**(連結損益計算書)**
売　上　高	(8,360)	(7,020)	(15,380)	950		(14,430)
受　取　利　息	(30)		(30)	30		
受　取　配　当　金	(120)		(120)	120		
固定資産売却益	(80)		(80)	80		
売　上　原　価	6,750	5,350	12,100	20	950	11,170
貸倒引当金繰入	10		10		10	
の　れ　ん　償　却				10		10
支　払　利　息		30	30		30	
その他の費用	1,480	1,440	2,920			2,920
当　期　純　利　益	(350)	(200)	(550)	1,210	990	(330)
非支配株主に帰属する当期純利益				40		40
親会社株主に帰属する当期純利益	(350)	(200)	(550)	1,250	990	(290)
(株主資本等変動計算書)						**(連結株主資本等変動計算書)**
資本金当期首残高	(4,800)	(2,000)	(6,800)	2,000		(4,800)
資本金当期末残高	(4,800)	(2,000)	(6,800)	2,000		(4,800)
利益剰余金当期首残高	(1,040)	(750)	(1,790)	750		(1,040)
剰余金の配当	270	150	420		150	270
親会社株主に帰属する当期純利益	(350)	(200)	(550)	1,250	990	(290)
利益剰余金当期末残高	(1,120)	(800)	(1,920)	2,000	1,140	(1,060)
非支配株主持分当期首残高					550	(550)
非支配株主持分当期変動額				30	40	(10)
非支配株主持分当期末残高				30	590	(560)
(貸借対照表)						**(連結貸借対照表)**
諸　資　産	3,870	2,430	6,300			6,300
商　品	760	810	1,570		20	1,550
貸　付　金	1,000		1,000		1,000	
貸　倒　引　当　金	(10)		(10)	10		
土　地	1,900	1,700	3,600		80	3,520
子　会　社　株　式	2,400		2,400		2,400	
の　れ　ん				200	10	190
資　産　合　計	9,920	4,940	14,860	210	3,510	11,560
諸　負　債	(4,000)	(1,140)	(5,140)			(5,140)
借　入　金		(1,000)	(1,000)	1,000		
資　本　金	(4,800)	(2,000)	(6,800)	2,000		(4,800)
利　益　剰　余　金	(1,120)	(800)	(1,920)	2,000	1,140	(1,060)
非　支　配　株　主　持　分				30	590	(560)
負債・純資産合計	(9,920)	(4,940)	(14,860)	5,030	1,730	(11,560)

連結損益計算書

P社 令和○/年4月/日から令和○2年3月3/日まで

売 上 原 価	11,170	売 上 高	14,430
のれん償却	10		
その他の費用	2,920		
当期純利益	330		
	14,430		14,430
非支配株主に帰属する当期純利益	40	当期純利益	330
親会社株主に帰属する当期純利益	290		
	330		330

連結株主資本等変動計算書

P社 令和○/年4月/日から令和○2年3月3/日まで

		資本金	利益剰余金	非 支 配株主持分
当期首残高		4,800	1,040	550
当期変動額	剰余金の配当		△270	
	親会社株主に帰属する当期純利益		290	
	株主資本以外の項目の当期変動額(純額)			10
当期末残高		4,800	1,060	560

連結貸借対照表

P社　　　　　　　令和○2年3月3/日

諸 資 産	6,300	諸 負 債	5,140
商 品	1,550	資 本 金	4,800
土 地	3,520	利益剰余金	1,060
の れ ん	190	非支配株主持分	560
	11,560		11,560

解説 b．投資と資本の相殺消去仕訳

投資と資本の相殺消去仕訳

(借)資本金当期首残高　2,000　(貸)子会社株式　2,400
　　利益剰余金当期首残高　750　　　非支配株主持分当期首残高　550
　　の れ ん　200

非支配株主持分当期首残高
＝(資本金当期首残高¥2,000＋利益剰余金当期首残高¥750)×非支配株主持分比率20%
＝¥550

c．のれんの償却
(借)のれん償却　10　(貸)の れ ん　10
¥200÷20年＝¥10

d．非支配株主に帰属する当期純利益の計上
(借)非支配株主に帰属する当期純利益　40　(貸)非支配株主持分当期変動額　40
S社の当期純利益¥200×非支配株主持分20%
＝¥40

e．連結会社相互間の債権・債務の相殺消去
(借)借 入 金　1,000　(貸)貸 付 金　1,000
　　受 取 利 息　30　　　支 払 利 息　30

f．貸倒引当金の修正
(借)貸倒引当金　10　(貸)貸倒引当金繰入　10

g．連結会社相互間の仕入と売上の相殺消去
(借)売 上 高　950　(貸)売上原価　950

h．未実現利益の消去 (期末商品)
(借)売 上 原 価　20　(貸)商 品　20

i．未実現利益の消去 (固定資産売却益)
(借)固定資産売却益　80　(貸)土 地　80

j．S社の配当金の修正
(借)受取配当金　120　(貸)剰余金の配当　150
　　非支配株主持分当期変動額　30
¥150×80%＝¥120
¥150×20%＝¥30

38-12

連結損益計算書

P社　　令和○2年4月/日から令和○3年3月3/日まで　(単位：千円)

売上原価	283,000	売上高	4/3,600
給料	49,000		
(のれん償却)(	400)		
当期純利益 (	81,200)		
	4/3,600		4/3,600

非支配株主に帰属する当期純利益 (	8,000)	当期純利益 (	81,200)
親会社株主に帰属する当期純利益 (	73,200)		
(	81,200)	(	81,200)

連結株主資本等変動計算書

P社　　令和○2年4月/日から令和○3年3月3/日まで　(単位：千円)

	資本金	利益剰余金	非支配株主持分
当期首残高	/50,000	42,000	24,000
当期変動額　剰余金の配当		△/8,000	
親会社株主に帰属する当期純利益		(73,200)	
株主資本以外の項目の当期変動額(純額)			(4,400)
当期末残高	/50,000	(97,200)(	28,400)

連結貸借対照表

P社　　令和○3年3月3/日　　(単位：千円)

諸資産	323,000	諸負債	5/,000
(のれん)(	3,600)	資本金 (	150,000)
		利益剰余金 (	97,200)
		非支配株主持分 (	28,400)
	(326,600)		(326,600)

解説　ⅱ 投資と資本の相殺消去仕訳

(借)資本金当期首残高　36,000　(貸)子会社株式　40,000
　　利益剰余金当期首残高　24,000　　非支配株主持分当期首残高　24,000
　　のれん　4,000

非支配株主持分当期首残高
＝(資本金当期首残高36,000千円＋利益剰余金当期首残高24,000千円)×非支配株主持分比率40％
＝24,000千円

ⅲ のれんの償却
(借)のれん償却　400　(貸)のれん　400
4,000千円÷10年＝400千円

株主資本等変動計算書より
非支配株主に帰属する当期純利益の計上
(借)非支配株主に帰属する当期純利益　8,000　(貸)非支配株主持分当期変動額　8,000
S社の当期純利益20,000千円×非支配株主持分
40％＝8,000千円

S社の配当金の修正
(借)受取配当金　5,400　(貸)剰余金の配当　9,000
　　非支配株主持分当期変動額　3,600
9,000千円×60％＝5,400千円
9,000千円×40％＝3,600千円

---

39 仕訳の問題　　(p.194)

39-1

	借　方		貸　方		
(1)	自己株式	3,150,000	当座預金	3,150,000	❶
(2)	クレジット売掛金	408,000	売上	425,000	❷
	支払手数料	17,000			
(3)	満期保有目的債券	6,658,000	当座預金	6,681,000	❸
	有価証券利息	23,000			
(4)	その他資本剰余金	880,000	未払配当金	3,800,000	❹
	繰越利益剰余金	3,300,000	資本準備金	80,000	
			利益準備金	300,000	
(5)	役務原価	462,000	現金	462,000	❺
(6)	当座預金	56,000,000	資本金	28,000,000	❻
			資本準備金	28,000,000	
	株式交付費	520,000	当座預金	520,000	

解説
❶ すでに発行した自社の株式を取得したときは，取得原価で自己株式勘定(純資産)の借方に計上する。

❷ クレジット会社に対して支払う手数料は，支払手数料勘定とする。
支払手数料　¥425,000×4％＝¥17,000

❸ 満期保有目的債券の取得原価
$$¥6,750,000×\frac{¥98.40}{¥100}+¥16,000$$
$$=¥6,658,000$$

❹ 資本準備金＝その他資本剰余金¥800,000の10分の1
利益準備金＝繰越利益剰余金¥3,000,000の10分の1

❺ サービスの提供のためにかかった費用は，役務原価勘定(費用)に計上する。

❻ 会社法第445条2項により，払込金額の2分の1を超えない金額は，資本金に計上しないことができる。したがって，最高限度額は2分の1ということになる。

	借 方		貸 方		
(1)	売 買 目 的 有価証券 有価証券利息	5,934,000 18,000	当 座 預 金	5,952,000	❶
(2)	機械装置減価 償却累計額 固定資産除却損	3,990,000 210,000	機 械 装 置	4,200,000	❷
(3)	当 座 預 金 電 子 記 録 債 権 売 却 損	411,600 8,400	電子記録債権	420,000	❸
(4)	売 掛 金 繰 越 商 品 の れ ん	3,200,000 2,600,000 400,000	買 掛 金 借 入 金 当 座 預 金	1,100,000 1,900,000 3,200,000	❹
(5)	当 座 預 金	1,710,000	自 己 株 式 そ の 他 資本剰余金	1,500,000 210,000	❺
(6)	買 掛 金	530,000	当 座 預 金 仕 入 割 引	514,100 15,900	❻

解説 ❶取得原価

$$¥6,000,000×\frac{¥98.50}{¥100}=¥5,910,000$$

$$¥5,910,000+¥24,000=¥5,934,000$$

❷減価償却累計額 残存価額が零(0)なので,

$$¥4,200,000×\frac{26,600時間}{28,000時間}=¥3,990,000$$

固定資産除却損

$$¥4,200,000-¥3,990,000=¥210,000$$

❸電子記録債権を債権金額より低い金額で譲渡した場合は,債権金額と手取金の差額を電子記録債権売却損勘定(費用)で処理する。

❹南西商会の純資産
資産総額¥5,800,000-負債総額¥3,000,000
=¥2,800,000
取得対価
¥256,000÷8%=¥3,200,000
のれんの金額
取得対価¥3,200,000-純資産¥2,800,000
=¥400,000

❺自己株式の売却価額と帳簿価額との差額は,その他資本剰余金勘定(純資産)で処理する。

❻買掛金を支払期日前に支払ったときの利息相当額の割引は,仕入割引勘定(収益)で処理する。

	借 方		貸 方		
(1)	鉱業権償却	18,000,000	鉱 業 権	18,000,000	❶
(2)	リース債務 支 払 利 息	145,000 15,000	当 座 預 金	160,000	❷
(3)	退職給付引当金	9,450,000	定 期 預 金	9,450,000	❸
(4)	そ の 他 資本剰余金	4,500,000	自 己 株 式	4,500,000	❹
(5)	減価償却費 繰延税金資産	300,000 18,000	備 品 減 価 償却累計額 法人税等調整額	300,000 18,000	❺
(6)	当 座 預 金 新株予約権	7,200,000 1,200,000	資 本 金 資本準備金	4,200,000 4,200,000	❻

解説 ❶鉱業権償却高 残存価額が零(0)なので

$$¥480,000,000×\frac{45,000トン}{1,200,000トン}=¥18,000,000$$

❷支払利息
(¥160,000×4年-¥580,000)÷4年=¥15,000
リース債務
¥160,000-¥15,000=¥145,000

❸労働協約により毎決算期に退職給付引当金を設定してきたので,従業員の退職時に退職給付引当金勘定の借方,定期預金勘定の貸方に記入する。

❹自己株式を消却したときは,自己株式の帳簿価額をその他資本剰余金勘定から減額する。

❺会計上の減価償却費
(¥1,200,000-¥0)÷4年=¥300,000
償却限度額
(¥1,200,000-¥0)÷5年=¥240,000
償却限度額超過額
減価償却費¥300,000-償却限度額¥240,000
=¥60,000
繰延税金資産
償却限度額超過額¥60,000×30%=¥18,000

❻払込金額
¥90,000×80株(20個×4株)=¥7,200,000
新株予約権の行使額
¥60,000×20個=¥1,200,000
資本準備金への繰入額

$$(¥7,200,000+¥1,200,000)×\frac{1}{2}=¥4,200,000$$

	借 方		貸 方		
(1)	現 金	19,796,000	売 買 目 的 有 価 証 券 有価証券売却益 有価証券利息	19,600,000 100,000 96,000	❶
(2)	建 物 新築積立金	6,000,000 5,800,000	建設仮勘定 当 座 預 金 繰越利益剰余金	3,500,000 2,500,000 5,800,000	❷
(3)	子会社株式 評 価 損	8,000,000	子会社株式	8,000,000	❸
(4)	ソフトウェア	4,500,000	ソフトウェア 仮 勘 定 当 座 預 金	1,500,000 3,000,000	❹
(5)	資 本 金 その他 資本剰余金	7,700,000 7,700,000	そ の 他 資本剰余金 未払配当金 資本準備金	7,700,000 7,000,000 700,000	❺
(6)	建 物 修 繕 費	5,400,000 1,800,000	当 座 預 金	7,200,000	❻

解説 ❶売却価額

$$¥20,000,000×\frac{¥98.50}{¥100}=¥19,700,000$$

帳簿価額

$$¥30,000,000×\frac{¥97.70}{¥100}=¥29,310,000$$

$$¥29,310,000+¥90,000=¥29,400,000$$

売却分は全体の3分の2

$$¥29,400,000×\frac{2}{3}=¥19,600,000$$

売却益　¥19,700,000 − ¥19,600,000 = ¥100,000

❷建物や構築物を建設する場合，完成前に工事契約代金の一部を支払ったときは，その金額を建設仮勘定に記入する。完成して引き渡しを受けたときに，その代金を差し引き残額を支払う。

❸実質価額
（¥40,000,000 − ¥31,000,000）÷ 300株 = ¥30,000
子会社株式評価損
（¥70,000 − ¥30,000）× 200株 = ¥8,000,000

❹自社で利用する目的のソフトウェアの制作を外部に依頼し，完成・引き渡しを受けるまでに支出した金額は，一時的にソフトウェア仮勘定（資産）で処理する。その後，ソフトウェアの引き渡しを受けたときにソフトウェア勘定（資産）に振り替える。

❺資本準備金の計上額
¥7,000,000（配当額）× $\frac{1}{10}$ = ¥700,000

❻所有している固定資産について支出したときは，その支出が固定資産の価値を増加させたり耐用年数を延長させたりするときは，その固定資産の取得原価に加える。また，その支出が固定資産の通常の維持・管理するためのものであるときは，その支出が生じた会計期間の費用として修繕費勘定に計上する。

40 適語選択の問題　(p.198)

40-1

(1)		(2)		(3)		(4)	
ア	イ	ウ	エ	オ	カ	キ	ク
5	14	12	10	7	1	3	8

解説 (1)企業会計原則　一般原則2（正規の簿記の原則）
一定の手順に従い，正確な帳簿を作成するよう規定している。適用例として，複式簿記による記帳が望ましい。

(2)企業会計原則　一般原則7（単一性の原則）
財務諸表の形式が異なっても，その内容は信頼しうる会計記録にもとづいて作成され，同一でなければならない。

(3)企業会計原則　一般原則4（明瞭性の原則）
同注解　注1−2，注1−3，注1−4
財務諸表は必要な情報をわかりやすく表示し，利害関係者が企業の状況を判断するための明瞭な報告が必要である。

(4)企業会計原則　一般原則5（継続性の原則）
利益操作を排除し，財務諸表の期間比較を可能にし，利害関係者の判断を誤らせないため，会計処理の原則および手続きの継続運用を規定している。

40-2

(1)		(2)		(3)		(4)	
ア	イ	ウ	エ	オ	カ	キ	ク
4	6	3	11	8	13	7	10

解説 (1)企業会計原則注解　注1
「重要性の乏しいもの」については，簡便な会計処理によることも正規の簿記の原則に従った処理として認められている。

(2)企業会計原則注解　注16
主たる営業活動（仕入・売上）によるものを流動資産または流動負債とする。

(3)企業会計原則　貸借対照表原則1 B
資産，負債および資本は総額による記載が原則で，資産の項目と負債および資本の項目とを相殺することによって，その全部または一部を貸借対照表から除去してはならない。

(4)会社法第445条4項

40-3

(1)		(2)		(3)		(4)	
ア	イ	ウ	エ	オ	カ	キ	ク
14	10	12	5	9	7	3	15

解説 (1)資本的支出とは，固定資産の価値を増加させたり，耐用年数を延長させたりする支出をいう。資本的支出を費用として処理すると，費用が過大に計上され，当期純利益は過小に計上される。

(2)企業会計原則　貸借対照表原則5
資産の取得原価は資産の種類に応じた費用配分の原則によって，各事業年度に配分しなければならない。

(3)企業会計原則　損益計算書原則3 B
実現主義とは，商品の販売やサービスの提供をし，その対価として資産を取得したときに，収益を計上する基準であり，実現していない利益の計上は認めない。

(4)企業会計原則　損益計算書原則1 A
すべての費用および収益は，その支出および収入にもとづいて計上し，その発生した期間に正しく割り当てられるように処理しなければならない。

40-4

(1)		(2)		(3)		(4)	
ア	イ	ウ	エ	オ	カ	キ	ク
6	11	12	2	9	14	8	1

解説 (1)企業会計原則　損益計算書原則1 C
費用および収益は，その発生源泉に従って明瞭に分類し，各収益項目とそれに関連する費用項目とを損益計算書に対応表示しなければならない。

(2)連結財務諸表は，企業グループを単一の組織体とみなし，その企業グループの財政状態および経営成績を総合的に報告するので，個別財務諸表からでは入手できない企業グループに関わる，より有用な情報を得ることができる。

(3)ある会社が他の会社の意思決定機関を支配している場合，前者を親会社，後者を子会社と判定するのが支配力基準である。

(4)経済活動のグローバル化に対応するため，日本の会計基準を国際会計基準に合わせる動きが強まり，現在では，企業会計基準委員会（ＡＳＢＪ）が設置され，そこで会計基準の開発が行われている。

41 計算の問題　(p.200)

41-1

期末商品棚卸高（原価）　¥	351,000

解説 売価還元法による原価率

$$\frac{期首商品棚卸高（原価）＋当期商品仕入高（原価）}{期首商品棚卸高（売価）＋当期商品仕入高（売価）}$$
$$\times 100 \ （\%）$$

$$\frac{¥375,000＋¥3,135,000}{¥500,000＋¥4,000,000}\times 100＝78\%$$

期末商品棚卸高（原価）＝売価による期末商品棚卸高
×原価率

$$¥450,000 \times 0.78 ＝ ¥351,000$$

41 2

期末商品棚卸高（原価）	¥ 9,727,000

解説 売価還元法による原価率

$$\frac{期首商品棚卸高（原価）＋当期商品仕入高（原価）}{期首商品棚卸高（売価）＋当期商品仕入高（売価）}$$
$$\times 100（\%）$$

$$\frac{¥9,048,000＋¥33,696,000}{¥12,480,000＋¥49,920,000}\times 100 \ （\%）＝68.5\%$$

期末商品棚卸高（原価）＝売価による期末商品棚卸高
×原価率

$$¥14,200,000 \times 0.685 ＝ ¥9,727,000$$

41 3

貸借対照表に記載する 鉱業権の金額	¥253,500,000

解説 鉱業権の償却額

$$¥260,000,000 \times \frac{120,000トン}{4,800,000トン}＝¥6,500,000$$

貸借対照表に記載する金額
$$¥260,000,000－¥6,500,000＝¥253,500,000$$

41 4

(1) ¥304,640,000	(2) ¥228,480,000	(3) ¥ 0

解説 (1)工事進行基準では，期末に工事の進捗度を見積も
って，それに応じた工事収益を計上する。

$$¥952,000,000 \times \frac{¥228,480,000}{¥714,000,000}$$
$$＝¥304,640,000$$

(2)原価回収基準では，決算日に当期に発生した工事
原価の金額を，当期の収益として計上する。

(3)工事完成基準では，工事が完成し，その引き渡し
が完了したときに工事収益を計上する。したがっ
て，当期はまだ完成してしないので，工事収益は
計上しない。

41 5

a	備品（アの金額） ¥ 1,385,000	b	のれんの取得原価 ¥ 180,000

解説 a．まず，貸借対照表の合計を求めるために，当座
比率125％の資料を使い，流動負債の合計を求め
る。

$$当座比率＝\frac{当座資産}{流動負債}\times 100 \ （\%）$$

$$\frac{¥400,000＋¥500,000}{流動負債}\times 100＝125\%$$

流動負債＝¥720,000
貸借対照表の合計額＝¥3,260,000
よって，備品の金額は¥3,260,000－（¥400,000
＋¥500,000＋¥975,000）＝¥1,385,000

b．収益還元価値＝平均利益額÷平均利益率
$$¥136,000÷0.08＝¥1,700,000$$

のれんの取得原価＝取得対価（収益還元価値）－純
資産の時価

$$¥1,700,000－¥1,520,000＝¥180,000$$

41 6

当座預金出納帳の次月繰越高	¥ 1,660,000

解説 資料の仕訳
ⅰ （借）当座預金 180,000 （貸）受取配当金 180,000
ⅱ 仕訳なし（銀行側の修正項目）
ⅲ 仕訳なし（銀行側の修正項目）
当座預金出納帳の次月繰越高
$$¥1,480,000＋¥180,000＝¥1,660,000$$

41 7

当座預金出納帳の次月繰越高	¥ 1,880,000

解説 資料の仕訳
ⅰ 仕訳なし（銀行側の修正項目）
ⅱ （借）当座預金 150,000 （貸）買 掛 金 150,000
ⅲ 仕訳なし（銀行側の修正項目）
ⅳ （借）通 信 費 8,000 （貸）当座預金 8,000
当座預金出納帳の次月繰越高
$$¥1,738,000＋¥150,000－¥8,000＝¥1,880,000$$

41 8

ア	イ	ウ	エ
450 千円	7,520 千円	760 千円	2,640 千円

解説 a．開始仕訳
投資と資本の相殺消去

（借）資本金当期首残高	6,000	（貸）子会社株式	6,400
利益剰余金 当期首残高	2,000	非支配株主持分 当 期 首 残 高	2,400
の れ ん	800		

b．のれんの償却

（借）のれん償却	40	（貸）の れ ん	40

$$800千円÷20年＝40千円$$

c．非支配株主に帰属する当期純利益の計上

（借）非支配株主に帰属する 当 期 純 利 益	450	（貸）非支配株主持分 当 期 変 動 額	450

$$1,500千円×30\%＝450千円$$

d．子会社の配当金の修正

（借）受取配当金	490	（貸）剰余金の配当	700
非支配株主持分 当 期 変 動 額	210		

$$700千円×30\%＝210千円$$

上記より，

連 結 損 益 計 算 書

P社　令和○4年4月/日から令和○5年3月3/日まで（単位：千円）

売 上 原 価	55,100	売 上 高	73,000
給 料	14,190		
の れ ん 償 却	(40)		
当 期 純 利 益	(3,670)		
	(73,000)		(73,000)
非支配株主に帰属 する当期純利益	(450)	当 期 純 利 益	(3,670)
親会社株主に帰属 する当期純利益	(3,220)		
	(3,670)		(3,670)

連結株主資本等変動計算書
令和○4年4月/日から令和○5年3月3/日まで （単位：千円）

	資本金	利益剰余金	非支配株主持分
当期首残高	16,000	5,700	2,400
当期変動額　剰余金の配当		△1,400	
親会社株主に帰属する当期純利益		(3,220)	
株主資本以外の項目の当期変動額(純額)			(240)
当期末残高	16,000	(7,520)	(2,640)

連結貸借対照表

P社　　　　　　令和○5年3月3/日　　　（単位：千円）

諸　資　産	59,400	諸　負　債	34,000
の　れ　ん	(760)	資　本　金	(16,000)
		利益剰余金	(7,520)
		非支配株主持分	(2,640)
	(60,160)		(60,160)

41 9

ア	イ	ウ	エ
140 千円	1,600 千円	27,360 千円	9,400 千円

解説 a．開始仕訳
　　投資と資本の相殺消去
　　(借)資本金当期首残高　15,000　(貸)子会社株式　14,000
　　　　利益剰余金当期首残高　6,000　　非支配株主持分当期首残高　8,400
　　　　のれん　1,400
　　b．のれんの償却
　　(借)のれん償却　140　(貸)のれん　140
　　1,400千円÷10年＝140千円
　　c．非支配株主に帰属する当期純利益の計上
　　(借)非支配株主に帰属する当期純利益　1,600　(貸)非支配株主持分当期変動額　1,600
　　4,000千円×40％＝1,600千円
　　d．子会社の配当金の修正
　　(借)受取配当金　900　(貸)剰余金の配当　1,500
　　　　非支配株主持分当期変動額　600
　　1,500千円×40％＝600千円
　　上記bより，アは140千円　cより，イは1,600千円
　　ウ．27,360千円＝P社期首22,000千円＋S社期首
　　　　6,000千円－a．6,000千円－P
　　　　社剰余金の配当3,000千円＋親会
　　　　社株主に帰属する当期純利益
　　　　8,360千円
　　エ．9,400千円＝a．8,400千円＋c．1,600千円
　　　　　　　　　　－d．600千円

連結損益計算書

P社　　令和○4年4月/日から令和○5年3月3/日まで（単位：千円）

売上原価	254,300	売　上　高	335,000
給　　料	70,600	受取利息	100
支払利息	100		
のれん償却(ア)	140		
当期純利益	9,960		
	335,100		335,100
非支配株主に帰属する当期純利益(イ)	1,600	当期純利益	9,960
親会社株主に帰属する当期純利益	8,360		
	9,960		9,960

連結株主資本等変動計算書
令和○4年4月/日から令和○5年3月3/日まで （単位：千円）

	資本金	利益剰余金	非支配株主持分
当期首残高	54,000	22,000	8,400
当期変動額　剰余金の配当		△3,000	
親会社株主に帰属する当期純利益		8,360	
株主資本以外の項目の当期変動額(純額)			1,000
当期末残高	54,000	27,360	9,400

連結貸借対照表

P社　　　　　　令和○5年3月3/日　　　（単位：千円）

諸　資　産	119,500	諸　負　債	30,000
の　れ　ん	1,260	資　本　金	54,000
		利益剰余金 (ウ)	27,360
		非支配株主持分 (エ)	9,400
	120,760		120,760

42 分析の問題 (p.204)

42 1

①

a	有形固定資産合計	¥ 2,710,000	b	当期商品仕入高	¥ 7,082,000

②

a	固定負債合計	¥ 998,000	b	売上高総利益率	24 %

③

a		b	
ア	イ	ウ	エ
245 %	1	10 回	4

解説 ①
　　a．有形固定資産合計＝建物＋備品＋土地
　　¥1,560,000＋¥300,000＋¥850,000＝¥2,710,000
　　b．当期商品仕入高は次の式にあてはめて計算する。
　　　期首商品棚卸高＋当期商品仕入高－期末商品棚卸高＝売上原価
　　¥719,000＋当期商品仕入高x－¥701,000
　　＝¥7,100,000
　　x＝¥7,082,000
②
　　a．固定負債合計＝長期借入金＋退職給付引当金
　　¥580,000＋¥418,000＝¥998,000
　　b．売上高総利益率
　　　資料 ii の売上高純利益率3.0％から，当期純利益
　　　は売上高¥9,450,000×3.0％＝¥283,500となり，
　　　この金額を第7損益計算書の当期純利益に記入
　　　し，損益計算書を下からさかのぼり売上総利益
　　　¥2,268,000を求め，次の式で計算する。

　　$$売上高総利益率＝\frac{売上総利益}{売上高}×100（\%）$$

　　$$\frac{¥2,268,000}{¥9,450,000}×100＝24 \%$$

③
　　ア．資料 ii の第7期の当座比率145％から流動負債
　　　の金額を求める。

　　$$当座比率＝\frac{当座資産}{流動負債}×100（\%）$$

$$\frac{\yen358,000+\yen431,000+\yen382,000+\yen163,000}{x}\times100$$

$$=145\%$$

よって，流動負債の x は $\yen920,000$

これにより，第7期の負債・純資産合計 $\yen5,190,000$ を求めることができ，この合計額から貸借差額で第7期の前払費用 $\yen25,000$ を計算する。この結果，第7期の流動比率は，

$$流動比率=\frac{流動資産}{流動負債}\times100（\%）$$

$$\frac{\yen2,254,000}{\yen920,000}\times100=245\%$$

イ．流動比率は，割合が高いほど支払能力があり，安全性が高いといえる。

ウ．資料ⅰの期首商品棚卸高 $\yen719,000$ と第6期の商品（期末商品棚卸高）の平均から商品回転率を求める。

$$商品回転率（回）=\frac{売上原価}{平均商品有高}$$

$$\frac{\yen7,100,000}{（\yen719,000+\yen701,000）\div2}=10回$$

エ．商品回転率（回）は，高いほど資産の運用効率が良いことを示す。よって，第7期は第6期と比較し回転数が少ないので，効率が悪いことになる。

42 **2**

①

| a | 利益剰余金合計 | $\yen$ | 306,000 | b | 固定資産合計 | $\yen$ | 444,000 |

②

ア	イ	ウ	エ	オ	カ
52 %	2	145 %	4	2 %	6

解説 ①

a．株主資本等変動計算書の当期首残高の純資産合計 $\yen468,000$ －資本金 $\yen142,000$ －資本剰余金合計 $\yen20,000$ ＝利益剰余金合計 $\yen306,000$ これにより，貸借対照表の第9期の資本準備金（ $\yen20,000$ ）と新築積立金（ $\yen40,500$ ）および負債・純資産合計（ $\yen900,000$ ）＝資産合計がわかる。

b．資料ⅱの流動比率から流動資産の合計額（ x ）を求める。

$$流動比率=\frac{流動資産}{流動負債}\times100（\%）$$

$$\frac{x}{\yen240,000}\times100=190\%$$

よって流動資産の合計額は $\yen456,000$

上記①で計算した第9期の資産合計 $\yen900,000$ －流動資産合計 $\yen456,000$ ＝固定資産合計 $\yen444,000$

②

ア．自己資本比率＝ $\dfrac{自己資本}{総資本}\times100（\%）$

$$\frac{\yen468,000}{\yen900,000}\times100=52\%$$

イ．自己資本比率は，比率が高いほど負債が少ないことを示し，財政状態は安全である。

ウ．当座比率＝ $\dfrac{当座資産}{流動負債}\times100（\%）$

$$\frac{\yen304,500}{\yen210,000}\times100=145\%$$

エ．当座比率は，即時の支払能力をみるもので，一般に100 ％以上が望ましい。

オ．自己資本利益率＝ $\dfrac{当期純利益}{自己資本}\times100（\%）$

$$\frac{\yen9,000}{\yen450,000}\times100=2\%$$

カ．自己資本利益率は，資本に対する利益の割合を示すもので，比率が高いほど，収益性が良いことを示す。

42 **3**

ア	イ	ウ	エ
112.0 %	210.0 %	60.0 %	5.0 %
オ	カ		
7.0 %	17.0 %		

キ	ク	ケ
1,218,000 千円	411,000 千円	507,600 千円

解説 解答にあたり資料ⅱの取引の仕訳を示すと次のとおりである。

a．（借）繰越利益剰余金　60,000　（貸）未払配当金　60,000
剰余金の配当60,000千円＝1株あたりの配当 $\yen30$ ×発行済株式総数2,000千株

b．（借）繰越利益剰余金　6,000　（貸）利益準備金　6,000
利益準備金の計上額

剰余金の配当の $\dfrac{1}{10}$ ＝6,000千円ⓐ

資本金の $\dfrac{1}{4}$ －（資本準備金＋利益準備金）

＝255,000千円－（110,000千円＋64,000千円）

＝81,000千円ⓑ

ⓐ＜ⓑより，6,000千円

c．（借）自己株式　82,600　（貸）当座預金など　82,600

d．（借）損　益　327,600　（貸）繰越利益剰余金　327,600

ア．第8期の当座比率

$$当座比率=\frac{当座資産}{流動負債}\times100（\%）$$

$$\frac{189,000千円+82,000千円+131,000千円+102,000千円}{142,000千円+238,000千円+70,000千円}$$

$$\times100=112.0\%$$

イ．第7期の流動比率

$$流動比率=\frac{流動資産}{流動負債}\times100（\%）$$

$$\frac{218,500千円+63,000千円+107,000千円+84,000千円+394,000千円+15,500千円}{184,000千円+201,000千円+35,000千円}$$

$$\times100=210.0\%$$

ウ．第7期の自己資本比率

$$自己資本比率=\frac{自己資本}{総資本}\times100（\%）$$

$$\frac{1,020,000千円+110,000千円+64,000千円+246,000千円}{2,400,000千円}$$

$$\times100=60.0\%$$

エ．第8期の売上高純利益率

$$売上高純利益率=\frac{当期純利益}{売上高}\times100（\%）$$

$$\frac{327,600千円}{6,552,000千円}\times100=5.0\%$$

オ．第7期の総資本利益率

$$\text{総資本利益率} = \frac{\text{当期純利益}}{\text{総資本}} \times 100 （\%）$$

$$\frac{168,000千円^※}{2,400,000千円} \times 100 = 7.0 \%$$

※比較損益計算書の第7期の経常利益254,000千円－特別損失14,000千円＝税引前当期純利益240,000千円

税引前当期純利益240,000千円－法人税，住民税及び事業税72,000千円＝当期純利益168,000千円

カ．第8期の売上高成長率

$$\text{売上高成長率} = \frac{\text{当期売上高}－\text{前期売上高}}{\text{前期売上高}} \times 100 （\%）$$

$$\frac{6,552,000千円－5,600,000千円}{5,600,000千円} \times 100 = 17.0 \%$$

キ．第7期の販売費及び一般管理費

①第7期の比較損益計算書の営業利益を求める。
営業利益238,000千円＝経常利益254,000千円＋営業外費用21,000千円－営業外収益37,000千円

②次に売上原価を商品回転率から求め，③売上総利益を計算する。

$$\text{商品回転率} = \frac{\text{売上原価}}{\text{平均商品有高}} （回）$$

第7期商品回転率11.2回＝
$$\frac{\text{第7期の売上原価（　　　千円）}}{(\text{第7期の期首商品棚卸高}346,000千円＋\text{第7期の期末商品棚卸高}394,000千円)÷2}$$

売上原価4,144,000千円＝（346,000千円＋394,000千円）÷2×11.2回

③売上総利益1,456,000千円＝売上高5,600,000千円－売上原価4,144,000千円

④ キ 販売費及び一般管理費1,218,000千円＝売上総利益1,456,000千円－営業利益238,000千円

ク．第8期の商品
［解き方1］ 第8期の売上原価と商品回転率から求める。

第8期商品回転率12.0回＝
$$\frac{\text{第8期の売上原価　}4,830,000千円}{(\text{第7期の期末商品棚卸高}394,000千円＋\text{第8期の期末商品棚卸高}\boxed{ク}円)÷2}$$

上記の計算式から，売上原価4,830,000千円÷12.0回＝平均商品有高402,500千円

第8期の商品411,000千円＝402,500千円×2－第7期の期末商品棚卸高394,000千円

［解き方2］ 第8期の流動比率206.0％から求める。

第8期の流動負債450,000千円＝142,000千円＋238,000千円＋70,000千円

第8期の流動資産合計927,000千円＝450,000千円×206.0％

第8期の商品 ク 411,000千円は，流動資産合計927,000千円－現金預金189,000千円から前払費用12,000千円までの合計（516,000千円）との差額で求める。

ケ．第8期の繰越利益剰余金
［解き方1］ 繰越利益剰余金勘定の記録から求める。

第8期の繰越利益剰余金 ケ 507,600千円

＝第7期末残高246,000千円－剰余金の配当60,000千円－利益準備金の計上6,000千円＋当期純利益327,600千円

［解き方2］ 第8期の総資本利益率から総資本を求め，貸借対照表の貸方合計額との差額で計算する。

$$\frac{\text{第8期の当期純利益　}327,600千円}{\text{第8期の総資本（　　　千円）}} \times 100 = 12.6 \%$$

総資本2,600,000千円＝当期純利益327,600千円÷総資本利益率12.6％

自己資本1,625,000千円＝2,600,000千円－負債合計975,000千円

ケ 507,600千円＝1,625,000千円－（1,020,000千円＋110,000千円＋70,000千円※－82,600千円）

※第8期の利益準備金70,000千円＝第7期64,000千円＋配当にともなう計上額6,000千円

［解き方3］ 自己資本比率から総資本を求める方法もある。

自己資本比率が62.5％ということは，総資本のうち負債の占める割合は37.5％となる。

そこで，負債合計975,000千円÷37.5％＝総資本2,600,000千円となり，

自己資本1,625,000千円＝2,600,000千円－負債合計975,000千円

ケ 507,600千円＝1,625,000千円－（1,020,000千円＋110,000千円＋70,000千円－82,600千円）

42 **4**

(1)

ア	イ	ウ	エ
115.0 %	108.5 %	34.0 %	13.0 %
オ	カ	キ	
6.0 %	2.4 回	17.0 %	

(2)

270 千円

解説 ア．A社の流動比率

$$\text{流動比率} = \frac{\text{流動資産}}{\text{流動負債}} \times 100 （\%）$$

$$\frac{\text{現金預金}745千円から短期貸付金180千円まで（5,750千円）}{\text{電子記録債務}1,615千円から未払法人税等270千円まで（5,000千円）} \times 100 = 115.0 \%$$

イ．B社の当座比率

$$\text{当座比率} = \frac{\text{当座資産}}{\text{流動負債}} \times 100 （\%）$$

$$\frac{\text{現金預金}1,565千円から有価証券925千円まで（6,510千円）}{\text{電子記録債務}1,425千円から未払法人税等350千円まで（6,000千円）} \times 100 = 108.5 \%$$

ウ．A社の自己資本比率

$$\text{自己資本比率} = \frac{\text{自己資本}}{\text{総資本}} \times 100 （\%）$$

$$\frac{2,800千円＋795千円＋655千円}{12,500千円} \times 100 = 34.0 \%$$

— 69 —

エ．B社の総資本利益率

$$総資本利益率 = \frac{当期純利益}{総資本} \times 100 \ (\%)$$

$$\frac{2,340千円}{18,000千円} \times 100 = 13.0\%$$

オ．A社の売上高純利益率

$$売上高利益率 = \frac{当期純利益}{売上高} \times 100 \ (\%)$$

$$\frac{1,800千円}{30,000千円} \times 100 = 6.0\%$$

カ．A社の総資本回転率

$$総資本回転率 = \frac{売上高}{総資本} \ (回)$$

$$\frac{30,000千円}{12,500千円} = 2.4回$$

キ．B社の売上高成長率

$$売上高成長率 = \frac{当期売上高 - 前期売上高}{前期売上高} \times 100 \ (\%)$$

$$\frac{46,800千円 - 40,000千円}{40,000千円} \times 100 = 17.0\%$$

ク．B社の短期貸付金

まず「商品」の金額を計算し，それをもとに流動比率から求める。

「商品」の金額を商品回転率から求める。

$$商品回転率 = \frac{売上原価}{平均商品有高} \ (回)$$

商品回転率　$25.5回 =$

$$\frac{売上原価39,780千円}{(期首商品棚卸高1,650千円 + 期末商品棚卸高 \ x千円) \div 2}$$

$39,780千円 \div 25.5回 = 1,560千円（平均商品有高）$

$1,560千円 \times 2 = 3,120千円$

$x = 3,120千円 - 1,650千円$

$x = 1,470千円$

次に，流動比率から流動資産合計を計算し，差額で（ク）を求める。

$8,250千円（流動資産合計）= 6,000千円（流動負債）\times 137.5\%（流動比率）$

$（ク）= 8,250千円 - (1,565千円 + 1,840千円 + 2,180千円 + 925千円 + 1,470千円)$

$（ク）= 270千円$

43 財務諸表作成の問題 (p.208)

43 1

(1)

損 益 計 算 書

埼玉産業株式会社　令和○5年4月1日から令和○6年3月31日まで　（単位：円）

Ⅰ	売 上 高			61,342,000
Ⅱ	売 上 原 価			
	1. 期首商品棚卸高	3,742,000		
	2. 当期商品仕入高	(44,167,000)		
	合　　計	(47,909,000)		
	3. 期末商品棚卸高	(5,440,000)		
		(42,469,000)		
	4.(棚卸減耗損)	(64,000)❶		
	5.(商品評価損)	(84,000)❷	(42,617,000)	
	売 上 総 利 益		(18,725,000)	
Ⅲ	販売費及び一般管理費			
	1. 給　　料	7,320,000		
	2. 発 送 費	(612,000)		
	3. 広 告 料	1,213,000		
	4.(貸倒引当金繰入)	(52,000)❸		
	5.(減価償却費)	(300,000)❹		
	6.(退職給付費用)	(240,000)		
	7. 支 払 家 賃	1,536,000		
	8. 保 険 料	(423,000)❺		
	9. 租 税 公 課	248,000		
	10.(特許権償却)	(120,000)		
	11.(雑　　費)	(85,000)	(12,149,000)	
	営 業 利 益		(6,576,000)	
Ⅳ	営 業 外 収 益			
	1. 有価証券利息	76,000		
	2.(仕 入 割 引)	(6,000)❻	(82,000)	
Ⅴ	営 業 外 費 用			
	1. 支 払 利 息	(116,000)❼		
	2.(有価証券評価損)	(150,000)❽	(266,000)	
	経 常 利 益		(6,392,000)	
Ⅵ	特 別 利 益			
	1. 固定資産売却益	252,000	252,000	
Ⅶ	特 別 損 失			
	1. 固定資産除却損	129,000	129,000	
	税引前当期純利益		(6,515,000)	
	法人税，住民税 及 び 事 業 税		(1,900,000)	
	当 期 純 利 益		(4,615,000)	

— 70 —

(2)

貸 借 対 照 表

埼玉産業株式会社	令和○6年3月3/日	(単位：円)

資 産 の 部

〜〜〜〜〜〜〜〜〜〜〜〜〜〜〜〜〜〜〜〜〜〜〜〜〜〜〜〜〜

	資 産 合 計		30,672,000

負 債 の 部

Ⅰ 流 動 負 債			
1. 支 払 手 形		1,648,000	
2. 買 掛 金		(2,414,000)	
3.(短 期 借 入 金)		(1,800,000)	
4.(未 払 費 用)		(49,000)	
5.(未 払 法 人 税 等)		(940,000)❶	
	流 動 負 債 合 計		(6,851,000)
Ⅱ 固 定 負 債			
1. 長 期 借 入 金		2,750,000	
2. 退 職 給 付 引 当 金		(960,000)❷	
	固 定 負 債 合 計		(3,710,000)
	負 債 合 計		(10,561,000)

純 資 産 の 部

Ⅰ 株 主 資 本			
(1) 資 本 金			12,160,000
(2) 資本剰余金			
1. 資 本 準 備 金		1,280,000	
	資 本 剰 余 金 合 計		1,280,000
(3) 利 益 剰 余 金			
1. 利 益 準 備 金		580,000	
2. その他利益剰余金			
① 新 築 積 立 金		860,000	
② 別 途 積 立 金		412,000	
③ 繰越利益剰余金		(4,739,000)	
	利 益 剰 余 金 合 計		(6,591,000)
	株 主 資 本 合 計		(20,031,000)
Ⅱ 評価・換算差額等			
1. その他有価証券評価差額金		(80,000)❸	
	評価・換算差額等合計		(80,000)
	純 資 産 合 計		(20,111,000)
	負債及び純資産合計		(30,672,000)

(3)

貸借対照表に記載する商品　¥　5,292,000

解説〔付記事項〕

①(借)仮 受 金	80,000	(貸)売 掛 金	80,000
②(借)買 掛 金	300,000	(貸)当 座 預 金	294,000
		仕 入 割 引	6,000

〔決算整理事項〕

a.(借)仕 入	3,742,000	(貸)繰 越 商 品	3,742,000
繰越商品	5,440,000	仕 入	5,440,000
棚卸減耗損	64,000	繰越商品	64,000
商品評価損	84,000	繰越商品	84,000
仕 入	64,000	棚卸減耗損	64,000
仕 入	84,000	商品評価損	84,000
b.(借)貸倒引当金繰入	52,000	(貸)貸倒引当金	52,000
c.(借)有価証券評価損	150,000	(貸)売買目的 有価証券	150,000
(借)その他有価証券	80,000	(貸)その他有価証券 評価差額金	80,000
d.(借)減価償却費	300,000	(貸)備 品 減 価 償却累計額	300,000
e.(借)特許権償却	120,000	(貸)特 許 権	120,000
f.(借)前払保険料	105,000	(貸)保 険 料	105,000
g.(借)支払利息	49,000	(貸)未 払 利 息	49,000
h.(借)退職給付費用	240,000	(貸)退職給付引当金	240,000

i.(借)法人税等 1,900,000　　(貸)仮払法人税等 960,000
　　　　　　　　　　　　　　　　未払法人税等 940,000

(1)損益計算書

❶棚卸減耗損
　$¥640 × (8,500個 - 8,400個) = ¥64,000$

❷商品評価損
　$(¥640 - ¥630) × 8,400個 = ¥84,000$

❸貸倒引当金繰入
　$(¥2,700,000 + ¥4,280,000 - ¥80,000$(付記事
　項①)$) × 0.01 = ¥69,000$
　$¥69,000 - $貸倒引当金残高$¥17,000$
　$= ¥52,000$

❹減価償却費
　$(¥1,875,000 - ¥375,000) × 0.2 = ¥300,000$

❺保険料
　$¥420,000 ÷ 12か月 × 3か月 = ¥105,000$
　$¥528,000 - ¥105,000 = ¥423,000$

❻仕入割引　付記事項②

❼支払利息
　$¥67,000 + ¥49,000 = ¥116,000$

❽有価証券評価損
　$(¥46,000 - ¥43,000) × 50株 = ¥150,000$

(2)貸借対照表

❶未払法人税等
　$¥1,900,000 - ¥960,000 = ¥940,000$

❷退職給付引当金
　$¥720,000 + ¥240,000 = ¥960,000$

❸その他有価証券評価差額金
　$(¥30,000 - ¥28,000) × 40株 = ¥80,000$

(3)商品
　正味売却価額$¥630 × $実地棚卸数量8,400個
　$= ¥5,292,000$

43 2

(1)

貸借対照表

東京物産株式会社　令和○5年3月31日　（単位：円）

資産の部

I 流動資産
1. 現金預金　　　　　　　　　（ 3,775,000)❶
2. 受取手形　(3,800,000)
　　（貸倒引当金）(38,000)　(3,762,000)
3. 売掛金　　(4,700,000)❷
　　貸倒引当金　(47,000)　(4,653,000)
4. (有価証券)　　　　　　　　(3,120,000)❸
5. (商　　品)　　　　　　　　(4,650,000)❹
6. (前払費用)　　　　　　　　(108,000)❺
　　流動資産合計　　　　　　　(20,068,000)

II 固定資産
(1) 有形固定資産
1. 備　　品　3,600,000
　　減価償却累計額　(1,575,000)❻(2,025,000)
2. 土　　地　12,900,000
3. (建設仮勘定)　　　　　　　(2,000,000)
　　有形固定資産合計　　　　　(16,925,000)
(2) 投資その他の資産
1. (長期前払費用)　　　　　　(135,000)❺
　　投資その他の資産合計　　　(135,000)
　　固定資産合計　　　　　　　(17,060,000)
　　資産合計　　　　　　　　　(37,128,000)

負債の部

I 流動負債
1. 支払手形　　　　　　　　　2,752,000
2. 買掛金　　　　　　　　　　(3,993,000)❼
3. (短期借入金)　　　　　　　(1,620,000)
4. (未払費用)　　　　　　　　(25,000)
5. (未払法人税等)　　　　　　(750,000)
　　流動負債合計　　　　　　　(9,140,000)

II 固定負債
1. (長期借入金)　　　　　　　(2,000,000)
2. 退職給付引当金　　　　　　(2,310,000)❽
　　固定負債合計　　　　　　　(4,310,000)
　　負債合計　　　　　　　　　(13,450,000)

純資産の部

I 株主資本
(1) 資本金　　　　　　　　　　15,000,000
(2) 資本剰余金
1. (資本準備金)　　　　　　　(1,300,000)
　　資本剰余金合計　　　　　　(1,300,000)
(3) 利益剰余金
1. (利益準備金)　　　　　　　(470,000)
2. その他利益剰余金
① 新築積立金　　　　　　　2,285,000
② 別途積立金　　　　　　　360,000
③ 繰越利益剰余金　　　　　(4,263,000)❾
　　利益剰余金合計　　　　　　(7,378,000)
　　株主資本合計　　　　　　　(23,678,000)
　　純資産合計　　　　　　　　(23,678,000)
　　負債及び純資産合計　　　　(37,128,000)

(2)

損益計算書

東京物産株式会社　令和○4年4月1日から令和○5年3月31日まで　（単位：円）

I 売上高　　　　　　　　　　　72,748,000
II 売上原価
1. 期首商品棚卸高　4,914,000
2. 当期商品仕入高　53,687,000
　　合　計　58,601,000
3. 期末商品棚卸高　(4,750,000)
　　　　　　　　　(53,851,000)
4. (棚卸減耗損)　(38,000)❶
5. (商品評価損)　(62,000)❷(53,951,000)
　　売上総利益　　(18,797,000)
III 販売費及び一般管理費
1. 給　料　6,924,000
2. 発送費　827,000
3. 広告料　1,290,000
4. (貸倒引当金繰入)(85,000)❸
5. (貸倒損失)(37,000)
6. (減価償却費)(675,000)❹
7. (退職給付費用)(490,000)
8. 支払家賃　1,896,000
9. 通信費　314,000
10. 消耗品費　138,000
11. 保険料　(105,000)❺
12. 租税公課　231,000
13. (雑　費)(121,000)(13,133,000)
　　営業利益　(5,664,000)

(3) 損益計算書に記載する営業外収益の合計額 ¥ 90,000

解説〔付記事項〕
① (借)現　金　24,000　(貸)受取配当金　24,000
② (借)貸倒引当金　8,000　(貸)売掛金　45,000
　　　　貸倒損失　37,000

〔決算整理事項〕
a. (借)仕入　4,914,000　(貸)繰越商品　4,914,000
　　　繰越商品　4,750,000　　仕入　4,750,000
　　　棚卸減耗損　38,000　　繰越商品　38,000
　　　商品評価損　62,000　　繰越商品　62,000
　　　仕入　38,000　　棚卸減耗損　38,000
　　　仕入　62,000　　商品評価損　62,000
b. (借)売掛金　130,000　(貸)為替差損益　130,000
　　　為替差損益　88,000　　買掛金　88,000
c. (借)貸倒引当金繰入　85,000　(貸)貸倒引当金　85,000
d. (借)有価証券評価損　80,000　(貸)売買目的有価証券　80,000
e. (借)減価償却費　675,000　(貸)備品減価償却累計額　675,000
f. (借)前払保険料　108,000　(貸)保険料　243,000
　　　長期前払保険料　135,000
g. (借)支払利息　25,000　(貸)未払利息　25,000
h. (借)退職給付費用　490,000　(貸)退職給付引当金　490,000
i. (借)法人税等　1,560,000　(貸)仮払法人税等　810,000
　　　　　　　　　　　　　　　未払法人税等　750,000

(1)貸借対照表
❶現金預金
　現金¥1,241,000＋¥24,000（付記事項①）＋当座預金¥2,510,000＝¥3,775,000
❷売掛金
　¥4,615,000－¥45,000（付記事項②）＋¥130,000＝¥4,700,000

❸有価証券
　¥3,200,000−¥80,000＝¥3,120,000
❹商品　¥3,750×1,240個＝¥4,650,000
❺前払費用
　¥324,000÷36か月×12か月＝¥108,000
　長期前払費用
　¥324,000÷36か月×15か月＝¥135,000
❻減価償却費
　（¥3,600,000−¥900,000）×0.25＝¥675,000
　減価償却累計額
　¥900,000＋¥675,000＝¥1,575,000
❼買掛金　¥3,905,000＋¥88,000＝¥3,993,000
❽退職給付引当金
　¥1,820,000＋¥490,000＝¥2,310,000
❾繰越利益剰余金
　¥37,128,000（資産合計）−¥13,450,000（負債
　合計）＝¥23,678,000（純資産合計）
　¥23,678,000−（¥15,000,000＋¥1,300,000）
　＝¥7,378,000（利益剰余金合計）
　¥7,378,000−（¥470,000＋¥2,285,000
　＋¥360,000）＝¥4,263,000

(2)損益計算書
❶棚卸減耗損
　¥3,800×（1,250個−1,240個）＝¥38,000
❷商品評価損
　（¥3,800−¥3,750）×1,240個＝¥62,000
❸貸倒引当金繰入
　（¥3,800,000＋¥4,615,000−¥45,000（付記事
　項②）＋¥130,000（決算整理ｂ））×0.01＝¥85,000
　貸倒引当金の残高は付記事項②により¥0である。
❹減価償却費
　（¥3,600,000−¥900,000）×0.25＝¥675,000
❺保険料
　¥348,000−（¥108,000＋¥135,000）＝¥105,000
(3)営業外収益の合計額
　¥24,000（受取配当金）＋¥24,000（付記事項①）
　＋¥42,000（為替差益）＝¥90,000

43 3
(1)

　　　　　　　　　　貸　借　対　照　表
山梨商事株式会社　　令和〇5年3月3／日　　　（単位：円）
　　　　　　　　　　資　産　の　部
Ⅰ　流　動　資　産
　1. 現　金　預　金　　　　　　　　　（ 3,182,000）❶
　2. 受　取　手　形　（ 2,700,000）
　　　　貸倒引当金　（　 27,000）　（ 2,673,000）
　3. 売　　掛　　金　（ 3,500,000）
　　　　貸倒引当金　（　 35,000）　（ 3,465,000）
　4.(有 価 証 券)　　　　　　　　　（ 3,060,000）❷
　5.(商　　　品)　　　　　　　　　（ 4,837,000）❸
　6.(前 払 費 用)　　　　　　　　　（　 192,000）❹
　　流動資産合計　　　　　　　　　（ 17,409,000）
Ⅱ　固　定　資　産
　(1) 有形固定資産
　　1. 建　　　　物　　 5,200,000
　　　　減価償却累計額　（ 2,925,000）❺（ 2,275,000）
　　2. リ ー ス 資 産　（　 750,000）
　　　　減価償却累計額　（　 300,000）❻（　 450,000）
　　　有形固定資産合計　　　　　　（ 2,725,000）
　(2) 投資その他の資産
　　1.(投資有価証券)　　　　　　　（ 5,928,000）❼
　　2.(長期前払費用)　　　　　　　（　 80,000）❹
　　　投資その他の資産合計　　　　（ 6,008,000）
　　　固定資産合計　　　　　　　　（ 8,733,000）
　　　資　産　合　計　　　　　　　（ 26,142,000）
　　　　　　　　　　負　債　の　部
Ⅰ　流　動　負　債
　1. 支　払　手　形　　　 1,740,000
　2. 買　　掛　　金　　　 1,504,000
　3. リ ー ス 債 務　（　 150,000）❽
　4.(未 払 費 用)　　　 （　 18,000）
　5.(未払法人税等)　　　（　 930,000）
　　流動負債合計　　　　　　　　　（ 4,342,000）
Ⅱ　固　定　負　債
　1.(長期借入金)　　　　（ 1,860,000）
　2. リ ー ス 債 務　　 （　 300,000）❽
　3. 退職給付引当金　　 （　 996,000）❾
　　固定負債合計　　　　　　　　　（ 3,156,000）
　　　負　債　合　計　　　　　　　（ 7,498,000）
　　　　　　　　　　純　資　産　の　部
Ⅰ　株　主　資　本
　(1) 資　　本　　金　　　 12,000,000
　(2) 資　本　剰　余　金
　　1.(資本準備金)　　　（ 1,300,000）
　　　資本剰余金合計　　　　　　　（ 1,300,000）
　(3) 利　益　剰　余　金
　　1.(利益準備金)　　　（　 740,000）
　　2. その他利益剰余金
　　　① 繰越利益剰余金　（ 4,396,000）❿
　　　利益剰余金合計　　　　　　　（ 5,136,000）
　　　株主資本合計　　　　　　　　（ 18,436,000）
Ⅱ　評価・換算差額等
　　1. その他有価証券評価差額金　（　 208,000）
　　評価・換算差額等合計　　　　　（　 208,000）
　　　純　資　産　合　計　　　　　（ 18,644,000）
　　　負債及び純資産合計　　　　　（ 26,142,000）

(2)

損 益 計 算 書

山梨商事株式会社　令和○4年4月/日から令和○5年3月3/日まで　　（単位：円）

Ⅰ　売　上　高　　65,/28,000

Ⅱ　売　上　原　価

　1.　期首商品棚卸高　4,650,000

　2.　当期商品仕入高　5/,562,000

　　　合　　　計　　56,2/2,000

　3.　期末商品棚卸高（4,995,000）

　　　　　　　　　　（5/,2/7,000）

　4.（棚卸減耗損）（43,000）❶

　5.（商品評価損）（115,000）❷（51,375,000）

　　　売 上 総 利 益　　（13,753,000）

Ⅲ　販売費及び一般管理費

　1.　給　　　　　料　　4,296,000

　2.　発　送　費　　572,000

　3.　広　告　料　　864,000

　4.（貸倒引当金繰入）（51,000）❸

　5.（減 価 償 却 費）（267,000）

　6.（退 職 給 付 費 用）（270,000）

　7.　保　険　料（202,000）❹

　8.　租　税　公　課　//3,000

　9.　支　払　地　代　984,000

　10.　水 道 光 熱 費　/87,000

　11.（雑　　　費）（27,000）（7,833,000）

　　　営 業 利 益　　（5,920,000）

(3) | 損益計算書に記載する当期純利益 | ¥ 4,159,000 |

解説〔付記事項〕

①（借）リース債務　150,000　（貸）短期リース債務　150,000

〔決算整理事項〕

a.（借）仕　入　4,650,000　（貸）繰越商品　4,650,000

　　　繰越商品　4,995,000　　　　仕　入　4,995,000

　　　棚卸減耗損　43,000　　　　繰越商品　43,000

　　　商品評価損　115,000　　　　繰越商品　115,000

　　　仕　入　43,000　　　　棚卸減耗損　43,000

　　　仕　入　115,000　　　　商品評価損　115,000

b.（借）貸倒引当金繰入　51,000　（貸）貸倒引当金　51,000

c.（借）有価証券評価損　180,000　（貸）売買目的有価証券　180,000

　　　その他有価証券　208,000　　その他有価証券評価差額金　208,000

d.（借）減価償却費　267,000　（貸）建物減価償却累計額　117,000

　　　　　　　　　　　　　リース資産減価償却累計額　150,000

e.（借）前払保険料　192,000　（貸）保　険　料　272,000

　　　長期前払保険料　80,000

f.（借）支払利息　18,000　（貸）未払利息　18,000

g.（借）退職給付費用　270,000　（貸）退職給付引当金　270,000

h.（借）法人税等　1,780,000　（貸）仮払法人税等　850,000

　　　　　　　　　　　　　未払法人税等　930,000

(1)貸借対照表

❶現金預金

　現金¥814,000＋当座預金¥2,368,000

　＝¥3,182,000

❷有価証券

　¥3,240,000－¥180,000＝¥3,060,000

❸商品　A品（¥1,000×2,300袋）＋B品（¥860×2,950袋）＝¥4,837,000

❹前払費用

　¥384,000÷24か月×12か月＝¥192,000

　長期前払費用

　¥384,000÷24か月×5か月＝¥80,000

❺建物の減価償却費

　（¥5,200,000－¥5,200,000×0.1）÷40年

　＝¥117,000

　減価償却累計額

　¥2,808,000＋¥117,000＝¥2,925,000

❻リース資産の減価償却費

　¥750,000÷5年＝¥150,000

　減価償却累計額

　¥150,000＋¥150,000＝¥300,000

❼投資有価証券

　¥5,720,000＋¥208,000＝¥5,928,000

❽リース債務

　¥150,000　決算日の翌日から1年以内に支払期限（令和○6年3月31日）が到来する分（付記事項①）

　¥300,000　決算日の翌日から1年を超えて支払期限が到来する分

❾退職給付引当金

　¥726,000＋¥270,000＝¥996,000

❿繰越利益剰余金

　¥26,142,000（資産合計）－¥7,498,000（負債合計）＝¥18,644,000（純資産合計）

　¥18,644,000－（¥12,000,000＋¥1,300,000＋¥208,000）＝¥5,136,000（利益剰余金合計）

　¥5,136,000－¥740,000＝¥4,396,000

(2)損益計算書

❶棚卸減耗損

　¥860×（3,000袋－2,950袋）＝¥43,000

❷商品評価損

　（¥1,050－¥1,000）×2,300袋＝¥115,000

❸貸倒引当金繰入

　（¥2,700,000＋¥3,500,000）×0.01－¥11,000

　＝¥51,000

❹保険料

　¥474,000－（¥192,000＋¥80,000）＝¥202,000

(3)当期純利益

　¥5,920,000（営業利益）＋¥120,000（受取配当金）－¥56,000（支払利息）－¥180,000（有価証券評価損）＋¥135,000（固定資産売却益）－¥1,780,000（法人税等）＝¥4,159,000

(1) 損 益 計 算 書

千葉商事株式会社　令和○6年4月/日から令和○7年3月3/日まで　　（単位：円）

I 売　上　高　　　　　　　　　　　　54,204,000
II 売　上　原　価
　　1. 期首商品棚卸高　　　　892,000
　　2. 当期商品仕入高　（38,715,000）
　　　　　合　　　計　　（39,607,000）
　　3. 期末商品棚卸高　（　954,000）
　　　　　　　　　　　　（38,653,000）
　　4.（棚卸減耗損）（　　16,000）❶
　　5.（商品評価損）（　　59,000）❷（38,728,000）
　　　　売 上 総 利 益　　　　（15,476,000）
III 販売費及び一般管理費
　　1. 給　　　　料　　7,440,000
　　2. 発　送　費　（　413,000）
　　3. 広　告　料　　1,237,000
　　4.（貸倒引当金繰入）（　53,000）❸
　　5.（減価償却費）（　568,000）❹
　　6. 通　信　費　　681,000
　　7. 消 耗 品 費　　278,000
　　8.（退職給付費用）（　813,000）
　　9. 保　険　料　（　344,000）❺
　　10. 租 税 公 課　　298,000
　　11.（雑　　　費）（　173,000）（12,298,000）
　　　　営 業 利 益　　　　　（ 3,178,000）
IV 営 業 外 収 益
　　1. 受 取 地 代　　420,000
　　2. 受 取 配 当 金　（　49,000）
　　3.（有価証券評価益）（105,000）❻（　574,000）
V 営 業 外 費 用
　　1.（支 払 利 息）（　96,000）❼（　96,000）
　　　　経 常 利 益　　　　　（ 3,656,000）
VI 特 別 利 益
　　1.（固定資産売却益）（　184,000）（　184,000）
VII 特 別 損 失
　　1.（固定資産除却損）（　164,000）（　164,000）
　　　　税引前当期純利益　　　（ 3,676,000）
　　　　法人税, 住民税
　　　　及 び 事 業 税　　　　（ 1,031,000）
　　　　当 期 純 利 益　　　（ 2,645,000）

株主資本等変動計算書

千葉商事株式会社　　　令和○6年4月1日から令和○7年3月31日まで　　　（単位：円）

	株主資本							株主資本合計
	資本金	資本剰余金		利益剰余金				
		資本準備金	資本剰余金合計	利益準備金	その他利益剰余金		利益剰余金合計	
					別途積立金	繰越利益剰余金		
当期首残高	13,500,000	1,900,000	1,900,000	560,000	830,000	3,081,000	4,471,000	19,871,000
当期変動額								
剰余金の配当				(210,000)		(△2,310,000)	△2,100,000	△2,100,000
別途積立金の積立					60,000	△60,000	—	—
当期純利益						(2,645,000)	(2,645,000)	(2,645,000)
株主資本以外（純額）								
当期変動額合計	—	—	—	(210,000)	(60,000)	(275,000)	(545,000)	(545,000)
当期末残高	13,500,000	1,900,000	1,900,000	770,000	890,000	(3,356,000)	(5,016,000)	(20,416,000)

下段へ続く

上段より続く

	評価・換算差額等		純資産合計
	その他有価証券評価差額金	評価・換算差額等合計	
当期首残高	—	—	19,871,000
当期変動額			
剰余金の配当			△2,100,000
別途積立金の積立			—
当期純利益			(2,645,000)
株主資本以外（純額）	❶ 120,000	(120,000)	(120,000)
当期変動額合計	(120,000)	(120,000)	(665,000)
当期末残高	(120,000)	(120,000)	20,536,000

(3) | 貸借対照表に記載する流動負債合計 | ¥ 5,850,000 |

解説 〔純資産の部に関する事項〕

（借）繰越利益剰余金 2,370,000　（貸）未払配当金 2,100,000
　　　　　　　　　　　　　　　　　　利益準備金 210,000※
　　　　　　　　　　　　　　　　　　別途積立金 60,000

※利益準備金の計上額

未払配当金の $\frac{1}{10}$ ＝¥210,000 ⓐ

資本金の $\frac{1}{4}$ －（資本準備金＋利益準備金）

＝¥3,375,000－（¥1,900,000＋¥560,000）

＝¥915,000 ⓑ

ⓐ＜ⓑより，¥210,000

〔決算整理事項〕

a.（借）仕　入 892,000　（貸）繰越商品 892,000
　　　繰越商品 954,000　　　仕　入 954,000
　　　棚卸減耗損 16,000　　　繰越商品 16,000
　　　商品評価損 59,000　　　繰越商品 59,000
　　　仕　入 16,000　　　棚卸減耗損 16,000
　　　仕　入 59,000　　　商品評価損 59,000
b.（借）貸倒引当金繰入 53,000　（貸）貸倒引当金 53,000
c.（借）売買目的有価証券 105,000　（貸）有価証券評価益 105,000
　　　その他有価証券 120,000　　　その他有価証券評価差額金 120,000
d.（借）減価償却費 568,000　（貸）建物減価償却累計額 152,000
　　　　　　　　　　　　　　　　　備品減価償却累計額 416,000
e.（借）前払保険料 112,000　（貸）保険料 112,000
f.（借）支払利息 9,000　（貸）未払利息 9,000

g.（借）退職給付費用 813,000　（貸）退職給付引当金 813,000
h.（借）法人税等 1,031,000　（貸）仮払法人税等 540,000
　　　　　　　　　　　　　　　　　未払法人税等 491,000

(1)損益計算書

❶棚卸減耗損

¥400×（1,500個－1,460個）＝¥16,000

❷商品評価損

（¥300－¥250）×1,180個＝¥59,000

❸貸倒引当金繰入

（¥2,750,000＋¥3,650,000）×0.01－貸倒引当金残高¥11,000＝¥53,000

❹減価償却費

建物（¥7,600,000－¥0）÷50年＝¥152,000
備品（¥3,250,000－¥1,170,000）×0.2
　＝¥416,000
¥152,000＋¥416,000＝¥568,000

❺保険料

¥336,000÷12か月×4か月（4月分から7月分）
＝¥112,000
¥456,000－¥112,000＝¥344,000

❻有価証券評価益

（時価¥4,500×350株）－¥1,470,000＝¥105,000

❼支払利息

¥87,000＋¥9,000＝¥96,000

(2)株主資本等変動計算書
❶その他有価証券評価差額金
 (時価) ¥3,800×400株＝¥1,520,000
 ¥1,520,000－¥1,400,000＝¥120,000
(3)流動負債合計
 支払手形¥1,930,000＋買掛金¥2,370,000＋手
 形借入金¥600,000＋短期借入金¥450,000＋未
 払利息¥9,000＋未払法人税等¥491,000＝
 ¥5,850,000

反|復|式|

会計問題集

全商 **1** 級

会|計

実教出版

■ 本書の特色と内容

特 色

① 各種の財務会計Ⅰ教科書を分析し，どの教科書とも併用できるよう配列を工夫しました。

② 全商簿記実務検定試験の出題範囲・傾向を分析し，各項目の中に，的確なまとめと問題を収録しました。

③ 各項目に収録した問題は，教科書の例題レベルの反復問題により無理なく検定レベルの問題に進めるようにしました。また，既習事項を復習するための総合問題を，適宜設けました。

内 容

●**学習の要点**……………各項目の学習事項を要約し，内容が的確につかめるようにしました。また，適宜，例題を用いることによって，取引の流れの中でスムーズに理解できるようにしました。とくに仕訳の例題では，基本的な仕訳パターンを示し，覚えるべきポイントが明確になるよう工夫しました。

●**問 題**……………学習の要点で学習した内容から，検定出題レベルの問題につなげるための問題を反復して出題しました。

●**検 定 問 題**……………全商簿記実務検定試験の過去の出題問題を，各項目ごとに分類し，出題しました。

●**総 合 問 題**……………ある程度の項目の学習が終わった後，既習事項を総合して学習できるようにしてあります。

●**全商検定試験**…………全商簿記実務検定試験の出題傾向を分析して，全範囲から作問した，程度・**出題形式別問題**　　内容が同じ問題を多数出題しました。

◇**解答編**………………別冊。解答にいたる過程の説明や注意事項を詳しく示しました。

も　く　じ

1 企業と会計

1 企業会計の意味と役割

(1) 企業会計の意味

　　企業などの経済主体の活動やこれに関することがらを一定の方法で，記録・計算・整理し，報告する手続きを**会計**❶という。経済主体が企業の場合，その会計を企業会計という。

(2) 財務会計と管理会計

企業会計	財務会計❷	外部報告会計	会計責任を遂行するという役割をもつ。
	管理会計❸	内部報告会計	経営管理活動に貢献するという役割をもつ。

2 株式会社制度の特徴

(1) 株式会社制度の特徴

　　株式会社制度の特徴は，資金調達のしやすさと株主の**有限責任**にある。

(2) 株式会社の会計処理

　　株式会社特有の基本的な動きにそって会計処理の例を示すと次のようになる。

資金調達	→	事業活動	→	純利益の計上	→	配当金の支払い

例1 株式を発行して資金調達したとき

　　四国商事株式会社は，株式100株を1株につき¥60,000で発行し，全額の引き受け・払い込みを受け，払込金は当座預金とした。

　　　　　(借) 当 座 預 金　6,000,000　　(貸) 資 本 金　6,000,000

例2 純利益を計上したとき

　　四国商事株式会社は，決算の結果，当期純利益¥500,000を計上した。

　　　　　(借) 損　　　　益　500,000　　(貸) 繰越利益剰余金　500,000

例3 配当金の支払いを株主総会で決議したとき

　　四国商事株式会社は，株主総会において繰越利益剰余金から配当金¥100,000を支払うことを決議した。これにともない利益準備金¥10,000を計上した。

　　　　　(借) 繰越利益剰余金　110,000　　(貸) 未払配当金　100,000
　　　　　　　　　　　　　　　　　　　　　　　　利益準備金　 10,000

　　また，法人税等の申告・納付に関する会計処理の例は次のようになる。

例4 中間申告時

　　中間申告を行い，前年度の法人税，住民税及び事業税額¥100,000の $\frac{1}{2}$ を小切手を振り出して納付した。

　　　　　(借) 仮払法人税等　 50,000　　(貸) 当 座 預 金　 50,000

　　決算時

　　決算にあたり，当期の法人税，住民税及び事業税の合計額¥120,000を計上した。

　　　　　(借) 法 人 税 等　120,000　　(貸) 仮払法人税等　 50,000
　　　　　　　　　　　　　　　　　　　　　　　　未払法人税等　 70,000

　　確定申告時

　　確定申告を行い，未払法人税等¥70,000を小切手を振り出して納付した。

　　　　　(借) 未払法人税等　 70,000　　(貸) 当 座 預 金　 70,000

❶accounting　　❷financial accounting　　❸management accounting

3 **財務会計の機能**

(1) 利害調整機能

企業をとりまく株主や債権者，国や地方公共団体，従業員や消費者などの利害関係者の間に生じる利害を，財務諸表によって調整する機能のこと。

(2) 情報提供機能

投資家の投資意思決定に有用な情報を，財務諸表によって提供する機能のこと。

4 **会計公準**

会計を行うにあたって，とくに必要とされる基礎的前提を**会計公準**❹という。

(1) 企業実体の公準

出資者と区別された企業それ自体が，会計の行われる範囲（会計単位）であるという前提を**企業実体の公準**という。なお，会計単位とは，一つの企業とはかぎらず，企業グループを一つの会計単位とする場合がある。

(2) 継続企業の公準

企業の経営活動は，半永久的に継続して行われるという前提を**継続企業の公準**という。したがって，継続する経営活動を一定の期間に区切って会計期間を定めることが必要となる。

(3) 貨幣的測定の公準

企業の経営活動を記録・計算・整理するさい，貨幣額によって測定しなければならないという前提を**貨幣的測定の公準**という。これは，貨幣額がもっとも全般的・共通的な尺度だからである。

5 **会計の歴史**

(1) 欧米の会計の歴史

複式簿記は13世紀から15世紀にかけてイタリアの地中海貿易のなかで完成した。1494年にはルカ・パチョーリの『スンマ』が出版され，複式簿記が伝播した。17世紀から20世紀初めは，貸借対照表を重視する会計の時代であったが，大恐慌をきっかけに，損益計算書を重視する流れとなった。しかし，20世紀末になると再び貸借対照表を重視する会計へと移行を始める。2000年に証券監督者国際機構（IOSCO）は**国際会計基準（IAS）**を承認し，2001年には国際会計基準委員会（IASC）は**国際会計基準審議会（IASB）**に改組され，IASの改訂や**国際財務報告基準（IFRS）**の開発を行っている。

(2) 日本の会計の歴史

明治6年（1873年）の『銀行簿記精法』，明治7年（1874年）の『帳合之法（第二編）』により複式簿記が導入され，わが国の会計の近代化が始まる。昭和23年（1948年）に「証券取引法」が制定，昭和24年（1949年）に「企業会計原則」が設定される。1990年代後半から日本の会計基準を国際会計基準にあわせる動きが強まり，2001年に**企業会計基準委員会（ASBJ）**が設置され，会計基準の開発を行っている。

1-1 次の各文の □□□ のなかに入るもっとも適当な用語を答えなさい。

(1) 企業や国，地方公共団体などの経済主体の活動やこれに関することがらを一定の方法で，記録・計算・整理し，報告する手続きを ア という。

(2) 経済主体が企業の場合，そこで用いられる会計を イ という。

(3) 企業会計は，報告先のちがいによって財務会計と ウ に分けられる。

(4) 企業をとりまく株主や債権者，国や地方公共団体，従業員や消費者などの利害関係者の間に生じる利害を，財務諸表によって調整する働きを財務会計の エ 機能という。

(5) 投資家の投資意思決定に有用な情報を，財務諸表によって提供するという働きを財務会計の オ 機能という。

ア	イ	ウ	エ	オ

1-2 次の取引の仕訳を示しなさい。

(1) 関西商事株式会社は，株式200株を1株につき¥70,000で発行し，全額の引き受け・払い込みを受け，払込金は当座預金とした。

(2) 中国商事株式会社は，決算の結果，当期純利益¥2,000,000を計上した。

(3) 近畿商事株式会社は，株主総会において繰越利益剰余金から配当金¥500,000を支払うことを決議した。これにともない利益準備金¥50,000を計上した。

	借　　　　方	貸　　　　方
(1)		
(2)		
(3)		

1-3 次の一連の取引の仕訳を示しなさい。

(1) 中部商事株式会社は中間申告を行い，前年度の法人税，住民税及び事業税額¥1,200,000の $\frac{1}{2}$ を小切手を振り出して納付した。

(2) 中部商事株式会社は決算にあたり，当期の法人税，住民税及び事業税の合計額¥1,000,000を計上した。

(3) 中部商事株式会社は確定申告を行い，未払法人税等¥400,000を小切手を振り出して納付した。

	借　　　　方	貸　　　　方
(1)		
(2)		
(3)		

1-4 次の各文の □ のなかに，下記の語群からもっとも適当な語を選び，記入しなさい。

(1) 会計を行うにあたって，とくに必要とされる基礎的前提を ア という。

(2) 出資者と区別された企業それ自体が，会計の行われる範囲（会計単位）であるとする前提を イ の公準という。

(3) 企業の経営活動は，半永久的に継続して行われるという前提を ウ の公準という。そのため，継続する経営活動を一定の期間に区切って エ を定めることが必要となる。

(4) 企業の経営活動を記録・計算・整理するさい，貨幣額によって測定しなければならないという前提を オ の公準という。

継続企業　企業実体　会計公準　貨幣的測定
貨幣額　会計期間　企業　継続

ア	イ	ウ	エ	オ

1-5 次のA群の各項目に関係する項目を，B群から選び記号で答えなさい。

A群　① 国際財務報告基準　② 国際会計基準審議会
　　　③ ルカ・パチョーリ　④ 企業会計基準委員会

B群　ア．スンマ　イ．IFRS　ウ．ASBJ　エ．IASB

A　群	①	②	③	④
B　群				

検定問題

1-6 次の文の □ のなかに，下記の語群のなかから，もっとも適当なものを選び，その番号を記入しなさい。

企業会計は，企業の経営活動は永続的に行われるものであるとする継続企業を前提としている。そのため企業では，永続する経営活動を1月1日から12月31日までというように区切った ア を定める必要がある。そして，財政状態や経営成績などを明らかにするために，決算を行い，その結果を株主や債権者などの イ に報告している。　　　第52回

　1．利害関係者　2．会計期間　3．取締役会　4．会計期末

ア	イ

2 企業会計制度と会計法規

1 企業会計制度

　企業をとりまく多くの者は，企業が提供する会計情報にもとづいていろいろな判断を行う。したがって，信頼できる会計情報が提供されるように，企業会計を法律や基準などによって制度化した企業会計制度が必要となる。

2 会計法規

　わが国の企業会計制度における主要な法律として，会社法・金融商品取引法・法人税法の三つがある。また，法律ではないが，すべての企業がその会計処理を行うにあたって守らなければならない基準として，企業会計原則がある。

(1) 会社法：債権者や株主の保護および利害調整を目的としている。**財務諸表**❶（計算書類）の詳細な記載方法などは，会社法施行規則や会社計算規則に定められている。

(2) 金融商品取引法：国民経済の適切な運営と投資家の保護を目的としている。財務諸表の作成にあたっての用語や様式・作成方法の詳細は，財務諸表等規則に定めがある。

(3) 法人税法：課税所得および課税額の計算を目的としている。会社法上の利益をもとに，税務上必要な調整事項を詳細に定めている。

(4) 企業会計原則：一般に公正妥当な会計基準の中心である。企業会計制度の根幹をなす重要なルールである。

3 企業会計原則と企業会計基準

① 企業会計原則　＝　一般原則　＋　損益計算書原則　＋　貸借対照表原則　＋　注解

② 一般原則

真実性の原則　　正規の簿記の原則　　資本取引・損益取引区分の原則

明瞭性の原則　　継続性の原則　　　保守主義の原則　　単一性の原則

重要性の原則（一般原則ではないが，正規の簿記の原則や明瞭性の原則などと関係）

③ 企業会計基準は，個別のテーマごとに設定され，新しい会計問題に対応している。

4 財務諸表の種類

会　社　法		金融商品取引法
① 貸借対照表 ② 損益計算書 ③ 株主資本等変動計算書 ④ 注記表 ⑤ 事業報告 ⑥ 附属明細書	①から④の書類を計算書類という。 ①から⑤までが株主総会に提出が義務づけられている。	(1) 貸借対照表 (2) 損益計算書 (3) 株主資本等変動計算書 (4) キャッシュ・フロー計算書 (5) 附属明細表

5 財務諸表の構成要素

　財務諸表の構成要素とは，財務諸表を構成する基本的な要素をいう。おもなものは次のとおりである。

(1) 資産：取引などから生じた財貨や債権などの経済的資源をいう。

(2) 負債：取引などから生じた経済的資源を引き渡すなどの義務をいう。

(3) 純資産：資産から負債を差し引いた差額をいう。

(4) 株主資本：純資産のうち株主に帰属する部分をいう。
(5) 収益：純利益を増加させる要素であり，会計期末までに生じた資産の増加や負債の減少に見合う額のうち，実現した部分をいう。
(6) 費用：純利益を減少させる要素であり，会計期末までに生じた資産の減少や負債の増加に見合う額のうち，実現した部分をいう。

2-1 次の各文の □ のなかに入るもっとも適当な用語を答えなさい。
(1) 企業をとりまく多くの者は，企業が提供する会計情報にもとづいていろいろな判断を行う。したがって，信頼できる会計情報が提供されるように，企業会計を法律や基準などによって制度化した ア が必要となる。
(2) わが国の企業会計制度における主要な法律として，会社法・金融商品取引法・法人税法の三つがある。また，法律ではないが，企業会計の実務のなかに慣習として発達したもののなかから一般に公正妥当と認められたものを要約したもので，企業会計制度の根幹をなす重要なルールである イ がある。
(3) 企業会計制度において，債権者や株主の保護および利害調整を目的としている法律が ウ である。
(4) 企業会計制度において，国民経済の適切な運営と投資家の保護を目的としている法律が，金融商品取引法であり，課税所得および課税額の計算を目的としている法律が エ である。
(5) 近年の企業をとりまく環境の変化や会計基準の国際的統合の流れなどに対しては，企業会計原則では，徐々に対応が難しくなってきた。そこで今日では，企業会計原則とともに オ が企業会計をリードする役割を果たすようになっている。

ア	イ	ウ	エ	オ

2-2 次の各文は企業会計原則の一般原則である。該当する一般原則の名称を記入しなさい。
(1) 企業会計は，企業の財政状態および経営成績に関して，真実な報告を提供するものでなければならない。
(2) 企業会計は，すべての取引につき，正規の簿記の原則に従って，正確な会計帳簿を作成しなければならない。
(3) 資本取引と損益取引とを明瞭に区別し，特に資本剰余金と利益剰余金とを混同してはならない。
(4) 企業会計は，財務諸表によって，利害関係者に対し必要な会計事実を明瞭に表示し，企業の状況に関する判断を誤らせないようにしなければならない。
(5) 企業会計は，その処理の原則および手続きを毎期継続して適用し，みだりにこれを変更してはならない。
(6) 企業の財政に不利な影響をおよぼす可能性がある場合には，これに備えて適当に健全な会計処理をしなければならない。
(7) 株主総会提出のため，信用目的のため，租税目的のためなど種々の目的のために異なる形式の財務諸表を作成する必要がある場合，それらの内容は，信頼しうる会計記録にもとづいて作成されたものであって，政策の考慮のために事実の真実な表示をゆがめてはならない。

(1)	(2)	(3)	(4)
(5)	(6)	(7)	

2-3 次のA群に示す財務諸表の構成要素の説明文として適当なものをB群から選び，記号で答えなさい。

A群　①　資産　②　純資産　③　収益

B群　ア．資産から負債を差し引いた差額をいう。
　　　イ．純利益を増加させる要素であり，会計期末までに生じた資産の増加や負債の減少に見合う額のうち，実現した部分をいう。
　　　ウ．取引などから生じた財貨や債権などの経済的資源をいう。

A　群	①	②	③
B　群			

検定問題

2-4 次の各文の □ のなかに，それぞれの語群のなかから，もっとも適当な語を選び，その番号を記入しなさい。

(1)　a．企業会計は，すべての取引につき ア の原則にしたがって，正確な会計帳簿を作成しなければならない。この原則は，網羅的，秩序的かつ明瞭に取引を記録することを求めており，この原則にそった記帳には イ がもっとも適している。

　　b．会計処理のさい，勘定科目の性質や金額の大小などから判断し，影響が小さいものについては，簡便な方法を採用することができる。これは， ウ の原則の適用によるものである。たとえば，少額の消耗品について，買入時または払出時に エ として処理する方法を採用することができる。　第93回

　　1．正規の簿記　2．単式簿記　3．単　一　性　4．継　続　性
　　5．重　要　性　6．費　　　用　7．勘　定　式　8．収　　　益
　　9．複　式　簿　記　10．報　告　式

(2)　a．企業会計において，いったん採用した会計処理の原則および手続きは，毎期継続して適用し，正当な理由がないかぎり変更してはならない。これを ア の原則という。なお，正当な理由によって会計処理の原則および手続きを変更したときは，財務諸表にこのことを イ しなければならない。

　　b．企業が自社の会計情報を開示することをディスクロージャーといい，わが国では会社法や金融商品取引法によって規制されている。会社法は，株主に対する計算書類の提供や，貸借対照表・損益計算書の要旨を官報や新聞等で公告することを規定している。また，金融商品取引法は， ウ の開示を義務づけている。　第91回改題

　　1．継　続　性　2．正規の簿記　3．有価証券報告書　4．キャッシュ・フロー
　　5．アカウンタビリティ　6．ディスクロージャー　7．仕　　　訳　8．単　一　性
　　9．注　　　記　10．附　属　明　細　書

(1)				(2)		
ア	イ	ウ	エ	ア	イ	ウ

3 貸借対照表のあらまし

1 貸借対照表とその役割

　貸借対照表[1]は，一定時点における企業の**財政状態**を明らかにするための報告書で，資産の部・負債の部・純資産の部の三つの大きな区分によって構成された一覧表である。

貸 借 対 照 表

資 産 の 部	負 債 の 部
	純資産の部 （資 本）

調達した資金の運用状態を示す　　資金の調達源泉を示す

2 貸借対照表の区分

貸借対照表は，会社計算規則によれば次のように区分される。

貸 借 対 照 表

Ⅰ　流 動 資 産		Ⅰ　流 動 負 債	
		Ⅱ　固 定 負 債	
Ⅱ 固定資産	(1)　有 形 固 定 資 産	Ⅰ　株主資本	(1)　資 本 金
			(2)　資本剰余金
	(2)　無 形 固 定 資 産		(3)　利益剰余金
	(3)　投資その他の資産	Ⅱ　評価・換算差額等	
		Ⅲ　新株予約権	

3 貸借対照表の様式

貸借対照表の様式には，**勘定式**と**報告式**がある。

【勘 定 式】
貸 借 対 照 表

A株式会社　　令和○年/2月3/日　（単位：百万円）

資 産 の 部		負 債 の 部	
流 動 資 産	60	流 動 負 債	20
固 定 資 産	40	固 定 負 債	20
		負 債 合 計	40
		純 資 産 の 部	
		株 主 資 本	
		資 本 金	30
		資 本 剰 余 金	10
		利 益 剰 余 金	10
		評価・換算差額等	5
		新 株 予 約 権	5
		純 資 産 合 計	60
資 産 合 計	100	負債及び純資産合計	100

【報 告 式】
貸 借 対 照 表

A株式会社　　令和○年/2月3/日（単位：百万円）

資 産 の 部	
Ⅰ　流 動 資 産	60
Ⅱ　固 定 資 産	40
資 産 合 計	100
負 債 の 部	
Ⅰ　流 動 負 債	20
Ⅱ　固 定 負 債	20
負 債 合 計	40
純 資 産 の 部	
Ⅰ　株 主 資 本	
(1)資 本 金	30
(2)資 本 剰 余 金	10
(3)利 益 剰 余 金	10
Ⅱ　評価・換算差額等	5
Ⅲ　新 株 予 約 権	5
純 資 産 合 計	60
負債及び純資産合計	100

[1]balance sheet：B/S

3-1 次の各文の ☐ のなかに入るもっとも適当な用語を答えなさい。

(1) 貸借対照表は，一定時点における企業の ［ ア ］ を明らかにするための報告書で，資産の部・負債の部・純資産の部の三つの大きな区分によって構成された一覧表である。

(2) 貸借対照表の貸方は，資金をどこから調達したか，すなわち資金の調達源泉を示している。他方，貸借対照表の借方はその調達した資金をどのように運用しているか，すなわち資金の ［ イ ］ を示している。

(3) 貸借対照表の様式には，資産を借方に記載し，負債と純資産を貸方に記載して，資産と負債および純資産を対応表示する形式の ［ ウ ］ がある。

(4) 貸借対照表の様式には，資産・負債・純資産の各項目を上から順に記載する形式の ［ エ ］ がある。

(5) 貸借対照表は，資産の部・負債の部・［ オ ］の部の三つの大きな区分によって構成されている。

ア	イ	ウ	エ	オ

3-2 貸借対照表を会社計算規則によって区分すると次のようになる。（　　　　）に入る項目名を答えなさい。

貸 借 対 照 表

I　（　ア　）		I　流 動 負 債		
		II　（　エ　）		
II 固定資産	(1)　（ イ ）固定資産	I　（ オ ）	(1)　資 本 金	
			(2)　資本剰余金	
	(2)　無形（ ウ ）		(3)　利益剰余金	
	(3)　投資その他の資産	II　評価・換算差額等		
		III　新株予約権		

ア	イ	ウ	エ	オ

3-3 次の貸借対照表をみて，その様式名を解答欄に記入しなさい。

貸 借 対 照 表

A株式会社　　　令和○年12月31日　　（単位：百万円）

資 産 の 部		負 債 の 部	
流 動 資 産	60	流 動 負 債	20
固 定 資 産	40	固 定 負 債	20
		負 債 合 計	40
		純 資 産 の 部	
		株 主 資 本	
		資 本 金	30
		資 本 剰 余 金	10
		利 益 剰 余 金	10
		評価・換算差額等	5
		新 株 予 約 権	5
		純 資 産 合 計	60
資 産 合 計	100	負債及び純資産合計	100

☐

貸 借 対 照 表

A株式会社　　　令和○年12月31日（単位：百万円）

資 産 の 部		
I　流 動 資 産		60
II　固 定 資 産		40
資 産 合 計		100
負 債 の 部		
I　流 動 負 債		20
II　固 定 負 債		20
負 債 合 計		40
純 資 産 の 部		
I　株 主 資 本		
(1)　資 本 金		30
(2)　資 本 剰 余 金		10
(3)　利 益 剰 余 金		10
II　評価・換算差額等		5
III　新 株 予 約 権		5
純 資 産 合 計		60
負債及び純資産合計		100

☐

4 資産の意味・分類・評価

学|習|の|要|点

1 資産の意味............

企業の経営活動に役立つ財貨や債権などの経済的資源を**資産❶**といい，貨幣性資産と費用性資産がある。

　貨幣性資産……貨幣のように支払いの手段として役に立つ資産
　　　　　　　例現金・受取手形・売掛金など

　費用性資産……販売や使用などによって，資産としての価値を失い費用にかわっていく資産
　　　　　　　例商品・備品・建物など

2 資産の分類............

貸借対照表の作成にあたり，資産は**流動資産❷**・**固定資産❸**に分類する。これは企業の支払能力を明示するための分類である。なお，流動資産と固定資産を区分する基準として，原則として次の二つの基準がある。

(1) 営業循環基準❹

　企業の営業活動の循環過程のなかに入っている資産を**流動資産**に分類する基準

(2) 1年基準❺

　決算日の翌日から1年以内に現金化または費用化する資産を**流動資産**とし，それ以外を**固定資産**に分類する基準であり，貸付金・備品・建物などのように，営業循環基準が適用されない資産に対して適用される。

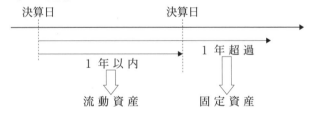

3 資産の評価............

資産の評価とは，貸借対照表に計上する資産の価額を決めることである。

資産の評価は，適正な財政状態を表示するために必要であるとともに，損益計算にも大きな影響を与える。資産を過大に評価すると，純利益が過大に計算され，過小に評価すると，純利益が過小に計算されることになる。

4 資産の評価基準............

(1) 原価基準

　資産の取得原価を基準として評価する方法を**原価基準**という。この方法によると，評価損・評価益は計上されず，客観性があるので現行の企業会計では原則的な評価基準とされている。

(2) 時価基準

　決算日における時価を基準として評価する方法を**時価基準**という。この方法によると，評価時点における資産の現在価値に近い金額で評価することができる。この基準は，売買目的有価証券など一部の資産や企業の合併や解散などの特別な場合に適用される。

❶assets　❷current assets　❸fixed assets　❹Operating cycle rule　❺One-year rule

4-1　次の各文の □ のなかに，下記の語群のなかから，もっとも適当なものを選び，その番号を記入しなさい。

(1) 企業の経営活動に役立つ財貨や債権などの経済的資源を資産といい，現金および短期間で現金化できる受取手形・売掛金などの ｱ 資産と，販売や使用などによって費用化していく商品・備品・建物などの ｲ 資産とがある。

(2) 企業の主たる営業活動の過程にあるかどうかによって，流動資産と固定資産に分類する基準を ｳ という。

(3) 決算日の翌日から/年以内に現金化または費用化するかどうかによって，流動資産と固定資産に分類する基準を ｴ という。

(4) 資産は，貸借対照表に表示するとき，流動資産・ ｵ に分類する。

　　1. / 年 基 準　　2. 固 定 資 産　　3. 費 用 性　　4. 継 続 性
　　5. 営業循環基準　　6. 貨 幣 性

ア	イ	ウ	エ	オ

4-2　次の表の □ のなかにあてはまる語を記入しなさい。

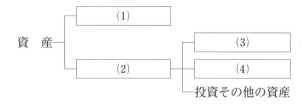

(1)	(2)	(3)	(4)

4-3　次の各文のうち，正しいものには〇印を，誤っているものには×印を（　）のなかに記入しなさい。

(1) （　　　）建物は，企業の営業活動の過程にある資産なので，営業循環基準により分類される。

(2) （　　　）前払費用のうち，決算日の翌日から/年以内に費用となるものを固定資産とした。

(3) （　　　）受取手形を営業循環基準により流動資産とした。

(4) （　　　）満期日が決算日の翌日から8か月後に到来する定期預金を固定資産とした。

(5) （　　　）商品は費用性資産である。

(6) （　　　）商品・製品は，/年基準により流動資産に分類する。

(7) （　　　）/年6か月後に回収予定の貸付金を投資その他の資産に表示した。

(8) （　　　）建物・土地は無形固定資産である。

(9) （　　　）特許権やのれんは，具体的な形態をもたないので，無形固定資産とした。

(10) （　　　）決算日の翌日から2か月後に返済される貸付金を流動資産に分類した。

4-4 横浜商事株式会社の次の資料から，下記の(1)～(3)の文および図の ☐ に入るもっとも適当な用語または金額を答えなさい。

　　　資　　　料
　　　① 当 期 売 上 高 　¥5,000,000
　　　② 当期商品仕入高 　¥4,000,000
　　　③ 期末商品の評価額 　¥1,000,000 （適正な評価額）
　　　④ 期首商品はなかったものとする。

(1) 期末の商品を¥1,000,000と適正に評価した場合，当期の売上原価は，当期商品仕入高から期末商品の評価高¥1,000,000を差し引いた¥ ア となる。当期の売上高が¥5,000,000であるので，売上総利益は¥ イ である。

	期末商品 ¥1,000,000	売上総利益 ¥ イ	売上高 ¥5,000,000
仕入高 ¥4,000,000		売上原価 ¥ ア	

(2) 期末の商品を¥1,200,000と過大に評価した場合，当期の売上原価は，当期商品仕入高から期末商品の評価高¥1,200,000を差し引いた¥ ウ となる。当期の売上高が¥5,000,000であるので，売上総利益は¥2,200,000というように エ に算出される。

	期末商品 ¥1,200,000	売上総利益 ¥2,200,000	売上高 ¥5,000,000
仕入高 ¥4,000,000		売上原価 ¥ ウ	

(3) 期末の商品を¥900,000と過小に評価した場合，当期の売上原価は，当期商品仕入高から期末商品の評価高¥900,000を差し引いた¥3,100,000となる。当期の売上高が¥5,000,000であるので，売上総利益は¥ オ というように カ に算出される。

	期末商品 ¥900,000	売上総利益 ¥ オ	売上高 ¥5,000,000
仕入高 ¥4,000,000		売上原価 ¥3,100,000	

ア	イ	ウ	エ	オ	カ

5 ▶ 流動資産(1)　—当座資産①—

1 当座資産の意味

当座資産❶とは，流動資産のうち，現金や短期間に現金にかわる資産である。当座資産には，現金預金・受取手形・電子記録債権・売掛金・クレジット売掛金・売買目的で保有する有価証券などがある。

2 現金預金

現　金……通貨・他人振り出しの小切手・配当金額収証・期限到来の公社債利札など

預　金……当座預金・普通預金・定期預金・通知預金など

定期預金のうち，決算日の翌日から1年を超えて期限のくるものは，1年基準により固定資産のなかの投資その他の資産に含める。また，現金と預金は，貸借対照表上に**現金預金**として一括して示すことが多い。

3 銀行勘定調整表

当座預金については，銀行が発行する当座勘定残高証明書の金額と当座預金出納帳の残高とが一致しないことがある。この場合には，**銀行勘定調整表**を作成して，預金残高が一致することを確認する。

例　3月31日（決算日）の当座預金出納帳の残高は¥920,000であり，銀行からの当座勘定残高証明書の金額は¥870,000であった。不一致の原因を調査したところ，次のことが判明した。

① かねて振り出した小切手¥90,000が，銀行でまだ支払われていなかった。

② 買掛金支払いのため小切手¥60,000を作成したが，仕入先に未渡しである。

③ 借入金の利息¥30,000が，銀行で差し引かれていたが当店では未記帳である。

④ 決算日に現金¥250,000を預け入れたが，銀行が営業時間外であったため翌日入金扱いとなっていた。

⑤ かねて取り立てを依頼していた約束手形¥80,000について，銀行では取立済みであるが，当店では未記帳である。

	借　方	貸　方
①	仕訳なし	
②	当座預金 60,000	買 掛 金 60,000
③	支払利息 30,000	当座預金 30,000
④	仕訳なし	
⑤	当座預金 80,000	受取手形 80,000

銀 行 勘 定 調 整 表
令和○年3月31日

摘　　　要	当座預金出納帳残高	銀行残高
残　高	920,000	870,000
加算：②未渡小切手	60,000	
④時間外預け入れ		250,000
⑤取立済手形未記入	80,000	
	1,060,000	1,120,000
減算：①未取付小切手		90,000
③利息支払未記入	30,000	
	1,030,000	1,030,000

銀行残高を加減
当座預金出納帳残高を加減

5-1 次の各文の ☐ のなかに入るもっとも適当な用語を答えなさい。

(1) 当座資産には，現金や預金のほか，売上債権である ☐ ア ☐ や電子記録債権，売掛金，クレジット売掛金，売買目的有価証券などがある。

(2) 現金には，通貨のほか ☐ イ ☐ ，送金小切手，配当金領収証，期限到来の公社債利札などがある。

ア	イ

5-2 決算日における当座預金出納帳残高は¥800,000であり，当座勘定残高証明書残高は¥960,000であった。不一致の原因を調査したところ，次のことが判明した。よって，修正に必要な仕訳を示し，銀行勘定調整表を完成しなさい。ただし，仕訳の必要のない場合は「仕訳なし」と記入すること。

(1) かねて取り立てを依頼していた仙台商店振り出しの約束手形¥100,000について，銀行で取立済みとなったが，当店では未記帳であった。

(2) 決算日に預け入れた現金¥80,000が，銀行では営業時間外のため，翌日入金として扱われていた。

(3) 酒田商店あてに振り出していた約束手形¥70,000は，期日に当座預金口座から支払われていたが，当店では未記帳であった。

(4) かねて八戸商店あてに振り出した小切手¥60,000が，銀行でまだ支払われていなかった。

(5) 買掛金支払いのため振り出した小切手¥150,000が，仕入先に未渡しである。

	借 方	貸 方
(1)		
(2)		
(3)		
(4)		
(5)		

銀 行 勘 定 調 整 表
令和○年3月31日

摘　　　　要	当座預金出納帳残高	銀 行 残 高
残高		
加算：(1) 取り立てた約束手形が未記入		
(2) 預け入れた現金が翌日付入金（時間外預け入れ）		
(5) 振り出した小切手が未渡し（未渡小切手）		
減算：(3) 振り出した約束手形が口座より支払われたが未記入		
(4) 振り出した小切手が銀行で未払い（未取付小切手）		

検定問題 ◆◆◆◆◆◆

5-3 島根商事株式会社の決算日における当座預金出納帳の残高は¥520,000であり，銀行が発行した当座勘定残高証明書の金額は¥720,000であった。そこで，不一致の原因を調査したところ，次の資料を得た。よって，銀行勘定調整表を完成しなさい。

資　　料

1．当月分の電気代¥50,000が当座預金口座から引き落とされていたが，当社ではまだ記帳していなかった。
2．かねて東北商店あてに振り出した小切手¥150,000が，銀行でまだ支払われていなかった。
3．買掛金支払いのために小切手¥100,000を作成して記帳していたが，まだ仕入先に渡していなかった。　　　　　　　　　　　　　　　　　　　　　　　　　　　　　[第90回改題]

銀　行　勘　定　調　整　表

令和○年3月3/日

摘　　　　　　　　要	当座預金出納帳残高	銀 行 残 高
残高	520,000	720,000
加算：3．振り出した小切手が未渡し（未渡小切手）		
減算：1．電気代引き落とし未記帳		
2．振り出した小切手が銀行で未払い（未取付小切手）		

5-4 大分商事株式会社の決算日における当座預金出納帳の残高は¥1,563,000であり，銀行が発行した当座勘定残高証明書の金額は¥1,873,000であった。そこで，不一致の原因を調査したところ，次の資料を得た。よって，銀行勘定調整表を完成しなさい。

資　　料

1．かねて宮崎商店あてに振り出していた小切手¥280,000が，銀行でまだ支払われていなかった。
2．買掛金支払いのために小切手¥120,000を作成して記帳していたが，仕入先に未渡しであった。
3．新聞代¥3,000が当座預金口座から引き落とされていたが，当社ではまだ記帳していなかった。
4．決算日に預け入れた現金¥87,000が，営業時間外のため銀行では翌日付けの入金として扱われていた。　　　　　　　　　　　　　　　　　　　　　　　　　　　　[第80回改題]

銀　行　勘　定　調　整　表

令和○年3月3/日

摘　　　　　　　　要	当座預金出納帳残高	銀 行 残 高
残高	1,563,000	1,873,000
加算：2．振り出した小切手が未渡し（未渡小切手）		
4．預け入れた現金が翌日付入金（時間外預け入れ）		
減算：1．振り出した小切手が銀行で未払い（未取付小切手）		
3．新聞代引き落とし未記帳		

6 流動資産(2) ―当座資産②―

学 習 の 要 点

◀1▶ 受取手形 ……………………………………………………………………………………

受 取 手 形……通常の営業取引によって生じた手形債権である。

受取手形は，回収不能になることもあるので，期末に手形金額から貸倒見積高（貸倒引当金）を差し引いて評価する。

表示例	受 取 手 形	2,000,000	
	貸 倒 引 当 金	20,000	1,980,000

◀2▶ 電子記録債権 …………………………………………………………………………………

電子記録債権……取引によって生じた債権を電子債権記録機関に登録して電子データ化したもの。

＊取引によって生じた債務を同様に電子データ化したものを**電子記録債務**という。

(1) 電子記録債権・債務の発生

取引によって生じた債権・債務を電子記録債権・債務とするためには，債権者・債務者のどちらか一方または双方が取引銀行を通じて，電子債権記録機関に「発生記録」の請求を行う。

例1 発生記録の請求を行ったとき　北海道商店は，電子債権記録機関に発生記録の請求を行い，青森商店に対する売掛金¥150,000を電子記録債権とした。また，青森商店はこれを承諾した。

《北海道商店》債権者

（借）電子記録債権 150,000 　（貸）売 掛 金 150,000

《青森商店》債務者

（借）買 掛 金 150,000 　（貸）電子記録債務 150,000

(2) 電子記録債権・債務の消滅

支払期日に債務者の口座から債権者の口座に払い込みが行われると，電子債権記録機関は「支払等記録」を行い，電子記録債権・債務は自動的に消滅する。

例2 債務者の口座から債権者の口座への払い込みが行われたとき　北海道商店の青森商店に対する電子記録債権¥150,000が支払期日となり，青森商店の当座預金口座から北海道商店の当座預金口座に払い込みが行われた。

《北海道商店》債権者

（借）当 座 預 金 150,000 　（貸）電子記録債権 150,000

《青森商店》債務者

（借）電子記録債務 150,000 　（貸）当 座 預 金 150,000

(3) 電子記録債権・債務の譲渡

電子記録債権は，手形などと同様に支払期日前に譲渡することができ，また，債権金額を分割して譲渡することもできる。譲渡するときは，債権者・債務者のどちらか一方または双方が「譲渡記録」の請求を行う。

例3 電子記録債権を取引銀行に譲渡し，割引料を差し引かれた手取金を受け取ったとき　電子記録債権¥380,000を取引銀行で割り引くために，電子債権記録機関に譲渡記録の請求を行った。割引料を差し引かれた手取金¥372,000が当社の当座預金口座に振り込まれた。

（借）当 座 預 金 372,000 　（貸）電子記録債権 380,000
　　　電子記録債権売却損 8,000

電子記録債権についても受取手形と同様に，期末に貸倒見積高を差し引いて評価する。

表示例		
電子記録債権	1,500,000	
貸倒引当金	15,000	1,485,000

3　売掛金……………………………………………………………………………

　売掛金……得意先に対する掛け売り上げから生じた営業上の債権である。

　売掛金についても，受取手形や電子記録債権と同様に，期末に貸倒見積高を差し引いて評価する。

表示例		
売　掛　金	3,200,000	
貸倒引当金	32,000	3,168,000

4　クレジット売掛金…………………………………………………………………

　クレジット売掛金……クレジットカードを利用する顧客に商品を販売した場合に生じる債権をいい，クレジット会社に対する債権であるため，通常の売掛金とは区別する。

例4 商品を販売し，クレジットカードで支払いを受けたとき

大阪商店は，商品¥200,000をクレジットカード払いの条件で販売した。なお，クレジット会社への手数料（販売代金の3%）を計上した。

　　　（借）クレジット売掛金　194,000　　　（貸）売　　　上　200,000
　　　　　　支払手数料　　　　6,000

例5 クレジット会社から当座預金口座に振り込みがあったとき

上記のクレジット取引について，クレジット会社より手数料を差し引かれた代金が当座預金口座に振り込まれた。

　　　（借）当座預金　194,000　　　（貸）クレジット売掛金　194,000

　クレジット売掛金についても，売掛金と同様に，期末に貸倒見積高を差し引いて表示する。

表示例		
クレジット売掛金	1,800,000	
貸倒引当金	18,000	1,782,000

5　貸倒見積高の算定…………………………………………………………………

　貸倒見積高（貸倒引当金）の算定は，得意先などの債務者の財政状態および経営成績等に応じて債権を**一般債権・貸倒懸念債権・破産更生債権等**に区分し，それぞれの区分ごとに定められた方法によって行う。

(1)　一般債権……貸倒実績率法

　　　　貸倒見積高＝債権額×貸倒実績率

(2)　貸倒懸念債権……財務内容評価法またはキャッシュ・フロー見積法*
　　　＊本書では，財務内容評価法を学習する。

　　　　貸倒見積高＝（債権額－担保処分・保証回収見込額）×貸倒見積率

(3)　破産更生債権等……財務内容評価法

　　　　貸倒見積高＝債権額－担保処分・保証回収見込額

6-1 次の一連の取引について，鹿児島商店と熊本商店の仕訳を示しなさい。

(1) 鹿児島商店は，電子債権記録機関に発生記録の請求を行い，熊本商店に対する売掛金 ¥620,000を電子記録債権とした。また，熊本商店はこれを承諾した。

(2) 鹿児島商店の熊本商店に対する電子記録債権 ¥620,000が支払期日となり，熊本商店の当座預金口座から鹿児島商店の当座預金口座に払い込みが行われた。

		借 方	貸 方
(1)	鹿児島商店		
	熊本商店		
(2)	鹿児島商店		
	熊本商店		

6-2 次の取引の仕訳を示しなさい。

(1) 長野商店は，電子債権記録機関に発生記録の請求を行い，新潟商店に対する売掛金 ¥360,000を電子記録債権とした。

(2) 岡山商店は，広島商店に対する電子記録債権 ¥570,000が支払期日となり，岡山商店の当座預金口座に入金されたとの通知を取引銀行から受けた。

(3) 島根商店は，電子記録債権 ¥330,000を取引銀行で割り引くために，電子債権記録機関に譲渡記録の請求を行った。割引料 ¥2,000を差し引かれた手取金 ¥328,000が島根商店の当座預金口座に振り込まれた。

(4) 大阪商店は，電子記録債権 ¥420,000を取引銀行で割り引くために，電子債権記録機関に譲渡記録の請求を行った。割引料を差し引かれた手取金 ¥403,000が大阪商店の当座預金口座に振り込まれた。

	借 方	貸 方
(1)		
(2)		
(3)		
(4)		

6-3 次の一連の取引の仕訳を示しなさい。ただし，商品に関する勘定は3分法によること。

5月 8日 京都商店は，商品 ¥100,000をクレジットカード払いの条件で販売した。なお，クレジット会社への手数料（販売代金の3%）を計上した。

6月10日 上記のクレジット取引について，クレジット会社より手数料を差し引かれた代金が京都商店の当座預金口座に振り込まれた。

	借 方	貸 方
5/ 8		
6/10		

6　4　次の一連の取引の仕訳を示しなさい。ただし，商品に関する勘定は3分法によること。

(1)　岐阜商店は，商品¥226,000をクレジットカード払いの条件で販売した。なお，クレジット会社への手数料（販売代金の5%）を計上した。

(2)　上記のクレジット取引について，クレジット会社より手数料を差し引かれた代金が岐阜商店の当座預金口座に振り込まれた。

	借　　　　　方	貸　　　　　方
(1)		
(2)		

6　5　新潟商事株式会社の令和○年/2月3/日（決算年/回）における総勘定元帳勘定残高（一部）と資料によって，報告式の貸借対照表の一部を完成しなさい。

元帳勘定残高（一部）
　現　　　金 ¥ 1,211,000　　当座預金 ¥ 2,459,000　　受取手形 ¥ 1,300,000
　電子記録債権　　600,000　　売　掛　金　1,700,000　　貸倒引当金　　21,000
資　　　料
　貸倒見積高　受取手形・電子記録債権・売掛金の期末残高に対し，それぞれ/%と見積もり，
　　　　　　　貸倒引当金を設定する。

貸　借　対　照　表

新潟商事株式会社　　　　　　　　令和○年/2月3/日　　　　　　　　　（単位：円）

資　産　の　部

Ⅰ　流　動　資　産
　1．現　金　預　金　　　　　　　　　　　（　　　　　　　）
　2．受　取　手　形　　（　　　　　　　）
　　　　貸　倒　引　当　金　（　　　　　　　）　（　　　　　　　）
　3．電　子　記　録　債　権　（　　　　　　　）
　　　　貸　倒　引　当　金　（　　　　　　　）　（　　　　　　　）
　4．売　　掛　　金　　（　　　　　　　）
　　　　貸　倒　引　当　金　（　　　　　　　）　（　　　　　　　）

6　6　次の債権について，それぞれの区分に応じた貸倒見積高を計算しなさい（計算式を示すこと）。

(1)　一般債権に区分された受取手形¥400,000について，貸倒見積高を，貸倒実績率法によって算定しなさい。なお，過去の貸倒実績率は3%である。

(2)　貸倒懸念債権に区分された売掛金¥600,000について，貸倒見積高を，財務内容評価法によって算定しなさい。ただし，得意先から営業保証金として¥250,000の現金を受け入れている。また，貸倒見積率は20%である。

(3)　破産更生債権等に区分された売掛金および貸付金¥1,800,000について，貸倒見積高を，財務内容評価法によって算定しなさい。なお，担保として処分見込額¥1,500,000の土地の提供を受けている。

	計　　　算　　　式	金　　　額
(1)		¥
(2)		¥
(3)		¥

7 流動資産(3) —当座資産③—

学習の要点

1 有価証券（有価証券の分類）

分類	内容		勘定科目	貸借対照表の表示項目	区分
売買目的有価証券	時価の変動により利益を得ることを目的として保有する有価証券。		売買目的有価証券	有価証券	流動資産
満期保有目的の債券	満期まで所有する意図をもって保有する社債その他の債券。	1年以内に満期到来	満期保有目的債券		
		1年を超えて満期到来		投資有価証券	投資その他の資産
子会社株式	企業を支配・統制する目的で保有する株式。		子会社株式	関係会社株式	
関連会社株式	他企業への影響力を行使する目的で保有する株式。		関連会社株式		
その他有価証券	上記以外の有価証券	1年以内に満期到来の債券	その他有価証券	有価証券	流動資産
				投資有価証券	投資その他の資産

(1) 有価証券の取得原価

有価証券の取得原価は，買入価額に買入手数料を加えた額である。

なお，社債や国債を売買したときは，買い主は直前の利払日の翌日から買入日までの経過利息（端数利息）を売り主に支払う。そのさい，端数利息は**有価証券利息勘定**（収益の勘定）で処理する。

例1 社債を購入したとき　6/12　売買目的で額面¥3,000,000の社債を額面¥100につき¥97で買い入れ，この代金は，買入手数料¥8,000および端数利息¥24,000とともに，小切手を振り出して支払った。なお，この社債の利率は年4%であり，利払日は3月と9月の末日である。

（借）売買目的有価証券　2,918,000　（貸）当座預金　2,942,000
　　　有価証券利息　　　　24,000

例2 社債の利息を受け取ったとき　9/30　社債について，半年分の利息¥60,000を現金で受け取った。

（借）現　金　60,000　（貸）有価証券利息　60,000

```
3/31              6/12          9/30
直前の利払日        購入日        利払日
   ①端数利息¥24,000    ③正味受取分¥36,000
        ②半年分の利息¥60,000
```

有価証券利息

①端数利息 24,000	②半年分の利息 60,000
③正味受取分 ¥36,000	

例3 社債を売却したとき　12/12　例1の社債を額面¥100につき¥99で売却し，代金は端数利息¥24,000とともに小切手で受け取り，ただちに当座預金とした。

（借）当座預金　2,994,000　（貸）売買目的有価証券　2,918,000
　　　　　　　　　　　　　　　　　有価証券売却益　　　　52,000
　　　　　　　　　　　　　　　　　有価証券利息　　　　　24,000

(2) 有価証券の期末評価

売買目的有価証券は，時価によって評価する。

例4 決算にさいし，売買目的で保有する株式を時価評価したとき　3/31　決算にさいし，売買目的で保有する次の株式について，時価によって評価する。

富山商事株式会社　10株
帳簿価額　1株¥20,000　　時価　1株¥25,000

（借）売買目的有価証券　50,000　（貸）有価証券評価益　50,000

7-1 次の一連の取引の仕訳を示しなさい。

5月26日　売買目的で額面¥600,000の社債を額面¥100につき¥96で買い入れ，この代金は買入手数料¥6,000および端数利息¥8,400とともに，小切手を振り出して支払った。なお，この社債の利率は年3.5%であり，利払日は6月と12月の末日である。

6月30日　5月26日に買い入れた社債の半年分の利息¥10,500を現金で受け取った。

9月11日　5月26日に買い入れた社債を額面¥100につき¥98で売却し，代金は端数利息¥4,200とともに小切手で受け取り，ただちに当座預金とした。

	借　　　　　方	貸　　　　　方
5/26		
6/30		
9/11		

7-2 次の一連の取引の仕訳を示しなさい。

(1)　売買目的で額面¥7,000,000の社債を額面¥100につき¥97で買い入れ，この代金は買入手数料¥70,000および端数利息¥42,000とともに小切手を振り出して支払った。

(2)　上記社債の半年分の利息¥105,000を現金で受け取った。

(3)　上記社債を額面¥100につき¥99で売却し，代金は端数利息¥84,000とともに小切手で受け取り，ただちに当座預金とした。

	借　　　　　方	貸　　　　　方
(1)		
(2)		
(3)		

7-3 次の取引の仕訳を示しなさい。

(1)　売買目的で額面¥8,000,000の社債を額面¥100につき¥98.20で買い入れ，代金は買入手数料および端数利息とともに小切手¥7,968,000を振り出して支払った。なお，端数利息は¥32,000であった。

(2)　売買目的で保有している社債　額面¥30,000,000のうち，¥20,000,000を額面¥100につき¥99.50で売却し，代金は端数利息¥65,000とともに小切手で受け取った。ただし，この額面¥30,000,000の社債は額面¥100につき¥98.40で買い入れ，同時に買入手数料¥120,000および端数利息¥53,000を支払っている。

	借　　　　　方	貸　　　　　方
(1)		
(2)		

7-4 次の売買目的有価証券に関する総勘定元帳勘定残高と決算整理事項によって，報告式の貸借対照表の有価証券に関する記入面を完成しなさい。

元帳勘定残高 （一部）
　売買目的有価証券　¥1,480,000

決算整理事項
　a. 売買目的有価証券評価高　売買目的で保有する次の株式について，時価によって評価する。
　　　東西物産株式会社　200株　帳簿価額 /株 ¥7,400
　　　　　　　　　　　　　　　　時　　価　 〃 〃5,900

貸 借 対 照 表	（単位：円）
⋮	
I 流 動 資 産	
⋮	
4.（　　　　　　）	（　　　　　）

7-5 関西商事株式会社の総勘定元帳勘定残高（一部）と付記事項および決算整理事項によって，報告式の貸借対照表（一部）を完成しなさい。ただし，会計期間は令和○1年4月1日から令和○2年3月31日までとする。

元帳勘定残高 （一部）

現　　　金	¥　824,000	当 座 預 金	¥ 2,060,000	受 取 手 形	¥ 6,100,000
電子記録債権	5,300,000	売 掛 金	4,860,000	貸倒引当金	85,000
売買目的有価証券	3,480,000				

付 記 事 項
　① 3月31日現在の当座勘定残高証明書の金額は¥2,360,000であり，その不一致の原因を調査したところ，当社あての約束手形¥300,000が，期日に入金済みになっていたが，未記帳であった。
　② 売掛金のうち¥60,000は北東商店に対する前期末のものであり，同店はすでに倒産しているので，貸し倒れとして処理する。

決算整理事項
　a. 貸 倒 見 積 高　受取手形と電子記録債権・売掛金は一般債権であり，期末残高に対し，それぞれ1％と見積もり，貸倒引当金を設定する。
　b. 売買目的有価証券評価高　売買目的で保有する次の株式について，時価によって評価する。
　　　南北物産株式会社　400株　帳簿価額 /株 ¥8,700
　　　　　　　　　　　　　　　　時　　価　 〃 〃8,400

貸 借 対 照 表 （一部）

関西商事株式会社　　　　　　　令和○2年3月31日　　　　　　（単位：円）

資 産 の 部

I 流 動 資 産
1. 現 金 預 金		（　　　　　）	
2. 受 取 手 形	（　　　　　）		
（　　　　　）	（　　　　　）	（　　　　　）	
3.（　　　　　）	（　　　　　）		
（　　　　　）	（　　　　　）	（　　　　　）	
4.（　　　　　）	（　　　　　）		
（　　　　　）	（　　　　　）	（　　　　　）	
5.（　　　　　）		（　　　　　）	

検定問題 ◆◆◆◆◆

7-6 次の取引の仕訳を示しなさい。

(1) 売買目的で額面￥7,000,000の社債を額面￥100につき￥98.70で買い入れ，代金は買入手数料￥18,000および端数利息￥21,000とともに小切手を振り出して支払った。　　　第89回

(2) 売買目的で保有している山梨商事株式会社の社債　額面￥8,000,000のうち￥5,000,000を額面￥100につき￥98.60で売却し，代金は端数利息￥46,000とともに小切手で受け取り，ただちに当座預金とした。ただし，この額面￥8,000,000の社債は，当期に額面￥100につき￥97.80で買い入れたものであり，同時に買入手数料￥16,000および端数利息￥72,000を支払っている。　　　第93回

	借　　　　　方	貸　　　　　方
(1)		
(2)		

7-7 宮崎商事株式会社の総勘定元帳勘定残高（一部）と付記事項および決算整理事項によって，報告式の貸借対照表（一部）を完成しなさい。ただし，会計期間は令和○/年4月/日から令和○2年3月3/日までとする。　　　第86回改題

元帳勘定残高　（一部）

現　　　金	￥　685,000	当座預金	￥ 1,300,000	受 取 手 形	￥　2,000,000
売　掛　金	1,400,000	貸倒引当金	12,000	有価証券	1,590,000

付記事項

① 3月3/日の当座勘定残高証明書の金額は￥1,720,000であり，その不一致の原因を調査したところ，次の資料を得た。

(ア) かねて仕入先長崎商店あてに振り出した小切手￥140,000が，銀行でまだ引き落とされていなかった。

(イ) 買掛金支払いのために小切手￥80,000を作成して記帳していたが，まだ仕入先に渡していなかった。

(ウ) かねて取り立てを依頼してあった得意先鹿児島商店振り出しの約束手形￥200,000が銀行で取り立て済みとなり，当座預金口座に入金されていたが，当社では未記帳であった。

決算整理事項

a. 貸倒見積高　受取手形と売掛金の期末残高に対し，それぞれ/%と見積もり，貸倒引当金を設定する。

b. 有価証券評価高　保有する株式は次のとおりであった。

売買目的有価証券：熊本株式会社　30株　時価　/株￥56,000

貸　借　対　照　表　（一部）

宮崎商事株式会社　　　　　　　　　令和○2年3月3/日　　　　　　　　（単位：円）

資　産　の　部

I 流　動　資　産

1. (　　　　　　　)　　　　　　　　　　　　(　　　　　　　)
2. (　　　　　　　)　　(　　　　　　　)
　　(　　　　　　　)　　(　　　　　　　)　　(　　　　　　　)
3. (　　　　　　　)　　(　　　　　　　)
　　(　　　　　　　)　　(　　　　　　　)　　(　　　　　　　)
4. (　　　　　　　)　　　　　　　　　　　　(　　　　　　　)

8 流動資産(4) —棚卸資産①—

学習の要点

1　棚卸資産の意味………………………………………………………………………………

棚卸資産❶は，販売または製造のために消費することを目的として所有する資産で，ふつう棚卸しによって有高が確かめられる。

商品売買業……商品，貯蔵品など　　製造業……製品，仕掛品，材料など

2　棚卸資産の取得原価と費用配分の原則……………………………………………………

(1)　棚卸資産の取得原価

①　棚卸資産を購入　**取得原価＝買入価額＋付随費用**

②　棚卸資産を製造　**取得原価＝製造原価**

(2)　費用配分の原則

正しい期間損益を計算するために，棚卸資産の取得原価を，当期の費用（売上原価）となる部分と，資産として次期に繰り越す部分（次期の費用になる部分）とに分ける必要がある。これを**費用配分の原則**という。

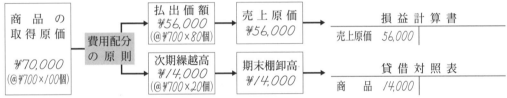

3　払出価額と期末棚卸高の計算……………………………………………………………

払出価額と期末棚卸高の計算は，単価に数量をかけて計算するため，数量の計算と単価の計算が必要になる。

払出価額＝払出単価×払出数量
期末棚卸高＝期末の単価×期末棚卸数量

(1)　数量の計算

a）継続記録法（帳簿棚卸法）

商品有高帳などに，受け入れ，払い出し，残高の数量を継続的に記録して，当期の払出数量と帳簿上の期末棚卸数量（帳簿棚卸数量）を明らかにする方法。

b）棚卸計算法（実地棚卸法）

期末に実地棚卸をして，次の算式により，払出数量を計算する方法。

払出数量＝期首繰越数量＋当期受入数量－期末実地棚卸数量

(2)　単価の計算

同じ種類の棚卸資産を異なる単価で受け入れた場合，払出単価と期末の単価を計算する方法には次のような方法がある。どの方法も取得原価にもとづいて単価を決める方法なので，一括して**原価法**という。

計算方法	特　　　徴
先入先出法❷	価格上昇時には払出価額が小さく計算され，期末棚卸高が大きくなり，売上総利益も大きくなる。
移動平均法❸	払出単価が平均化されるので，払出価額と期末棚卸高の著しい変動をふせぐことができる。
総平均法❹	一定期間をとおして同じ単価が適用されるので，価格変動の影響をのぞくことができる。期末にならないと払出単価が決定されない。

❶inventories　❷first-in first-out method ; FIFO　❸moving average method　❹weighted average method

8-1 次の図の（　　）のなかに入る適当な語または数値を答えなさい。

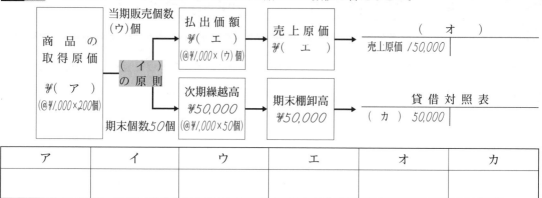

ア	イ	ウ	エ	オ	カ

8-2 A商品の7月中の仕入れ・売り上げの明細は，次のとおりである。(1)先入先出法　(2)移動平均法　(3)総平均法によって商品有高帳に記入し，締め切りなさい。ただし，開始記入も示すこと。また，売上原価・期末商品棚卸高・売上総利益を求めなさい。

7月 1日	前月繰越	200個	@¥	800
8日	仕 入 れ	400 〃	〃 〃	830
12日	売 り 上 げ	500 〃	〃 〃	1,100
20日	仕 入 れ	400 〃	〃 〃	850
26日	売 り 上 げ	420 〃	〃 〃	1,000

商 品 有 高 帳

(1)先入先出法　　　　　　　　　　A　商　品　　　　　　　　　　　単位：個

令和○年		摘　　要	受　　入			払　　出			残　　高		
			数量	単価	金　額	数量	単価	金　額	数量	単価	金　額
7	1	前 月 繰 越	200	800	160,000				200	800	160,000

売 上 原 価　¥	期末商品棚卸高　¥	売 上 総 利 益　¥

商　品　有　高　帳

(2)移動平均法　　　　　　　　　A　商　品　　　　　　　　　　　単位：個

令和○年	摘　要	受　入			払　出			残　高		
		数量	単価	金　額	数量	単価	金　額	数量	単価	金　額
7 /	前 月 繰 越	200	800	160,000				200	800	160,000

売 上 原 価 ¥　　　　　期末商品棚卸高 ¥　　　　　売上総利益 ¥

商　品　有　高　帳

(3)総平均法　　　　　　　　　A　商　品　　　　　　　　　　　単位：個

令和○年	摘　要	受　入			払　出			残　高		
		数量	単価	金　額	数量	単価	金　額	数量	単価	金　額
7 /	前 月 繰 越	200	800	160,000				200	800	160,000

売 上 原 価 ¥　　　　　期末商品棚卸高 ¥　　　　　売上総利益 ¥

8-3 次の各文の [　　] のなかに，下記の語群のなかから，もっとも適当なものを選び，その番号を記入しなさい。

(1) 商品の受入数量だけを記録し，期末に実地棚卸をして，当期の払出数量と実地の期末棚卸数量を明らかにする方法を [　ア　] といい，また，商品の受け払いのつど商品有高帳に記録して，払出数量・残高数量を明らかにする方法を [　イ　] という。

(2) 商品の価格上昇時において先入先出法を用いると，[　ウ　] が小さく計算され，期末棚卸高が [　エ　] なり，売上総利益も大きくなる。

　　　1．売　上　高　　2．棚卸計算法　　3．小　さ　く　　4．売上原価
　　　5．総平均法　　　6．大　き　く　　7．先入先出法　　8．継続記録法

ア	イ	ウ	エ

8-4 次の資料から，先入先出法・移動平均法・総平均法によって，払出価額（売上原価）と期末商品棚卸高を計算しなさい。

　　　9月 1日　前月繰越　　300個　　@¥100
　　　　　6日　売り上げ　　200〃
　　　　 14日　仕　入　れ　400〃　　〃〃110
　　　　 19日　売り上げ　　300〃
　　　　 24日　仕　入　れ　300〃　　〃〃118
　　　　 28日　売り上げ　　350〃

	先入先出法	移動平均法	総平均法
払 出 価 額	¥	¥	¥
期末商品棚卸高	¥	¥	¥

検定問題

8-5 次の各文の [　　] のなかに，下記の語群のなかから，もっとも適当なものを選び，その番号を記入しなさい。

(1) 適正な期間損益計算を行うためには，商品の取得原価を，販売されて当期の [　ア　] となる部分と資産として次期以降に繰り越す部分とに分ける必要がある。これは [　イ　] の原則によるものである。 第65回

(2) 商品の取得原価は，販売によって [　ウ　] として当期の費用となる部分と，[　エ　] として次期に繰り越され，次期以降の費用となる部分とに分けられる。これは費用配分の原則によるものである。 第72回改題

(3) 正しい [　オ　] を行うため，資産の [　カ　] は費用配分の原則によって当期の費用となる部分と，次期以降の費用とするために資産として繰り越す部分とに分けられる。たとえば，商品の取得原価は，当期に販売されて売上原価となる部分と，当期に販売されずに期末商品棚卸高として繰り越す部分とに分けられる。 第75回改題

　　　1．期末商品棚卸高　　2．費用収益対応　　3．費　用　配　分　　4．減価償却費
　　　5．期間損益計算　　　6．費　　　　用　　7．収　　　　益　　　8．売上総利益
　　　9．販　売　価　格　 10．取　得　原　価　 11．売　上　原　価　 12．期首商品棚卸高

(1)		(2)		(3)	
ア	イ	ウ	エ	オ	カ

9 流動資産(5) ―棚卸資産②―

学習の要点

1 棚卸資産の期末評価

棚卸資産は，期末に原則として取得原価によって評価する。しかし，期末における正味売却価額が取得原価よりも下落している場合や，破損・紛失などによる棚卸減耗（数量不足）が生じた場合には，期末帳簿棚卸高を修正する必要がある。

2 商品評価損・棚卸減耗損

	発 生 原 因	表 示 方 法
商品評価損	①正味売却価額が取得原価よりも下落した場合	正味売却価額で評価し，取得原価と正味売却価額との差額は商品評価損として処理し，売上原価の内訳項目とする。
棚卸減耗損	②破損・紛失などによる棚卸減耗が生じた場合	原価性がある*場合　売上原価の内訳項目か販売費とする。 原価性がない場合　営業外費用か特別損失とする。

＊販売または保管中に通常発生する範囲内の金額であれば，原価性があるという。

例 棚卸資産の決算整理

期末商品棚卸高

帳簿棚卸数量　500個　　原　価@¥200
実地棚卸数量　400個　　正味売却価額@¥190

商品評価損は売上原価の内訳項目とする。

棚卸減耗のうち70個は原価性があり，30個は原価性がない。

@¥200（原　価）
@¥190（正味売却価額）

商品評価損 ¥4,000（@¥10×400個）	30個	70個
実地棚卸高 ¥76,000（@¥190×400個）	棚卸減耗損 ¥20,000（@¥200×100個）	
	原価性なし	原価性あり

400個　　　　　500個
（実地棚卸数量）（帳簿棚卸数量）

商品評価損＝(原価−正味売却価額)×実地棚卸数量

棚卸減耗損＝原価×(帳簿棚卸数量−実地棚卸数量)

商品評価損と原価性のある棚卸減耗損は，**売上原価の内訳項目**とする。ただし，期首商品棚卸高は¥120,000とする。

```
(借)仕     入 120,000  (貸)繰越商品 120,000
    繰越商品 100,000      仕     入 100,000
    棚卸減耗損 20,000      繰越商品  20,000
    商品評価損  4,000      繰越商品   4,000
    仕     入  14,000      棚卸減耗損 14,000
    仕     入   4,000      商品評価損  4,000
```

＊棚卸減耗損は棚卸減耗費ともいう。

仕 入			
仕 入 高	200,000	期末商品	100,000
期首商品	120,000		
棚卸減耗損	14,000		売上原価
商品評価損	4,000		

繰 越 商 品			
期首商品	120,000	期首商品	120,000
期末商品	100,000	棚卸減耗損	20,000
		商品評価損	4,000

3 売価還元法

期末商品を評価する特殊な方法で，期末商品の実地棚卸高を売価によって求め，**原価率**をかけて，期末商品の評価額とする。この方法は，取り扱い商品の多い小売業などで用いられる。

$$原価率(\%)=\frac{期首商品棚卸高(原価)+当期商品仕入高(原価)}{期首商品棚卸高(売価)+当期商品仕入高(売価)}\times100$$

期末商品評価額＝売価による期末商品棚卸高×原価率

9 1　秋田商事株式会社（決算年/回　/2月3/日）の商品に関する資料は下記のとおりであった。よって，

(1)　決算に必要な仕訳を示し，ＢＯＸ図の（　　）にあてはまる数値を答えなさい。

(2)　報告式の損益計算書（一部）を完成しなさい。

<u>　資　　　料　</u>

期首商品棚卸高　¥600,000　　当期商品仕入高　¥4,100,000　　当期売上高　¥4,800,000

期末商品棚卸高　帳簿棚卸数量　1,200個　原　　　価　@¥600

実地棚卸数量　1,150〃　　正味売却価額　〃〃580

ただし，棚卸減耗損および商品評価損は売上原価の内訳項目とする。

(1)

	借　　　　方	貸　　　　方
決算整理仕訳		

ＢＯＸ図

@¥（　　　）
（原　　　価）

@¥（　　　）
（正味売却価額）

商品評価損　¥（　　　　　） 下落分@¥（　　　）×実地棚卸数量（　　　）個	棚卸減耗損 ¥（　　　　　）
実地棚卸高　¥（　　　　　） 正味売却価額@¥（　　　）×実地棚卸数量（　　　）個	原価@¥（　　　）× 数量減少分（　　　）個
（　　　）個 （実地棚卸数量）	（　　　）個 （帳簿棚卸数量）

(2)

損　益　計　算　書　（一部）

秋田商事株式会社　　　令和○年/月/日から令和○年/2月3/日まで　　　（単位：円）

Ⅰ　売　上　高　　　　　　　　　　　　　　　　　　　　　　　　　　4,800,000

Ⅱ　売　上　原　価

　　1．期首商品棚卸高　　　　　　　　　600,000

　　2．当期商品仕入高　　　　　　　　4,100,000

　　　　合　　　計　　　　　　　　　　4,700,000

　　3．期末商品棚卸高　　　　（　　　　　　　　）

　　　　　　　　　　　　　　　（　　　　　　　　）

　　4．（　　　　　　　）　　（　　　　　　　　）

　　5．商品評価損　　　　　　（　　　　　　　　）　　　　（　　　　　　　　）

　　　　売上総利益　　　　　　　　　　　　　　　　　　　（　　　　　　　　）

9-2 九州物産株式会社（決算年/回　3月3/日）の商品に関する資料は，下記のとおりであった。よって，

(1) 決算整理仕訳を示しなさい。

(2) 報告式の損益計算書（一部）を完成しなさい。

(3) 報告式の貸借対照表（一部）を完成しなさい。

資　料

期首商品棚卸高　¥1,325,000　　当期商品仕入高　¥6,400,000　　当期売上高　¥9,670,000

期末商品棚卸高　　帳簿棚卸数量　2,400個　　原　　価　@¥780

　　　　　　　　　実地棚卸数量　2,100〃　　正味売却価額　〃〃750

ただし，棚卸減耗損は販売費及び一般管理費とする。また，商品評価損は売上原価の内訳項目とする。

(1)

	借　　　　方	貸　　　　方
商品勘定の整理		
棚卸減耗損の計上		
商品評価損の計上		
商品評価損の売上原価計上		

(2)　　　　　　　　　　　　　損　益　計　算　書（一部）

九州物産株式会社　　　　令和○/年4月/日から令和○2年3月3/日まで　　　　　（単位：円）

Ⅰ　売　上　高　　　　　　　　　　　　　　　　　　　　（　　　　　　　）

Ⅱ　売　上　原　価

　　1．期首商品棚卸高　　　　（　　　　　　　）

　　2．当期商品仕入高　　　　（　　　　　　　）

　　　　合　　計　　　　　　（　　　　　　　）

　　3．期末商品棚卸高　　　　（　　　　　　　）

　　　　　　　　　　　　　　（　　　　　　　）

　　4．商品評価損　　　　　　（　　　　　　　）　　　　（　　　　　　　）

　　　　売上総利益　　　　　　　　　　　　　　　　　　（　　　　　　　）

Ⅲ　販売費及び一般管理費

　　　　　　　　　　：

　　3．棚　卸　減　耗　損　　　（　　　　　　　）

(3)　　　　　　　　　　　　　貸　借　対　照　表（一部）

九州物産株式会社　　　　　令和○2年3月3/日　　　　　　　　　　　　（単位：円）

資　産　の　部

Ⅰ　流　動　資　産

　　　　：

　　5.（　　　　　　　）　　　　　　　　　　（　　　　　　　）

9-3 次の資料から，売価還元法によって，期末商品の評価額を計算しなさい。

	原　　価	売　　価
期首商品棚卸高	¥　576,000	¥　800,000
当期商品仕入高	¥4,824,000	¥6,400,000
期末商品棚卸高	☐	¥　860,000

計　　算　　式	期末商品の評価額
	¥

検定問題

9-4 鳥取商事株式会社（決算年1回　3月31日）の次の資料によって，繰越商品勘定および棚卸減耗損勘定を完成しなさい。　第67回改題

資　　料
i　期首商品棚卸高　¥3,280,000
ii　期末商品棚卸高　　帳簿棚卸数量　700個　　原　　価　@¥5,000
実地棚卸数量　680〃　　正味売却価額　〃4,750
ただし，棚卸減耗損のうち5個分は売上原価の内訳項目とし，残りは
営業外費用とする。また，商品評価損は売上原価の内訳項目とする。

繰　越　商　品

4/1　前期繰越（　　　　）	3/31　仕　　　　入（　　　　　　）			
3/31　（　　　　）（　　　　）	〃　（　　　　　）（　　　　）			
	〃　商品評価損　　170,000			
	〃　次期繰越（　　　　）			
（　　　　）	（　　　　）			

棚　卸　減　耗　損

3/31　（　　　　）（　　　　）	3/31　仕　　　　入（　　　　）
	〃　（　　　　）（　　　　）
（　　　　）	（　　　　）

9-5 大分物産株式会社の次の勘定記録と資料から，（ア）と（イ）に入る金額と，（ウ）に入る勘定科目を記入しなさい。　第74回改題

繰　越　商　品

4/1　前期繰越　3,859,000	3/31　仕　　入　3,859,000
3/31　仕　　入（ ア ）	〃　棚卸減耗損　182,000
	〃　（　　　　）（ イ ）
	〃　次期繰越（　　　　）
（　　　　）	（　　　　）

棚　卸　減　耗　損

3/31　繰越商品　182,000	3/31（ ウ ）　182,000

資　　料

期末商品棚卸高	帳簿棚卸数量	実地棚卸数量	原　　価	正味売却価額
A　品	1,200個	1,160個	@¥2,800	@¥3,000
B　品	1,000〃	950〃	〃1,400	〃1,300

ただし，棚卸減耗損および商品評価損は，売上原価の内訳項目とする。

ア	¥	イ	¥	ウ	

9-6 次の各問いに答えなさい。

(1) 下記の当期の資料から，売価還元法によって ☐ のなかに入る適当な比率と金額を求めなさい。 第87回

① 資料 i から，前期の期末商品棚卸高の原価率は ア ％である。

② 前期よりも当期の原価率は低くなり，当期の期末商品棚卸高（原価）は¥ イ である。

資　料

		原　価	売　価
i	期首商品棚卸高	¥ 612,000	¥ 900,000
ii	純 仕 入 高	7,308,000	11,100,000
iii	期末商品棚卸高	イ	750,000

ア	前期の期末商品棚卸高の原価率	％	イ	当期の期末商品棚卸高(原価)	¥

(2) 次の資料から，売価還元法によって期末商品棚卸高（原価）を求めなさい。 第89回

資　料

		原　価	売　価
i	期首商品棚卸高	¥ 8,190,000	¥12,600,000
ii	当期純仕入高	47,610,000	77,400,000
iii	期末商品棚卸高		13,300,000

期末商品棚卸高(原価)	¥

(3) 次の資料から，売価還元法によって，期末商品棚卸高（原価）を求めなさい。 第91回

資　料

		売　価	原　価
i	期首商品棚卸高	¥ 600,000	¥ 423,000
ii	当期商品仕入高	6,580,000	4,603,000
iii	期末商品棚卸高	590,000	

期末商品棚卸高(原価)	¥

(4) 宮崎商事株式会社の次の資料から，売価還元法によって期末商品棚卸高（原価）を求めなさい。 第93回

資　料

		売　価	原　価
i	期首商品棚卸高	¥ 2,800,000	¥ 2,128,000
ii	当期純仕入高	25,020,000	18,737,000
iii	期末商品棚卸高	2,280,000	

期末商品棚卸高(原価)	¥

9.7 福岡商事株式会社の商品に関する資料は，下記のとおりであった。よって，

(1) 繰越商品・仕入・棚卸減耗損・商品評価損の各勘定の記入を完成しなさい。なお，勘定には，相手科目・金額を記入すること。

(2) 損益計算書（報告式）の売上総利益を計算するまでの記入を示しなさい。ただし，棚卸減耗損のうち/0個分は売上原価の内訳項目とし，残りは営業外費用とする。また，商品評価損は売上原価の内訳項目とする。　第38回改題

資　　料

i　商品に関する勘定記録（売上・仕入の各勘定の記録は，/年間の合計金額で示してある。）

	繰　越　商　品				売　　　上		
前期繰越	783,000				260,000		7,540,000

	仕　　　入		
	6,184,000		190,000

ii　期末商品棚卸高　帳簿棚卸数量　800個　原　　　価　@¥1,200
　　　　　　　　　　実地棚卸数量　780〃　正味売却価額　〃〃1,150

(1)

繰　越　商　品			
1/1 前期繰越　783,000	12/31 仕　入（　　）
12/31（　　）（　　）	〃　棚卸減耗損（　　）
	〃（　　）（　　）
	〃（　　）（　　）
（　　）	（　　）

仕　　　入			
6,184,000	190,000
12/31（　　）（　　）	12/31（　　）（　　）
〃　棚卸減耗損（　　）	〃（　　）（　　）
〃（　　）（　　）	（　　）
（　　）	（　　）

棚　卸　減　耗　損			
12/31（　　）　24,000	12/31（　　）　12,000
	〃　損　益（　　）
（　　）	（　　）

商　品　評　価　損			
12/31（　　）（　　）	12/31（　　）（　　）

(2)

損　益　計　算　書

福岡商事株式会社　　令和○年/月/日から令和○年/2月3/日まで　　（単位：円）

I　売　上　高		（　　　　　）
II　売　上　原　価		
1．期首商品棚卸高	（　　　　　）	
2．当期商品仕入高	（　　　　　）	
合　　計	（　　　　　）	
3．（　　　　　）	（　　　　　）	
	（　　　　　）	
4．棚　卸　減　耗　損	（　　　　　）	
5．（　　　　　）	（　　　　　）	（　　　　　）
売　上　総　利　益		（　　　　　）

10 その他の流動資産

1 短期貸付金
決算日の翌日から1年以内に返済期限が到来する貸付金で，手形貸付金なども含まれる。

2 立替金
取引先などに一時的に立て替えた金額をいい，株主・役員や従業員に立て替えた分は，とくに区別して処理する。 例従業員立替金など

3 前払金・前払費用
(1) 前払金
仕入先との通常の営業取引において，商品代金などの一部として，まえもって支払った内金や手付金。
(2) 前払費用
一定の契約に従い，継続して役務の提供を受ける場合，いまだ提供されていない役務に対して支払った前払額。 例前払保険料・前払家賃など

4 未収入金・未収収益
(1) 未収入金
備品などを売却した場合の未収額のように，主たる営業取引以外の取引から生じた債権。
(2) 未収収益
一定の契約に従い，継続して役務の提供を行う場合，すでに提供した役務に対する未収額。 例未収家賃・未収利息など

10-1 次の各資産のなかから，下記の区分の項目に分類される資産を選び，番号を記入しなさい。

1. 建　　物　　2. 受 取 手 形　　3. 貯 蔵 品　　4. 投資有価証券
5. 仕 掛 品　　6. 電子記録債権　　7. 特 許 権　　8. 車 両 運 搬 具
9. 前 払 金　 10. 材　　料　　11. 子会社株式　 12. 未 収 収 益
13. 売 掛 金　 14. の れ ん　　15. 前 払 費 用　 16. 有 価 証 券
17. 製　　品　 18. 構 築 物　　19. 長期前払費用　 20. 長 期 貸 付 金
21. 機 械 装 置　 22. 鉱 業 権　　23. 商　　品　　24. クレジット売掛金

流　　動　　資　　産		
当 座 資 産	棚 卸 資 産	その他の流動資産

10-2 東北商事株式会社の令和○年/2月3/日（決算年/回）における総勘定元帳勘定残高（一部）と付記事項および決算整理事項によって，報告式の貸借対照表（一部）を完成しなさい。

元帳勘定残高（一部）

貸 付 金	¥ 820,000	手形貸付金	¥ 250,000	未 収 入 金	¥ 190,000
仮 払 金	60,000	受 取 家 賃	420,000	保 険 料	105,000

付記事項

① 貸付金¥820,000のうち，決算日の翌日から/年以内に返済期限の到来するものが¥600,000ある。

② 仮払金¥60,000は，商品を注文したさい，内金として支払ったものである。

決算整理事項

a. 保険料前払高　¥　45,000

b. 家賃未収高　¥　/80,000

貸　借　対　照　表　（一部）

東北商事株式会社　　　　　　　　令和○年/2月3/日　　　　　　　（単位：円）

資　産　の　部

Ⅰ　流　動　資　産

　　　　　　　⋮

5. 短 期 貸 付 金	（	）
6. 前　払　金	（	）
7. 未 収 入 金	（	）
8.（　　　　　）	（	）
9.（　　　　　）	（	）

10-3 大垣商事株式会社の総勘定元帳勘定残高（一部）と付記事項および決算整理事項によって，報告式の貸借対照表（一部）を完成しなさい。ただし，会計期間は令和○/年4月/日から令和○2年3月3/日までとする。

元帳勘定残高（一部）

現　金	¥ 1,100,000	当 座 預 金	¥ 3,600,000	受 取 手 形	¥ 5,200,000
電子記録債権	4,800,000	売 掛 金	5,700,000	貸倒引当金	42,000
有価証券	2,680,000	繰 越 商 品	4,500,000	貸 付 金	2,000,000
仮 払 金	100,000	受 取 利 息	60,000	保 険 料	340,000
支 払 家 賃	975,000				

付記事項

① 3月3/日現在の当座勘定残高証明書の金額は¥4,000,000であり，その不一致の原因を調査したところ，次の資料を得た。

　㋐ かねて買掛金支払いのために振り出していた小切手¥/00,000が銀行でまだ支払われていなかった。

　㋑ 得意先から売掛金¥300,000が当座預金口座に振り込まれていたが，未記帳であった。

② 貸付金¥2,000,000のうち，決算日の翌日から/年以内に返済期限が到来するものが¥700,000ある。

③ 仮払金¥/00,000は，商品を注文したさい，内金として支払ったものである。

決算整理事項

- a. 期末商品棚卸高　　帳簿棚卸数量　*5,000*個　　原　　価　　@¥*840*
- 　　　　　　　　　　実地棚卸数量　*4,980〃*　　正味売却価額　　〃〃*800*
- b. 貸倒見積高　　　　受取手形と電子記録債権・売掛金は一般債権であり，期末残高に対し，それぞれ*1*%と見積もり，貸倒引当金を設定する。
- c. 売買目的有価証券評価高　売買目的で保有する次の株式について，時価によって評価する。
  - 　　　　青森商事株式会社　*400*株　　帳簿価額　*1*株¥*6,700*
  - 　　　　　　　　　　　　　　　　　　　時　価　〃〃*7,000*
- d. 保険料前払高　　　保険料のうち¥*132,000*は，令和○*1*年*6*月*1*日から*1*年分の保険料として支払ったものであり，前払高を次期に繰り延べる。
- e. 家賃前払高　　　　¥　*195,000*
- f. 利息未収高　　　　¥　*20,000*

貸　借　対　照　表　（一部）

大垣商事株式会社　　　　　　　令和○*2*年*3*月*31*日　　　　　　　（単位：円）

資　産　の　部

I　流　動　資　産

1. 現　金　預　金　　　　　　　　　　　　（　　　　　）
2. 受　取　手　形　　　（　　　　　）
   　　（　　　　　　　）　（　　　　　　）　（　　　　　）
3. （　　　　　　　）　（　　　　　）
   　　（　　　　　　　）　（　　　　　　）　（　　　　　）
4. 売　　掛　　金　　　（　　　　　）
   　　（　　　　　　　）　（　　　　　　）　（　　　　　）
5. （　　　　　　　）　　　　　　　　　　（　　　　　）
6. （　　　　　　　）　　　　　　　　　　（　　　　　）
7. 短　期　貸　付　金　　　　　　　　　　（　　　　　）
8. （　　　　　　　）　　　　　　　　　　（　　　　　）
9. （　　　　　　　）　　　　　　　　　　（　　　　　）
10. （　　　　　　　）　　　　　　　　　　（　　　　　）

総合問題 2 (1)

2-1 次の取引の仕訳を示しなさい。ただし，商品に関する勘定は3分法によること。
(1) 茨城商店は，電子債権記録機関に発生記録の請求を行い，栃木商店に対する売掛金 ¥270,000を電子記録債権とした。
(2) 岐阜商店は，電子記録債権¥620,000について，本日，取引銀行で割り引くため，電子債権記録機関で譲渡記録の請求を行い，割引料を差し引かれた手取金¥610,000が岐阜商店の当座預金口座に振り込まれた。
(3) 京都商店は，商品¥450,000をクレジットカード払いの条件で販売した。なお，クレジット会社への手数料は販売代金の4%を計上した。
(4) 売買目的で額面¥3,000,000の社債を額面¥100につき¥98.60で買い入れ，この代金は買入手数料¥28,000および端数利息¥45,000とともに小切手を振り出して支払った。
(5) 売買目的で保有する社債　額面¥10,000,000（帳簿価額¥100につき¥98.50）を額面 ¥100につき¥98.30で売却し，代金は端数利息¥120,000とともに小切手で受け取った。
(6) 売買目的で保有する国債　額面¥5,000,000（帳簿価額¥100につき¥98.40）を額面¥100につき¥98.70で売却し，代金は端数利息¥40,000とともに小切手で受け取り，ただちに当座預金とした。

	借　　　　　　方	貸　　　　　　方
(1)		
(2)		
(3)		
(4)		
(5)		
(6)		

2-2 決算日（3月31日）における当座預金出納帳残高は¥600,000であり，当座勘定残高証明書残高は¥400,000であった。不一致の原因を調査したところ，次のことが判明した。よって，銀行勘定調整表を作成しなさい。
(1) 決算日に預け入れた現金¥260,000が，営業時間外のため銀行では翌日付けの入金として扱われていた。
(2) 古川商店あてに振り出していた約束手形¥50,000は，期日に当店の当座預金口座から支払われていたが，当店では未記帳であった。
(3) 修繕費¥70,000の支払いのため小切手を振り出していたが，未渡しであることがわかった。
(4) かねて市川商店あてに振り出した小切手¥40,000が，銀行では支払われていなかった。

銀 行 勘 定 調 整 表

令和○年3月3/日

摘　　　　要	当座預金出納帳残高	銀 行 残 高
残高	600,000	400,000
加算：⑴　時間外預け入れ		
⑶　未渡小切手		
減算：⑵　手形代金支払い未記入		
⑷　未取付小切手		

23 次の資料から，先入先出法・移動平均法・総平均法によって，売上原価と期末商品棚卸高を計算しなさい。

4月 /日　前月繰越　/00個　@¥2,/00　　　4月 8日　仕 入 れ　/00個　@¥2,300
　　 //日　売り上げ　/50 〃　　　　　　　 /7日　仕 入 れ　 50 〃　〃〃2,400
　　 23日　売り上げ　 80 〃

	先 入 先 出 法	移 動 平 均 法	総 平 均 法
売 上 原 価	¥	¥	¥
期末商品棚卸高	¥	¥	¥

24 次の資料から，売価還元法によって，期末商品棚卸高（原価）を求めなさい。

資　　　　料	原　　　価	売　　　価
期首商品棚卸高	¥　 340,000	¥　 425,000
当 期 純 仕 入 高	2,700,000	3,575,000
期末商品棚卸高		450,000

期末商品棚卸高（原価）　¥	

25 次の債権について，それぞれの区分に応じた貸倒見積高を計算しなさい（計算式を示すこと）。

⑴　一般債権に区分された受取手形¥500,000および売掛金¥250,000について，貸倒見積高を貸倒実績率法によって算定する。なお，過去の貸倒実績率は2.5％である。

⑵　貸倒懸念債権に区分された受取手形¥800,000について，貸倒見積高を，財務内容評価法によって算定する。ただし，得意先から担保として有価証券¥500,000の提供を受けている。また，貸倒見積率は20％である。

⑶　破産更生債権等に区分された売掛金¥2,000,000および短期貸付金¥/,300,000について，貸倒見積高を，財務内容評価法によって算定する。なお，担保として処分見込額¥2,500,000の土地の提供を受けている。

	計　　　算　　　式	金　　　額
⑴		¥
⑵		¥
⑶		¥

26 青森商事株式会社の総勘定元帳勘定残高（一部）と付記事項および決算整理事項によって，

(1) 各勘定に転記をして，損益勘定以外の各勘定を締め切りなさい。ただし，勘定には日付・相手科目・金額を記入すること。

(2) 報告式の損益計算書（一部）・貸借対照表（一部）を完成しなさい。

ただし，会計期間は令和○年/月/日から令和○年/2月3/日までとする。

元帳勘定残高　（一部）

現　　　金	¥　520,000	当座預金	¥2,400,000	電子記録債権	¥4,900,000
売　掛　金	4,300,000	貸倒引当金	260,000	売買目的 有価証券	2,700,000
繰越商品	3,200,000	貸　付　金	1,500,000	手形貸付金	400,000
未収入金	310,000	仮　払　金	80,000	売　　　上	71,000,000
仕　　　入	52,800,000	保　険　料	119,000	支払家賃	1,280,000

付　記　事　項

① 売掛金のうち¥200,000は，北東商店に対する前期末のものであり，同店はすでに倒産しているので貸し倒れとして処理する。

② /2月3/日現在の当座勘定残高証明書の金額は¥2,700,000であり，その不一致の原因を調査したところ，弘前商店に対する電子記録債権¥300,000について，当座預金口座に入金済みであったが，当社では未記帳であった。

③ 貸付金¥1,500,000のうち，¥1,100,000は決算日の翌日から6か月後に返済日が到来するもので，残額は長期貸付金として処理する。

④ 仮払金¥80,000は，商品を注文したさい，内金として支払ったものである。

決算整理事項

a. 期末商品棚卸高　　帳簿棚卸数量　A品　600個　　原　　　価　@¥1,900

　　　　　　　　　　　　　　　　　　B品　800〃　　原　　　価　〃〃2,400

　　　　　　　　　実地棚卸数量　A品　590〃　　正味売却価額　〃〃1,800

　　　　　　　　　　　　　　　　　　B品　800〃　　正味売却価額　〃〃2,200

　　　　　　ただし，棚卸減耗損のうち3個分は売上原価の内訳項目とし，残りは営業外費用とする。また，商品評価損は売上原価の内訳項目とする。

b. 貸倒見積高　　電子記録債権と売掛金の期末残高に対し，それぞれ/%と見積もり，貸倒引当金を設定する。

c. 売買目的有価証券評価高　　売買目的で保有する次の株式について，時価によって評価する。

　　　　宮古物産株式会社　　300株

　　　　　帳簿価額　/株¥9,000　　時　　価　/株¥9,100

d. 保険料前払高　　保険料のうち¥84,000は，本年6月/日から/年分の保険料として支払ったものであり，前払高を次期に繰り延べる。

e. 家賃前払高　　支払家賃のうち¥480,000は，本年//月/日から6か月分の家賃として支払ったものであり，前払高を次期に繰り延べる。

f. 利息未収高　　貸付金は，本年//月/日に貸し付けたもので，利息は毎年4月末と/0月末に，半年を経過するごとに，¥42,000を受け取ることになっており，未収高を月割りで計上する。

(1)

繰 越 商 品	
1/1 前期繰越　3,200,000	

仕　　　　　入	
52,800,000	

棚 卸 減 耗 損	

売　　　　　上	
	71,000,000

損　　　　　益	

商 品 評 価 損	

(2)

損　益　計　算　書　（一部）

青森商事株式会社　　　令和○年/月/日から令和○年/2月3/日まで　　　　　（単位：円）

I　売　上　高　　　　　　　　　　　　　　　　　　　　　　（　　　　　　　　　）
II　売　上　原　価
　　1．期首商品棚卸高　　　　　　（　　　　　　　）
　　2．当期商品仕入高　　　　　　（　　　　　　　）
　　　　　合　　　計　　　　　　（　　　　　　　）
　　3．期末商品棚卸高　　　　　　（　　　　　　　）
　　　　　　　　　　　　　　　　（　　　　　　　）
　　4．(　　　　　　)　　　　　　（　　　　　　　）
　　5．商 品 評 価 損　　　　　　（　　　　　　　）　　　（　　　　　　　　　）
　　　　　売 上 総 利 益　　　　　　　　　　　　　　　　（　　　　　　　　　）

⋮

V　営　業　外　費　用
　　1．(　　　　　　)　　　　　　　（　　　　　　　）

貸　借　対　照　表　（一部）

青森商事株式会社　　　　　令和○年/2月3/日　　　　　　　　　（単位：円）
資　産　の　部

I　流　動　資　産
　　1．現　金　預　金　　　　　　　　　　　　（　　　　　　　）
　　2．電 子 記 録 債 権　　　（　　　　　　）
　　　　貸 倒 引 当 金　　　（　　　　　　）　（　　　　　　　）
　　3．売　　掛　　金　　　（　　　　　　）
　　　　貸 倒 引 当 金　　　（　　　　　　）　（　　　　　　　）
　　4．有　価　証　券　　　　　　　　　　　　（　　　　　　　）
　　5．商　　　　　品　　　　　　　　　　　　（　　　　　　　）
　　6．短 期 貸 付 金　　　　　　　　　　　　（　　　　　　　）
　　7．前　　払　　金　　　　　　　　　　　　（　　　　　　　）
　　8．未　収　入　金　　　　　　　　　　　　（　　　　　　　）
　　9．前　払　費　用　　　　　　　　　　　　（　　　　　　　）
　　10．未　収　収　益　　　　　　　　　　　　（　　　　　　　）

11 有形固定資産(1)

1 有形固定資産の意味と種類

具体的な形態をもち，長期にわたって使用する資産を**有形固定資産❶**という。

(1) 建　　物……店舗・工場・事務所・倉庫などの営業用建物と，冷暖房・照明等の付属設備。
(2) 構　築　物……広告塔・橋・へい・煙突・ドックなど，建物以外の土地に定着した工作物。
(3) 機 械 装 置……作業機械・工作機械・化学装置・コンベア・クレーンなどの設備。
(4) 車両運搬具……自動車・鉄道車両その他の陸上運搬具。
(5) 工具器具備品……各種工作用具・机・いす・事務機器など。
(6) 土　　　地……営業用に用いられる土地。
(7) リース資産……リース契約にもとづいて導入した機械装置など。
(8) 建設仮勘定……建物・機械装置などの建設を依頼して支払った額を，それが完成して引き渡しを受けるまで一時的に記録しておく勘定。

例1 建設代金の一部を支出したとき
青森建設㈱に営業用の建物の建築を依頼し，その建築代金¥8,000,000のうち¥3,000,000を小切手を振り出して支払った。

(借) 建設仮勘定　3,000,000　(貸) 当座預金　3,000,000

例2 建設が完了し，引き渡しを受けたとき
上記建物が完成して引き渡しを受けたので，建築代金¥8,000,000のうち，すでに支払ってある¥3,000,000を差し引いて，残額は小切手を振り出して支払った。

(借) 建　　物　8,000,000　(貸) 建設仮勘定　3,000,000
　　　　　　　　　　　　　　　　当 座 預 金　5,000,000

2 有形固定資産の取得原価

その買入価額または製作価額に，使用するまでに要した付随費用を加えた額を取得原価とする。

> 取得原価＝買入価額(または製作価額)＋引取運賃・買入手数料・据付費・試運転費などの付随費用

3 資本的支出と収益的支出

(1) 資本的支出……有形固定資産の取得原価に加えられる支出。有形固定資産を取得した後に，その価値を増加させたり，耐用年数を延長させたりする支出。

例3 機械装置の改良のため支出したとき
機械装置について改良を行い，代金¥450,000は小切手を振り出して支払った。なお，この支出額を資本的支出とした。

(借) 機械装置　450,000　(貸) 当座預金　450,000

(2) 収益的支出……有形固定資産を維持・管理するために必要な支出。

例4 機械装置の修繕のため支出したとき
機械装置について修繕を行い，代金¥100,000は小切手を振り出して支払った。なお，この支出額を収益的支出とした。

(借) 修 繕 費　100,000　(貸) 当座預金　100,000

4 有形固定資産の期末評価

> 期末評価額＝取得原価－減価償却累計額

建　　物

(取得原価)	20,000,000

建物減価償却累計額

前期繰越	8,000,000
減価償却費	1,000,000

貸 借 対 照 表
令和○年△月×日　(単位：円)
資 産 の 部
I 流 動 資 産
II 固 定 資 産
(1) 有形固定資産

建　　　物		20,000,000
減価償却累計額	9,000,000	11,000,000

期末評価額

❶tangible fixed assets

11-1 次の各文の □ のなかにあてはまる語を答えなさい。
(1) 具体的な形態をもち，長期にわたって使用する資産を ア という。
(2) 有形固定資産の取得原価は， イ または製作価額に，買い入れや営業に使用するまでに要した ウ を加えた額である。

ア	イ	ウ

11-2 次の取引の仕訳を示しなさい。
(1) 大阪建設工業株式会社に営業用の店舗の建築を依頼し，その建築代金¥8,000,000のうち，¥2,000,000について小切手を振り出して支払った。なお，この店舗は未完成である。
(2) 上記(1)の店舗が完成し，引き渡しを受けたので，建築代金¥8,000,000のうちすでに支払ってある¥6,000,000を差し引いて，残額は約束手形を振り出して支払った。
(3) 機械装置¥3,200,000を買い入れ，代金は引取運賃¥120,000 据付費¥240,000 試運転費¥30,000とともに小切手を振り出して支払った。
(4) かねて建設を依頼していた機械装置が完成し，引き渡しを受けたので，建設代金¥680,000のうちすでに支払ってある¥280,000を差し引いて，残額は小切手を振り出して支払った。なお，この機械装置の据付費および試運転費¥50,000は現金で支払った。

	借 方	貸 方
(1)		
(2)		
(3)		
(4)		

11-3 次の取引の仕訳を示しなさい。
(1) 茨城建設株式会社に店舗用建物の建築を依頼し，請負代金¥60,000,000のうち，¥15,000,000を小切手を振り出して支払った。
(2) 上記(1)の建物が完成し，引き渡しを受けたので，すでに支払ってある¥15,000,000を差し引いて，残額を小切手を振り出して支払った。
(3) 機械装置¥5,000,000を買い入れ，代金は翌月末払いとした。なお，引取運賃¥80,000は現金で支払い，据付費¥300,000 試運転費¥70,000は小切手を振り出して支払った。
(4) 店舗を建てるために土地200㎡を/㎡につき¥600,000で買い入れ，代金¥120,000,000と仲介手数料¥1,500,000を，ともに小切手を振り出して支払った。

	借 方	貸 方
(1)		
(2)		
(3)		
(4)		

11▸4　次の取引の仕訳を示しなさい。

(1)　建物について改良と修繕を行い，工事代金として¥2,500,000を小切手を振り出して支払った。なお，支払額のうち¥1,500,000を資本的支出とした。

(2)　建物の改良および修繕を行い，その代金¥870,000を小切手を振り出して支払った。なお，この代金のうち，¥350,000は建物の通常の維持・管理のために支出したものである。

	借　　　　　方	貸　　　　　方
(1)		
(2)		

11▸5　次の資料によって，貸借対照表の備品に関する記入面を完成しなさい。また，備品の期末評価額を求めなさい。

　　　取得原価¥8,640,000　期首の減価償却累計額¥2,160,000　当期償却高¥1,080,000

```
                貸　借　対　照　表    （単位：円）
        ⋮
Ⅱ　固　定　資　産
  (1)　有形固定資産
      備　　　　　品　　　（　　　　　　）
      （　　　　　　）　（　　　　　　）　（　　　　　　）
```

備品の期末評価額
¥

11▸6　次の取引の仕訳を示しなさい。

(1)　浜松建設工業株式会社に，営業所建物の建築を依頼し，建築代金の¥10,000,000のうち，第1回支払分¥3,000,000を，小切手を振り出して支払った。

(2)　上記(1)の営業所が完成し，引き渡しを受け，建築代金¥10,000,000のうちすでに支払ってある¥6,000,000を差し引いて，残額は小切手を振り出して支払った。

(3)　本社建物について，改築と修繕を行い，工事代金¥1,000,000は小切手を振り出して支払った。このうち，¥800,000は資本的支出とし，残額は収益的支出とした。

(4)　建物について修繕および改良を行い，その費用¥900,000を，小切手を振り出して支払った。ただし，支出額のうち¥300,000は収益的支出とした。

	借　　　　　方	貸　　　　　方
(1)		
(2)		
(3)		
(4)		

検定問題

11▶7 次の各文の ☐ のなかに，下記の語群のなかから，もっとも適当なものを選び，その番号を記入しなさい。

(1) 有形固定資産を修繕および改良するために生じた支出のうち，有形固定資産の価値を高めたり，耐用年数を延長させたりする支出を ☐ ア ☐ という。この支出を資産に計上せずに，当期の費用として処理した場合には，純利益は ☐ イ ☐ に計上される。 [第83回]

(2) 固定資産の通常の維持・管理および現状を回復させるための支出を ☐ ウ ☐ という。この支出を費用として計上せずに，資産として処理した場合には，純利益は ☐ エ ☐ に計上される。 [第90回]

1．過　　　　大　　2．資本的支出　　3．過　　　　小　　4．収益的支出

(1)		(2)	
ア	イ	ウ	エ

11▶8 次の取引の仕訳を示しなさい。

(1) かねて建築を依頼していた建物が完成し，引き渡しを受けたので，建築代金¥58,000,000のうち，すでに支払ってある金額を差し引いて，残額¥15,000,000は小切手を振り出して支払った。 [第83回]

(2) 大分商事株式会社は建物の改良と修繕を行い，その代金¥6,700,000を小切手を振り出して支払った。ただし，代金のうち¥5,300,000は資本的支出とした。 [第84回]

(3) 鹿児島商事株式会社は，かねて自社の敷地内に広告塔の建設を依頼していたが，本日完成したため，引き渡しを受けたので，建設代金¥2,500,000のうち，すでに支払ってある¥1,500,000を差し引いて，残額を小切手を振り出して支払った。 [第86回]

(4) 埼玉工業株式会社は建物の改良と修繕を行い，その代金¥7,700,000を小切手を振り出して支払った。ただし，代金のうち¥6,500,000は建物の使用可能期間を延長させる資本的支出と認められ，残額は通常の維持・管理のための収益的支出とした。 [第88回]

(5) 徳島商事株式会社は建物の改良と修繕を行い，その代金¥3,680,000を小切手を振り出して支払った。ただし，代金のうち¥3,000,000は建物の使用可能期間を延長させる支出と認められ，資本的支出とした。 [第91回]

	借　　　　　方	貸　　　　　方
(1)		
(2)		
(3)		
(4)		
(5)		

12 有形固定資産(2) ―減価償却―

1 減価償却の意味

減価償却❶とは，有形固定資産の使用や時の経過による価値の減少額を，その資産を使用する期間にわたって，減価償却費として配分していく手続きであり，適正な期間損益計算を行うことを主たる目的としている。

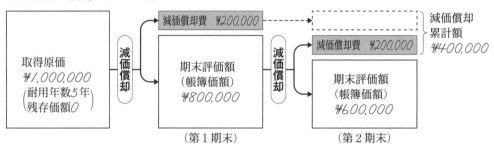

2 減価の発生原因

(1) 経常的減価　企業経営上，毎期当然に発生する減価。
　① **物質的減価**……使用や時の経過によって生じる減価。
　② **機能的減価**……陳腐化（旧型になった）や不適応化による減価。
(2) 偶発的減価　予測できない事故や天災によって生じる減価。

3 減価償却費の計算方法

(1) 定額法

$$毎期の減価償却費＝\frac{取得原価－残存価額}{耐用年数}$$

(2) 定率法

$$毎期の減価償却費＝未償却残高×償却率$$ ※未償却残高＝取得原価－減価償却累計額

(3) 生産高比例法

$$毎期の減価償却費＝\frac{取得原価－残存価額}{予定総生産高（予定総利用時間）}×毎期生産高（利用時間）$$

4 固定資産の除却と買い換え

(1) 除却　固定資産の使用をやめて，その固定資産の帳簿記録を取り除くこと。

例1 固定資産を除却したとき　取得原価¥300,000　備品減価償却累計額勘定残高¥250,000の備品を除却した。

| (借) 備品減価償却累計額 | 250,000 | (貸) 備 品 | 300,000 |
| 固定資産除却損 | 50,000 | | |

(2) 買い換え　使用していた固定資産を売却して，新しく買い換えること。

例2 固定資産を買い換えたとき　第3期初頭に車両運搬具¥800,000を買い入れた。この代金はこれまで使用してきた車両運搬具を¥350,000で下取りに出し，新車の代金との差額は月末に支払うことにした。ただし，この旧車は設立時に¥900,000で買い入れたもので，減価償却累計額は¥360,000計上されている。

(借) 車両運搬具減価償却累計額	360,000	(貸) 車両運搬具	900,000
車両運搬具	800,000	未 払 金	450,000
固定資産売却損	190,000		

❶depreciation

12-1 次の各文の □ のなかに，下記の語群のなかから，もっとも適当なものを選び，その番号を記入しなさい。

(1) 有形固定資産は，使用や時の経過などによって，その価値が減少していく。この資産価値の減少分を毎期一定の方法で計算し，□ ア □ の原則に従って，当該資産を使用する期間にわたって配分していく手続きを □ イ □ といい，この費用を減価償却費という。

(2) 固定資産の減価は，大きく経常的減価と，偶発的減価に分けられ，このうち経常的減価は，使用や時の経過による □ ウ □ と，技術革新によって生ずる陳腐化や不適応化による □ エ □ とに分けられる。

　　1．費用配分　　2．機能的減価　　3．減価償却費　　4．物質的減価
　　5．減価償却　　6．費用収益対応

ア	イ	ウ	エ

12-2 次の資料によって，鉱業用機械装置について第/期から第3期までの減価償却費を，それぞれの方法により計算しなさい。

資　　料
(1) 取得原価　¥10,000,000　　(2) 残存価額　零（0）
(3) 耐用年数　8年　　(4) 定率法償却率　25%
(5) 鉱区の推定埋蔵量　500,000トン
(6) 各期の採掘量　第/期　30,000トン　第2期　50,000トン　第3期　70,000トン

	第 / 期	第 2 期	第 3 期
定　額　法	¥	¥	¥
定　率　法	¥	¥	¥
生産高比例法	¥	¥	¥

12-3 次の資料によって，(1)機械装置減価償却累計額勘定に記入して締め切りなさい。(2)貸借対照表の機械装置に関する記入面を完成しなさい。ただし，取得原価は¥6,000,000　償却率は25%として，定率法で償却する。

(1)　　　　　機械装置減価償却累計額

		前期繰越	1,500,000

(2)　　　　　貸　借　対　照　表　（単位：円）

Ⅱ　固　定　資　産
(1) 有形固定資産
　　機　械　装　置　（　　　　）
　　（　　　　　　）（　　　　）（　　　　）

12-4 次の取引の仕訳を示しなさい。

(1) 取得原価¥960,000　備品減価償却累計額勘定残高¥840,000の備品を，新品に取り替えるために除却した。

(2) 取得原価¥1,000,000　機械装置減価償却累計額勘定残高¥600,000の機械装置を¥300,000で売却し，代金は現金で受け取った。

	借　　　　　方	貸　　　　　方
(1)		
(2)		

12-5 次の取引の仕訳を示しなさい。

(1) 第/期初頭に取得原価¥800,000で購入した機械装置について，定率法（償却率25%）で減価償却を行い，間接法で記帳してきたが，第3期初頭に¥480,000で売却し，代金は月末に受け取ることにした。

(2) 取得原価¥600,000　耐用年数8年　残存価額は零（0）の備品を定額法で5年間償却し，間接法で記帳してきたが，6年目の初頭に¥80,000で引き取らせ，新しい備品を¥800,000で購入し，差額は小切手を振り出して支払った。

(3) 取得原価¥600,000　機械装置減価償却累計額勘定残高¥540,000の機械装置を，新機種と取り替えるために除却した。

	借　　　　　方	貸　　　　　方
(1)		
(2)		
(3)		

検定問題

12-6 次の各文の　□□□　のなかに，下記の語群のなかから，もっとも適当なものを選び，その番号を記入しなさい。なお，同じ番号を2回以上用いてもよい。

(1) 資産の取得原価は，資産の種類に応じた　ア　の原則によって，各会計期間に配分しなければならない。たとえば，有形固定資産は，定額法や定率法などの一定の　イ　の方法により，その取得原価を各会計期間に配分する。　　　　　第63回

(2) 期間損益計算を正しく行うためには，建物や車両運搬具などの有形固定資産の　ウ　を，一定の減価償却の方法で，当期の費用とする額と次期に繰り越す額とに分ける必要がある。これを　エ　の原則という。　　　　　第68回

(3) 固定資産の減価償却の方法を定額法から定率法に変更すると，異なる利益が算出され，財務諸表の　オ　が困難になるので，一度採用した減価償却の方法はみだりに変更してはならない。これは　カ　の原則によるものである。　　　　　第71回

(4) 有形固定資産の減価のうち，企業経営上，当然発生する減価を　キ　減価という。これには，使用または時の経過などにともない生じる物質的減価と，陳腐化や不適応化によって生じる　ク　減価がある。　　　　　第89回

1. 明りょう性　　2. 取得原価　　3. 経常的　　4. 費用配分
5. 継続性　　6. 定率法　　7. 期間比較　　8. 定額法
9. 機能的　　10. 時価　　11. 費用収益対応　　12. 減価償却

(1)		(2)		(3)		(4)	
ア	イ	ウ	エ	オ	カ	キ	ク

12-7 次の取引の仕訳を示しなさい。

(1) 宮崎商事株式会社（決算年/回）は，取得原価¥3,640,000の備品を第29期初頭に除却し，廃棄処分した。ただし，この備品は，第23期初頭に買い入れたもので，定額法により，残存価額は零（0） 耐用年数は8年として減価償却費を計算し，間接法で記帳してきた。なお，この備品の評価額は零（0）である。 〔第84回〕

(2) 愛媛商事株式会社（決算年/回）は，第/2期初頭に備品を¥920,000で買い入れ，この代金はこれまで使用してきた備品を¥400,000で引き取らせ，新しい備品の代金との差額は現金で支払った。ただし，この古い備品は第/0期初頭に¥800,000で買い入れたもので，定率法により毎期の償却率を20%として減価償却費を計算し，間接法で記帳してきた。 〔第85回〕

(3) 福島商事株式会社（決算年/回）は，第7期初頭に備品を¥2,200,000で買い入れ，この代金はこれまで使用してきた備品を¥800,000で引き取らせ，新しい備品の代金との差額は現金で支払った。ただし，この古い備品は第4期初頭に¥2,400,000で買い入れたもので，耐用年数5年，残存価額は零（0）とし，定額法によって毎期の減価償却費を計上し，間接法で記帳してきた。 〔第87回〕

(4) 北海道商事株式会社（決算年/回）は，取得原価¥/,500,000の備品を第20期初頭に除却し，廃棄処分した。ただし，この備品は，第/7期初頭に買い入れたもので，定率法により，毎期の償却率を20%として，減価償却費を計算し，間接法で記帳してきた。なお，この備品の評価額は零（0）である。 〔第89回〕

(5) 宮崎工業株式会社（決算年/回）は，第/3期初頭に備品を¥2,200,000で買い入れ，この代金はこれまで使用してきた備品を¥800,000で引き取らせ，新しい備品の代金との差額は翌月末に支払うことにした。ただし，この古い備品は第/0期初頭に¥2,000,000で買い入れたもので，定率法により毎期の償却率を20%として減価償却費を計算し，間接法で記帳してきた。 〔第92回〕

	借　　　　方	貸　　　　方
(1)		
(2)		
(3)		
(4)		
(5)		

13 有形固定資産⑶ ―リース資産―

学習の要点

1 リース取引とは

特定の物件（リース物件）の所有者である貸手が借手に対して，一定の期間（リース期間）にわたり，これを使用する権利を与え，借手は貸手に対して一定の使用料（リース料）を支払う取引を**リース取引**という。

2 ファイナンス・リース取引

借手がリース会社から資金を借り入れ，そのリース物件を購入したものと考え，通常の売買取引に準じて処理する。決算時は，リース資産について減価償却を行う。

(1) 利子込み法

リース取引開始時にリース料総額を**リース資産勘定**（資産の勘定）の借方と**リース債務勘定**（負債の勘定）の貸方に記入する。リース料を支払ったときは，リース債務勘定の借方に記入する。

例1 リース取引を開始したとき
○/年4月/日　リース会社から，コピー機を次の条件でリースした。
リース期間：5年
リース料：年額￥288,000
リース資産の見積現金購入価額：￥1,200,000

（借）リース資産　1,440,000　　（貸）リース債務　1,440,000
リース料年額￥288,000×5年＝￥1,440,000

例2 リース料を支払ったとき
○2年3月3/日　第/回のリース料￥288,000について，小切手を振り出して支払った。

（借）リース債務　288,000　　（貸）当座預金　288,000

例3 定額法により，減価償却を行ったとき
○2年3月3/日　決算にあたり，コピー機について定額法により減価償却を行った。ただし，耐用年数は5年（決算年/回）残存価額は零（0）とする。

（借）減価償却費　288,000　　（貸）リース資産減価償却累計額　288,000
（￥1,440,000－￥0）÷5年＝￥288,000

(2) 利子抜き法

リース取引開始時にリース料総額から利息相当額を差し引いた金額（見積現金購入価額）で，リース資産勘定の借方とリース債務勘定の貸方に記入する。リース料を支払ったときはリース債務勘定の借方に記入するとともに，利息相当額について，リース期間にわたり均等額で配分（定額法）し，支払利息勘定の借方に記入する。

例4 リース取引を開始したとき
（借）リース資産　1,200,000　　（貸）リース債務　1,200,000
　　　　　　　　　　　見積現金購入価額

例5 リース料を支払ったとき
（借）リース債務　240,000　　（貸）当座預金　288,000
　　　支払利息　48,000
（リース料総額￥1,440,000－見積現金購入価額￥1,200,000）÷5年＝￥48,000

例6 定額法により，減価償却を行ったとき
（借）減価償却費　240,000　　（貸）リース資産減価償却累計額　240,000
（￥1,200,000－￥0）÷5年＝￥240,000

※**例4**～**例6**のリース取引の条件は，**例1**～**例3**と同様とする。

3 オペレーティング・リース取引………………………………………………………

通常の賃貸借取引に準じて処理する。借手はリース取引開始時に仕訳を行わず，リース料を支払ったときに**支払リース料勘定**（費用の勘定）の借方に記入する。

例7 リース取引を開始したとき　○/年4月/日　リース会社から，コピー機を次の条件でリースした。

リース期間：5年

リース料：年額¥288,000

仕 訳 な し

例8 リース料を支払ったとき　○2年3月3/日　第/回のリース料¥288,000について，小切手を振り出して支払った。

（借）支払リース料　288,000　（貸）当座預金　288,000

13-1 次のファイナンス・リース取引を，利子込み法と利子抜き法によってそれぞれの仕訳を示しなさい。なお，利息相当額の期間配分の計算は定額法による。

○/年4月/日　リース会社から，コピー機を次の条件でリースした。

リース期間：6年

リース料：年額¥590,000

リース資産の見積現金購入価額：¥3,000,000

○2年3月3/日　第/回のリース料¥590,000について，小切手を振り出して支払った。

〃日　決算にあたり，コピー機について定額法により減価償却を行った。ただし，耐用年数は6年（決算年/回）残存価額は零（0）とする。

《利子込み法》

	借 方	貸 方
4/ 1		
3/31		
〃		

《利子抜き法》

	借 方	貸 方
4/ 1		
3/31		
〃		

13-2　次の一連の取引について，利子込み法と利子抜き法によってそれぞれの仕訳を示しなさい。なお，利息相当額の期間配分の計算は定額法による。

○2年4月1日　山形商事株式会社は，次の条件によって秋田リース株式会社とカラーコピー機のリース契約を結んだ。なお，このリース取引はファイナンス・リース取引である。

　　リース期間：5年
　　リース料：年額￥1,200,000
　　リース資産の見積現金購入価額：￥5,000,000

○3年3月31日　山形商事株式会社は，1回目のリース料を契約に従って小切手を振り出して支払った。また，本日決算日にあたり，このカラーコピー機に対して定額法により減価償却を行う。耐用年数は5年，残存価額は零（0）とする。

《利子込み法》

	借　　　　　　　方	貸　　　　　　　方
4/ 1		
3/31		
〃		

《利子抜き法》

	借　　　　　　　方	貸　　　　　　　方
4/ 1		
3/31		
〃		

13-3　次のオペレーティング・リース取引の仕訳を示しなさい。ただし，仕訳の必要のない場合は「仕訳なし」と記入すること。

○1年4月1日　リース会社から，複合機を次の条件でリースした。

　　リース期間：6年
　　リース料：年額￥510,000

○2年3月31日　第1回のリース料￥510,000について，小切手を振り出して支払った。

	借　　　　　　　方	貸　　　　　　　方
4/ 1		
3/31		

13-4 下記の第/期首に契約したファイナンス・リース取引について，第/期末から第3期末までのリース債務の額とリース資産減価償却累計額を，利子込み法と利子抜き法によって計算しなさい。なお，リース料の支払いは期末の年/回であり，減価償却は耐用年数8年 残存価額は零(0)とし，定額法で計算する。

資　　料
リース期間：8年　　　リース料：年額¥430,000
リース資産の見積現金購入価額：¥3,120,000

《利子込み法》

	第/期末	第2期末	第3期末
リ ー ス 債 務	¥	¥	¥
リ ー ス 資 産 減 価 償 却 累 計 額	¥	¥	¥

《利子抜き法》

	第/期末	第2期末	第3期末
リ ー ス 債 務	¥	¥	¥
リ ー ス 資 産 減 価 償 却 累 計 額	¥	¥	¥

13-5 群馬商事株式会社の令和○2年3月3/日（決算年/回）における総勘定元帳勘定残高（一部）と決算整理事項によって，貸借対照表（一部）を完成しなさい。

元帳勘定残高　（一部）

建　　　物	¥8,000,000	建物減価償却累計額	¥2,400,000	備　　　品	¥1,600,000
備品減価償却累計額	700,000	リース資産	1,100,000	リース資産減価償却累計額	440,000

決算整理事項
a．建物減価償却高　　定額法により，残存価額は零（0）耐用年数は20年とする。
b．備品減価償却高　　定率法により，毎期の償却率は25％とする。
c．リース資産減価償却高　　定額法により，残存価額は零（0）耐用年数は5年とする

貸 借 対 照 表
群馬商事株式会社　　　　　　令和○2年3月3/日　　　　　　（単位：円）
資 産 の 部
⋮

Ⅱ 固 定 資 産
(1) 有形固定資産
1．建　　　　　物　　（　　　　　　）
減価償却累計額　（　　　　　　）　（　　　　　　）
2．備　　　　　品　　（　　　　　　）
減価償却累計額　（　　　　　　）　（　　　　　　）
3．リ ー ス 資 産　（　　　　　　）
減価償却累計額　（　　　　　　）　（　　　　　　）

13-6 次の一連の取引の仕訳を示しなさい。

○3年4月 1日　大分商事株式会社は，次の条件によって熊本リース株式会社とパーソナルコンピュータ10台のリース契約を結んだ。なお，このリース取引はファイナンス・リース取引であり，利子込み法で処理する。

　　　　　　　リース期間：4年

　　　　　　　リース料：年額¥550,000

　　　　　　　リース資産の見積現金購入価額：¥2,000,000

○4年3月31日　大分商事株式会社は，1回目のリース料を現金で支払った。

　　　　〃 日　決算にあたり，このリース資産に対して定額法により減価償却を行う。耐用年数は4年，残存価額は零（0）とする。

	借　　　　　方	貸　　　　　方
4/ 1		
3/31		
〃		

13-7 次の一連の取引の仕訳を示しなさい。

○5年4月 1日　福岡商事株式会社は，次の条件によって佐賀リース株式会社と営業用トラックのリース契約を結んだ。なお，このリース取引はファイナンス・リース取引であり，利子抜き法で処理し，利息相当額の期間配分の計算は定額法による。

　　　　　　　リース期間：6年

　　　　　　　リース料：年額¥1,600,000

　　　　　　　リース資産の見積現金購入価額：¥8,400,000

○6年3月31日　福岡商事株式会社は，1回目のリース料を契約に従って小切手を振り出して支払った。

　　　　〃 日　決算にあたり，このリース資産に対して定額法により減価償却を行う。耐用年数は6年，残存価額は零（0）とする。

	借　　　　　方	貸　　　　　方
4/ 1		
3/31		
〃		

13-8 次の取引の仕訳を示しなさい。

(1) 宮城商事株式会社は，次の条件でリース契約を結んだ。ただし，このリース契約はファイナンス・リース取引であり，その処理には利子抜き法を採用している。

　　　　　　　リース期間：5年

　　　　　　　リース料：年額¥300,000

　　　　　　　リース資産の見積現金購入価額：¥1,300,000

(2) 京都商事株式会社は，次の条件で奈良リース株式会社と備品のリース契約を結んだ。なお，このリース取引はファイナンス・リース取引であり，利子込み法で処理する。

  リース期間：5年
  リース料：年額￥380,000
  リース資産の見積現金購入価額：￥1,500,000

(3) 栃木商事株式会社は，当期首に次の条件で結んだリース契約にもとづき，第1回のリース料を小切手を振り出して支払った。ただし，このリース契約はファイナンス・リース取引であり，その処理には利子込み法を採用している。

  リース期間：3年
  リース料：年額￥750,000
  リース資産の見積現金購入価額：￥2,000,000

(4) 長野商事株式会社は，当期首に次の条件で結んだリース契約にもとづき，第1回のリース料を小切手を振り出して支払った。ただし，このリース契約はファイナンス・リース取引であり，その処理には利子抜き法を採用し，利息相当額の期間配分の計算は定額法によっている。

  リース期間：4年
  リース料：年額￥350,000
  リース資産の見積現金購入価額：￥1,200,000

(5) 鹿児島商事株式会社は，次の条件で大分リース会社と備品のリース契約を結んでいるが，本日，支払日のためリース料を現金で支払った。なお，このリース取引はオペレーティング・リース取引である。

  リース期間：4年
  リース料：年額￥240,000（支払年1回）

(6) 滋賀商事株式会社は，リース物件（リース期間6年　リース料年額￥120,000）の第1回のリース料￥120,000を現金で支払った。ただし，このリース取引はオペレーティング・リース取引である。

(7) 奈良商事株式会社（決算年1回）は決算にあたり，当期首にファイナンス・リース取引により契約した取得原価￥2,600,000のリース資産の減価償却を行った。なお，耐用年数は5年残存価額は零（0）とし，定額法により計算し，間接法で記帳する。

	借　　　　　方	貸　　　　　方
(1)		
(2)		
(3)		
(4)		
(5)		
(6)		
(7)		

14 無形固定資産

学習の要点

1 **無形固定資産の意味と種類**……………………………………………………………

のれん❶，法律上の権利や自社で利用する目的のソフトウェアなど具体的な形態をもたないが，営業活動のために長期にわたって使用する資産を**無形固定資産**❷という。

(1) のれん…取得対価（収益還元価値など）と被取得企業の純資産（時価）との差額
(2) 法律上の権利　　**例**特許権・鉱業権など
(3) 自社利用目的の一定のソフトウェア

2 **無形固定資産の取得原価**……………………………………………………………

(1) のれん

事業の譲り受けまたは合併などによって他の企業を取得した場合にかぎって，資産に計上することができる。取得対価は収益還元価値などをもとに決定される。

① 　被取得企業の年平均利益額÷同種企業の平均利益率＝収益還元価値（取得対価）
② 　収益還元価値－被取得企業の純資産額（時価）＝のれんの取得原価

例1 **他の企業を取得したとき**　次の財政状態の企業を取得し，取得対価は小切手を振り出して支払った。なお，被取得企業の平均利益額を¥420,000　同種企業の平均利益率を8％として収益還元価値を求め，取得対価とした。

貸借対照表　（単位：円）

売　掛　金	2,200,000	買　掛　金	1,200,000
商　　　品	3,000,000	借　入　金	1,300,000
備　　　品	2,300,000	資　本　金	5,000,000
	7,500,000		7,500,000

① 収益還元価値：
¥420,000÷0.08＝¥5,250,000
② のれんの取得原価：
¥5,250,000－¥5,000,000＝¥250,000

(借) 売　掛　金　2,200,000　(貸) 買　掛　金　1,200,000
　　 繰越商品　3,000,000　　　 借　入　金　1,300,000
　　 備　　　品　2,300,000　　　 当座預金　5,250,000
　　 の　れ　ん　　250,000

(2) 法律上の権利

その買入価額に，買い入れに要した付随費用を加えた額を取得原価とする。

例2 **法律上の権利を取得したとき**　特許権を¥800,000で買い入れ，代金は手数料¥20,000とともに小切手を振り出して支払った。

(借) 特　許　権　820,000　(貸) 当座預金　820,000

(3) ソフトウェア

自社で利用する目的で購入し，将来，収益の獲得や費用の削減が認められるソフトウェア。

自社利用目的でソフトウェアの制作を外部に依頼し，完成・引き渡しを受けるまでに支出があった場合は，**ソフトウェア仮勘定**（資産の勘定）で処理する。

例3 **ソフトウェアの制作を外部に依頼したとき**　自社で利用する目的でソフトウェアの制作を外部に依頼し，契約の総額¥2,500,000について，小切手を振り出して支払った。

(借) ソフトウェア仮勘定　2,500,000　(貸) 当座預金　2,500,000

❶ goodwill　　❷ intangible fixed assets

例4 ソフトウェア 例3で依頼したソフトウェアが完成し，引き渡しを受けた。

の引き渡しを (借) ソフトウェア 2,500,000 (貸) ソフトウェア仮勘定 2,500,000

受けたとき

3 無形固定資産の期末評価 ……………………………………………………………………………

期末評価額＝取得原価（または未償却残高）－毎期の償却額

のれんは，その取得後20年以内のその効果のおよぶ期間にわたって，定額法などの方法によって規則的に償却する。法律上の権利は，税法で定める耐用年数や関連する法律が定める有効期間内に償却する。

	特 許 権	実用新案権	商 標 権	意 匠 権
税法上の耐用年数	8 年	5 年	10 年	7 年
法律上の有効年数	20 年	10 年	10 年	25 年

ソフトウェアは，ふつう定額法によって減価償却を行う。

なお，償却額の計算は，ふつう残存価額を「0」として，定額法によって行うが，鉱業権は，生産高比例法によることも認められている。記帳方法は**直接法**による。

例5 のれんの償却 決算にさいし，のれん￥250,000のうち，￥12,500を償却した。

をしたとき (借) のれん償却 12,500 (貸) の れ ん 12,500

例6 鉱業権の償却 取得原価￥240,000,000の鉱区から当期に12万トンの採掘量があった

をしたとき ので，生産高比例法を用いて，この鉱区に対する鉱業権を償却した。ただし，この鉱区の推定埋蔵量は500万トンである。

(借) 鉱業権償却 5,760,000 (貸) 鉱 業 権 5,760,000

$$\frac{¥240,000,000}{5,000,000トン} \times 120,000トン = ¥5,760,000$$

例7 ソフトウェア 決算にあたり，自社で利用する目的で購入したソフトウェア

の償却をした ￥2,500,000について，定額法によって償却した。なお，このソフトウ

とき ェアの利用可能期間は4年と見積もっている。

(借) ソフトウェア償却 625,000 (貸) ソフトウェア 625,000

￥2,500,000÷4年＝￥625,000

14-1 次の各文の ☐ のなかにあてはまる語を答えなさい。

(1) 具体的な形態をもたないが， ア や法律上の権利・自社利用目的のソフトウェアなど営業活動のために長期にわたって使用する資産を イ という。

(2) 無形固定資産のうち，法律上の権利には特許権や鉱石や石油などを採取できる権利である ウ がある。また，のれんは法律上の権利ではないが，事業の譲り受けまたは合併などによって取得され，取得対価は被取得企業の エ などをもとに決定される。

ア	イ	ウ	エ

14-2 次の取引の仕訳を示しなさい。

(1) 千葉商事株式会社（決算年/回）は，特許権を¥2,000,000で買い入れ，代金は手数料¥200,000とともに，小切手を振り出して支払った。

(2) 千葉商事株式会社は，決算にさいし，上記特許権のうち¥275,000を償却した。

(3) 茨城物産株式会社（決算年/回）は，次の財政状態にある東南商店を¥4,600,000で取得し，取得代価は小切手を振り出して支払った。なお，東南商店の資産と負債の時価は帳簿価額に等しいものとする。

東南商店		貸 借 対 照 表			(単位：円)
売　掛　金	3,900,000	買　掛　金			3,800,000
建　　　物	5,000,000	長 期 借 入 金			2,300,000
備　　　品	700,000	資　本　金			3,500,000
	9,600,000				9,600,000

(4) 茨城物産株式会社は，決算にさいし，上記(3)ののれんのうち¥55,000を償却した。

(5) 栃木鉱業株式会社（決算年/回）は，取得原価¥240,000,000の鉱区（鉱業権）を買い入れ，代金は小切手を振り出して支払った。

(6) 栃木鉱業株式会社は，決算にさいし，上記(5)の鉱区から当期に20万トンの採掘量があったので，生産高比例法を用いてこの鉱区に対する鉱業権を償却した。ただし，この鉱区の推定埋蔵量は500万トンである。

(7) 自社で利用する目的でソフトウェアの制作を外部に依頼し，契約の総額¥1,800,000を小切手を振り出して支払った。

(8) 上記(7)のソフトウェアが完成し，引き渡しを受けた。

(9) 決算にあたり，期首に自社で利用する目的で購入したソフトウェア¥3,600,000について，定額法によって償却した。なお，このソフトウェアの利用可能期間は5年と見積もっている。

	借　　　　　方	貸　　　　　方
(1)		
(2)		
(3)		
(4)		
(5)		
(6)		
(7)		
(8)		
(9)		

14-3 長野商事株式会社は，南北商会を取得し，取得代価は小切手を振り出して支払った。よって，取得時の仕訳と取得後の長野商事株式会社の貸借対照表を作成しなさい。ただし，

i 南北商会の資産と負債の時価は帳簿価額に等しいものとする。

ii 南北商会の平均利益額は¥480,000 同種企業の平均利益率を10%として収益還元価値を計算し，それを取得代価とする。

iii 南北商会の買掛金のうち¥250,000は，長野商事株式会社に対するものである。

貸 借 対 照 表

長野商事株式会社　　　　令和○年4月1日　　　　（単位：円）

現 金 預 金	7,000,000	支 払 手 形	1,700,000
受 取 手 形	1,800,000	買 掛 金	3,900,000
売 掛 金	3,600,000	未 払 金	2,600,000
商 品	2,800,000	資 本 金	10,000,000
建 物	8,000,000	資 本 剰 余 金	4,200,000
備 品	1,200,000	利 益 剰 余 金	2,000,000
	24,400,000		24,400,000

貸 借 対 照 表

南北商会　　　　令和○年4月1日　　　　（単位：円）

受 取 手 形	2,000,000	支 払 手 形	1,000,000
売 掛 金	1,600,000	買 掛 金	1,200,000
商 品	2,800,000	長 期 借 入 金	1,600,000
備 品	1,600,000	資 本 金	4,200,000
	8,000,000		8,000,000

借　　　方		貸　　　方	

貸 借 対 照 表

長野商事株式会社　　　　令和○年4月1日　　　　（単位：円）

現 金 預 金 (	)	支 払 手 形 (	)
受 取 手 形 (	)	( ) (	)
( ) (	)	未 払 金 (	)
( ) (	)	長 期 借 入 金 (	)
建 物 (	)	( ) (	)
備 品 (	)	資 本 剰 余 金 (	)
( ) (	)	利 益 剰 余 金 (	)
(	)	(	)

14▶4 次の取引の仕訳を示しなさい。

(1) 愛媛商事株式会社（決算年/回）は，特許権を¥4,100,000で買い入れ，代金は手数料¥300,000とともに，小切手を振り出して支払った。

(2) 愛媛商事株式会社は，決算にさいし，上記(1)で取得した特許権のうち，¥550,000を償却した。

(3) 香川商事株式会社（決算年/回）は，自社で利用する目的でソフトウェアの制作を外部に依頼し，契約の総額¥2,800,000について，小切手を振り出して支払った。

(4) 香川商事株式会社は，期首に上記(3)で依頼したソフトウェアが完成し，引き渡しを受けた。

(5) 香川商事株式会社は，決算にさいし，上記(4)で引き渡しを受けたソフトウェア¥2,800,000について，定額法によって償却した。なお，このソフトウェアの利用可能期間は4年と見積もっている。

	借　　　方	貸　　　方
(1)		
(2)		
(3)		
(4)		
(5)		

14▶5 次の取引の仕訳を示しなさい。

(1) 徳島鉱業株式会社（決算年/回）は，取得原価¥35,000,000の鉱区（鉱業権）を買い入れ，代金は小切手を振り出して支払った。

(2) 徳島鉱業株式会社は，決算にさいし，上記(1)の鉱区から当期に120万トンの採掘量があったので，生産高比例法を用いて，この鉱区に対する鉱業権を償却した。ただし，この鉱区の推定埋蔵量は800万トンである。

(3) 高知商事株式会社（決算年/回）は，自社で利用する目的でソフトウェアの制作を外部に依頼し，契約総額¥4,200,000のうち¥1,500,000を小切手を振り出して支払った。

(4) 高知商事株式会社は，期首に上記(3)で依頼したソフトウェアが完成し，契約総額¥4,200,000のうち，すでに支払ってある¥1,500,000を差し引いた残額を小切手を振り出して支払い，引き渡しを受けた。

(5) 高知商事株式会社は，決算にさいし，上記(4)で引き渡しを受けたソフトウェアについて，定額法によって償却した。なお，このソフトウェアの利用可能期間は3年と見積もっている。

	借　　　方	貸　　　方
(1)		
(2)		
(3)		
(4)		
(5)		

14-6 次の取引の仕訳を示しなさい。

(1) 新潟商事株式会社は，次の財政状態にある東西商会を取得し，代金は小切手を振り出して支払った。ただし，同商会の平均利益額は¥378,000 同種企業の平均利益率を7%として収益還元価値を求め，その金額を取得対価とした。なお，東西商会の貸借対照表に示されている資産および負債の時価は帳簿価額に等しいものとする。 第89回

東西商会		貸 借 対 照 表		（単位：円）
売 掛 金	2,600,000	買 掛 金	1,800,000	
商 品	5,900,000	長 期 借 入 金	1,700,000	
		資 本 金	5,000,000	
	8,500,000		8,500,000	

(2) 青森鉱業株式会社（決算年/回 3月3/日）は，決算にあたり，生産高比例法を用いて鉱業権を償却した。なお，この鉱業権は¥150,000,000で取得し，当期に/8,000トンの採掘量があった。ただし，この鉱区の推定埋蔵量は750,000トンであり，鉱業権の残存価額は零(0)である。 第90回

(3) 大分商事株式会社は，次の財政状態にある北東商会を取得し，代金は小切手を振り出して支払った。ただし，同商会の平均利益額は¥252,000 同種企業の平均利益率を6%として収益還元価値を求め，その金額を取得対価とした。なお，北東商会の貸借対照表に示されている資産および負債の時価は帳簿価額に等しいものとする。 第92回

北東商会		貸 借 対 照 表		（単位：円）
売 掛 金	2,800,000	支 払 手 形	1,300,000	
商 品	3,600,000	買 掛 金	1,100,000	
		資 本 金	4,000,000	
	6,400,000		6,400,000	

(4) 鹿児島鉱業株式会社は，決算にあたり，生産高比例法を用いて鉱業権を償却した。なお，この鉱業権は¥187,000,000で取得し，当期に/7,000トンの採掘量があった。ただし，この鉱区の推定埋蔵量は850,000トンであり，鉱業権の残存価額は零（0）である。 第93回

	借 方	貸 方
(1)		
(2)		
(3)		
(4)		

15 投資その他の資産

1 投資その他の資産の意味と種類

資金の長期的な利殖や他の企業を支配する目的などで所有する資産,その他の長期性資産がある。

(1) 利殖や長期所有を目的とする投資
　① 投 資 有 価 証 券……満期保有目的債券やその他有価証券など（23ページ参照）。
　② 長 期 貸 付 金……決算日の翌日から1年を超えて返済期限のくる貸付金。

(2) 関係会社株式
　① 子 会 社 株 式……企業を支配・統制する目的で保有する株式（23ページ参照）。
　② 関連会社株式……他企業への影響力を行使する目的で保有する株式（23ページ参照）。

(3) その他長期性資産
　① 長 期 前 払 費 用……決算日の翌日から1年を超えた期間に費用化する前払費用。
　② 繰 延 税 金 資 産……将来発生する税金の前払い（160ページ参照）。

2 満期保有目的の債券の期末評価

原則として取得原価による。ただし,取得価額と額面金額（債券金額）との差額が金利の調整と認められるときは償却原価法によって評価する。

　償却原価法……額面金額より低い価額（または高い価額）で買い入れた場合,その差額を償還期に至るまで毎期一定の方法で取得価額に加算（または減算）する方法。

例1 決算日に満期保有目的
　　　債券を償却原価法によ
　　　り評価したとき

満期保有目的で発行時に額面¥100につき¥98で買い入れていた社債（額面¥3,000,000　償還期限10年）について,決算にあたり,償却原価法により評価した。

取得価額と額面金額の差額 $= ¥3,000,000 - (¥3,000,000 × \dfrac{¥98}{¥100}) = ¥60,000$

取得価額に加算する額 $= ¥60,000 ÷ 10年 = ¥6,000$

　　　　　　（借）満期保有目的債券　6,000　（貸）有価証券利息　6,000

3 その他有価証券の期末評価

市場価格のある**その他有価証券**は,時価で評価する。取得原価と時価との評価差額は,**その他有価証券評価差額金勘定**に計上する。

4 子会社株式・関連会社株式の期末評価

原則として取得原価による。ただし,市場価格のある株式の時価が著しく下落したときは,回復する見込みがあると認められる場合を除き,時価で評価しなければならない。また,市場価格のない株式の場合,発行会社の財政状態の悪化により実質価額が著しく低下したときは,実質価額によって評価する。なお,子会社株式と関連会社株式は,貸借対照表に表示するときは,**関係会社株式**として表示する。

① 　1株あたりの実質価額 $=\dfrac{その会社の純資産額}{その会社の発行済株式数}$

② 　所有する株式の実質価額 = 1株の実質価額 × 持株数

例2 子会社株式の実質価額
　　　が著しく低下したため
　　　評価替えしたとき

子会社の株式60株（1株の帳簿価額¥75,000）について,同社の財政状態が次のように悪化したので,実質価額によって評価替えした。なお,同社の発行済株式数は100株で,市場価格のない株式である。

貸 借 対 照 表　（単位：円）

諸 資 産	6,500,000	諸 負 債	3,000,000
		資 本 金	3,500,000
	6,500,000		6,500,000

子会社株式1株あたり実質価額
$= (¥6,500,000 - ¥3,000,000) ÷ 100株$
$= ¥35,000$
評価損 $= (¥75,000 - ¥35,000) × 60株$
$= ¥2,400,000$

（借）子会社株式　　　2,400,000　（貸）子会社株式　2,400,000
　　　評 価 損

15-1 次の一連の取引の仕訳を示しなさい。

(1) 満期保有目的で額面¥3,000,000の社債を額面¥100につき¥97で買い入れ，代金は小切手を振り出して支払った。なお，この社債は償還期限10年，利率は年3％（年2回払い）である。

(2) 利払日につき，上記(1)で買い入れた社債について，半年分の利息を現金で受け取った。

(3) 利払日につき，上記(1)で買い入れた社債について，半年分の利息を現金で受け取った。また決算にあたり，償却原価法（定額法）によって評価した。

	借 方	貸 方
(1)		
(2)		
(3)		

15-2 次の取引の仕訳を示しなさい。

(1) 決算にあたり，その他有価証券として保有する次の株式について評価替えを行った。
高知商事株式会社　株式30株　取得原価　1株¥70,000　時価　1株¥82,000
香川商事株式会社　株式40株　取得原価　1株¥65,000　時価　1株¥60,000

(2) 決算にあたり，その他有価証券として保有する次の株式について評価替えを行った。
秋田工業株式会社　株式40株　取得原価　1株¥60,000　時価　1株¥55,000
福島産業株式会社　株式20株　取得原価　1株¥50,000　時価　1株¥75,000

(3) その他有価証券として甲府商事株式会社の株式100株（1株あたり購入金額¥68,000　購入手数料¥50,000）を取得していたが，決算日における時価が1株あたり¥70,000であったので，評価替えを行った。

	借 方	貸 方
(1)		
(2)		
(3)		

15-3 次の取引の仕訳を示しなさい。

子会社である東西商会株式会社の株式280株（1株の帳簿価額¥73,000）を保有していたが，同社の財政状態が次のように悪化したので，実質価額により評価替えした。なお，同社の発行済株式数は400株であり，市場価格のない株式である。

貸 借 対 照 表

東西商会株式会社　　　令和○年3月31日　　　（単位：円）

諸 資 産	40,000,000	諸 負 債	26,000,000
		資 本 金	14,000,000
	40,000,000		40,000,000

借 方	貸 方

15▶4 次の取引について，⑴株式/株あたりの実質価額を計算し，⑵評価替えの仕訳を示しなさい。

浦安商事株式会社は子会社である北東商事株式会社の財政状態が次のように著しく悪化したので，保有する同社の株式70株（/株あたり帳簿価額¥75,000）を実質価額によって評価替えを行った。なお，子会社の発行済株式数は/00株である。

北東商事㈱	貸　借　対　照　表		（単位：円）
諸　資　産	10,800,000	諸　負　債	7,430,000
		資　本　金	3,000,000
		資　本　準　備　金	370,000
	10,800,000		10,800,000

(1)

計　　算　　式	実　質　価　額
	¥

(2)

借　　　　　方	貸　　　　　方

15▶5 前橋商事株式会社の令和○年/2月3/日（決算年/回）における総勘定元帳勘定残高（一部）と決算整理事項によって，報告式の貸借対照表の固定資産の部（一部）を完成しなさい。

元帳勘定残高　（一部）

の れ ん　¥ 72,000　　その他有価証券　¥ 1,680,000　　子会社株式　¥ 2,500,000

保 険 料　　130,000

決算整理事項

a．のれん償却高　¥4,000

b．その他有価証券評価高　　その他有価証券について，時価によって評価する。

桐生商事株式会社　40株　　帳簿価額　/株¥42,000

時　　価　〃 〃 45,000

c．保険料前払高　　保険料のうち¥60,000は，決算日の翌日から2年後に費用となる。

	貸　借　対　照　表	
前橋商事株式会社	令和○年/2月3/日	（単位：円）

資　産　の　部

⋮

Ⅱ　固　定　資　産

⋮

(2)　無形固定資産

1.（　　　　　　　　）　　　　　　　　　（　　　　　　　）

無形固定資産合計　　　　　　（　　　　　　　）

(3)　投資その他の資産

1.　投　資　有　価　証　券　　　（　　　　　　　）

2.　関　係　会　社　株　式　　　（　　　　　　　）

3.　長　期　前　払　費　用　　　（　　　　　　　）

投資その他の資産合計　　（　　　　　　　）

検定問題

15-6 次の文の □ のなかに，下記の語群のなかから，もっとも適当なものを選び，その番号を記入しなさい。

　子会社株式は原則として取得原価で評価する。ただし，市場価格のある株式の時価が著しく下落したときは，回復の見込みがあると認められる場合を除き，□ア□ で評価しなければならない。また，市場価格のない株式の場合，その会社の財政状態を反映する株式の実質価額が著しく下落したときは，□イ□ によって評価する。　〔第36回改題〕

　　1．取得原価　　2．時　　　価　　　3．原価基準　　4．実質価額

ア	イ

15-7 次の取引の仕訳を示しなさい。

(1) 東西商事株式会社は，実質的に支配している北商事株式会社の財政状態が悪化したので，保有する同社の株式220株（/株の帳簿価額¥55,000）を実質価額によって評価替えした。なお，北商事株式会社の資産総額は¥35,000,000　負債総額は¥26,000,000で，発行済株式数は400株（市場価格のない株式）である。　〔第85回改題〕

(2) 満期まで保有する目的で，当期首に山梨商事株式会社が発行した額面¥80,000,000の社債を，発行と同時に額面¥/00につき¥98.60で買い入れていたが，決算にあたり償却原価法（定額法）によって評価した。なお，この社債の償還期限は/0年である。　〔第86回〕

(3) 岩手商事株式会社は，実質的に支配している南北商事株式会社の財政状態が悪化したので，保有する同社の株式300株（帳簿価額¥/5,600,000）を実質価額によって評価替えした。なお，南北商事株式会社の資産総額は¥46,500,000　負債総額は¥35,000,000で，発行済株式数は500株であり，市場価格のない株式である。　〔第90回改題〕

(4) 満期まで保有する目的で，千葉物産株式会社の額面¥8,500,000の社債を，額面¥/00につき¥98.40で買い入れ，代金は買入手数料¥/7,000および端数利息¥34,000とともに小切手を振り出して支払った。　〔第92回〕

(5) 満期まで保有する目的で，当期首に愛知商事株式会社が発行した額面¥80,000,000の社債を，発行と同時に額面¥/00につき¥99.20で買い入れていたが，決算にあたり，償却原価法（定額法）によって評価した。なお，この社債の償還期限は/0年である。　〔第93回〕

	借　　　　方	貸　　　　方
(1)		
(2)		
(3)		
(4)		
(5)		

総合問題 ❷ ⑵

2-7 次の取引の仕訳を示しなさい。

(1) 機械装置￥2,450,000を買い入れ，代金のうち￥1,250,000は小切手を振り出して支払い，残額は3か月後に支払うことにした。なお，この機械装置の据付費および試運転費￥150,000を現金で支払った。

(2) 仮払金の￥1,800,000は，本社ビル建設のために三重建設株式会社に支払った工事代金の一部である。なお，本社ビルは期末現在，まだ完成していない。

(3) かねて建設を依頼していた機械装置が完成し，引き渡しを受けたので，建設代金￥30,000,000のうち，すでに支払ってある金額を差し引いて，残額￥10,000,000は小切手を振り出して支払った。

(4) 千曲商事株式会社（決算年1回）は，第15期の初頭に備品を除却した。ただし，この備品は第8期の初頭に￥600,000で買い入れたもので，耐用年数8年，残存価額は零（0）とし，定額法によって毎期の減価償却費を計上し，間接法で記帳してきた。なお，この備品の評価額は零（0）である。

(5) 千葉商事株式会社（決算年1回）は，第7期の初頭に営業用金庫の買い換えを行った。支払額は，これまで使用してきた金庫を￥600,000で引き取らせたため，新しい金庫の代金との差額は￥600,000となり，同額の小切手を振り出して支払った。なお，この古い金庫は，第1期の初頭に￥800,000で買い入れたもので，耐用年数20年，残存価額は零（0）とし，定額法によって毎期の減価償却費を計算し，間接法で記帳してきた。

(6) 水戸物産株式会社（決算年1回　3月31日）は，第8期初頭に営業用自動車を￥1,400,000で買い入れ，この代金はこれまで使用してきた営業用自動車を￥480,000で引き取らせ，新車との差額は翌月末に支払うことにした。ただし，この旧車は第6期初頭に￥1,200,000で買い入れたもので，定率法により毎期の償却率を25％として減価償却費を計上し，間接法で記帳してきた。

	借　　　　　方	貸　　　　　方
(1)		
(2)		
(3)		
(4)		
(5)		
(6)		

２８ 次の取引の仕訳を示しなさい。

(1) 愛知商事株式会社は，次の条件で岐阜リース株式会社と備品のリース契約を結んだ。なお，このリース取引はファイナンス・リース取引であり，利子込み法で処理する。

   リース期間：６年

   リース料：年額¥350,000

   リース資産の見積現金購入価額：¥1,800,000

(2) 島根商事株式会社は，当期首より次の条件で鳥取リース株式会社と車両のリース契約を結んでいるが，本日決算にあたり，この備品に対して定額法により減価償却を行う。耐用年数は5年，残存価額は零（0）とする。なお，このリース取引はファイナンス・リース取引であり，利子抜き法で処理している。

   リース期間：5年

   リース料：年額¥400,000

   リース資産の見積現金購入価額：¥1,600,000

(3) 福島商事株式会社は，次の条件で宮城リース株式会社とコピー機のリース契約を結んでいるが，本日，支払日のためリース料を現金で支払った。なお，このリース取引はオペレーティング・リース取引である。

   リース期間：4年

   リース料：年額¥280,000（支払い年/回）

(4) 浦和商事株式会社は，¥180,000,000で鉱業権を取得した鉱区から，当期に24,000トンの採掘量があったので，生産高比例法を用いて鉱業権を償却した。ただし，この鉱区の推定埋蔵量は600,000トンであり，鉱業権の残存価額は零（0）である。

(5) 群馬商事株式会社は，次の財政状態にある北西商店を¥5,800,000で取得し，取得対価は小切手を振り出して支払った。

北西商店	貸 借 対 照 表		（単位：円）
売　掛　金	2,700,000	買　掛　金	1,250,000
建　　　物	2,580,000	長 期 借 入 金	1,530,000
備　　　品	2,000,000	資　本　金	4,500,000
	7,280,000		7,280,000

(6) 上記(5)ののれんのうち，¥65,000を償却した。

	借　　　　　方	貸　　　　　方
(1)		
(2)		
(3)		
(4)		
(5)		
(6)		

29 次の取引の仕訳を示しなさい。

(1)　自社で利用する目的でソフトウェアの制作を外部に依頼し，契約の総額¥260,000を小切手を振り出して支払った。

(2)　自社で利用する目的でソフトウェア¥210,000を購入し，代金は現金で支払った。

(3)　決算にあたり，自社で利用する目的で購入したソフトウェア¥1,470,000について，定額法によって償却した。なお，このソフトウェアの利用可能期間は5年と見積もっている。

(4)　満期保有目的で額面¥3,000,000の国債を額面¥100につき¥98で買い入れ，代金は買入手数料¥21,000および端数利息¥48,000とともに小切手を振り出して支払った。

(5)　日野商事株式会社は，実質的に支配している西商事株式会社の財政状態が悪化したので，保有する同社の株式170株（1株あたりの帳簿価額¥65,000）を実質価額によって評価替えした。なお，西商事株式会社の資産総額は¥22,450,000　負債総額は¥12,700,000で，発行済株式数は300株（市場価格のない株式）である。

(6)　満期保有目的で発行時に買い入れた次の社債について，半年分の利息を現金で受け取った。また決算にあたり，額面金額と取得原価の差額について，償却原価法により評価した。

　　　　社債額面　¥4,000,000　　取得価額　額面¥100につき¥97
　　　　償還期限　8年　　　　　　利　率　年4%　利払い　年2回

	借　　　　方	貸　　　　方
(1)		
(2)		
(3)		
(4)		
(5)		
(6)		

210　水戸商事株式会社の令和○年12月31日（決算年1回）における総勘定元帳勘定残高（一部）と付記事項および決算整理事項によって，報告式の貸借対照表（一部）を完成しなさい。

　元帳勘定残高　（一部）

現　　金	¥　942,000	当座預金	¥ 1,470,000	受取手形	¥ 2,100,000
売　掛　金	2,600,000	貸倒引当金	43,000	繰越商品	2,360,000
仮　払　金	1,800,000	備　　品	4,000,000	備品減価償却累計額	1,000,000
リース資産	800,000	ソフトウェア	1,500,000	満期保有目的債券	1,470,000

　付　記　事　項

①　満期保有目的で発行時に取得した社債について12月末日に第2回の利息を現金で受け取っていたが，その記帳をしていなかった。また，額面金額と取得価額との差額については，決算時に償却原価法により評価している。

　　　　社債額面　¥1,500,000　　取得原価　額面¥100につき¥98　　償還期限　5年
　　　　利　率　年6%　　　　　　利　払　い　6月・12月の各末日

②　仮払金¥1,800,000は，本社ビル建設のために支払った建設代金の一部である。なお，本社ビルは期末現在，まだ完成していない。

決算整理事項

  a．期末商品棚卸高　　¥1,040,000（原価）　¥980,000（正味売却価額）

  b．貸倒見積高　　受取手形と売掛金の期末残高に対し，それぞれ2%と見積もり，貸倒引当金を設定する。

  c．備品減価償却高　　定率法により，毎期の償却率を25%とする。

  d．リース資産減価償却高　　リース資産¥800,000は，当期首にリース料年¥200,000　リース期間4年の条件で契約したものであり，耐用年数4年　残存価額は零(0)とし，定額法により計算する。

  e．ソフトウェア償却額　　¥300,000

  f．保険料前払高　　¥40,000

貸 借 対 照 表 （一部）

水戸商事株式会社　　　　　　令和○年12月31日　　　　　　（単位：円）

資 産 の 部

Ⅰ 流 動 資 産

1．現 金 預 金　　　　　　　　　　　（　　　　　）

2．受 取 手 形　　（　　　　　）

　（　　　　　　）　（　　　　　）　（　　　　　）

3．（　　　　　　）　（　　　　　）

　（　　　　　　）　（　　　　　）　（　　　　　）

4．（　　　　　）　　　　　　　　　（　　　　　）

5．（　　　　　）　　　　　　　　　（　　　　　）

　流 動 資 産 合 計　　　　　　　　　　　　　　　（　　　　　）

Ⅱ 固 定 資 産

(1) 有形固定資産

1．（　　　　　）　（　　　　　）

　（　　　　　　）　（　　　　　）　（　　　　　）

2．（　　　　　）　（　　　　　）

　（　　　　　　）　（　　　　　）　（　　　　　）

3．（　　　　　）　　　　　　　　　（　　　　　）

　有形固定資産合計　　　　　　　　　（　　　　　）

(2) 無形固定資産

1．（　　　　　）　　　　　　　　　（　　　　　）

　無形固定資産合計　　　　　　　　　（　　　　　）

(3) 投資その他の資産

1．（　　　　　）　　　　　　　　　（　　　　　）

　投資その他の資産合計　　　　　　　（　　　　　）

　固 定 資 産 合 計　　　　　　　　　　　　　　（　　　　　）

　資 産 合 計　　　　　　　　　　　　　　　　　（　　　　　）

16 負債の意味と分類

学習の要点

1 負債の意味と分類

企業が，債権者に対して現金などの経済的資源を引き渡す義務などを**負債❶**という。

貸借対照表

資　　産	負債	流動負債
		固定負債
	純　資　産	

支払手形・電子記録債務・買掛金・短期借入金・未払金・未払費用・未払法人税等・前受金・預り金・前受収益・役員賞与引当金・保証債務など

社債・長期借入金・リース債務・繰延税金負債・退職給付引当金など

2 負債の分類基準

(1) 営業循環基準

主たる営業活動の循環過程のなかで生じた負債を流動負債とする基準で，支払手形や買掛金などが，この基準により流動負債に分類される。

(2) 1年基準

決算日の翌日から１年以内に支払期限が到来するものを流動負債とし，それ以外のものを固定負債とする基準である。借入金などは，この基準によって分類される。

16-1 次の各文の □ のなかに入るもっとも適当な用語を答えなさい。

(1) 企業が，債権者に対して現金などの ア を引き渡す義務を イ という。

(2) 負債は， ウ と固定負債の二つに分類される。分類する基準には エ と/年基準がある。

ア	イ	ウ	エ

16-2 次の各科目は，流動負債・固定負債のいずれに属するか，その番号を記入しなさい。

1．電子記録債務　2．リース債務　3．短期借入金　4．支払手形
5．買　掛　金　6．前受収益　7．未払法人税等　8．前　受　金
9．未払費用　10．未払金　11．長期借入金　12．退職給付引当金

流　動　負　債	
固　定　負　債	

17 流動負債

1 流動負債の意味

流動負債❶は，営業循環基準や1年基準により，短期間で支払期限や商品等の引き渡しの日などが到来する負債である。

2 流動負債の種類

支 払 手 形	仕入代金を支払うために生じた手形債務。
電子記録債務	買掛金などを電子債権記録機関に登録することで生じた債務。
買 掛 金	商品の仕入代金の未払額。
短 期 借 入 金	決算日の翌日から1年以内に支払期限が到来する借入金で，当座借越や手形借入金なども含まれる。貸借対照表には短期借入金として表示する。
未 払 金	営業取引以外によって生じた一時的な債務。
未 払 費 用	一定の契約に従い継続して役務の提供を受けている場合，すでに提供された役務に対する未払額で，貸借対照表には未払利息や未払地代などをまとめて未払費用と表示する。
未払法人税等	法人税，住民税及び事業税の当期納税見積額のうち，未払いになっている納税額。
前 受 金	得意先から商品代金などの一部として，前もって受け取った内金や手付金。
預 り 金	取引先からの保証金や従業員の給料から差し引いた所得税などの一時的な預り金。
前 受 収 益	一定の契約に従い継続して役務の提供をしている場合，まだ提供していない役務に対する前受額で，貸借対照表には前受家賃や前受地代などをまとめて前受収益と表示する。
役員賞与引当金	当期に負担すべき役員に対する賞与を，次期に支出する場合に，その金額を見積もって設けた引当金。
保 証 債 務	手形の裏書譲渡や割引によって生じる義務を時価で評価した金額。

3 保証債務

手形を裏書譲渡または割り引いた場合，手形債権は相手に移る。また，同時に，その手形が不渡りとなったときは，手形の支払人にかわって手形代金を支払わなければならない遡求義務が生じる。そのあらたに生じる二次的な責任を**保証債務**といい，流動負債となる。

保証債務は時価で評価し，その評価額を**保証債務費用勘定**（費用の勘定）の借方と**保証債務勘定**（負債の勘定）の貸方に記入する。保証債務が消滅したときは，保証債務勘定の借方と**保証債務取崩益勘定**（収益の勘定）の貸方に記入する。

例1 手形を割り引いて，保証債務を計上したとき　　かねて得意先から受け取っていた受取手形¥500,000を銀行で割り引き，割引料¥4,000を差し引かれた手取金を当座預金とした。なお，保証債務の時価は手形額面金額の1%とする。

　（借）当 座 預 金　496,000　　（貸）受 取 手 形　500,000
　　　　手形売却損　　4,000
　（借）保証債務費用　　5,000　　（貸）保 証 債 務　　5,000

例2 上記の手形が期日に決済されたとき　　上記の手形が期日に決済された。

　（借）保 証 債 務　　5,000　　（貸）保証債務取崩益　　5,000

❶current liabilities

17-1 次の各文の ▢ のなかに入るもっとも適当な用語を答えなさい。

(1) 仕入先との間の通常の営業取引によって生じた手形債務を ｜ ア ｜ という。

(2) 仕入先との間の通常の営業取引によって生じた商品・原材料などの仕入代金の未払額を ｜ イ ｜ という。

(3) 決算日の翌日から1年以内に支払期限が到来する借入金・当座借越・手形借入金を ｜ ウ ｜ という。

(4) 通常の営業取引以外の取引から生じた債務を ｜ エ ｜ という。

(5) 一定の契約に従い，継続して役務の提供を受ける場合，すでに提供された役務に対する未払額を ｜ オ ｜ という。

(6) 得意先との通常の営業取引において，商品代金などの一部として，前もって受け取った内金や手付金を ｜ カ ｜ という。

(7) 取引先から受け取った営業上の保証金や，従業員の給料から差し引いた所得税の源泉徴収額や健康保険料などを ｜ キ ｜ という。

(8) 一定の契約に従い，継続して役務を提供する場合，まだ提供していない役務に対する前受額を ｜ ク ｜ という。

(9) 当期に負担すべき役員に対する賞与を，次期に支出する場合に，その金額を見積もって設けた引当金を ｜ ケ ｜ という。

(10) 手形の裏書譲渡や割引によって生じる義務を時価で評価した金額を ｜ コ ｜ という。

ア	イ	ウ	エ	オ
カ	キ	ク	ケ	コ

17-2 次の取引の仕訳を示しなさい。

(1) 決算にあたり，次期に開催される株主総会の決議事項とされる役員に対する賞与の見込額 ¥2,000,000を役員賞与引当金に計上した。

(2) 株主総会で上記(1)の役員賞与が決議されたので，小切手を振り出して支払った。

(3) 得意先宮城商店振り出しの約束手形¥700,000を取引銀行で割り引き，割引料を差し引かれた手取金¥692,000を当座預金とした。なお，保証債務の時価は手形額面金額の1%とする。

(4) 上記(3)の約束手形¥700,000が支払期日に決済された。

	借　　　　　方	貸　　　　　方
(1)		
(2)		
(3)		
(4)		

17-3 次の取引の仕訳を示しなさい。ただし，商品に関する勘定は3分法によること。

(1) 決算にあたり，当期の法人税額¥400,000，住民税額¥43,000および事業税額¥30,000を計上した。ただし，中間申告で法人税，住民税及び事業税の合計額¥280,000を納付している。

(2) 支払手形¥10,000,000のうち¥400,000は，短期（1年以内）の営業資金を借り入れたときに振り出した約束手形であったので，本日訂正した。

(3) 石川商店は，電子債権記録機関に発生記録の請求を行い，福井商店に対する買掛金¥230,000を電子記録債務とした。

(4) 佐賀商店は，かねて電子債権記録機関に発生記録を行い，宮崎商店に対する買掛金¥150,000を電子記録債務としていたが，本日，支払期日となり，佐賀商店の当座預金口座から支払われたむねの通知を取引銀行から受けた。

(5) 山梨商店に商品¥320,000を売り渡し，代金は内金¥80,000を差し引き，残額は掛けとした。

(6) 茨城商店から商品¥900,000を仕入れ，代金としてさきに受け取っていた前橋商店振り出しの約束手形¥900,000を裏書譲渡した。なお，保証債務を¥9,000計上することにした。

(7) 上記(6)の手形が支払期日に決済された。

	借　　　　　　　方	貸　　　　　　　方
(1)		
(2)		
(3)		
(4)		
(5)		
(6)		
(7)		

17-4 次の一連の取引の仕訳を示しなさい。

(1) 東京商店から受け取った約束手形¥500,000を取引銀行で割り引き，割引料¥7,500を差し引かれ，手取金は当座預金とした。なお，保証債務を¥25,000計上することにした。

(2) 上記手形が支払期日に決済されたとの通知があった。

	借　　　　　　　方	貸　　　　　　　方
(1)		
(2)		

17-5　石狩商事株式会社の令和○2年3月3/日（決算年/回）における総勘定元帳勘定残高（一部）と付記事項および決算整理事項によって，報告式の貸借対照表の流動負債の部を完成しなさい。

元帳勘定残高（一部）

当座預金 ¥ 40,000 (貸方残高)	仮払法人税等 ¥ 500,000	支払手形 ¥ 2,000,000	
買　掛　金 4,800,000	手形借入金 200,000	長期借入金 4,000,000	

付記事項

① 旭川商店に対する買掛金¥/,800,000について，電子債権記録機関に発生記録の請求を行い電子記録債務としていたが，未記帳であった。

決算整理事項

a. 当座預金勘定の貸方残高¥40,000を当座借越勘定に振り替えた。

b. 利息未払高　長期借入金の利息¥32,000が未払いである。

c. 役員賞与引当金繰入額　令和○2年6月開催予定の株主総会の決議事項とされる役員に対する賞与の見込額¥350,000を，役員賞与引当金に計上した。

d. 法人税，住民税及び事業税額　¥2,300,000

貸　借　対　照　表

石狩商事株式会社　　　　　　　令和○2年3月3/日　　　　　　　　　（単位：円）

⋮

負　債　の　部

Ⅰ　流　動　負　債

1. 支　払　手　形	(	)
2. (　　　　　)	(	)
3. 買　　掛　　金	(	)
4. (　　　　)	(	)
5. (　　　　)	(	)
6. 未払法人税等	(	)
7. 役員賞与引当金	(	)
流動負債合計	(	)

18 固定負債

1 固定負債の意味…………………………………………………………………………

固定負債❶は，決算日の翌日から１年を超えて支払期限が到来する債務である。

2 固定負債の種類

社　　　　債	株式会社が社債を発行して，一般から資金を借り入れる長期の負債。
長 期 借 入 金	銀行などから借り入れた長期の借入金。
リ ー ス 債 務	ファイナンス・リース取引で借手側に生じる長期の債務。
繰延税金負債	当期に負担すべき税金の未払い。（161ページ参照）
退職給付引当金	従業員に対して支払う退職給付費用を，毎期平均して負担するために設ける引当金。

3 長期借入金…………………………………………………………………………

長期借入金のうち，決算日の翌日から１年以内に返済される分は，原則として流動負債とする。

4 リース債務…………………………………………………………………………

リース債務のうち，決算日の翌日から１年以内に支払期限が到来する部分は流動負債とする。

5 退職給付引当金…………………………………………………………………………

企業には，従業員を雇用している段階から，将来において退職一時金や退職年金などを支給する退職給付に係る負債が生じる。この退職給付に係る負債を退職給付引当金という。この引当金を計上するときは，**退職給付費用勘定**（費用の勘定）の借方と**退職給付引当金勘定**（負債の勘定）の貸方に記入する。

例1 退職給付引当金　決算にさいし，退職給付引当金¥3,000,000を計上した。
を計上したとき　　（借）退職給付費用　3,000,000　（貸）退職給付引当金　3,000,000

6 偶発債務…………………………………………………………………………

現在は実際の債務ではないが，将来，実際に債務として確定するおそれがある債務を**偶発債務**という。たとえば，他人の債務を保証した場合には，将来，その債務が履行されなかったとき，その債務者にかわって債務の弁済をする義務を負う。この場合は，対照勘定である**保証債務見返勘定**の借方と**保証債務勘定**の貸方に記入する。

例2 保証人になった　得意先佐賀商店の借入金¥4,000,000の保証人となった。
とき　　　　　（借）保証債務見返　4,000,000　（貸）保 証 債 務　4,000,000
例3 借入金が返済さ　例2の借入金が，支払期日に返済された。
れたとき　　　（借）保 証 債 務　4,000,000　（貸）保証債務見返　4,000,000
例4 借入金が返済さ　例2の借入金が，支払期日に返済されなかったとして，債権者から請
れなかったとき　求を受けたため，利息¥20,000とともに小切手を振り出して支払った。
　　　　　　　（借）未 収 入 金　4,020,000　（貸）当 座 預 金　4,020,000
　　　　　　　　　保 証 債 務　4,000,000　　　保証債務見返　4,000,000

❶fixed liabilities

18-1 次の取引の仕訳を示しなさい。
(1) 決算にあたり，退職給付引当金¥5,000,000を計上した。
(2) 従業員が退職し，退職一時金¥2,400,000を当座預金口座から支払った。なお，退職給付引当金の残高が¥5,000,000ある。
(3) 得意先延岡商会の借入金¥2,000,000の保証人となった。
(4) 上記(3)の借入金が，支払期日に返済された。
(5) 上記(3)の借入金について，債務者が返済しなかったので，借入金¥2,000,000および利息¥80,000とともに小切手を振り出して支払った。

	借　　　方	貸　　　方
(1)		
(2)		
(3)		
(4)		
(5)		

18-2 次の一連の取引の仕訳を示しなさい。
(1) 神奈川商店は，得意先東南商店の借入金¥3,000,000の保証人になった。
(2) 上記(1)の東南商店が，支払期日に返済できなかったので，利息¥100,000とともに，小切手を振り出して立て替えて支払った。

	借　　　方	貸　　　方
(1)		
(2)		

18-3 浦和商事株式会社の令和○2年3月31日（決算年1回）における総勘定元帳勘定残高（一部）と付記事項および決算整理事項によって，報告式の貸借対照表の固定負債の部を完成しなさい。

元帳勘定残高　（一部）
　長期借入金　¥ 2,000,000　リース債務　¥ 1,200,000　退職給付引当金　¥ 1,000,000
付 記 事 項
　① 長期借入金のうち¥500,000は，決算日の翌日から1年以内に支払期限が到来する。
　② リース債務のうち¥300,000は，決算日の翌日から1年以内に支払期限が到来する。
決算整理事項
　a．退職給付引当金繰入額　¥230,000

貸 借 対 照 表

浦和商事株式会社　　　　　　　　令和○2年3月31日　　　　　　　　　　（単位：円）
⋮

負 債 の 部

　　　⋮

Ⅱ 固 定 負 債
　1. (　　　　　　)　　　　　　　　　　(　　　　　　)
　2. (　　　　　　)　　　　　　　　　　(　　　　　　)
　3. (　　　　　　)　　　　　　　　　　(　　　　　　)
　　　　固 定 負 債 合 計　　　　　　　　　　　　(　　　　　　)

18-4 舞鶴商事株式会社の令和○2年3月3/日（決算年/回）における総勘定元帳勘定残高（一部）と付記事項および決算整理事項によって，報告式の貸借対照表の負債の部を完成しなさい。

元帳勘定残高（一部）

当座預金	¥ /30,000（貸方残高）	仮払法人税等	¥ 700,000	支払手形	¥ /,800,000
電子記録債務	2,300,000	買掛金	/,200,000	手形借入金	300,000
長期借入金	5,000,000	リース債務	3,200,000	退職給付引当金	/,000,000

付記事項

① 長期借入金のうち¥/,500,000は，決算日の翌日から/年以内に支払期限が到来する。

② リース債務のうち¥640,000は，決算日の翌日から/年以内に支払期限が到来する。

決算整理事項

a. 当座預金勘定の貸方残高¥/30,000を当座借越勘定に振り替えた。

b. 利息未払高　長期借入金の利息¥/00,000が未払いである。

c. 役員賞与引当金繰入額　令和○2年6月開催予定の株主総会の決議事項とされる役員に対する賞与の見込額¥400,000を，役員賞与引当金に計上した。

d. 退職給付引当金繰入額　¥ 380,000

e. 法人税，住民税及び事業税額　¥2,300,000

貸 借 対 照 表

舞鶴商事株式会社　　　　令和○2年3月3/日　　　　（単位：円）

⋮

負 債 の 部

Ⅰ 流 動 負 債

1. 支 払 手 形　　　　　　　　（　　　　　）
2. (　　　　　　)　　　　　　　（　　　　　）
3. 買　掛　金　　　　　　　　（　　　　　）
4. (　　　　　　)　　　　　　　（　　　　　）
5. リ ー ス 債 務　　　　　　　（　　　　　）
6. (　　　　　　)　　　　　　　（　　　　　）
7. 未 払 法 人 税 等　　　　　　（　　　　　）
8. 役員賞与引当金　　　　　　（　　　　　）
　　流 動 負 債 合 計　　　　　　　　　　　（　　　　　）

Ⅱ 固 定 負 債

1. 長 期 借 入 金　　　　　　　（　　　　　）
2. (　　　　　　)　　　　　　　（　　　　　）
3. (　　　　　　)　　　　　　　（　　　　　）
　　固 定 負 債 合 計　　　　　　　　　　　（　　　　　）
　　　負 債 合 計　　　　　　　　　　　　（　　　　　）

総合問題 ❷ (3)

❷ 11 埼玉商事株式会社の令和〇2年3月3/日（決算年/回）における総勘定元帳勘定残高（一部）と付記事項および決算整理事項は，次のとおりであった。よって，
(1) 付記事項の①②③および決算整理仕訳を示しなさい。
(2) 次のページの勘定口座の記入をしなさい。
(3) 貸借対照表（勘定式）の空欄に科目・金額を記入しなさい。

元帳勘定残高（一部）

当座預金	¥ 2,650,000	受取手形	¥ 1,800,000	売掛金	¥ 2,700,000
貸倒引当金	65,000	売買目的有価証券	1,950,000	仮払法人税等	400,000
備品	1,000,000	備品減価償却累計額	360,000	リース資産	2,600,000
リース資産減価償却累計額	520,000	支払手形	2,000,000	電子記録債務	1,500,000
買掛金	1,400,000	手形借入金	190,000	仮受金	450,000
リース債務	1,560,000	退職給付引当金	310,000		

付記事項

① 当座預金¥2,650,000は小山銀行の当座預金¥3,000,000から，宇都宮銀行の当座借越¥350,000を差し引いた金額に一致している。

② 支払手形のうち¥300,000は，取引銀行から短期の資金を借り入れたさいに振り出した約束手形であった。

③ 仮受金¥450,000は，得意先川崎商店からの売掛金の回収分¥300,000と，戸塚商店からの商品注文に対する内金¥150,000であった。

④ リース債務¥1,560,000は，令和〇5年3月3/日までリース契約をしているコピー機に対するものであり，そのうち¥520,000は決算日の翌日から/年以内に支払期限が到来する。

決算整理事項

a. 貸倒見積高　受取手形と売掛金の期末残高に対し，それぞれ2％と見積もり，貸倒引当金を設定する。

b. 減価償却高　備品：定率法により，毎期の償却率を20％とする。
　　　　　　　リース資産：定額法により，残存価額は零(0)　耐用年数は5年とする。

c. 売買目的有価証券評価高　売買目的で保有する次の株式について，時価によって評価する。
　　　　浦和物産株式会社　300株
　　　　帳簿価額　/株¥6,500　　時価　/株¥7,000

d. 家賃未払高　¥ 25,000

e. 退職給付引当金繰入額　¥ 140,000

f. 法人税，住民税及び事業税額　¥ 930,000

(1)

	借　　　　　方	貸　　　　　方
①		
②		
③		
a		
b		

c		
d		
e		
f		

(2)

受　取　手　形

7,600,000	5,800,000

支　払　手　形

2,000,000	4,000,000

退職給付引当金

	3/0,000

(3)

貸　借　対　照　表（一部）

埼玉商事株式会社　　　　　令和○2年3月3/日　　　　　（単位：円）

資　産　の　部		負　債　の　部	
科　　　　　目	金　額	科　　　　　目	金　額
流　動　資　産		**流　動　負　債**	
⋮		支　払　手　形 （　　　　）	
受　取　手　形（　　　）		電子記録債務 （　　　　）	
（　　　　）（　　　）（　　　）		買　掛　金 （　　　　）	
売　掛　金（　　　）		短　期　借　入　金 （　　　　）	
（　　　　）（　　　）（　　　）		（　　　　） （　　　　）	
有　価　証　券 （　　　）		前　受　金 （　　　　）	
⋮		未　払　費　用 （　　　　）	
流動資産合計	×××	（　　　　） （　　　　）	
固　定　資　産		流動負債合計 （　　　　）	
備　　　品（　　　）		**固　定　負　債**	
（　　　　）（　　　）（　　　）		リ　ー　ス　債　務 （　　　　）	
リ　ー　ス　資　産（　　　）		（　　　　） （　　　　）	
（　　　　）（　　　）（　　　）		固定負債合計 （　　　　）	
⋮		負　債　合　計 （　　　　）	
固定資産合計	×××	⋮	
	×××		×××

19 純資産の意味と分類

1 純資産の意味

純資産❶は，資産から負債を差し引いた差額を意味する。また，貸借対照表は，下記のとおり資産の部・負債の部・純資産の部に区分される。

貸 借 対 照 表

資 産 の 部	負 債 の 部
	純資産の部

2 純資産の分類

純資産は，**株主資本❷**とそれ以外の項目に大きく分けられる。株主資本とは，純資産のうち株主に帰属する部分をいい，それ以外の項目には，評価・換算差額等や新株予約権がある。

純資産	株 主 資 本	純資産のうち株主に帰属する部分。
	株主資本以外の項目	評価・換算差額等，新株予約権。

3 株主資本の分類

株主資本は，株主が払い込んだ部分（資本金と資本剰余金）とそれを運用して獲得した成果である利益からなる部分（利益剰余金）に大きく分けられる。

	I 資本金	株主が出資した金額のうち，資本金に計上した部分。			◆資 本 金
株 主 資 本	II 資本剰余金	株主が出資した金額のうち資本金に計上しなかった部分。	資本準備金	株式発行や合併などの資本取引から生じる準備金。	◆資本準備金
			その他資本剰余金	資本剰余金のうち資本準備金以外の部分。	◆その他資本剰余金
	III 利益剰余金	獲得した利益の部分。	利益準備金	利益剰余金のうち，準備金として一定額を計上した部分。	◆利益準備金
			その他利益剰余金　任意積立金	その他利益剰余金のうち任意に積み立てた部分。	◆新築積立金 ◆減債積立金 ◆配当平均積立金 ◆別途積立金など
			その他利益剰余金　繰越利益剰余金	その他利益剰余金のうち任意積立金以外の部分。	◆繰越利益剰余金

❶net assets　　❷shareholders' equity

19-1 次の各文の □ のなかに入るもっとも適当な用語を答えなさい。

(1) 純資産は，資産から負債を差し引いた差額を意味する。その純資産は，　ア　とそれ以外の項目に大きく分けられる。株主資本とは，純資産のうち　イ　に帰属する部分をいい，それ以外の項目には，評価・換算差額等や新株予約権がある。

(2) 株主資本は，株主が払い込んだ部分（資本金と資本剰余金）とそれを運用して獲得した成果である　ウ　からなる部分（利益剰余金）に大きく分けられる。

(3) 資本剰余金は，　エ　とその他資本剰余金に分けられる。

(4) 利益剰余金は，　オ　とその他利益剰余金に分けられる。

ア	イ	ウ	エ	オ

19-2 高崎商事株式会社の令和○年/2月3/日における総勘定元帳勘定残高（決算整理後）は，次のとおりであった。よって，報告式の貸借対照表の純資産の部を完成しなさい。

元帳勘定残高 （一部）

資 本 金	¥50,000,000	資本準備金	¥3,000,000	その他資本剰余金	¥2,000,000
利益準備金	1,000,000	新築積立金	1,400,000	繰越利益剰余金	1,600,000
その他有価証券評価差額金	700,000	新株予約権	800,000		

貸 借 対 照 表

高崎商事株式会社　　　　　　　令和○年/2月3/日　　　　　　　（単位：円）

⋮

純 資 産 の 部

Ⅰ 株 主 資 本

(1) (　　　　　　　)　　　　　　　　　　　　　　　　　　　50,000,000

(2) (　　　　　　　)

　1. 資 本 準 備 金　　　　　　　　　(　　　　　　　)

　2. その他資本剰余金　　　　　　2,000,000

　　　資本剰余金合計　　　　　　　　　　　　　　　　　5,000,000

(3) (　　　　　　　)

　1. 利 益 準 備 金　　　　　　　　　(　　　　　　　)

　2. その他利益剰余金

　①(　　　　　　　)　　　　　　　1,400,000

　② 繰越利益剰余金　　　　　　　(　　　　　　　)

　　　利益剰余金合計　　　　　　　　　　　　　　　　　4,000,000

　　　株主資本合計　　　　　　　　　　　　　　　　　　59,000,000

Ⅱ (　　　　　　　)

　その他有価証券評価差額金　　　　　　　　　　　　　700,000

Ⅲ (　　　　　　　)　　　　　　　　　　　　　　　　　800,000

　　　純 資 産 合 計　　　　　　　　　　　　　　　　60,500,000

20 資本金

1　株式会社の資本金……………………………………………………………………………

　株式会社の**資本金**[1]は，設立または株式の発行にさいして，株主となる者が会社に対して払い込んだ財産の額であり，その全額を**資本金勘定**（純資産の勘定）に計上するのが原則である。ただし，払込金額の $\frac{1}{2}$ 以内の金額を資本金に計上しないことも認められている。この資本金に計上しない部分は，**資本準備金勘定**（純資産の勘定）に計上される。

2　資本金の増加……………………………………………………………………………

　株式会社は，設立後に資本金を増加させることができる。これを**増資**という。たとえば，あらたに株式を発行して株主となる者から払い込みを受ける場合や資本準備金・利益準備金・その他資本剰余金・その他利益剰余金を減少して，資本金を増加させる場合などがある。

例1　株式を発行して資本金を増加したとき
　　群馬商事株式会社は，あらたに株式150株を1株につき¥80,000で発行し，全額の引き受け・払い込みを受け，払込金は当座預金とした。ただし，会社法に規定する最高限度額を資本金に計上しないことにした。

　　　（借）当 座 預 金　12,000,000　　（貸）資 本 金　6,000,000
　　　　　　　　　　　　　　　　　　　　　　　資本準備金　6,000,000

　1株あたりの払込金額¥80,000の $\frac{1}{2}$ の金額，すなわち¥40,000が資本金に計上しない最高限度額となる。よって，¥40,000×150株＝¥6,000,000が資本準備金となる。

例2　資本準備金を減少して，資本金を増加したとき
　　神奈川商事株式会社は，株主総会の決議にもとづき，資本準備金¥5,000,000を減少して資本金を同額増加した。
　　　（借）資本準備金　5,000,000　　（貸）資 本 金　5,000,000

3　資本金の減少……………………………………………………………………………

　株式会社の資本金を減少させることを**減資**という。

　株式会社は，原則として株主総会の決議によって，資本金を減少して資本準備金を増加することができる。

例3　資本金を減少して，資本準備金を増加したとき
　　東西商事株式会社は，株主総会の決議にもとづき，資本金¥5,000,000を減少して資本準備金を同額増加した。
　　　（借）資 本 金　5,000,000　　（貸）資本準備金　5,000,000

[1] stated capital

20-1 次の各文の □ のなかに入るもっとも適当な用語または数字を答えなさい。

(1) 株式会社の資本金は，設立または株式の発行にさいして，株主となる者が会社に対して払い込んだ財産の額であり，その全額を ア 勘定に計上するのが原則である。ただし，払込金額の イ 分の/以内の金額を資本金に計上しないことも認められている。

(2) 株主からの払込金額のうち，資本金に計上しない部分は ウ 勘定に計上される。

(3) 株式会社は，設立後に資本金を増加させることができる。たとえば，あらたに株式を発行して株主となる者から払い込みを受ける場合や エ ・利益準備金・その他資本剰余金・その他利益剰余金を減少して，資本金を増加する場合などがある。

(4) 株式会社は，原則として株主総会の決議によって資本金を減少して オ を増加することができる。

ア	イ	ウ	エ	オ

20-2 次の取引の仕訳を示しなさい。

(1) 東京商事株式会社は，会社設立にさいし，株式200株を/株につき¥50,000で発行し，全額の引き受け・払い込みを受け，払込金は当座預金とした。ただし，会社法に規定する最高限度額を資本金に計上しないことにした。

(2) 千葉商事株式会社は，あらたに株式200株を/株につき¥120,000で発行し，全額の引き受け・払い込みを受け，払込金は当座預金とした。ただし，会社法に規定する最高限度額を資本金に計上しないことにした。

(3) 埼玉商事株式会社は，株主総会の決議にもとづき，資本準備金¥5,000,000を減少して資本金を同額増加した。

(4) 茨城商事株式会社は，株主総会の決議にもとづき，資本金¥8,000,000を減少して資本準備金を同額増加した。

	借 方	貸 方
(1)		
(2)		
(3)		
(4)		

20·3 次の取引の仕訳を示しなさい。

(1) 深谷商事株式会社は，取締役会の決議にもとづき，株式/00株を/株につき¥200,000で発行し，全額の引き受け・払い込みを受け，払込金は当座預金とした。ただし，会社法に規定する最高限度額を資本金に計上しないことにした。

(2) 厚木商事株式会社は，株主総会の決議にもとづき，その他資本剰余金¥2,000,000を減少して資本金を同額増加した。

(3) 平塚商事株式会社は，株主総会の決議にもとづき，資本金¥7,000,000を減少して資本準備金を同額増加した。

(4) 川崎商事株式会社は，あらたに株式/00株を/株につき¥80,000で発行することとし，全額の引き受け・払い込みを受け，払込金は当座預金とした。ただし，会社法に規定する原則どおりの金額を資本金に計上することにした。

	借　　　　方	貸　　　　方
(1)		
(2)		
(3)		
(4)		

検定問題

20·4 次の取引の仕訳を示しなさい。

(1) 熊本物産株式会社は，事業規模拡大のため，株式82,000株を/株につき¥700で発行し，全額の引き受け・払い込みを受け，払込金は当座預金とした。ただし，払込金額のうち，資本金に計上しない金額は，会社法に規定する最高限度額とした。なお，この株式の発行に要した諸費用¥450,000は小切手を振り出して支払った。　　　　　　　　　　　　　第93回

(2) 群馬物産株式会社は，事業規模拡大のため，株式70,000株を/株につき¥850で発行し，全額の引き受け・払い込みを受け，払込金は当座預金とした。ただし，資本金とする額は会社法が規定する原則を適用する。なお，この株式の発行に要した諸費用¥430,000は小切手を振り出して支払った。　　　　　　　　　　　　　第91回

(3) 石川商事株式会社は，事業規模拡大のため，株式60,000株を/株につき¥/,300で発行し，全額の引き受け・払い込みを受け，払込金は当座預金とした。ただし，払込金額のうち，資本金に計上しない金額は，会社法に規定する最高限度額とした。なお，この株式の発行に要した諸費用¥450,000は小切手を振り出して支払った。　　　　　　　　第89回

	借　　　　方	貸　　　　方
(1)		
(2)		
(3)		

21 資本剰余金

1 資本剰余金

資本剰余金[1]は，株主が出資した金額のうち，資本金に計上しなかった部分であり，**資本準備金**とその他資本剰余金に分けられる。

2 資本準備金とその他資本剰余金

(1) 資本準備金

　　資本準備金は会社法によって，実質的増資のとき資本金としなかった部分をこれに計上することが強制されている。また，実質的増資のとき以外に資本準備金を増加させる場合には，原則として株主総会の決議にもとづき，資本金またはその他資本剰余金を減少させる。

(2) その他資本剰余金

　　その他資本剰余金は，資本金や資本準備金を減少させて，その額を増加させたり，反対にその他資本剰余金の額を減少させて，資本金や資本準備金を増加させたりすることができる。

例1 資本準備金を減少し，その他資本剰余金を増加したとき　　大阪商事株式会社は，株主総会の決議にもとづき，資本準備金￥3,000,000を減少させて，その他資本剰余金を同額増加させた。

　　　(借) 資本準備金　3,000,000　　(貸) その他資本剰余金　3,000,000

3 会社の合併

　複数の会社が一つの会社になることを**合併**という。合併には，ある会社（合併会社）が他の会社（被合併会社）を吸収する**吸収合併**と，合併する複数の会社（被合併会社）が消滅して，新会社（合併会社）を設立する**新設合併**がある。合併が行われると，合併会社は被合併会社の資産と負債を時価で引き継ぐとともに，合併会社の株式などを合併対価として被合併会社の株主に交付する。この交付した株式などの時価総額は，合併契約にもとづき資本金・資本準備金・その他資本剰余金に計上される。なお，交付株式などの時価総額と引き継いだ純資産の時価とに差額がある場合は，これを**のれん**として計上する。

例2　東京商事㈱は，横浜商事㈱を吸収合併することになり，新株100株（1株の時価￥100,000）を横浜商事㈱の株主に交付した。この合併により，東京商事㈱において増加する資本金の額は￥6,000,000　資本準備金の額は￥4,000,000とする。下記の両社の合併直前の貸借対照表によって，東京商事㈱の合併時の仕訳，および合併後の貸借対照表を作成する。なお，横浜商事㈱の資産と負債の時価は帳簿価額に等しかった。

貸　借　対　照　表

東京商事㈱	令和○年11月1日	（単位：円）		
現 金 預 金	5,000,000	買 掛 金		17,000,000
売 掛 金	20,000,000	借 入 金		10,000,000
商 品	10,000,000	資 本 金		20,000,000
建 物	15,000,000	資本準備金		3,000,000
	50,000,000			50,000,000

貸　借　対　照　表

横浜商事㈱	令和○年11月1日	（単位：円）		
現 金 預 金	2,000,000	買 掛 金		8,000,000
売 掛 金	9,000,000	借 入 金		4,500,000
商 品	5,000,000	資 本 金		9,000,000
備 品	6,000,000	資本準備金		500,000
	22,000,000			22,000,000

[1] capital surplus

《解説》

① 引き継いだ資産を借方に，負債を貸方に記入する。

② 交付株式の時価総額を資本金勘定・資本準備金勘定の貸方に記入する。

交付株式の時価総額＝＠¥100,000×100株＝¥10,000,000

このうち¥6,000,000は資本金勘定に，¥4,000,000を資本準備金に計上する。

③ 合併対価と引き継いだ純資産との差額は，のれんとして計上する。

のれん＝¥10,000,000（合併対価）－¥9,500,000（引き継いだ純資産）＝¥500,000

〈東京商事㈱の仕訳〉

(借)	現 金 預 金	2,000,000	(貸)	買 掛 金	8,000,000
	売 掛 金	9,000,000		借 入 金	4,500,000
	繰 越 商 品	5,000,000		資 本 金	6,000,000
	備 品	6,000,000		資本準備金	4,000,000
	の れ ん	500,000			

〈合併後〉　　貸 借 対 照 表

東京商事㈱　　令和〇年11月1日　　（単位：円）

現 金 預 金	7,000,000	買 掛 金	25,000,000
売 掛 金	29,000,000	借 入 金	14,500,000
商 品	15,000,000	資 本 金	26,000,000
建 物	15,000,000	資本準備金	7,000,000
備 品	6,000,000		
の れ ん	500,000		
	72,500,000		72,500,000

合併後の資本金＝東京商事㈱の合併前資本金＋増加資本金
¥26,000,000＝¥20,000,000＋¥6,000,000

合併後の資本準備金＝東京商事㈱の合併前資本準備金＋増加資本準備金
¥7,000,000＝¥3,000,000＋¥4,000,000

21-1 次の各文の □□□ のなかに入るもっとも適当な用語を答えなさい。

(1) 資本剰余金は株主が出資した金額のうち，□ア□ に計上しなかった金額であり，資本準備金とその他資本剰余金に分けられる。

(2) 資本準備金と利益準備金は □イ□ 上は準備金と総称され，将来会社の経営が悪化し，欠損が生じた場合，これをてん補することなどを目的として，□イ□ の規定に従って計上する。

(3) 資本剰余金のうち，資本準備金でないものは □ウ□ であり，配当することができる。

ア	イ	ウ

21-2 次の取引の仕訳を示しなさい。

(1) 川口商事株式会社は，株主総会の決議にもとづき，資本準備金¥3,000,000を減少してその他資本剰余金を同額増加した。

(2) 新座商事株式会社は，株主総会の決議にもとづき，資本準備金¥800,000を減少して資本金を同額増加した。

	借　　　　　　方	貸　　　　　　方
(1)		
(2)		

21-3 深谷産業株式会社は，次の財政状態にある株式会社東南商会を吸収合併することになり，新株200株（1株の時価¥50,000）を株式会社東南商会の株主に交付した。この合併契約により深谷産業株式会社において増加する資本金の額は¥8,000,000 増加する資本準備金の額は¥2,000,000である。なお，株式会社東南商会の資産と負債の時価は帳簿価額に等しかった。

株式会社東南商会	貸 借 対 照 表		（単位：円）
現 金 預 金	9,700,000	買 掛 金	6,300,000
建 物	5,800,000	資 本 金	9,300,000
備 品	500,000	利 益 準 備 金	400,000
	16,000,000		16,000,000

借 方	貸 方

21-4 船橋商事㈱は，北商事㈱を吸収合併した。下記の資料および合併直前の両社の貸借対照表によって，(1)合併のための仕訳を示し，(2)合併後の貸借対照表を完成しなさい。

資 料

① 船橋商事㈱が北商事㈱の株主に交付した新株は100株で，1株の時価は¥100,000である。

② 合併契約書によれば，船橋商事㈱において増加する資本金の額は¥7,000,000 増加する資本準備金の額は¥3,000,000である。

③ 北商事㈱の資産と負債の時価は帳簿価額に等しかった。

船橋商事㈱	貸 借 対 照 表		（単位：円）
現 金 預 金	5,000,000	買 掛 金	18,000,000
売 掛 金	35,000,000	借 入 金	6,000,000
商 品	10,000,000	資 本 金	36,000,000
建 物	15,000,000	資本準備金	5,000,000
	65,000,000		65,000,000

北商事㈱	貸 借 対 照 表		（単位：円）
現 金 預 金	2,000,000	買 掛 金	8,400,000
売 掛 金	10,000,000	借 入 金	5,000,000
商 品	4,000,000	資 本 金	9,000,000
備 品	7,000,000	繰越利益剰余金	600,000
	23,000,000		23,000,000

(1)

借 方	貸 方

(2)

船橋商事㈱	貸 借 対 照 表		（単位：円）
現 金 預 金	（ ）	買 掛 金	（ ）
売 掛 金	（ ）	借 入 金	（ ）
商 品	（ ）	資 本 金	（ ）
建 物	（ ）	（ ）	（ ）
備 品	（ ）		
の れ ん	（ ）		
	（ ）		（ ）

21-5 次の取引の仕訳を示しなさい。

秋田商事株式会社は，次の財政状態にある株式会社東北商会を吸収合併することになり，同社の株主に対して新株200株（/株の時価￥58,000）を交付した。ただし，この合併により，秋田商事株式会社において増加する資本金の額は￥6,000,000　資本準備金の額は￥5,600,000とする。なお，株式会社東北商会の有価証券の時価は￥7,500,000であり，その他の資産と負債の時価は帳簿価額に等しいものとする。

株式会社東北商会	貸　借　対　照　表		（単位：円）
売　掛　金	2,700,000	買　掛　金	1,300,000
有　価　証　券	7,300,000	資　本　金	11,000,000
備　　　品	2,680,000	資　本　準　備　金	380,000
	12,680,000		12,680,000

借　　　方		貸　　　方	

21-6 千葉商事㈱は，南商事㈱を吸収合併した。下記の資料および両社の合併直前の貸借対照表によって，⑴千葉商事㈱の合併時の仕訳を示し，⑵合併後の貸借対照表を完成しなさい。

資　　料

① 千葉商事㈱が南商事㈱の株主に交付した新株は/00株で，/株の時価は￥/00,000である。

② 合併契約書によれば，千葉商事㈱において増加する資本金の額は￥8,000,000　増加する資本準備金の額は￥/,600,000　増加するその他資本剰余金の額は￥400,000である。

③ 南商事㈱の有価証券の時価は￥9,000,000であり，その他の資産と負債の時価は帳簿価額に等しかった。

千葉商事㈱	貸　借　対　照　表	（単位：円）		南商事㈱	貸　借　対　照　表	（単位：円）	
現金預金	18,000,000	買　掛　金	14,000,000	現金預金	3,100,000	買　掛　金	6,300,000
有価証券	21,000,000	借　入　金	8,000,000	有価証券	8,700,000	借　入　金	5,000,000
商　品	10,000,000	資　本　金	40,000,000	商　品	5,000,000	資　本　金	9,500,000
建　物	17,000,000	資本準備金	4,000,000	備　品	4,000,000		
	66,000,000		66,000,000		20,800,000		20,800,000

(1)

借　　　方		貸　　　方	

(2)

千葉商事㈱	貸　借　対　照　表	（単位：円）	
（　　　）	（　　　）	（　　　）	（　　　）
（　　　）	（　　　）	（　　　）	（　　　）
（　　　）	（　　　）	（　　　）	（　　　）
（　　　）	（　　　）	（　　　）	（　　　）
（　　　）	（　　　）	（　　　）	（　　　）
（　　　）	（　　　）		
	（　　　）		（　　　）

22 利益剰余金

学 習 の 要 点

1 利益剰余金

利益剰余金❶は，株主資本のうち，これまでに獲得した利益からなる部分（留保利益）であり，利益準備金とその他利益剰余金に分けられる。さらに，その他利益剰余金は任意積立金と繰越利益剰余金に分けられる。

2 利益準備金

利益準備金とは，会社法によって一定の条件のもとその計上が強制された利益剰余金の額をいう。繰越利益剰余金の配当をする場合，その配当額の$\frac{1}{10}$に相当する額を利益準備金に計上しなければならない。ただし，資本準備金と利益準備金の合計額が資本金の$\frac{1}{4}$に達すれば，その必要はない。

例1 繰越利益剰余金の配当および処分をしたとき

株主総会において，繰越利益剰余金を次のとおり配当および処分することを決議した。ただし，資本金の額は¥1,000,000 資本準備金と利益準備金の合計額は¥245,000である。

配　当　金　¥100,000　利益準備金　会社法に規定する額
別途積立金　¥ 70,000

(借) 繰越利益剰余金　175,000　(貸) 未払配当金　100,000
利益準備金　5,000※
別途積立金　70,000

※利益準備金¥5,000の求め方

① 配当金¥100,000×$\frac{1}{10}$＝¥10,000

② 資本金¥1,000,000×$\frac{1}{4}$－資本準備金と利益準備金の合計額¥245,000＝¥5,000

③ ①と②の金額のうち，小さい方が利益準備金計上額。
①¥10,000＞②¥5,000　よって利益準備金計上額は¥5,000である。

3 任意積立金

任意積立金は，定款の定めや株主総会の決議などによって，その他利益剰余金の一部を配当にあてず，企業内に留保するために計上する積立金である。任意積立金には，新築積立金・配当平均積立金など特定の目的をもつ積立金と，特定の目的をもたない別途積立金がある。

なお，任意積立金を取り崩したときは，繰越利益剰余金勘定の貸方に振り替える。

例2 任意積立金を積み立てたとき

株主総会の決議により，繰越利益剰余金のうち¥300,000を新築積立金として積み立てた。

(借) 繰越利益剰余金　300,000　(貸) 新築積立金　300,000

例3 任意積立金を取り崩したとき

かねて建設を依頼していた建物が完成し，引き渡しを受けたので，建設代金¥50,000,000を小切手を振り出して支払った。なお，取締役会の決議により，新築積立金¥50,000,000を取り崩した。

(借) 建　　物　50,000,000　(貸) 当座預金　50,000,000
(借) 新築積立金　50,000,000　(貸) 繰越利益剰余金　50,000,000

❶earned surplus

4　繰越利益剰余金

(1)　繰越利益剰余金の増加・減少

　　繰越利益剰余金は，当期純利益を計上したときや任意積立金を取り崩したときなどに増加する。また，配当したときや当期純損失を計上したときなどに減少する。

(2)　損失の処理

　　繰越利益剰余金勘定が借方残高の場合，この勘定がマイナスになっていることを意味し，繰越損失の状態であることをあらわしている。多くの場合，任意積立金，その他資本剰余金，利益準備金などを取り崩して損失の処理が行われる。

例4　任意積立金などを取り崩して損失の処理をしたとき

株主総会において，繰越損失（マイナスの繰越利益剰余金）¥200,000をてん補するため，別途積立金¥80,000　その他資本剰余金¥50,000　利益準備金¥70,000を取り崩すことを決議した。

(借) 別途積立金　　　　80,000　(貸) 繰越利益剰余金　200,000
　　 その他資本剰余金　50,000
　　 利益準備金　　　　70,000

例5　資本準備金を取り崩して損失の処理をしたとき

株主総会の決議にもとづき，資本準備金¥800,000を減少させて，その他資本剰余金を同額増加させたうえで，繰越損失¥800,000をてん補した。

(借) 資本準備金　　　　800,000　(貸) その他資本剰余金　800,000
　　 その他資本剰余金　800,000　　　 繰越利益剰余金　　800,000

5　剰余金の配当

　剰余金を財源に会社の財産を株主に対して払い出すことを**剰余金の配当**という。この場合，繰越利益剰余金から配当した場合には利益準備金を，その他資本剰余金から配当した場合には資本準備金を，それぞれ配当額の$\frac{1}{10}$に相当する額を計上しなければならない。ただし，資本準備金と利益準備金の合計額が資本金の$\frac{1}{4}$に達していれば，その必要はない。

例6　その他資本剰余金の配当をしたとき

株主総会において，その他資本剰余金¥800,000の配当を決議した。なお，配当にともない資本準備金¥80,000を計上した。

(借) その他資本剰余金　880,000　(貸) 未払配当金　800,000
　　　　　　　　　　　　　　　　　　 資本準備金　80,000

22-1 次の取引の仕訳を示しなさい。

(1) 株主総会の決議により，繰越利益剰余金のうち¥4,000,000を減債積立金として積み立てることにした。

(2) 建物を新築し，この代金¥60,000,000を小切手を振り出して支払った。なお，取締役会の決議により，新築積立金¥60,000,000を取り崩した。

(3) 株主総会において，繰越利益剰余金の借方残高¥500,000をてん補するため，別途積立金¥500,000を取り崩すことにした。

(4) 神奈川商事株式会社は，株主総会において，剰余金¥5,000,000（その他資本剰余金¥2,000,000　繰越利益剰余金¥3,000,000）の配当を行うことを決議した。なお，配当にともない，資本準備金¥200,000　利益準備金¥300,000を計上する。

(5) 横浜商事株式会社は，株主総会において，配当平均積立金¥3,000,000を取り崩して配当を行うことを決議した。なお，配当にともない，繰越利益剰余金から利益準備金¥300,000を計上した。

	借　　　方	貸　　　方
(1)		
(2)		
(3)		
(4)		
(5)		

22-2 次のような剰余金の配当が行われた場合，会社法の規定により計上しなければならない準備金の名称とその計上金額を答えなさい。

(1) 繰越利益剰余金¥1,800,000の配当を行うことを決議した。そのときの資本金の額は¥80,000,000　資本準備金の額は¥18,000,000　利益準備金の額は¥1,850,000であった。

(2) その他資本剰余金¥1,800,000の配当を行うことを決議した。そのときの資本金の額は¥80,000,000　資本準備金および利益準備金の合計額は¥16,000,000であった。

(3) 繰越利益剰余金¥3,600,000の配当を行うことを決議した。そのときの資本金の額は¥60,000,000　資本準備金の額は¥12,000,000　利益準備金の額は¥2,250,000であった。

(4) その他資本剰余金¥2,200,000の配当を行うことを決議した。そのときの資本金の額は¥50,000,000　資本準備金の額は¥9,000,000　利益準備金の額は¥3,400,000であった。

	準備金の名称	計 上 金 額
(1)		¥
(2)		¥
(3)		¥
(4)		¥

検定問題

22-3 次の取引の仕訳を示しなさい。

(1) 関西商事株式会社は，株主総会において，剰余金¥4,000,000（その他資本剰余金¥1,000,000　繰越利益剰余金¥3,000,000）の配当を行うことを決議した。なお，配当にともない，資本準備金¥100,000　利益準備金¥300,000を計上する。　〔第83回〕

(2) 岐阜商事株式会社は，株主総会において，繰越利益剰余金を次のとおり配当および処分することを決議した。なお，当社の純資産は，資本金¥64,000,000　資本準備金¥14,500,000　利益準備金¥1,370,000　別途積立金¥630,000　繰越利益剰余金¥2,100,000（貸方）である。

　　　　配　当　金　¥1,410,000　　　利益準備金　会社法による額
　　　　別途積立金　¥　220,000　　　　　　　　　　　　　　〔第82回改題〕

(3) 愛知商事株式会社は，かねて建築を依頼していた本社社屋が完成し，引き渡しを受けた。よって，建築代金¥86,000,000のうち，すでに支払ってある金額を差し引いて，残額¥30,000,000は小切手を振り出して支払った。なお，取締役会の決議により新築積立金¥86,000,000を取り崩した。　〔第93回〕

(4) かねて建築を依頼していた本社社屋が完成し，引き渡しを受けたので，建築代金¥88,000,000のうち，すでに支払ってある金額を差し引いて，残額¥23,000,000は小切手を振り出して支払った。なお，取締役会の決議により新築積立金¥88,000,000を取り崩した。　〔第90回〕

(5) 南東物産株式会社は，株主総会において，繰越利益剰余金勘定の借方残高¥800,000をてん補するため，利益準備金¥800,000を取り崩すことを決議した。　〔第88回〕

(6) 岩手商事株式会社は，株主総会において，剰余金¥6,500,000（その他資本剰余金¥3,000,000　繰越利益剰余金¥3,500,000）の配当を行うことを決議した。なお，配当にともない，資本準備金¥300,000　利益準備金¥350,000を計上する。　〔第87回〕

(7) 愛知商事株式会社は，株主総会の決議により，繰越利益剰余金のうち¥4,000,000を減債積立金として積み立てることにした。　〔第86回〕

	借　　　　　方	貸　　　　　方
(1)		
(2)		
(3)		
(4)		
(5)		
(6)		
(7)		

23 自己株式

◀1▶ 自己株式の取得

株式会社が，すでに発行した自社の株式の一部を取得して保有している場合，この株式を**自己株式**という。自己株式の取得は，対価を株主に支払い，発行済みの自社の株式を再取得する取引であるため，株式発行の逆の取引となり，株主に資本を払い戻したことと同じである。

自己株式を取得したときは，取得原価で**自己株式勘定**（純資産の勘定）の借方に計上する。なお，取得のために要した付随費用は，取得原価に含めず支払手数料として営業外費用に計上する。

例1 自己株式を取得したとき　旭川商事株式会社は，発行済株式のうち*100*株を*1*株につき*¥50,000*で取得し，代金は買入手数料*¥100,000*とともに小切手を振り出して支払った。

（借）自 己 株 式　5,000,000　　（貸）当 座 預 金　5,100,000
　　　支払手数料　　100,000

◀2▶ 自己株式の処分

自己株式の処分とは，自己株式を売却したり，あるいは他の会社を吸収合併するときに，その被合併会社の株主に自己株式を交付したりする取引をいう。自己株式の処分は，株式を発行する取引と基本的に同じであり，自己株式の処分によって生じる自己株式処分差額は，その他資本剰余金勘定に計上する。

例2 自己株式を処分したとき（帳簿＜対価）　旭川商事株式会社は，自己株式（*1*株の帳簿価額*¥50,000*）のうち，*30*株を*1*株につき*¥60,000*で売却し，受け取った代金は当座預金とした。

（借）当 座 預 金　1,800,000　　（貸）自 己 株 式　1,500,000
　　　　　　　　　　　　　　　　　　その の他資本剰余金　300,000

例3 自己株式を処分したとき（帳簿＞対価）　旭川商事株式会社は，自己株式（*1*株の帳簿価額*¥50,000*）のうち，*60*株を*1*株につき*¥40,000*で売却し，受け取った代金は当座預金とした。

（借）当 座 預 金　2,400,000　　（貸）自 己 株 式　3,000,000
　　　その の他資本剰余金　600,000

◀3▶ 自己株式の消却

自己株式の消却とは，自己株式を消滅させることをいう。自己株式を消却した場合には，自己株式の帳簿価額をその他資本剰余金勘定から減額する。

例4 自己株式を消却したとき　旭川商事株式会社は，自己株式（*1*株の帳簿価額*¥50,000*）*10*株を消却した。

（借）その の他資本剰余金　500,000　　（貸）自 己 株 式　500,000

なお，期末に自己株式を保有している場合は，純資産の部の株主資本の末尾に控除する形式で表示する。

23-1 次の各文の □ のなかに入るもっとも適当な用語を答えなさい。

(1) 株式会社が，すでに発行した自社の株式の一部を取得して保有している場合，この株式を ［ ア ］ という。

(2) 自己株式を売却したり，あるいは他の会社を吸収合併するときに，その被合併会社の株主に自己株式を交付したりする取引を，自己株式の ［ イ ］ という。

(3) 自己株式を消滅させることを自己株式の消却という。この場合には，自己株式の帳簿価額を ［ ウ ］ から減額する。

ア	イ	ウ

23-2 岡山商事株式会社の次の一連の取引について仕訳を示しなさい。

(1) 自社の発行済株式のうち200株を/株につき¥60,000で取得し，代金は買入手数料¥200,000とともに小切手を振り出して支払った。

(2) 自己株式（/株の帳簿価額¥60,000）のうち，60株を/株につき¥70,000で売却し，受け取った代金は当座預金とした。

(3) 自己株式（/株の帳簿価額¥60,000）のうち，/20株を/株につき¥50,000で売却し，受け取った代金は当座預金とした。

(4) 自己株式（/株の帳簿価額¥60,000）20株を消却した。

	借　　　　方	貸　　　　方
(1)		
(2)		
(3)		
(4)		

23-3 次の文の □ のなかに入るもっとも適当な用語を答えなさい。

自己株式の取得は，対価を株主に支払い，発行済みの自社の株式を再取得する取引である。したがって，株式を発行したときと逆の取引となり，株主に ［ ア ］ を払い戻したことと同じである。このように自己株式の取得には，株主資本を ［ イ ］ させる意味があるため，期末に自己株式を保有している場合は，純資産の部の株主資本の末尾に ［ ウ ］ する形式で表示することになる。

また，自己株式の処分は， ［ エ ］ を発行する取引と基本的に同じである。

ア	イ	ウ	エ

23-4 次の取引の仕訳を示しなさい。

(1) 富山商事株式会社は，発行済株式のうち50株を1株につき¥50,000で取得し，代金は買入手数料¥100,000とともに小切手を振り出して支払った。

(2) 愛知商事株式会社は，自己株式（1株の帳簿価額¥50,000）のうち，30株を1株につき¥70,000で売却し，受け取った代金は当座預金とした。

(3) 徳島商事株式会社は，自己株式（1株の帳簿価額¥40,000）のうち，50株を1株につき¥30,000で売却し，受け取った代金は当座預金とした。

(4) 鳥取商事株式会社は，自己株式（1株の帳簿価額¥80,000）10株を消却した。

	借　　　　方	貸　　　　方
(1)		
(2)		
(3)		
(4)		

検定問題

23-5 次の取引の仕訳を示しなさい。

(1) 静岡商事株式会社は，保有する自己株式（1株の帳簿価額¥60,000）200株を消却した。　〔第92回〕

(2) 香川商事株式会社は，自社の発行済株式のうち20,000株を1株につき¥600で取得し，代金は小切手を振り出して支払った。　〔第91回〕

(3) 福井商事株式会社は，保有する自己株式（1株の帳簿価額¥70,000）90株を消却した。　〔第89回〕

(4) 栃木商事株式会社は，自己株式（1株の帳簿価額¥50,000）のうち，80株を1株につき¥60,000で処分し，受け取った代金は当座預金とした。なお，帳簿価額と処分対価の差額は，その他資本剰余金勘定を用いて処理する。　〔第88回〕

(5) 栃木商事株式会社は，自社の発行済株式のうち100株を1株につき¥60,000で取得し，代金は小切手を振り出して支払った。　〔第85回〕

	借　　　　方	貸　　　　方
(1)		
(2)		
(3)		
(4)		
(5)		

24 新株予約権

1 **新株予約権の意味**…………………………………………………………………………

　新株予約権とは，この権利をもつ者（新株予約権者）が，新株予約権の発行会社に対してその権利を行使することにより，あらかじめ定められた価額で株式の交付を受けることができる権利をいう。ただし，所定の権利行使期間内に行使しなければならない。

2 **新株予約権の発行**…………………………………………………………………………

　新株予約権の発行にあたり，発行会社が受け取る払込金は**新株予約権勘定**（純資産の勘定）の貸方に計上する。

例1 新株予約権を発行したとき　　次の条件で新株予約権を発行し，受け取った払込金は当座預金とした。

　　　　　発行総数　　/0個（新株予約権/個につき5株を付与）
　　　　　払込金額　　新株予約権/個につき¥50,000
　　　　　権利行使価額　　/株につき¥80,000

　　（借）当座預金　　500,000　　（貸）新株予約権　　500,000

3 **新株予約権の行使**…………………………………………………………………………

　新株予約権が行使された場合には，発行会社は新株予約権および権利行使価額の払い込みと引き換えに新株または自己株式を交付する。

例2 新株予約権が行使され新株を発行したとき　　例1で発行した新株予約権のうち5個の権利行使があったので，新株25株を発行し，権利行使の払込金を当座預金とした。ただし，会社法に規定する最高限度額を資本金に計上しないことにした。

　　（借）当座預金　2,000,000　　（貸）資　本　金　1,125,000
　　　　　新株予約権　　250,000　　　　　資本準備金　1,125,000

例3 新株予約権が行使され自己株式を交付したとき　　例1で発行した新株予約権のうち3個の権利行使があったので，自己株式/5株（/株の帳簿価額¥70,000）を発行し，権利行使の払込金を当座預金とした。

　　（借）当座預金　1,200,000　　（貸）自　己　株　式　1,050,000
　　　　　新株予約権　　150,000　　　　　その他資本剰余金　300,000

　なお，権利行使期限までに権利行使されなかった新株予約権は消滅し，その場合には，新株予約権の帳簿価額を**新株予約権戻入益勘定**（収益の勘定）に計上する。

例4 新株予約権が期限までに行使されなかったとき　　例1で発行した新株予約権のうち，権利行使期限までに権利行使されなかった新株予約権は2個あった。

　　（借）新株予約権　　100,000　　（貸）新株予約権戻入益　　100,000

24-1 次の各文の ▢ のなかに入るもっとも適当な用語を答えなさい。
(1) 新株予約権をもつ者は，新株予約権の発行会社に対してその権利を行使することにより，あらかじめ定められた価額で ア の交付を受けることができる。
(2) 新株予約権者は株主ではないので，新株予約権を株主資本の区分に計上することはできない。また，新株予約権は必ず行使されるとは限らないので， イ の部に計上することもできない。したがって，新株予約権は貸借対照表の ウ の部に，株主資本とは独立して表示する。

ア	イ	ウ

24-2 福岡商事株式会社の次の一連の取引について仕訳を示しなさい。
(1) 新株予約権/0個を/個につき¥60,000で発行し，受け取った払込金¥600,000は当座預金とした。
(2) 上記(1)で発行した新株予約権のうち5個の権利行使があったので新株を発行し，払い込みを受けた権利行使価額¥2,000,000（新株予約権/個あたりの権利行使価額¥400,000）を当座預金とした。なお，新株予約権の金額および権利行使価額の全額を資本金に計上した。
(3) 上記(1)で発行した新株予約権のうち4個の権利行使があったので自己株式¥1,700,000を交付し，払い込みを受けた権利行使価額¥1,600,000（新株予約権/個あたりの権利行使価額¥400,000）を当座預金とした。
(4) 上記(1)で発行した新株予約権のうち，/個が権利行使期限までに権利行使されなかった。

	借 方	貸 方
(1)		
(2)		
(3)		
(4)		

24-3 山口商事株式会社の次の一連の取引の仕訳を示しなさい。
(1) 次の条件で新株予約権/0個を発行し，受け取った払込金は当座預金とした。
　　発行総数　/0個（新株予約権/個につき3株を付与）
　　払込金額　新株予約権/個につき¥50,000　権利行使価額　/株につき¥70,000
(2) 上記(1)で発行した新株予約権のうち5個の権利行使があったので，新株/5株を発行し，権利行使の払込金を当座預金とした。ただし，会社法に規定する最高限度額を資本金に計上しないことにした。
(3) 上記(1)で発行した新株予約権のうち3個の権利行使があったので，自己株式9株（/株の帳簿価額¥60,000）を交付し，権利行使の払込金を当座預金とした。
(4) 上記(1)で発行した新株予約権のうち，2個が権利行使期限までに権利行使されなかった。

	借 方	貸 方
(1)		
(2)		
(3)		
(4)		

総合問題 ❷ ⑷

❷-12 次の取引の仕訳を示しなさい。

(1) 石川商事株式会社は，株主総会の決議にもとづき，資本金¥7,000,000を減少して，その他資本剰余金を同額増加させたうえで，繰越利益剰余金勘定の借方残高¥7,000,000をてん補した。

(2) 大阪商事株式会社は，株主総会において資本金¥4,400,000を減少して，その他資本剰余金を同額増加させたうえで，剰余金¥4,000,000の配当を行うことを決議した。なお，配当額の $\frac{1}{10}$ を資本準備金に計上した。

(3) 神奈川商事株式会社は，下記の財政状態の南北商事株式会社を合併することになり，新株180株（1株の時価¥50,000）を南北商事株式会社の株主に交付した。この合併において増加する資本金の額は¥5,000,000　資本準備金の額は¥4,000,000とする。なお，南北商事株式会社の土地の時価は¥3,200,000であり，その他の資産と負債の時価は帳簿価額に等しかった。

貸　借　対　照　表

南北商事㈱　　　　　　令和○年4月1日　　　　　　（単位：円）

現 金 預 金	1,200,000	買　　掛　　金	1,800,000
売 　掛　 金	1,600,000	借　　入　　金	2,000,000
商　　　　品	3,700,000	資　　本　　金	8,000,000
備　　　　品	2,500,000	利 益 準 備 金	200,000
土　　　　地	3,000,000		
	12,000,000		12,000,000

(4) 岡山商事株式会社は，自己株式（1株の帳簿価額¥70,000）20株を消却した。

	借　　　　方	貸　　　　方
(1)		
(2)		
(3)		
(4)		

2-13 次の取引の仕訳を示しなさい。

(1) 建物を新築し，この代金¥*15,000,000*を小切手を振り出して支払った。なお，新築積立金¥*15,000,000*を取り崩した。

(2) 広島商事株式会社は，株主総会において，配当平均積立金¥*3,000,000*を取り崩して配当を行うことを決議した。なお，配当にともない，繰越利益剰余金から利益準備金¥*300,000*を計上した。

(3) 大阪商事株式会社は，株主総会において，剰余金¥*6,000,000*（その他資本剰余金¥*2,000,000* 繰越利益剰余金¥*4,000,000*）の配当を行うことを決議した。なお，この配当にともない，資本準備金¥*200,000* 利益準備金¥*400,000*を計上する。

	借　　　　方	貸　　　　方
(1)		
(2)		
(3)		

2-14 日立商事株式会社の下記の資料により，報告式の貸借対照表の純資産の部を完成しなさい。

　　　資産の総額　¥*51,800,000*　　負債の総額　¥*16,600,000*

　　　総勘定元帳勘定残高　（一部）

資　本　金 ¥*25,000,000*	資本準備金 ¥ *3,700,000*	その他 資本剰余金 ¥　*600,000*
利益準備金 *1,400,000*	別途積立金 *1,100,000*	繰越利益剰余金 *2,200,000*

貸　借　対　照　表

日立商事株式会社　　　　　　　　令和○年*12*月*31*日　　　　　　　（単位：円）

：

純 資 産 の 部

I　株　主　資　本

(1) 資　　本　　金　　　　　　　　　　　　　　　　　　（　　　　　　）

(2) (　　　　　　)

　　1. 資　本　準　備　金　　　　　　（　　　　　　）

　　2. その他資本剰余金　　　　　　　（　　　　　　）

　　　　資本剰余金合計　　　　　　　　　　　　　　　（　　　　　　）

(3) 利　益　剰　余　金

　　1. (　　　　　　)　　　　　　　　（　　　　　　）

　　2. (　　　　　　)

　　　① 別　途　積　立　金　　　　　（　　　　　　）

　　　② 繰越利益剰余金　　　　　　　（　　　　　　）

　　　　利益剰余金合計　　　　　　　　　　　　　　　（　　　　　　）

　　　　株主資本合計　　　　　　　　　　　　　　　　（　　　　　　）

　　　　　純 資 産 合 計　　　　　　　　　　　　　　（　　　　　　）

　　　　負債及び純資産合計　　　　　　　　　　　　　（　　　　　　）

◆2-15 山梨商事株式会社の下記の資料にもとづいて，報告式の貸借対照表の負債の部と純資産の部を完成しなさい。

資　料

(1) 元帳勘定残高（一部）

仮払法人税等	¥ 18,000,000	その他有価証券 ¥ 3,700,000	支払手形 ¥ 38,000,000
買 掛 金	127,000,000	手形借入金 4,000,000	長期借入金 90,000,000
退職給付引当金	62,000,000	資 本 金 300,000,000	資本準備金 40,000,000
利益準備金	10,000,000	新築積立金 45,000,000	別途積立金 37,000,000
繰越利益剰余金	50,900,000	新株予約権 3,000,000	

(2) 取　引

① 株主総会で，繰越利益剰余金を次のとおり，配当および処分することを決議した。

配 当 金 ¥33,000,000 　 利益準備金 ¥3,300,000

新築積立金 5,000,000 　 別途積立金 4,000,000

② 配当金¥33,000,000を小切手を振り出して支払った。

③ 倉庫用の建物が完成し，建築代金¥50,000,000は，小切手を振り出して支払った。なお，このために積み立てていた新築積立金¥50,000,000を取り崩した。

④ 次の財政状態の東西商事株式会社を吸収合併し，同社の株主に対して，新株300株（1株の時価¥70,000　資本金として計上する額¥15,000,000　資本準備金として計上する額¥6,000,000）を交付した。なお，東西商事株式会社の資産と負債の時価は帳簿価額に等しかった。

貸 借 対 照 表

東西商事株式会社　　　　令和○年1月31日　　　　（単位：円）

現 金 預 金	2,000,000	買 掛 金	18,000,000
売 掛 金	19,000,000	短 期 借 入 金	13,000,000
商 品	10,000,000	資 本 金	18,000,000
建 物	20,000,000	繰越利益剰余金	2,000,000
	51,000,000		51,000,000

(3) 決算整理事項（一部）

(a) 退職給付引当金繰入額 ¥ 8,000,000

(b) その他有価証券の時価 ¥ 4,500,000

(c) 法人税，住民税及び事業税額 ¥46,000,000

(d) 税引後の当期純利益 ¥52,000,000

貸 借 対 照 表

山梨商事株式会社　　　　　令和○年3月3/日　　　　　（単位：円）

：

負 債 の 部

I　流 動 負 債

1. 支 払 手 形　　　　　（　　　　　　）
2. 買 掛 金　　　　　（　　　　　　）
3. (　　　　　　)　　　　　（　　　　　　）
4. 未 払 法 人 税 等　　　　　（　　　　　　）
　　　流 動 負 債 合 計　　　　　　　　　　　　　　　（　　　　　　）

II　固 定 負 債

1. 長 期 借 入 金　　　　　90,000,000
2. (　　　　　　)　　　　　（　　　　　　）
　　　固 定 負 債 合 計　　　　　　　　　　　　　　　（　　　　　　）
　　　負 債 合 計　　　　　　　　　　　　　　　（　　　　　　）

純 資 産 の 部

I　株 主 資 本

(1) 資 本 金　　　　　　　　　　　　　　　（　　　　　　）

(2) (　　　　　　)

1. 資 本 準 備 金　　　　　（　　　　　　）
　　　資 本 剰 余 金 合 計　　　　　　　　　　　　　　　（　　　　　　）

(3) (　　　　　　)

1. 利 益 準 備 金　　　　　（　　　　　　）
2. (　　　　　　)
　①(　　　　　　)　　　　　（　　　　　　）
　② 繰 越 利 益 剰 余 金　　　　　（　　　　　　）
　　　利 益 剰 余 金 合 計　　　　　　　　　　　　　　　（　　　　　　）
　　　株 主 資 本 合 計　　　　　　　　　　　　　　　（　　　　　　）

II　(　　　　　　)

　その他有価証券評価差額金　　　　　　　　　　　　　（　　　　　　）

III　(　　　　　　)　　　　　　　　　　　　　　　（　　　　　　）

　　　純 資 産 合 計　　　　　　　　　　　　　　　（　　　　　　）
　　　負債及び純資産合計　　　　　　　　　　　　　（　　　　　　）

25 貸借対照表の作成

学習の要点

1 貸借対照表の作成方法

作成法	内　容　・　特　徴	評価基準
棚卸法	すべての資産・負債の有高を実際に調査し，その結果にもとづいて貸借対照表を作成する方法。	時価基準で評価する。
誘導法	会計帳簿の継続的記録をもとに，決算整理後の資産・負債・純資産の各勘定残高にもとづいて貸借対照表を作成する方法。	原則として原価基準で評価する。

2 貸借対照表の作成に関する原則

(1) 明瞭性の原則

資産・負債・純資産の三つの部に区分し，さらに適当な項目に区分し，項目は細分して記載する。勘定科目は適当に分類・整理してわかりやすく表示する。

(2) 総額主義の原則

資産・負債・純資産は，すべて総額によって記載することを原則とし，資産の項目と負債または純資産の項目を相殺することによって，その全部または一部を貸借対照表から除去してはならない。

(3) 貸借対照表完全性の原則と重要性の原則

決算日におけるすべての資産・負債・純資産を記載しなければならないとするのが貸借対照表完全性の原則である。しかし，勘定科目の性質や金額の大小からみて重要性の乏しいものは，省略して表示する方法も重要性の原則によって認められる。

3 貸借対照表の配列

(1) 流動性配列法

資産は，流動資産・固定資産の順に配列し，負債は流動負債・固定負債の順に配列する。一般の企業は企業会計原則によればこの配列法を用いるものとされている。

(2) 固定性配列法

資産は，固定資産・流動資産の順に配列し，負債は固定負債・流動負債の順に配列する。固定資産を多額に所有する電力会社やガス会社などがこの配列法を用いる。

4 貸借対照表作成上の留意点

〔作成上の留意点〕

```
                貸 借 対 照 表
○○商事
株式会社     令和○年/2月3/日    （単位：円）
                資 産 の 部
Ⅰ  流 動 資 産 ··············· 270,000
Ⅱ  固 定 資 産
  (1) 有形固定資産 ····· 120,000
  (2) 無形固定資産 ····· 40,000
  (3) 投資その他の資産 ······ 10,000        170,000
            資 産 合 計              440,000
```

現金と当座預金は合計して現金預金とする。
貸倒引当金は受取手形・売掛金などから控除する形式で示す。
売買目的の有価証券・短期の前払費用などを記載する。

減価償却累計額は，当該資産から控除する形式で示す。
建設仮勘定はここに記載する。

のれん・特許権・ソフトウェアなどを記載する。
ソフトウェア仮勘定はここに記載する。

投資有価証券・関係会社株式・長期前払費用などを記載する。

```
              負 債 の 部
 Ⅰ 流 動 負 債 ……………………… 100,000 ┈┈▶未払法人税等・短期の未払費用などを記
 Ⅱ 固 定 負 債 ………………………  50,000 ┈┈  載する。
       負 債 合 計        150,000 ┈┈▶長期借入金・リース債務・退職給付引当
              純 資 産 の 部              金などを記載する。
 Ⅰ 株 主 資 本
 (1) 資   本   金         200,000
 (2) 資 本 剰 余 金
   1. 資 本 準 備 金    15,000
   2. その他資本剰余金     5,000
       資本剰余金合計      20,000
 (3) 利 益 剰 余 金
   1. 利 益 準 備 金    15,000
   2. その他利益剰余金
     ①○ ○ 積 立 金   10,000 ┈┈┈▶新築積立金・減債積立金・別途積立金な
     ②繰越利益剰余金     30,000 ┈┈┈  どを記載する。
       利益剰余金合計      55,000 ┈┈┈▶資産合計から，負債合計，「評価・換算差
       株主資本合計      275,000        額等」および「新株予約権」，資本金，資
 Ⅱ 評価・換算差額等                    本剰余金合計，利益準備金，任意積立金
   その他有価証券                      を差し引いて求める。
   評 価 差 額 金        6,000
 Ⅲ 新 株 予 約 権        9,000
       純 資 産 合 計     290,000
       負債・純資産合計     440,000
```

◀5▶ 貸借対照表に関する注記 ……………………………………………………………………………………

　貸借対照表の内容を利害関係者に明瞭に表示するためには，貸借対照表に関する注記を注記表にまとめて記載する。

25-1 次の各文の □□□ のなかに，下記の語群のなかから，もっとも適当なものを選び，その番号を記入しなさい。

(1) 決算時の貸借対照表は □ア□ によって作成する。この方法は，□イ□ の継続的な記録によって，資産・負債・純資産の金額を決定し，貸借対照表を作成する方法である。

(2) 貸借対照表の資産と負債の配列方法として，□ウ□ は，資産は流動資産・固定資産の順に配列し，流動資産の個々の科目は換金性の高い順に配列する。負債は流動負債・固定負債の順に配列する。この方法は企業の □エ□ を明らかにするのに便利である。

(3) 決算日に企業が所有するすべての資産・負債・純資産をもれなく貸借対照表に記載しなければならないとする原則を □オ□ の原則というが，勘定科目の性質や金額の大小からみて，□カ□ の乏しいものについては，省略した表示方法も重要性の原則の適用として認められている。

　　1. 会 計 帳 簿　　2. 固定性配列法　　3. 重　　　要　　　性　　4. 企業会計原則
　　5. 貸借対照表完全性　6. 支 払 能 力　　7. 誘　　　導　　　法　　8. 流動性配列法
　　9. 表 示 方 法　　10. 換　金　性

ア	イ	ウ	エ	オ	カ

25▶2 千葉商事株式会社の総勘定元帳勘定残高と付記事項および決算整理事項によって，報告式の貸借対照表を完成しなさい。

ただし，i 会社計算規則によること。

ii 会計期間は令和○4年4月1日から令和○5年3月31日までとする。

元帳勘定残高

現　　　　金	¥ 945,000	当 座 預 金	¥ 5,055,000	受 取 手 形	¥ 3,400,000
売　掛　金	3,870,000	貸倒引当金	79,000	売買目的有価証券	1,500,000
繰 越 商 品	4,074,000	仮払法人税等	620,000	備　　　品	2,000,000
備品減価償却累計額	500,000	土　　　地	8,500,000	長期貸付金	1,125,000
支 払 手 形	3,140,000	買　掛　金	2,425,000	長期借入金	1,700,000
退職給付引当金	2,125,000	資　本　金	15,000,000	資本準備金	1,000,000
利益準備金	700,000	別途積立金	300,000	繰越利益剰余金	230,000
売　　　上	56,175,000	受 取 利 息	48,000	受取配当金	18,000
仕　　　入	42,000,000	給　　　料	7,055,000	発　送　費	760,000
広　告　料	821,000	支 払 家 賃	1,288,000	保　険　料	264,000
雑　　　費	108,000	支 払 利 息	55,000		

付記事項

① 売掛金のうち¥70,000は東西商店に対する前期末のものであり，同店はすでに倒産しているので，貸し倒れとして処理する。

② 売掛金のうち¥800,000は，取引銀行を通じて電子債権記録機関に発生記録の請求を行い電子記録債権としていたが，未記帳であった。

③ 買掛金¥110,000を小切手を振り出して支払ったとき，次のように仕訳していた。

　　（借）買　掛　金　210,000　　（貸）当 座 預 金　210,000

④ 買掛金のうち¥300,000について，電子債権記録機関に発生記録の請求が行われ，承諾して電子記録債務が生じていたが，未記帳であった。

⑤ 長期借入金¥1,700,000のうち¥800,000は，決算日の翌日から6か月後に返済期限が到来する借入金である。

決算整理事項

a．期末商品棚卸高　　　¥4,040,000

b．貸 倒 見 積 高　　受取手形・電子記録債権および売掛金の期末残高に対し，それぞれ1％と見積もり，貸倒引当金を設定する。

c．売買目的有価証券評価額　　売買目的で保有する次の株式について，時価によって評価する。

　　　成田物産株式会社　20株

　　　　　帳簿価額　1株¥75,000　　時　価　1株¥60,000

d．備品減価償却高　　定率法により，毎期の償却率は25％とする。

e．家 賃 前 払 高　　支払家賃勘定のうち¥276,000は本年3月1日から3か月分の家賃として支払ったものであり，前払高を次期に繰り延べる。

f．利 息 未 払 高　　¥　35,000

g．退職給付引当金繰入額　　¥　425,000

h．法人税，住民税及び事業税額　　¥1,170,000

貸借対照表

千葉商事株式会社　　令和〇5年3月3/日　　　　　　　　　　（単位：円）

資産の部

I 流動資産
1. 現　金　預　金　　　　　　　　　　（　　　　　）
2. 受　取　手　形　（　　　　　）
　　（　　　　　　）（　　　　　）　（　　　　　）
3. （　　　　　　）（　　　　　）
　　（　　　　　　）（　　　　　）　（　　　　　）
4. 売　　掛　　金　（　　　　　）
　　（　　　　　　）（　　　　　）　（　　　　　）
5. （　　　　　　）　　　　　　　　　（　　　　　）
6. （　　　　　　）　　　　　　　　　（　　　　　）
7. （　　　　　　）　　　　　　　　　（　　　　　）
　　　流動資産合計　　　　　　　　　　　　　　　（　　　　　）

II 固定資産
(1) 有形固定資産
1. （　　　　　　）（　　　　　）
　　（　　　　　　）（　　　　　）　（　　　　　）
2. （　　　　　　）　　　　　　　　　（　　　　　）
　　　有形固定資産合計　　　　　　　　（　　　　　）
(2) 投資その他の資産
1. （　　　　　　）　　　　　　　　　（　　　　　）
　　　投資その他の資産合計　　　　　　（　　　　　）
　　　固定資産合計　　　　　　　　　　　　　　　（　　　　　）
　　　　資　産　合　計　　　　　　　　　　　　　（　　　　　）

負債の部

I 流動負債
1. 支　払　手　形　　　　　　　　　　（　　　　　）
2. （　　　　　　）　　　　　　　　　（　　　　　）
3. 買　　掛　　金　　　　　　　　　　（　　　　　）
4. （　　　　　　）　　　　　　　　　（　　　　　）
5. （　　　　　　）　　　　　　　　　（　　　　　）
6. （　　　　　　）　　　　　　　　　（　　　　　）
　　　流動負債合計　　　　　　　　　　　　　　　（　　　　　）

II 固定負債
1. （　　　　　　）　　　　　　　　　（　　　　　）
2. （　　　　　　）　　　　　　　　　（　　　　　）
　　　固定負債合計　　　　　　　　　　　　　　　（　　　　　）
　　　　負　債　合　計　　　　　　　　　　　　　（　　　　　）

純資産の部

I 株主資本
(1) 資　本　金　　　　　　　　　　　　　　　　　（　　　　　）
(2) 資本剰余金
1. （　　　　　　）　　　　　　　　　（　　　　　）
　　　資本剰余金合計　　　　　　　　　　　　　　（　　　　　）
(3) 利益剰余金
1. 利益準備金　　　　　　　　　　　　（　　　　　）
2. その他利益剰余金
　① （　　　　　　）　　　　　　　　（　　　　　）
　② 繰越利益剰余金　　　　　　　　　（　　　　　）
　　　利益剰余金合計　　　　　　　　　　　　　　（　　　　　）
　　　株主資本合計　　　　　　　　　　　　　　　（　　　　　）
　　　　純　資　産　合　計　　　　　　　　　　　（　　　　　）
　　　負債及び純資産合計　　　　　　　　　　　　（　　　　　）

25-3 奈良物産株式会社の総勘定元帳勘定残高と付記事項および決算整理事項によって，報告式の貸借対照表を完成しなさい。

　　　　ただし，ⅰ　会社計算規則によること。

　　　　　　　　　ⅱ　会計期間は令和○/年4月/日から令和○2年3月3/日までとする。

元帳勘定残高

現　　　金	¥ 1,036,000	当 座 預 金	¥ 2,280,000	受 取 手 形	¥ 3,800,000
売 掛 金	4,300,000	貸倒引当金	46,000	売買目的有価証券	3,700,000
繰 越 商 品	4,570,000	仮払法人税等	1,300,000	仮 払 金	400,000
リース資産	4,000,000	リース資産減価償却累計額	1,600,000	土　　　地	12,000,000
満 期 保 有目的債券	2,800,000	その他有価証券	600,000	支 払 手 形	2,183,000
買 掛 金	1,795,000	長期借入金	2,000,000	リース債務	2,000,000
退職給付引当金	960,000	資 本 金	17,000,000	資本準備金	1,600,000
利益準備金	480,000	新築積立金	1,200,000	別途積立金	340,000
繰越利益剰余金	230,000	新株予約権	1,700,000	売　　　上	74,580,000
有価証券利息	58,000	仕　　　入	53,316,000	給　　　料	7,368,000
発 送 費	1,810,000	広 告 料	1,762,000	支 払 家 賃	1,920,000
保 険 料	375,000	租 税 公 課	260,000	雑　　　費	97,000
支 払 利 息	78,000				

付 記 事 項

① 仮払金¥400,000は，当期首に退職した従業員に対する退職一時金であったので，退職給付引当金勘定を用いて処理する。

② リース債務のうち¥400,000は，決算日の翌日から/年以内に支払期限が到来する。

決算整理事項

　a. 期末商品棚卸高　　　¥4,180,000

　b. 貸 倒 見 積 高　　　受取手形と売掛金の期末残高に対し，それぞれ/%と見積もり，貸倒引当金を設定する。

　c. 売買目的有価証券評価高　　　売買目的で保有する次の株式について，時価によって評価する。

　　　　　　古河商事株式会社　50株

　　　　　　　帳簿価額　/株¥74,000　　時　価　/株¥72,000

　d. リース資産減価償却高　　　定額法により，残存価額は零（0）　耐用年数は/0年とする。

　e. 満期保有目的債券評価高　　　満期保有目的債券は償却原価法によって¥2,820,000に評価する。

　f. その他有価証券評価高　　　その他有価証券について，時価¥700,000によって評価する。なお，時価と帳簿価額との差額¥/00,000は，その他有価証券評価差額金として，貸借対照表の純資産の部に記載する。

　g. 保険料前払高　　　保険料のうち¥300,000は，令和○/年7月/日から/年分の保険料として支払ったものであり，前払高を次期に繰り延べる。

　h. 利 息 未 払 高　　　¥　39,000

　i. 退職給付引当金繰入額　　　¥　820,000

　j. 法人税，住民税及び事業税額　　　¥2,380,000

貸 借 対 照 表

奈良物産株式会社 　　　　令和〇2年3月3/日　　　　　　　　（単位：円）

資 産 の 部

I 流 動 資 産
　1. 現 金 預 金 　　　　　　　　　　　　（　　　　　）
　2. 受 取 手 形 　　　（　　　　　　）
　　　（　　　　　　）　（　　　　　　）　（　　　　　）
　3.（　　　　　　　）　（　　　　　　）
　　　（　　　　　　）　（　　　　　　）　（　　　　　）
　4.（　　　　　）　　　　　　　　　　　（　　　　　）
　5.（　　　　　）　　　　　　　　　　　（　　　　　）
　6.（　　　　　）　　　　　　　　　　　（　　　　　）
　　　　流 動 資 産 合 計 　　　　　　　　　　　　　　　　（　　　　　　　）

II 固 定 資 産
　(1) 有形固定資産
　1.（　　　　　）　　（　　　　　　）
　　　（　　　　　　）　（　　　　　　）　（　　　　　）
　2.（　　　　　）　　　　　　　　　　　（　　　　　）
　　　有形固定資産合計 　　　　　　　　　（　　　　　）
　(2) 投資その他の資産
　1.（　　　　　　　）　　　　　　　　　（　　　　　）
　　　投資その他の資産合計 　　　　　　　（　　　　　）
　　　固 定 資 産 合 計 　　　　　　　　　　　　　　　　（　　　　　）
　　　　資 産 合 計 　　　　　　　　　　　　　　　　（　　　　　　　）

負 債 の 部

I 流 動 負 債
　1. 支 払 手 形 　　　　　　　　　　　　（　　　　　）
　2. 買 　 掛 　 金 　　　　　　　　　　　（　　　　　）
　3. リ ー ス 債 務 　　　　　　　　　　　（　　　　　）
　4.（　　　　　）　　　　　　　　　　　（　　　　　）
　5.（　　　　　）　　　　　　　　　　　（　　　　　）
　　　　流 動 負 債 合 計 　　　　　　　　　　　　　　　　（　　　　　　　）

II 固 定 負 債
　1.（　　　　　）　　　　　　　　　　　（　　　　　）
　2. リ ー ス 債 務 　　　　　　　　　　　（　　　　　）
　3.（　　　　　）　　　　　　　　　　　（　　　　　）
　　　固 定 負 債 合 計 　　　　　　　　　　　　　　　（　　　　　）
　　　　負 債 合 計 　　　　　　　　　　　　　　　　（　　　　　　　）

純 資 産 の 部

I 株 主 資 本
　(1) 資 　 本 　 金 　　　　　　　　　　　　　　　　（　　　　　）
　(2) 資 本 剰 余 金
　1.（　　　　　）　　　　　　　　　　　（　　　　　）
　　　資本剰余金合計 　　　　　　　　　　　　　　　（　　　　　）
　(3) 利 益 剰 余 金
　1.（　　　　　）　　　　　　　　　　　（　　　　　）
　2. その他利益剰余金
　　① 新 築 積 立 金 　　　　　　　　　（　　　　　）
　　② 別 途 積 立 金 　　　　　　　　　（　　　　　）
　　③（　　　　　　）　　　　　　　　　（　　　　　）
　　　利益剰余金合計 　　　　　　　　　　　　　　　（　　　　　）
　　　株 主 資 本 合 計 　　　　　　　　　　　　　　　（　　　　　）

II 評価・換算差額等
　その他有価証券評価差額金 　　　　　　　　　　　　　（　　　　　）

III 新 株 予 約 権 　　　　　　　　　　　　　　　　（　　　　　）
　　　純 資 産 合 計 　　　　　　　　　　　　　　　　（　　　　　）
　　　負債及び純資産合計 　　　　　　　　　　　　　　　（　　　　　）

検定問題

25-4 鹿児島商事株式会社の総勘定元帳勘定残高と付記事項および決算整理事項によって，報告式の貸借対照表を完成しなさい。

ただし，i　会社計算規則によること。

ii　会計期間は令和○2年4月1日から令和○3年3月31日までとする。　第92回改題

元帳勘定残高

現　　　金	¥　694,000	当 座 預 金	¥　3,127,000	受 取 手 形	¥　2,000,000
売 掛 金	3,984,000	貸倒引当金	64,000	有 価 証 券	4,320,000
繰 越 商 品	5,142,000	仮払法人税等	1,200,000	建　　　物	6,000,000
建物減価償却累計額	3,600,000	備　　　品	3,500,000	備品減価償却累計額	1,050,000
土　　　地	7,843,000	その他有価証券	5,400,000	支 払 手 形	1,257,000
買 掛 金	3,740,000	短期借入金	2,500,000	未 払 金	172,000
長期借入金	3,000,000	退職給付引当金	2,485,000	資 本 金	13,000,000
資本準備金	2,000,000	利益準備金	860,000	繰越利益剰余金	574,000
売　　　上	79,400,000	受 取 家 賃	910,000	受取配当金	180,000
固定資産売却益	43,000	仕　　　入	53,976,000	給　　　料	9,576,000
発 送 費	1,537,000	広 告 料	1,859,000	保 険 料	1,062,000
租 税 公 課	596,000	支 払 地 代	1,870,000	水道光熱費	953,000
雑　　　費	106,000	支 払 利 息	90,000		

付 記 事 項

① 売掛金のうち¥84,000は西北商店に対する前期末のものであり，同店はすでに倒産しているので，貸し倒れとして処理する。

決算整理事項

a．期末商品棚卸高　　帳簿棚卸数量　2,000個　　原　　　価　@¥2,700
実地棚卸数量　1,950〃　　正味売却価額　〃〃2,600

b．貸 倒 見 積 高　　受取手形と売掛金の期末残高に対し，それぞれ2%と見積もり，貸倒引当金を設定する。

c．有価証券評価高　　保有する株式は次のとおりである。

	銘　柄	株　数	1株の帳簿価額	1株の時価
売買目的有価証券	西南株式会社	1,000株	¥3,020	¥3,000
	佐賀株式会社	200株	¥6,500	¥7,500
その他有価証券	長崎株式会社	5,000株	¥1,080	¥1,100

d．減 価 償 却 高　　建物：取得原価¥6,000,000　残存価額は取得原価の10%　耐用年数は30年とし，定額法により計算している。

備品：取得原価¥3,500,000　残存価額は零（0）　耐用年数は10年とし，定額法により計算している。

e．保険料前払高　　保険料のうち¥864,000は，令和○2年12月1日から3年分の保険料として支払ったものであり，前払高を次期に繰り延べる。

f．家 賃 前 受 高　　¥　70,000

g．退職給付引当金繰入高　　¥1,245,000

h．法人税，住民税及び事業税額　　¥2,341,000

貸 借 対 照 表

鹿児島商事株式会社　　　　令和○3年3月3/日　　　　　　　　　　（単位：円）

資 産 の 部

I　流 動 資 産
　1. 現 金 預 金　　　　　　　　　　　　　　（　　　　　　）
　2. 受 取 手 形　　　（　　　　　　）
　　　　貸 倒 引 当 金　（　　　　　　）　（　　　　　　）
　3. 売 掛 金　　　　（　　　　　　）
　　　　貸 倒 引 当 金　（　　　　　　）　（　　　　　　）
　4.（　　　　　　）　　　　　　　　　　　（　　　　　　）
　5.（　　　　　　）　　　　　　　　　　　（　　　　　　）
　6.（　　　　　　）　　　　　　　　　　　（　　　　　　）
　　　　流 動 資 産 合 計　　　　　　　　　　　　　　　　（　　　　　　　）

II　固 定 資 産
　(1) 有形固定資産
　1. 建 物　　　　　　6,000,000
　　　　減価償却累計額　（　　　　　　）　（　　　　　　）
　2. 備 品　　　　　　（　　　　　　）
　　　　減価償却累計額　（　　　　　　）　（　　　　　　）
　3. 土 地　　　　　　　　　　　　　7,843,000
　　　　有形固定資産合計　　　　　　　　　（　　　　　　）
　(2) 投資その他の資産
　1.（　　　　　　）　　　　　　　　　　　（　　　　　　）
　2.（　　　　　　）　　　　　　　　　　　（　　　　　　）
　　　　投資その他の資産合計　　　　　　　（　　　　　　）
　　　　固 定 資 産 合 計　　　　　　　　　　　　　　　（　　　　　　　）
　　　　　資 産 合 計　　　　　　　　　　　　　　　　　（　　　　　　　）

負 債 の 部

I　流 動 負 債
　1. 支 払 手 形　　　　　　　　　　　　1,257,000
　2. 買 掛 金　　　　　　　　　　　　　3,740,000
　3. 短 期 借 入 金　　　　　　　　　　（　　　　　　）
　4.（　　　　　　）　　　　　　　　　　（　　　　　　）
　5.（　　　　　　）　　　　　　　　　　（　　　　　　）
　6.（　　　　　　）　　　　　　　　　　（　　　　　　）
　　　　流 動 負 債 合 計　　　　　　　　　　　　　　　（　　　　　　　）

II　固 定 負 債
　1. 長 期 借 入 金　　　　　　　　　　3,000,000
　2. 退職給付引当金　　　　　　　　　　（　　　　　　）
　　　　固 定 負 債 合 計　　　　　　　　　　　　　　　（　　　　　　　）
　　　　　負 債 合 計　　　　　　　　　　　　　　　　　（　　　　　　　）

純 資 産 の 部

I　株 主 資 本
　(1) 資 本 金　　　　　　　　　　　　　　　　　　　13,000,000
　(2) 資 本 剰 余 金
　1. 資 本 準 備 金　　　　　　　　　　2,000,000
　　　　資 本 剰 余 金 合 計　　　　　　　　　　　　　　2,000,000
　(3) 利 益 剰 余 金
　1. 利 益 準 備 金　　　　　　　　　　（　　　　　　）
　2. その他利益剰余金
　　①　繰 越 利 益 剰 余 金　　　　　　（　　　　　　）
　　　　利 益 剰 余 金 合 計　　　　　　　　　　　　　（　　　　　　）
　　　　株 主 資 本 合 計　　　　　　　　　　　　　　（　　　　　　）

II　評価・換算差額等
　1. その他有価証券評価差額金　　　　　（　　　　　　）
　　　　評価・換算差額等合計　　　　　　　　　　　　（　　　　　　）
　　　　　純 資 産 合 計　　　　　　　　　　　　　　（　　　　　　）
　　　　　負債及び純資産合計　　　　　　　　　　　　（　　　　　　）

25-5　岡山商事株式会社の総勘定元帳勘定残高と付記事項および決算整理事項によって，報告式の貸借対照表を完成しなさい。

　　　　ただし， i 　会社計算規則によること。

　　　　　　　　 ii 　会計期間は令和○/年4月/日から令和○2年3月3/日までとする。　第90回改題

元帳勘定残高

現　　　金	¥ 1,759,000	当 座 預 金	¥ 2,125,000	受 取 手 形	¥ 2,200,000
売 　掛 　金	3,000,000	貸倒引当金	15,000	売買目的有価証券	1,170,000
繰 越 商 品	2,340,000	仮払法人税等	450,000	建　　　物	7,500,000
建物減価償却累計額	1,650,000	備　　　品	3,500,000	備品減価償却累計額	1,260,000
土　　　地	3,185,000	建設仮勘定	4,800,000	満期保有目的債券	1,944,000
支 払 手 形	701,000	買 　掛 　金	2,102,000	長期借入金	4,000,000
退職給付引当金	1,067,000	資 　本 　金	14,000,000	資本準備金	1,900,000
利益準備金	1,300,000	別途積立金	830,000	繰越利益剰余金	564,000
売　　　上	78,386,000	受 取 地 代	480,000	受取配当金	102,000
有価証券利息	20,000	有価証券売却益	140,000	仕　　　入	61,218,000
給　　　料	8,127,000	発 送 費	874,000	広 　告 　料	1,592,000
支 払 家 賃	1,416,000	消 耗 品 費	102,000	保 　険 　料	540,000
租 税 公 課	273,000	雑 　　費	174,000	支 払 利 息	88,000
固定資産除却損	140,000				

付 記 事 項

① 　所有する満期保有目的の債券について，期限の到来した利札¥20,000が記入もれになっていた。

決算整理事項

a ．期末商品棚卸高

	帳簿棚卸数量	実地棚卸数量	原　　価	正味売却価額
A 品	1,500個	1,400個	@¥920	@¥1,200
B 品	1,300 〃	1,300 〃	〃 〃 800	〃 〃 750

b ．貸 倒 見 積 高　受取手形と売掛金の期末残高に対し，それぞれ/%と見積もり，貸倒引当金を設定する。

c ．有価証券評価高　保有する株式は次のとおりである。

　　　　　　　　　　売買目的有価証券：山口産業株式会社 300株　時価　/株 ¥4,000

　　　　　　　　　　満期保有目的債券：償却原価法によって¥1,952,000に評価する。

　　　　　　　　　　　　　　　　　　　なお，満期日は令和○8年3月3/日である。

d ．減 価 償 却 高　建物：取得原価¥7,500,000　残存価額は零（0）　耐用年数は50年とし，定額法により計算している。

　　　　　　　　　　備品：取得原価¥3,500,000　毎期の償却率を20%とし，定率法により計算している。

e ．保険料前払高　¥ 60,000

f ．利息未払高　長期借入金に対する利息は，利率年2.4%で，2月末と8月末に経過した6か月分を支払う契約となっており，未払高を計上する。

g ．退職給付引当金繰入額　¥802,000

h ．法人税，住民税及び事業税額　¥954,000

貸　借　対　照　表

岡山商事株式会社　　　　　令和○2年3月3/日　　　　　　　　（単位：円）

資　産　の　部

Ⅰ　流　動　資　産
　　1．現　金　預　金　　　　　　　　　　　　（　　　　　　　）
　　2．受　取　手　形　　　（　　　　　　）
　　　　　　貸　倒　引　当　金　（　　　　　　）　（　　　　　　　）
　　3．売　　掛　　金　　　（　　　　　　）
　　　　　　貸　倒　引　当　金　（　　　　　　）　（　　　　　　　）
　　4．（　　　　　　　）　　　　　　　　　（　　　　　　　）
　　5．（　　　　　　　）　　　　　　　　　（　　　　　　　）
　　6．（　　　　　　　）　　　　　　　　　（　　　　　　　）
　　　　　流　動　資　産　合　計　　　　　　　　　　　（　　　　　　　　）
Ⅱ　固　定　資　産
　⑴　有形固定資産
　　1．建　　　　物　　　　7,500,000
　　　　　　減価償却累計額　（　　　　　　）　（　　　　　　　）
　　2．備　　　　品　　　　3,500,000
　　　　　　減価償却累計額　（　　　　　　）　（　　　　　　　）
　　3．土　　　　地　　　　　　　　　　　　3,/85,000
　　4．建　設　仮　勘　定　　　　　　　　　4,800,000
　　　　　　有形固定資産合計　　　　　　（　　　　　　　）
　⑵　投資その他の資産
　　1．投　資　有　価　証　券　　　　　　（　　　　　　　）
　　　　　投資その他の資産合計　　　　　（　　　　　　　）
　　　　　固　定　資　産　合　計　　　　　　　　　（　　　　　　　　）
　　　　　　資　産　合　計　　　　　　　　　　　（　　　　　　　　）

負　債　の　部

Ⅰ　流　動　負　債
　　1．支　払　手　形　　　　　　　　　　701,000
　　2．買　　掛　　金　　　　　　　　　2,/02,000
　　3．（　　　　　　　）　　　　　　　（　　　　　　　）
　　4．（　　　　　　　）　　　　　　　（　　　　　　　）
　　　　　流　動　負　債　合　計　　　　　　　　　（　　　　　　　　）
Ⅱ　固　定　負　債
　　1．長　期　借　入　金　　　　　　　　4,000,000
　　2．（　　　　　　　）　　　　　　　（　　　　　　　）
　　　　　固　定　負　債　合　計　　　　　　　　　（　　　　　　　　）
　　　　　　負　債　合　計　　　　　　　　　　　（　　　　　　　　）

純　資　産　の　部

Ⅰ　株　主　資　本
　⑴　資　　本　　金　　　　　　　　　　　　　　/4,000,000
　⑵　資　本　剰　余　金
　　1．資　本　準　備　金　　　　　　　1,900,000
　　　　　資本剰余金合計　　　　　　　　　　　　1,900,000
　⑶　利　益　剰　余　金
　　1．利　益　準　備　金　　　　　　　1,300,000
　　2．その他利益剰余金
　　　①　別　途　積　立　金　　　　　　　830,000
　　　②　繰越利益剰余金　　　　　　　（　　　　　　　）
　　　　　利　益　剰　余　金　合　計　　　　　（　　　　　　　）
　　　　　株　主　資　本　合　計　　　　　　（　　　　　　　）
　　　　　　純　資　産　合　計　　　　　　　（　　　　　　　）
　　　　　負債及び純資産合計　　　　　　　（　　　　　　　）

25-6 茨城商事株式会社の総勘定元帳勘定残高と付記事項および決算整理事項によって，報告式の貸借対照表を完成しなさい。

ただし，i　会社計算規則によること。

ii　会計期間は令和○/年4月/日から令和○2年3月3/日までとする。　第88回改題

元帳勘定残高

現　　　金	¥ 891,000	当座預金	¥ 1,845,000	受取手形	¥ 1,700,000
売　掛　金	1,550,000	貸倒引当金	35,000	繰越商品	1,560,000
仮払法人税等	870,000	建　物	4,000,000	建物減価償却累計額	1,512,000
備　　　品	2,000,000	備品減価償却累計額	720,000	土　　地	14,095,000
建設仮勘定	1,450,000	その他有価証券	2,160,000	子会社株式	3,220,000
支払手形	2,419,000	買　掛　金	2,105,000	長期借入金	1,900,000
退職給付引当金	2,830,000	資　本　金	12,000,000	資本準備金	1,500,000
利益準備金	1,280,000	別途積立金	1,490,000	繰越利益剰余金	586,000
売　　　上	70,200,000	受取配当金	84,000	有価証券売却益	126,000
仕入割引	80,000	仕　　　入	49,069,000	給　　料	8,274,000
発　送　費	671,000	広　告　料	1,789,000	支払家賃	1,903,000
消耗品費	120,000	保　険　料	615,000	租税公課	327,000
雑　　　費	154,000	支払利息	19,000	固定資産除却損	585,000

付記事項

①　売掛金のうち¥50,000は，南北商店に対する前期末のものであり，同店はすでに倒産しているので，貸し倒れとして処理する。

決算整理事項

a．期末商品棚卸高

	帳簿棚卸数量	実地棚卸数量	原　　価	正味売却価額
A 品	1,300個	1,200個	@¥900	@¥860
B 品	1,200〃	1,100〃	〃 630	〃 850

b．貸倒見積高　受取手形と売掛金の期末残高に対し，それぞれ/%と見積もり，貸倒引当金を設定する。

c．有価証券評価高　保有する株式は次のとおりである。なお，子会社株式は時価が著しく下落し，回復の見込みがない。

その他有価証券：愛媛製菓株式会社　300株　時価　/株　¥8,200

子 会 社 株 式：東西物産株式会社　700株　時価　/株　¥2,200

d．減価償却高　建物：取得原価¥4,000,000　残存価額は取得原価の/0%　耐用年数は50年とし，定額法により計算している。

備品：取得原価¥2,000,000　毎期の償却率を20%とし，定率法により計算している。

e．保険料前払高　保険料のうち¥540,000は，令和○/年9月/日から3年分の保険料として支払ったものであり，前払高を次期に繰り延べる。

f．利息未払高　¥　38,000

g．退職給付引当金繰入額　¥　840,000

h．法人税・住民税及び事業税額　¥1,495,000

貸　借　対　照　表

茨城商事株式会社　　　　令和○2年3月3/日　　　　　　　　（単位：円）

資　産　の　部

I　流　動　資　産
1.現 金 預 金 　　　　　　　　　　　（　　　　　）
2.受 取 手 形　（　　　　　　）　（　　　　　）
　　貸 倒 引 当 金（　　　　　　）（　　　　　）
3.売　　掛　　金（　　　　　　）
　　貸 倒 引 当 金（　　　　　　）（　　　　　）
4.（　　　　　　）　　　　　　　　（　　　　　）
5.（　　　　　　）　　　　　　　　（　　　　　）
　　流 動 資 産 合 計　　　　　　　　　　　（　　　　　）

II　固　定　資　産
(1) 有形固定資産
1.建　　　　物　　4,000,000
　　減価償却累計額（　　　　　　）（　　　　　）
2.備　　　　品　　2,000,000
　　減価償却累計額（　　　　　　）（　　　　　）
3.土　　　　地　　　　　　　14,095,000
4.建 設 仮 勘 定　　　　　　1,450,000
　　有形固定資産合計　　　　　　（　　　　　）
(2) 投資その他の資産
1.投 資 有 価 証 券　　　　　（　　　　　）
2.（　　　　　　）　　　　　　（　　　　　）
3.（　　　　　　）　　　　　　（　　　　　）
　　投資その他の資産合計　　　（　　　　　）
　　固 定 資 産 合 計　　　　　　　　　（　　　　　）
　　資　産　合　計　　　　　　　　　　（　　　　　）

負　債　の　部

I　流　動　負　債
1.支 払 手 形　　　　　　2,4/9,000
2.買　　掛　　金　　　　　2,105,000
3.（　　　　　　）　　　　（　　　　　）
4.（　　　　　　）　　　　（　　　　　）
　　流 動 負 債 合 計　　　　　　　（　　　　　）

II　固　定　負　債
1.長 期 借 入 金　　　　　1,900,000
2.（　　　　　　）　　　　（　　　　　）
　　固 定 負 債 合 計　　　　　　　（　　　　　）
　　負　債　合　計　　　　　　　　（　　　　　）

純　資　産　の　部

I　株　主　資　本
(1) 資　本　金　　　　　　　　　　　　12,000,000
(2) 資 本 剰 余 金
1.資 本 準 備 金　　　　　1,500,000
　　資本剰余金合計　　　　　　　　　1,500,000
(3) 利 益 剰 余 金
1.利 益 準 備 金　　　　　1,280,000
2.その他利益剰余金
①別 途 積 立 金　　　　1,490,000
②繰越利益剰余金　　　（　　　　　）
　　利益剰余金合計　　　　　　　　（　　　　　）
　　株 主 資 本 合 計　　　　　　　（　　　　　）

II　評価・換算差額等
1.その他有価証券評価差額金　（　　　　　）
　　評価・換算差額等合計　　　　　（　　　　　）
　　純　資　産　合　計　　　　　　（　　　　　）
　　負債及び純資産合計　　　　　　（　　　　　）

26 損益計算書のあらまし

1 損益計算書とその役割

損益計算書❶は，**収益❷**と**費用❸**の項目から構成された一覧表で，企業の一会計期間における**経営成績**を明らかにするための報告書である。

損 益 計 算 書

費　　用	収　　益
収益獲得のための努力を示す	収益獲得の成果を示す

2 損益計算書の表示・計算区分

損益計算書の表示・計算区分を示すと次のようになる。

Ⅰ	売　　上　　高	200	売上高から	営業損益計算
Ⅱ	(－)売 上 原 価	120	売上原価を差し引いて	
	売 上 総 利 益	80	売上総利益(または売上総損失)を計算し，さらに	
Ⅲ	(－)販売費及び一般管理費	40	販売費及び一般管理費を差し引いて	
	営 業 利 益	40	営業利益(または営業損失)を計算する。	
Ⅳ	(＋)営 業 外 収 益	20	営業利益に営業外収益を加え，	経常損益計算
Ⅴ	(－)営 業 外 費 用	15	営業外費用を差し引いて	
	経 常 利 益	45	経常利益(または経常損失)を計算する。	
Ⅵ	(＋)特 別 利 益	10	経常利益に特別利益を加え，	純損益計算
Ⅶ	(－)特 別 損 失	5	特別損失を差し引いて	
	税引前当期純利益	50	税引前当期純利益を計算し，さらに	
(－)	法人税，住民税及び事業税	15	法人税，住民税及び事業税を差し引いて	
	当 期 純 利 益	35	当期純利益(または当期純損失)を計算する。	

3 損益計算書の様式

損益計算書の様式には，**勘定式**と**報告式**がある。

【勘　　定　　式】

A株式会社　損 益 計 算 書　（単位：百万円）

令和○年/月/日から令和○年/2月3/日まで

売 上 原 価	120	売 上 高	200
売 上 総 利 益	80		
	200		200
販売費及び一般管理費	40	売 上 総 利 益	80
営 業 利 益	40		
	80		80
営 業 外 費 用	15	営 業 利 益	40
経 常 利 益	45	営 業 外 収 益	20
	60		60
特 別 損 失	5	経 常 利 益	45
税引前当期純利益	50	特 別 利 益	10
	55		55
法人税，住民税及び事業税	15	税引前当期純利益	50
当 期 純 利 益	35		
	50		50

【報　　告　　式】

A株式会社　損 益 計 算 書　（単位：百万円）

令和○年/月/日から令和○年/2月3/日まで

Ⅰ	売 上 高	200
Ⅱ	売 上 原 価	120
	売 上 総 利 益	80
Ⅲ	販売費及び一般管理費	40
	営 業 利 益	40
Ⅳ	営 業 外 収 益	20
Ⅴ	営 業 外 費 用	15
	経 常 利 益	45
Ⅵ	特 別 利 益	10
Ⅶ	特 別 損 失	5
	税引前当期純利益	50
	法人税，住民税及び事業税	15
	当 期 純 利 益	35

❶profit and loss statement；P/L または income statement；I/S　❷revenues　❸expenses

26-1 次の各文の □□□ のなかに入るもっとも適当な用語を答えなさい。

(1) 損益計算書は，収益と費用の項目から構成された一覧表で，企業の一会計期間における □ ア □ を明らかにするための報告書である。

(2) 損益計算書で示される経営成績とは，経営活動によって会計期間に □ イ □ をいくら獲得し成果を上げたか，そしてこの成果を得るために □ ウ □ をいくら費やし努力をしたかを対応させて，純損益の額を明らかにしたものである。

(3) 損益計算書における計算は，営業損益計算・経常損益計算・□ エ □ の三つに区分される。

(4) 損益計算書の様式には，勘定式と収益から費用をたてに順次計算する形式の □ オ □ がある。

ア	イ	ウ	エ	オ

26-2 次の損益計算書の（ ）に入る項目名または金額を答えなさい。

損 益 計 算 書 （単位：百万円）

Ⅰ 売 上 高		500
Ⅱ 売 上 原 価		300
売 上 総 利 益		200
Ⅲ （ ア ）		100
営 業 利 益		100
Ⅳ 営 業 外 収 益		40
Ⅴ （ イ ）		60
経 常 利 益		80
Ⅵ 特 別 利 益		30
Ⅶ （ ウ ）		10
税引前当期純利益		（ エ ）
法人税, 住民税及び事業税		30
（ オ ）		70

ア	イ	ウ	エ	オ

26-3 次の損益計算書をみて，その様式名を解答欄に記入しなさい。

A株式会社　損 益 計 算 書　（単位：百万円）
令和○年/月/日から令和○年/2月3/日まで

売 上 原 価	120	売 上 高	200
売 上 総 利 益	80		
	200		200
販売費及び一般管理費	40	売 上 総 利 益	80
営 業 利 益	40		
	80		80
営 業 外 費 用	15	営 業 利 益	40
経 常 利 益	45	営 業 外 収 益	20
	60		60
特 別 損 失	5	経 常 利 益	45
税引前当期純利益	50	特 別 利 益	10
	55		55
法人税, 住民税及び事業税	15	税引前当期純利益	50
当 期 純 利 益	35		
	50		50

A株式会社　損 益 計 算 書　（単位：百万円）
令和○年/月/日から令和○年/2月3/日まで

Ⅰ 売 上 高		200
Ⅱ 売 上 原 価		120
売 上 総 利 益		80
Ⅲ 販売費及び一般管理費		40
営 業 利 益		40
Ⅳ 営 業 外 収 益		20
Ⅴ 営 業 外 費 用		15
経 常 利 益		45
Ⅵ 特 別 利 益		10
Ⅶ 特 別 損 失		5
税引前当期純利益		50
法人税, 住民税及び事業税		15
当 期 純 利 益		35

27 損益計算の意味と基準

1　損益計算の意味

　企業会計では，企業の経営成績を明らかにするため，継続して営まれる経営活動を会計期間ごとに区切って損益の計算を行う。これを**期間損益計算**という。

2　損益計算の方法

(1)　財産法

　財産法は，期首と期末の資産・負債の実際有高を調べて当期純損益を計算する。しかし，当期純損益の額はわかるが，どのような発生原因によって生じたのかはわからない。

期末資本－期首資本＝当期純利益（マイナスのときは純損失）

(2)　損益法

　損益法は，収益と費用をその発生のつど個別に記録・計算するので，当期純損益の発生原因をつかむことができ，経営成績を明らかにすることができる。

収益－費用＝当期純利益（マイナスのときは純損失）

3　収益・費用の認識基準

　適正な期間損益計算を行うためには，収益と費用がいつの時点で生じたか，一定の基準に従って決定（認識）し，計上しなければならない。この基準を収益と費用の認識基準といい，次のようなものがある。

(1)　現金主義[1]

　現金の収入があったとき収益を認識し，現金の支出があったとき費用を認識する基準。

(2)　発生主義[2]

　現金の収支の時点に関係なく，発生の事実にもとづいて収益・費用を認識する基準。

　適用例：収益・費用の見越し・繰り延べなど

(3)　実現主義[3]

　商品を得意先に販売し，その対価として現金や受取手形・売掛金などの貨幣性資産を取得したときに収益を認識する基準。

　適用例：販売基準など

4　収益・費用の測定基準

　収益と費用の金額をいくらで計上するか決定することを，収益・費用の測定といい，収益と費用の測定は，それぞれ収入額と支出額にもとづくので，収益・費用の測定基準を**収支額基準**という。

5　費用収益対応の原則

　一会計期間に実現したすべての収益と，その収益を得るために発生したすべての費用を対応させて損益計算を行う考え方を費用収益対応の原則という。

[1] cash basis　　[2] accrual basis　　[3] realization principle

27-1 次の各文の ☐ のなかに入るもっとも適当な用語を答えなさい。

(1) 損益の計算方法には，期末資本から期首資本を差し引いて計算する財産法と，期間中の収益から費用を差し引いて計算する ☐ ア ☐ とがある。

(2) 現行の企業会計では，収益の認識は ☐ イ ☐ により行われ，費用の認識は発生主義により行われる。

(3) 収益と費用の金額の決定を収入額または支出額にもとづいて行う測定基準を ☐ ウ ☐ 基準という。

ア	イ	ウ

27-2 大阪商事株式会社（会計期間は4月1日から翌年3月31日）は，8月1日に1年分の保険料 ¥48,000を現金で支払った。そこで，当期の保険料を

(1) 現金主義

(2) 発生主義

によって，それぞれ求めなさい。

(1)	現 金 主 義 ¥	(2)	発 生 主 義 ¥

27-3 次の各文の ☐ のなかに入るもっとも適当な用語を答えなさい。

(1) 損益計算の方法としては，期首と期末の資本を比較して純損益を算出する財産法と，企業の経営成績を明らかにするために，一会計期間の収益総額から費用総額を差し引いて純損益を算出する ☐ ア ☐ とがある。

(2) 企業会計では，企業の経営成績を明らかにするため，継続して営まれる経営活動を区切って損益計算を行う。これを ☐ イ ☐ 計算という。

(3) 現金の収支にもとづいて，費用・収益を計算する基準を現金主義といい，現金の収支に関係なく，発生の事実にもとづいて計上する基準を ☐ ウ ☐ という。

(4) 収益の計上には，販売などで現金などの入手が確実になったときに計上する ☐ エ ☐ が適用される。

(5) 売上高という収益に対して，これを得るために要した売上原価という費用を対応させて損益を計算する考え方を ☐ オ ☐ という。

ア	イ	ウ	エ

オ

検定問題

27-4　次の文の ☐ のなかに，下記の語群のなかから，もっとも適当なものを選び，その番号を記入しなさい。

　適正な期間損益計算を行うために，現金の収支に関係なく，発生した事実にもとづいて収益・費用を計上するという考え方を ア という。これによると イ は当期の損益計算から除くことになる。

[第60回]

　　1．特 別 利 益　　2．前 受 収 益　　3．費用収益対応　　4．発 生 主 義
　　5．未 払 費 用　　6．実 現 主 義　　7．内 部 利 益　　8．現 金 主 義

ア	イ

27-5　次の各文の下線を引いてある語が正しいときは○印を，誤っているときは正しい語を記入しなさい。

(1)　現金の収支に関係なく，発生した事実にもとづいて収益および費用を計上するという考え方を<u>現金主義</u>という。これによると<u>未収</u>収益と前払費用は当期の損益計算から除くことになる。
　　　ア　　　　　　　　　　　　　　　　　　　　　　イ

[第53回]

(2)　一会計期間に属するすべての収益とその収益を得るために要したすべての<u>費用</u>を，その発生源泉にしたがって分類し，損益計算書に対応表示しなければならない。これは<u>費用配分</u>の原則によるものである。
　　　　　　　　　　　　　　　　　　　　　　　　　　　　　ウ　　　　　　　　　　　エ

[第48回]

(1)		(2)	
ア	イ	ウ	エ

28 売上高・売上原価・販売費及び一般管理費

学 習 の 要 点

◀ 1 ▶ 売上高

売上高❶は，企業の主たる経営活動である販売活動から生じる収益である。たとえば，商品売買業における商品の販売額や製造業における製品の販売額，建設業における工事収益などがある。売上高は原則として実現主義によって計上するが，実現主義は具体的には，商品などを販売した時点で売上高（売上収益）を計上するという販売基準として適用される。

販売基準はさらに，販売プロセスにおける三つの段階（出荷・引渡・検収）に分けられるので，取引の実態に応じて，選択して適用される。

(1) 販売基準　商品などを得意先に引き渡したときに売上高を計上する基準。

出荷基準	商品などを出荷したときに売上高を計上する。
引渡基準	商品などを引き渡したときに売上高を計上する。
検収基準	商品などを得意先が検収したときに売上高を計上する。

なお，「収益認識に関する会計基準」では，売上高の認識は原則として検収基準によることになる。

参考 収益認識に関する会計基準

> 収益の認識は，契約内容に含まれる履行義務（約束どおりに仕事を実行する義務）ごとに，履行義務を充足（実行）したとき，または充足するにつれて行う。なお，その金額は取引価格のうち充足した履行義務に配分した額である。

例1 次の資料により，決算にあたり必要な仕訳を行う。

元帳勘定残高（一部）

繰越商品 ¥500,000　　売　　上 ¥3,600,000　　仕　　入 ¥2,000,000

付記事項

引き渡し時に掛け売上として計上した金額のうち¥120,000（原価¥80,000）が得意先でまだ検収されていないことが判明したため，検収基準によって修正する。

決算整理事項

期末商品棚卸高　¥400,000

《付記事項の仕訳》

(借) 売　　　上　120,000　　(貸) 売 掛 金　120,000

《決算整理事項の仕訳》

(借) 仕　　　入　500,000　　(貸) 繰 越 商 品　500,000
　　　繰 越 商 品　480,000　　　　仕　　　入　480,000

> 期末商品棚卸高¥400,000＋検収されていない商品の原価¥80,000

(2) 売上割引

売掛金を期日前に回収した場合，割引を行うという条件を得意先に示すことがある。この条件にあった売掛金の回収によって行う割引を**売上割引❷**といい，売上割引の金額は総売上高から減額する。

例2 売上割引を行ったとき　福井商店に対する売掛金¥200,000について，同店から所定の期日前に支払いの申し出を受けたので2%の割引を行い，割引額を差し引いた金額を同店振り出しの小切手で受け取った。

(借) 現　　　金　196,000　　(貸) 売 掛 金　200,000
　　　売　　　上　　4,000

---

❶sales　　❷sales discount

（3）　工事収益

　　①工事収益総額　②工事原価総額　③決算日における工事の進捗度の三つの要件を合理的に見積もることができる場合には，**工事進行基準**によって収益を計上する。①〜③の要件を合理的に見積もることができない場合には，**原価回収基準**により，決算日に当期に発生した工事原価の金額の分だけ，収益を計上する。また，①〜③の要件を満たす場合でも，契約期間がごく短い工事契約については，**工事完成基準**によることができる。

　㋐　工事進行基準　期末に工事の進捗度を見積もって，それに応じた工事収益を計上する方法。

$$工事収益＝工事収益総額×\frac{当期工事原価}{工事原価総額}$$

　㋑　原価回収基準　当期に発生した工事原価の金額の分だけ，工事収益を計上する方法。

　㋒　工事完成基準　工事が完成し，その引き渡しが完了した日に工事収益を計上する方法。

　　工事契約によって発生した収益は，**契約資産勘定**（資産の勘定）の借方と**工事収益勘定**（収益の勘定）の貸方に記入する。

例3　工事収益を工事進行基準によって計上したとき　建物の建設を引き受け，工事収益総額¥200,000,000で工事契約し，工事原価総額を¥160,000,000と見積もった。当期中の工事原価は¥48,000,000であった。期末に，工事進行基準により工事収益を計上する。

（借）工事原価	48,000,000	（貸）工事費用の諸勘定	48,000,000
契約資産	60,000,000	工事収益	60,000,000

$$工事収益総額¥200,000,000×\frac{当期工事原価¥48,000,000}{工事原価総額¥160,000,000}＝¥60,000,000$$

2　売上原価・販売費及び一般管理費

　　企業の主たる営業活動から生じる費用を営業費用といい，**売上原価**[3]と**販売費及び一般管理費**[4]とがある。売上原価は，商品売買業の場合，当期に販売された商品の原価である。売上高と売上原価の差額を**売上総利益**[5]という。また，販売費及び一般管理費は，商品などの販売に関する費用および企業の一般管理業務に関して発生する費用で，給料・広告料・貸倒引当金繰入・減価償却費・租税公課・開発費・研究開発費・退職給付費用などがある。売上総利益から販売費及び一般管理費を差し引いて**営業利益**[6]（または**営業損失**[7]）が計算される。

（1）　開発費

　　開発費は，新技術または新経営組織の採用，資源の開発および市場の開拓のために支出した費用である。

例4　開発費を支払ったとき　新製品の市場開拓のために広告宣伝を行い，その費用¥400,000を小切手を振り出して支払った。

（借）開発費	400,000	（貸）当座預金	400,000

（2）　研究開発費

　　研究開発費は，新しい知識の発見を目的とした計画的な研究のために支出した費用，および新しい製品・サービス等の開発のために支出した費用である。

例5　研究開発に使用する機械装置を購入したとき　新製品の研究開発にのみ使用する目的で機械装置¥600,000を購入し，代金は現金で支払った。

（借）研究開発費	600,000	（貸）現金	600,000

---

[3] cost of goods sold　[4] selling and administrative expenses　[5] gross profit on sales
[6] operating profit　[7] operating loss

28▶1 仙台商事株式会社のある日における販売資料は次のとおりである。この日の売上高を，①出荷基準　②引渡基準　③検収基準により求めなさい。

　　資　　料

　　a．A商品¥150,000は出荷したが，得意先にはまだ引き渡していない。

　　b．B商品¥270,000は，得意先に引き渡しをしたが，まだ得意先による検収は行われていない。

　　c．C商品¥240,000は得意先による検収が行われた。

①	出荷基準による売上高 ¥	②	引渡基準による売上高 ¥
③	検収基準による売上高 ¥		

28▶2 次の資料により，決算にあたり必要な仕訳を示しなさい。

　　元帳勘定残高（一部）

　　繰越商品 ¥470,000　　売　　上 ¥4,156,000　　仕　　入 ¥1,725,000

　　付　記　事　項

　　　引き渡し時に掛け売上として計上した金額のうち¥160,000（原価¥92,000）が得意先でまだ検収されていないことが判明したため，検収基準によって修正する。

　　決算整理事項

　　　期末商品棚卸高　¥362,000

	借　　　　　方	貸　　　　　方
付記事項の仕　　訳		
決算整理仕訳		

28▶3 次の取引の仕訳を示しなさい。

　(1)　茨城商店に対する売掛金¥260,000について，同店から所定の期日前に支払いの申し出を受けたので2%の割引を行い，割引額を差し引いた金額を同店振り出しの小切手で受け取った。

　(2)　栃木商店に対する売掛金¥530,000について，同店から所定の期日前に支払いの申し出を受けたので3%の割引を行い，割引額を差し引いた金額を現金で受け取った。

	借　　　　　方	貸　　　　　方
(1)		
(2)		

28-4　次の栃木建設株式会社の当期に計上する工事収益の金額をそれぞれ求めなさい。なお，工事収益を計上しない場合は，解答欄に0（零）を記入すること。

① 建物の建設を引き受け，工事収益総額¥200,000,000で工事契約し，工事原価総額を¥150,000,000と見積もった。当期中の工事原価は¥52,500,000であった。期末に，工事進行基準によって工事収益を計上した。

② 建物の建設を引き受け，工事収益総額¥150,000,000で工事契約したが，工事原価総額については見積もることができなかった。よって，期末に原価回収基準により工事収益を計上することとした。なお，当期中の工事原価は¥33,700,000である。

③ 建物の建設を引き受け，工事収益総額¥8,000,000で工事契約し，工事原価総額を¥5,600,000と見積もった。当期中の工事原価は¥4,480,000であったが，次期完成予定のため，工事完成基準により工事収益を計上することにした。

①	工 事 進 行 基 準 ¥	②	原 価 回 収 基 準 ¥
③	工 事 完 成 基 準 ¥		

28-5　次の取引の仕訳を示しなさい。

(1) 建物の建設を引き受け，工事収益総額¥200,000,000で工事契約し，工事原価総額を¥160,000,000と見積もった。当期中の工事原価は¥48,000,000であった。期末に，工事進行基準により工事収益を計上する。

(2) 建物の建設を引き受け，工事収益総額¥30,000,000で工事契約し，工事原価総額を¥21,000,000と見積もった。当期中の工事原価は¥8,400,000であった。期末に，工事進行基準により工事収益を計上する。

	借　　　方	貸　　　方
(1)		
(2)		

28-6　次の取引の仕訳を示しなさい。

(1) 新製品の市場開拓のために支出した広告料¥700,000を小切手を振り出して支払った。

(2) 消耗品費のうち¥20,000は，新製品の市場開拓のために使用したものと判明した。

(3) 新製品の研究開発にのみ使用する目的で機械装置¥800,000を購入し，代金は現金で支払った。

(4) 給料のうち¥450,000は，新製品の研究開発目的のために支出したものと判明した。

	借　　　方	貸　　　方
(1)		
(2)		
(3)		
(4)		

28-7 岡山商事株式会社の令和○年/2月3/日（決算年/回）における総勘定元帳勘定残高と付記事項および決算整理事項により，報告式の損益計算書の売上高から売上総利益までの表示を完成しなさい。

元帳勘定残高（一部）

売 掛 金	¥ 7,300,000	貸倒引当金	¥ 60,000	繰 越 商 品	¥ 2,500,000
売 上	15,600,000	仕 入	9,500,000	給 料	840,000
広 告 料	240,000	保 険 料	130,000	消 耗 品 費	400,000
開 発 費	400,000	研究開発費	200,000	雑 費	36,000

付 記 事 項

給料のうち¥300,000，消耗品費のうち¥160,000は研究開発目的に支出したものと判明した。

決算整理事項

a. 期末商品棚卸高 ¥ 1,760,000
b. 貸 倒 見 積 高 売掛金は一般債権であり，貸倒実績率法により期末残高に対して/%と見積もり，貸倒引当金を設定する。
c. 備品減価償却高 ¥ 60,000
d. 保険料前払高 ¥ 10,000

損 益 計 算 書

岡山商事株式会社　　令和○年/月/日から令和○年/2月3/日まで　　（単位：円）

I 売 上 高 （　　　　　）
II 売 上 原 価
　1. 期首商品棚卸高 （　　　　　）
　2. 当期商品仕入高 （　　　　　）
　　　合　　計 （　　　　　）
　3. 期末商品棚卸高 （　　　　　） （　　　　　）
　　　売 上 総 利 益 （　　　　　）
III 販売費及び一般管理費
　1. 給　　料 （　　　　　）
　2. 広　告　料 （　　　　　）
　3. 貸倒引当金繰入 （　　　　　）
　4. 保　険　料 （　　　　　）
　5. 減価償却費 （　　　　　）
　6. 消 耗 品 費 （　　　　　）
　7. 開　発　費 （　　　　　）
　8. 研 究 開 発 費 （　　　　　）
　9. 雑　　費 （　　　　　） （　　　　　）
　　　営 業 利 益 （　　　　　）

検定問題 ◆◆◆◆◆

28-8 山梨建設株式会社は，当期に工事収益総額¥903,000,000で工事を引き受け，3年後の完成予定で工事を開始した。決算にあたり，当期の実際発生工事原価を集計したところ¥135,450,000であった。なお，工事原価は信頼性をもった見積りがされており，工事原価総額は¥752,500,000である。よって，決算日における工事進捗度（工事の進行度合）により，当期の工事収益を求めなさい。 第82回

当期の工事収益 ¥

29 営業外収益・営業外費用

学習の要点

1 営業外損益の区分と種類

営業利益
⊕ 営業外収益❶
⊖ 営業外費用❷
経常利益
（マイナスは
経常損失）

→主たる営業活動以外から生じる収益。

金融・財務活動による収益	受取利息・有価証券利息・受取配当金・仕入割引・有価証券売却益・有価証券評価益・為替差益・保証債務取崩益・受取手数料・雑益など

→主たる営業活動以外から生じる費用。

金融・財務活動による費用	支払利息・手形売却損・電子記録債権売却損・創立費・開業費・株式交付費・有価証券売却損・有価証券評価損・為替差損・保証債務費用など

2 仕入割引

買掛金を所定の期日前に支払ったとき，売手が割り引いてくれる場合の割引額を**仕入割引**❸といい**仕入割引勘定**（収益の勘定）で処理する。

例 買掛金を所定の期日前に支払ったとき　高松商店に対する買掛金¥200,000について，所定の期日前に支払うことを申し出たので，同店から2%の割引を受け，割引額を差し引いた金額を現金で支払った。

（借）買　掛　金　200,000　（貸）現　　　金　196,000
仕 入 割 引　4,000

29-1 次の各文の □ のなかに入るもっとも適当な用語を答えなさい。

(1) 主な営業活動によって生じる損益を営業損益といい，これに対して，主な営業活動以外の活動によって生じる損益を ア という。

(2) 仕入戻し・値引額は仕入高から控除するが，買掛金を所定の期日前に支払った場合の買掛金の割引額を イ といい，これは営業外収益として処理する。

(3) 損益計算書では， ウ の額に営業外収益の合計額と営業外費用の合計額を加減した額を，経常利益として記載する。

ア	イ	ウ

29-2 次の取引の仕訳を示しなさい。ただし，商品に関する勘定は3分法によること。

(1) 津商店に対する買掛金¥500,000を所定の期日前に支払うことを申し出たので，同店から2%の割引を受け，割引額を差し引いた金額を小切手を振り出して支払った。

(2) 伊勢商店に対する買掛金¥400,000を所定の期日前に支払うことを申し出たので，同店から割引を受け，割引額を差し引いた金額¥396,000を現金で支払った。

(3) 松阪商店に対する買掛金を所定の期日前に支払ったときに¥13,000の割引を受けていたが，誤って仕入返品を行ったように処理していたので，本日，これを訂正した。

❶non-operating revenues　❷non-operating expenses　❸purchase discount

	借　　　方	貸　　　方
(1)		
(2)		
(3)		

29-3 宮城商事株式会社の令和○年/2月3/日(決算年/回)における総勘定元帳勘定残高(決算整理後)によって，報告式の損益計算書の営業外収益から営業外費用までの表示を完成しなさい。

　　　なお，営業利益は¥2,500,000であった。

元帳勘定残高（一部）

受 取 利 息	¥	60,000	有価証券利息	¥	45,000	仕 入 割 引	¥	15,000
雑 　 　 益		10,000	支 払 利 息		90,000	有価証券評価損		80,000
雑 　 　 損		7,000						

損 益 計 算 書

宮城商事株式会社　　　令和○年/月/日から令和○年/2月3/日まで　　　（単位：円）

　　　　　　　　　営 業 利 益　　　　　　　　　　　　　　　（　　　　　　）

Ⅳ 営 業 外 収 益
1．受 取 利 息　　　（　　　　　　）
2．有 価 証 券 利 息　（　　　　　　）
3．仕 入 割 引　　　（　　　　　　）
4．雑 　 　 益　　　（　　　　　　）　　　　（　　　　　　）

Ⅴ 営 業 外 費 用
1．支 払 利 息　　　（　　　　　　）
2．有 価 証 券 評 価 損（　　　　　　）
3．雑 　 　 損　　　（　　　　　　）　　　　（　　　　　　）
　　　　　　　　　経 常 利 益　　　　　　　　　　　　　　　（　　　　　　）

検定問題

29-4 次の取引の仕訳を示しなさい。

(1) 兵庫商店に対する買掛金の支払いにあたり，支払期日前のため，契約によって¥5,000の割引を受け，割引額を差し引いた金額¥245,000は現金で支払った。　　　【第83回】

(2) 徳島商店に対する買掛金¥300,000の支払いにあたり，支払期日前のため，契約によって同店から割引を受け，割引額を差し引いた金額¥298,000は現金で支払った。　　　【第88回】

(3) 東京商店に対する買掛金¥800,000の支払いにあたり，期日の/0日前に割引額を差し引いた金額¥796,000を小切手を振り出して支払った。なお，東京商店とは買掛金を期日の7日以前に支払うときに割引を受ける契約をしている。　　　【第91回】

	借　　　方	貸　　　方
(1)		
(2)		
(3)		

30 特別利益・特別損失

学習の要点

1 特別損益の区分と種類

経 常 利 益
⊕ 特 別 利 益
⊖ 特 別 損 失
税引前当期純利益
⊖法人税, 住民税及び事業税
当 期 純 利 益❶

企業の通常の経営活動とは直接関係がなく, 当期に臨時的・偶発的に発生した損益である。

特　別　損　益
固定資産売却益・投資有価証券売却益・新株予約権戻入益など

固定資産売却損・固定資産除却損・投資有価証券売却損・子会社株式評価損・災害損失・火災損失など

例 建物に損害が生じたとき　　取得原価¥5,000,000　減価償却累計額¥3,000,000の建物が火災により焼失した。

(借) 建物減価償却累計額　3,000,000　　(貸) 建　　物　5,000,000
　　火 災 損 失　2,000,000

30-1 次の取引の仕訳を示しなさい。

その他有価証券として保有する沖縄商事株式会社の株式100株 (帳簿価額¥4,200,000) を1株につき¥45,000で売却し, 代金は当座預金に振り込まれた。

借　　　　　　方	貸　　　　　　方

30-2 次の項目のなかから, 特別利益と特別損失を選び, その番号を記入しなさい。

1. 受 取 利 息　　2. 退職給付費用　　3. 災 害 損 失　　4. 貸倒引当金繰入
5. 売 上 高　　6. 固定資産売却益　　7. 手 形 売 却 損　　8. 雑 費
9. 子会社株式評価損　　10. 固定資産除却損　　11. 新株予約権戻入益　　12. 研 究 開 発 費

特 別 利 益		特 別 損 失	

30-3 次の取引の仕訳を示しなさい。

(1) 取得原価¥15,000,000　減価償却累計額¥9,000,000の建物が, 火災により焼失した。

(2) その他有価証券として保有する愛知商事株式会社の株式10株 (帳簿価額¥700,000) を, 1株につき¥59,000で売却し, 代金は3日後に受け取ることにした。

	借　　　　　方	貸　　　　　方
(1)		
(2)		

❶net income

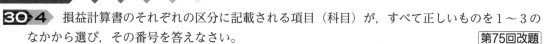

30-4 損益計算書のそれぞれの区分に記載される項目（科目）が，すべて正しいものを1～3のなかから選び，その番号を答えなさい。 第75回改題

販売費及び一般管理費	1．退職給付費用，法人税等 2．広告料，雑損 3．給料，減価償却費	営業外費用	1．手形売却損，有価証券評価損 2．支払家賃，支払利息 3．消耗品費，有価証券売却損
営業外収益	1．有価証券評価益，固定資産売却益 2．仕入割引，有価証券利息 3．受取利息，投資有価証券売却益	特別損失	1．租税公課，災害損失 2．固定資産除却損，子会社株式評価損 3．雑費，電子記録債権売却損

区　　分	番　号	区　　分	番　号
販売費及び一般管理費		営　業　外　費　用	
営　業　外　収　益		特　別　損　失	

30-5 損益計算書のそれぞれの区分に記載される項目（科目）が，すべて正しいものを1～3のなかから選び，その番号を記入しなさい。 第61回改題

営業外収益	1．有価証券評価益，新株予約権戻入益 2．受取地代，仕入割引 3．雑益，固定資産売却益	特別利益	1．受取利息，固定資産売却益 2．固定資産売却益，投資有価証券売却益 3．受取配当金，保険差益
営業外費用	1．支払利息，手形売却損 2．創立費，発送費 3．有価証券評価損，支払地代	特別損失	1．棚卸減耗損，雑損 2．給料，固定資産除却損 3．固定資産売却損，災害損失

区　　分	番　号	区　　分	番　号
営　業　外　収　益		特　別　利　益	
営　業　外　費　用		特　別　損　失	

総合問題 ❸ (1)

❸ 1 次の事項は，損益計算書において，どの区分に，どのような項目（科目）で記載したらよい
か記号と項目（科目）名を記入しなさい。ただし，一つの問いに対する答えを二か所以上に記入
しないこと。

  a．電子記録債権を債権金額より低い金額で譲渡したことによる割引額。
  b．当社が所有する営業用の土地に対する当期分の課税額。
  c．土地を帳簿価額より高い価額で売却したときの差額。
  d．評価額零（0）の固定資産を廃棄処分したときの帳簿価額。
  e．当期分の配当金の受取額。

区　　分	項　目　（科　目）	区　　分	項　目　（科　目）
販売費及び一般管理費		特 別 利 益	
営業外収益		特 別 損 失	
営業外費用			

❸ 2 次の各文の ☐ のなかに，下記の語群のなかから，もっとも適当なものを選び，その番
号を記入しなさい。

(1)　一会計期間に実現したすべての収益と，そのために要したすべての ☐ア☐ を対応させて損
益計算を行うのは ☐イ☐ の原則による。

(2)　通常の販売では，商品を売り渡したときに収益を計上する。この基準を ☐ウ☐ とい
い，☐エ☐ にもとづくものである。

(3)　請負工事で，工事収益総額，工事原価総額，決算日における工事の進捗度を見積もることが
できる場合には，☐オ☐ を適用し，また，これらの見積もりができない場合には，☐カ☐ を
適用して工事収益を計上する。また，見積もりができる場合でも，契約期間がごく短い工事契
約については，☐キ☐ によることもできる。

  1．工事完成基準　　2．原価回収基準　　3．発 生 主 義　　4．費　　　　用
  5．費用収益対応　　6．実 現 主 義　　7．販 売 基 準　　8．工事進行基準

ア	イ	ウ	エ	オ	カ	キ

❸ 3 次の資料から，(1)工事進行基準　(2)原価回収基準によった場合の当期の工事収益を求めなさ
い。

  i　工事収益総額　　¥570,000,000
  ii　工事原価総額　　¥420,000,000
  iii　工 事 期 間　　　4 年
  iv　当期工事原価　　¥126,000,000

(1)	工 事 進 行 基 準　¥	(2)	原 価 回 収 基 準　¥

3 4 次の取引の仕訳を示しなさい。ただし，商品に関する勘定は3分法によること。

(1) 金沢商店から売掛金¥2,500,000を所定の期日前に受け取ることになり，契約によって1%の割引を行い，割引額を差し引いた金額を同店振り出しの小切手で受け取った。

(2) 加賀商店に対する買掛金¥3,800,000を所定の期日前に支払うことになり，同店から1%の割引を受け，割引額を差し引いた金額を小切手を振り出して支払った。

(3) その他有価証券として保有する香川商事株式会社の株式200株（帳簿価額¥3,600,000）を1株につき¥17,000で売却し，代金は当座預金口座に振り込まれた。

(4) 取得原価¥30,000,000 減価償却累計額¥18,000,000の建物が，火災により焼失した。

(5) 新市場の開拓のためにかかった市場調査費用¥1,200,000を小切手を振り出して支払った。

(6) 消耗品費勘定のうち¥87,000は，研究開発目的に使用したものと判明した。

(7) 決算にあたり，引き渡し時に掛け売上としていた金額のうち¥100,000（原価¥72,000）が得意先でまだ検収されていないことが判明したため，検収基準により修正する。（売上に関する仕訳）

(8) 茨城建設株式会社は建物の建設を引き受け，工事収益総額¥150,000,000で契約したが，工事原価総額は見積もることができなかった。発生した原価は全額回収が見込まれる。よって，期末に原価回収基準により工事収益を計上する。なお，当期中の工事原価は¥23,410,000である。（工事原価計上の仕訳は記帳済み）

	借　　　　　　方	貸　　　　　　方
(1)		
(2)		
(3)		
(4)		
(5)		
(6)		
(7)		
(8)		

31 損益計算書の作成

1 損益計算書の作成に関する原則

(1) 費用収益対応の原則

　費用および収益は，その発生源泉に従って明瞭に分類し，各収益項目とそれに関連する費用項目とを対応表示しなければならない。　**例**　売上高——売上原価

(2) 総額主義の原則

　費用および収益を損益計算書に記載するにあたっては，それぞれ総額によって記載し，原則として両者を相殺して差額だけを示してはならない。　**例**　受取利息——支払利息

2 損益計算書作成上の留意点

```
○○商事       損 益 計 算 書
株式会社                        （単位：千円）
令和○年/月/日から令和○年/2月3/日まで
Ⅰ 売    上    高 ············· 3,000
Ⅱ 売  上  原  価
    1. 期首商品棚卸高 ···· 50
    2. 当期商品仕入高 ··· 930
        合   計      980
    3. 期末商品棚卸高 ···· 60      920
        売 上 総 利 益      2,080
Ⅲ 販売費及び一般管理費 ·········· 850
        営  業  利  益      1,230
Ⅳ 営  業  外  収  益 ············· 20
Ⅴ 営  業  外  費  用 ············· 10
        経  常  利  益      1,240
Ⅵ 特  別  利  益 ················· 10
Ⅶ 特  別  損  失 ·················· 5
        税引前当期純利益      1,245
        法人税，住民税
        及 び 事 業 税       410
        当  期  純  利  益      835
```

〔作成上の留意点〕

- 売上返品高などを控除した純売上高を記載する。
- 繰越商品勘定の前期繰越高を記載する。
- 仕入返品高などを控除した純仕入高を記載する。
- 帳簿棚卸高を記載する。商品評価損など売上原価の内訳項目とするものは，4.として示し，売上原価に算入する。
- 給料・広告料・発送費・貸倒引当金繰入・保険料・特許権償却・のれん償却・退職給付費用・旅費交通費・通信費・消耗品費・減価償却費・租税公課・支払家賃・修繕費・水道光熱費・雑費などを記載する。
- 受取利息・受取配当金・仕入割引・有価証券利息・有価証券売却益・有価証券評価益・為替差益・雑益などを記載する。
- 支払利息・手形売却損・電子記録債権売却損・有価証券売却損・有価証券評価損・為替差損・創立費・開業費・株式交付費などを記載する。
- 固定資産売却益・投資有価証券売却益などを記載する。
- 固定資産売却損・固定資産除却損・投資有価証券売却損・子会社株式評価損・火災損失などを記載する。
- 法人税・住民税・事業税額を記載する。

3 損益計算書に関する注記

　損益計算書の内容を利害関係者に明瞭に表示するためには，損益計算書に関する注記を注記表にまとめて記載する。

31-1 下記の資料によって，京都商事株式会社の報告式の損益計算書を完成しなさい。ただし，①〜⑥はA群より，ⓐ〜ⓒはB群より，⑦〜サはC群より選んで記入しなさい。

資　　　料

A　群　特　別　利　益　　売　上　原　価　　営業外収益　　特　別　損　失
　　　　営業外費用　　売　上　高

B　群　営　業　利　益　　当期純利益　　経　常　利　益

C　群　有価証券利息 20　　保　険　料 34　　発　送　費 158　　仕　入　割　引 76
　　　　貸倒引当金繰入 44　　子会社株式評　価　損 88　　有価証券評価損 100　　減価償却費 237
　　　　支　払　地　代 190　　固定資産売却益 40　　受取配当金 130

損　益　計　算　書

京都商事株式会社　　　　令和〇年1月1日から令和〇年12月31日まで　　　　（単位：千円）

Ⅰ（①　　　　　　）		16,772
Ⅱ（②　　　　　　）		
1．期首商品棚卸高	2,610	
2．当期商品仕入高	13,360	
合　　　計	（　　　　　）	
3．期末商品棚卸高	2,710	（　　　　　　）
売 上 総 利 益		（　　　　　　）
Ⅲ　**販売費及び一般管理費**		
1．給　　　　料	1,826	
2．（⑦　　　　　）	（　　　　　）	
3．広　告　料	135	
4．（⑦　　　　　）	（　　　　　）	
5．（⑦　　　　　）	（　　　　　）	
6．（⑦　　　　　）	（　　　　　）	
7．（⑦　　　　　）	（　　　　　）	
8．雑　　　　費	15	（　　　　　　）
（ⓐ　　　　）		（　　　　　　）
Ⅳ（③　　　　　　）		
1．（⑦　　　　　）	（　　　　　）	
2．（⑦　　　　　）	（　　　　　）	
3．（⑦　　　　　）	（　　　　　）	（　　　　　　）
Ⅴ（④　　　　　　）		
1．支　払　利　息	26	
2．（⑦　　　　　）	（　　　　　）	（　　　　　　）
（ⓑ　　　　）		（　　　　　　）
Ⅵ（⑤　　　　　　）		
1．（⑦　　　　　）	（　　　　　）	（　　　　　　）
Ⅶ（⑥　　　　　　）		
1．（サ　　　　　）	（　　　　　）	（　　　　　　）
税引前当期純利益		（　　　　　　）
法人税，住民税及 び 事 業 税		275
（ⓒ　　　　）		（　　　　　　）

31-2　大阪商事株式会社の総勘定元帳勘定残高と付記事項および決算整理事項によって，報告式の損益計算書を完成しなさい。

　　ただし，i　会社計算規則によること。

　　　　　　ii　会計期間は令和○/年4月/日から令和○2年3月3/日までとする。

元帳勘定残高

現　　　金	¥ 453,440	当 座 預 金	¥ 3,634,000	受 取 手 形	¥ 1,624,000
売 掛 金	2,300,000	貸倒引当金	20,000	繰 越 商 品	1,850,000
短期貸付金	560,000	備　　　品	800,000	備品減価償却累計額	200,000
建設仮勘定	3,800,000	子会社株式	1,500,000	支 払 手 形	1,140,000
買 掛 金	2,190,000	仮 受 金	80,000	長期借入金	1,000,000
退職給付引当金	240,000	資 本 金	10,000,000	資本準備金	100,000
利益準備金	50,000	別途積立金	70,000	繰越利益剰余金	130,000
売　　　上	44,800,000	受 取 利 息	3,000	固定資産売却益	50,000
仕　　　入	38,250,000	給　　　料	3,800,000	広 告 料	800,000
発 送 費	295,000	旅　　　費	25,000	通 信 費	239,000
保 険 料	72,000	雑　　　費	49,560	支 払 利 息	21,000

付 記 事 項

　①　仮受金¥80,000は，得意先新宮商店からの売掛金の回収額であった。

　②　仕入先有田商店の買掛金¥300,000を期日前に支払ったさい，/%の割引を受けたが，その割引額の記入もれがあった。なお買掛金を支払ったさい，次の仕訳がしてあった。

　　　　（借）買　　掛　　金　297,000　　（貸）当 座 預 金　297,000

決算整理事項

　a．期末商品棚卸高　　帳簿棚卸高　¥2,760,000　　実地棚卸高　¥2,640,000

　　　　　　　　　　　　ただし，差額は棚卸減耗損であり，売上原価の内訳項目とする。

　b．貸 倒 見 積 高　　受取手形と売掛金の期末残高に対し，それぞれ/%と見積もり，貸倒引当金を設定する。

　c．備品減価償却高　　定率法により，毎期の償却率を25%とする。

　d．郵便切手未使用高　¥　90,000

　e．保険料前払高　　　¥　20,000

　f．受取利息未収高　　¥　　3,000

　g．退職給付引当金繰入額　¥　45,000

　h．法人税，住民税及び事業税額　¥　598,000

損 益 計 算 書

大阪商事株式会社　　令和○/年4月/日から令和○2年3月3/日まで　　　　　　　　　（単位：円）

Ⅰ　売　上　高　　　　　　　　　　　　　　　　　　　　　（　　　　　　　　）

Ⅱ　売　上　原　価
1．期首商品棚卸高　　　　　　　　　1,850,000
2．当期商品仕入高　　　　　（　　　　　　　　）
　　　　合　　　計　　　　　（　　　　　　　　）
3．期末商品棚卸高　　　　　（　　　　　　　　）
　　　　　　　　　　　　　　（　　　　　　　　）
4．（　　　　　　　）　　　（　　　　　　　　）　　（　　　　　　　　）
　　　　売　上　総　利　益　　　　　　　　　　　　　（　　　　　　　　）

Ⅲ　販売費及び一般管理費
1．給　　　　料　　　　　　　　　　3,800,000
2．広　告　料　　　　　　　（　　　　　　　　）
3．発　送　費　　　　　　　（　　　　　　　　）
4．旅　　　費　　　　　　　（　　　　　　　　）
5．（　　　　　　　）　　　（　　　　　　　　）
6．（　　　　　　　）　　　（　　　　　　　　）
7．通　信　費　　　　　　　（　　　　　　　　）
8．（　　　　　　　）　　　（　　　　　　　　）
9．保　険　料　　　　　　　（　　　　　　　　）
10．（　　　　　　　）　　　（　　　　　　　　）　　（　　　　　　　　）
　　　　営　業　利　益　　　　　　　　　　　　　　　（　　　　　　　　）

Ⅳ　営　業　外　収　益
1．受　取　利　息　　　　　（　　　　　　　　）
2．（　　　　　　　）　　　（　　　　　　　　）　　（　　　　　　　　）

Ⅴ　営　業　外　費　用
1．支　払　利　息　　　　　（　　　　　　　　）　　（　　　　　　　　）
　　　　経　常　利　益　　　　　　　　　　　　　　　（　　　　　　　　）

Ⅵ　特　別　利　益
1．（　　　　　　　）　　　（　　　　　　　　）　　（　　　　　　　　）
　　　　税引前当期純利益　　　　　　　　　　　　　　（　　　　　　　　）
　　　　法人税，住民税
　　　　及び事業税　　　　　　　　　　　　　　　　　（　　　　　　　　）
　　　　当　期　純　利　益　　　　　　　　　　　　　（　　　　　　　　）

31・3 関東商事株式会社の総勘定元帳勘定残高と付記事項および決算整理事項によって，報告式の損益計算書を完成しなさい。

　　　ただし，i　会社計算規則によること。

　　　　　　　ii　会計期間は令和○/年4月/日から令和○2年3月3/日までとする。

元帳勘定残高

現　　　金	¥ 1,815,000	当 座 預 金	¥ 3,469,000	受 取 手 形	¥ 2,780,000
売 掛 金	5,570,000	貸倒引当金	52,000	売買目的有価証券	3,060,000
繰 越 商 品	4,800,000	備　　品	2,600,000	備品減価償却累計額	650,000
リース資産	500,000	リース資産減価償却累計額	100,000	支 払 手 形	610,000
買 掛 金	1,056,000	リース債務	300,000	仮 受 金	100,000
退職給付引当金	630,000	資 本 金	10,000,000	資本準備金	350,000
利益準備金	100,000	別途積立金	560,000	繰越利益剰余金	180,000
売　　上	79,477,000	有価証券利息	270,000	仕 入 割 引	43,000
仕　　入	60,560,000	給　　料	6,180,000	発 送 費	798,000
広 告 料	450,000	支 払 家 賃	1,000,000	保 険 料	126,000
雑　　費	320,000	支 払 利 息	168,000	手形売却損	184,000
雑　　損	98,000				

付記事項

　①　雑損¥98,000は，事務用パソコンを期首に廃棄したときのものであったので，適切な科目に修正する。なお，廃棄したものの評価額は零（0）とする。

　②　仮受金¥100,000は，売掛金の回収額であることが判明した。

決算整理事項

　a．期末商品棚卸高　　帳簿棚卸高　¥4,930,000　　実地棚卸高　¥4,731,000

　　　　　　　　　　　　ただし，差額は棚卸減耗損であり，売上原価の内訳項目とする。

　b．貸 倒 見 積 高　　受取手形と売掛金の期末残高に対し，それぞれ/%と見積もり，貸倒引当金を設定する。

　c．売買目的有価証券評価高　　売買目的で保有する次の株式について，時価によって評価する。

　　　　　　　　　　　　関西商事株式会社　20株　　帳簿価額　/株¥79,000

　　　　　　　　　　　　　　　　　　　　　　　　　時　　価　〃〃75,000

　　　　　　　　　　　　東北商事株式会社　40株　　帳簿価額　〃〃37,000

　　　　　　　　　　　　　　　　　　　　　　　　　時　　価　〃〃37,000

　d．減 価 償 却 高　　備　　品：定率法により，毎期の償却率を25%とする。

　　　　　　　　　　　　リース資産：定額法により，残存価額は零（0）　耐用年数は5年とする。

　e．保 険 料 前 払 高　　保険料勘定のうち¥72,000は，本年/2月/日から/年分の保険料として支払ったものであり，前払高を次期に繰り延べる。

　f．家 賃 前 払 高　　¥　440,000

　g．退職給付引当金繰入額　　¥　160,000

　h．法人税，住民税及び事業税額　　¥2,840,000

損 益 計 算 書

関東商事株式会社　令和○/年4月/日から令和○2年3月3/日まで　　　　（単位：円）

I　売　上　高		（　　　　　　）
II　売　上　原　価			
1．期首商品棚卸高	（　　　　　）		
2．当期商品仕入高	（　　　　　）		
合　　　計	（　　　　　）		
3．期末商品棚卸高	（　　　　　）		
	（　　　　　）		
4．（　　　　　）	（　　　　　）	（　　　　　　）	
売 上 総 利 益		（　　　　　　）	
III　販売費及び一般管理費			
1．給　　　　料	（　　　　　）		
2．発　送　費	（　　　　　）		
3．広　告　料	（　　　　　）		
4．（　　　　　）	（　　　　　）		
5．（　　　　　）	（　　　　　）		
6．（　　　　　）	（　　　　　）		
7．支 払 家 賃	（　　　　　）		
8．保　険　料	（　　　　　）		
9．雑　　　　費	（　　　　　）	（　　　　　　）	
営 業 利 益		（　　　　　　）	
IV　営 業 外 収 益			
1．（　　　　　）	（　　　　　）		
2．（　　　　　）	（　　　　　）	（　　　　　　）	
V　営 業 外 費 用			
1．支 払 利 息	（　　　　　）		
2．手 形 売 却 損	（　　　　　）		
3．（　　　　　）	（　　　　　）	（　　　　　　）	
経 常 利 益		（　　　　　　）	
VI　特 別 損 失			
1．（　　　　　）	（　　　　　）	（　　　　　　）	
税引前当期純利益		（　　　　　　）	
法人税, 住民税及び事業税		（　　　　　　）	
当 期 純 利 益		（　　　　　　）	

検定問題

31▶4 福島商事株式会社の総勘定元帳勘定残高と付記事項および決算整理事項によって，報告式の損益計算書を完成しなさい。

ただし， i　会社計算規則によること。

ii　会計期間は令和○6年4月/日から令和○7年3月3/日までとする。 第81回改題

元帳勘定残高

現　　　金	¥ 289,000	当 座 預 金	¥ 1,473,000	受 取 手 形	¥ 2,700,000
売 掛 金	2,524,000	貸倒引当金	26,000	売買目的有価証券	1,680,000
繰 越 商 品	3,104,000	仮 払 金	3,000,000	仮払法人税等	948,000
備　　　品	2,400,000	備品減価償却累計額	600,000	土　　　地	2,616,000
特 許 権	1,505,000	子会社株式	2,560,000	支 払 手 形	1,900,000
買 掛 金	2,059,000	借 入 金	2,800,000	退職給付引当金	1,426,000
資 本 金	9,000,000	資本準備金	800,000	利益準備金	545,000
新築積立金	1,000,000	別途積立金	260,000	繰越利益剰余金	293,000
売　　　上	67,800,000	受 取 地 代	408,000	受取配当金	96,000
仕　　　入	47,125,000	給　　　料	6,654,000	発 送 費	1,653,000
広 告 料	2,680,000	支 払 家 賃	3,120,000	通 信 費	1,540,000
保 険 料	360,000	租 税 公 課	350,000	雑　　　費	137,000
手形売却損	75,000	固定資産除却損	520,000		

付記事項

① 売掛金のうち¥24,000は，西商店に対する前期末のものであり，同店はすでに倒産しているので，貸し倒れとして処理する。

② 仮払金¥3,000,000は，建設中の本社建物に対する建設代金の一部である。なお，この建物はまだ完成していない。

決算整理事項

a．期末商品棚卸高

	帳簿棚卸数量	実地棚卸数量	原　　価	正味売却価額
A品	3,400個	3,400個	@¥800	@¥950
B品	960〃	700〃	〃〃500	〃〃400

ただし，棚卸減耗損および商品評価損は売上原価の内訳項目とする。

b．貸倒見積高　　受取手形と売掛金の期末残高に対し，それぞれ/%と見積もり，貸倒引当金を設定する。

c．売買目的有価証券評価高　　売買目的で保有する株式は次のとおりである。

	株数	/株の帳簿価額	/株の時価
甲運輸株式会社	25株	¥44,000	¥49,000
乙建設株式会社	20〃	〃29,000	〃26,000

d．備品減価償却高　　定率法により，毎期の償却率を25%とする。

e．特許権償却高　　特許権は，前期首に¥1,720,000で取得したものであり，取得のときから8年間にわたって定額法によって償却している。

f．保険料前払高　　保険料¥360,000は，令和○6年4月/日から3年分の保険料として支払ったものであり，前払高を次期に繰り延べる。

g．利息未払高　　¥ 35,000

h．退職給付引当金繰入額　　¥ 429,000

i．法人税，住民税及び事業税額　　¥1,092,000

損 益 計 算 書

福島商事株式会社　令和○6年4月1日から令和○7年3月31日まで　　　　　　（単位：円）

I 売 上 高　　　　　　　　　　　　　　　　　　　　　　　67,800,000

II 売 上 原 価

　　1. 期首商品棚卸高　　　　　　　3,104,000

　　2. 当期商品仕入高　　　（　　　　　　　　）

　　　　合　　計　　　　　（　　　　　　　　）

　　3. 期末商品棚卸高　　　（　　　　　　　　）

　　　　　　　　　　　　　（　　　　　　　　）

　　4. （　　　　　　）　　（　　　　　　　　）

　　5. （　　　　　　）　　（　　　　　　　　）　　（　　　　　　　　）

　　　　売 上 総 利 益　　　　　　　　　　　　　（　　　　　　　　）

III 販売費及び一般管理費

　　1. 給　　料　　　　　　　6,654,000

　　2. 発 送 費　　　　　　　1,653,000

　　3. 広 告 料　　　　　　　2,680,000

　　4. 貸倒引当金繰入　　　（　　　　　　　　）

　　5. （　　　　　　）　　（　　　　　　　　）

　　6. 減 価 償 却 費　　　（　　　　　　　　）

　　7. （　　　　　　）　　（　　　　　　　　）

　　8. 支 払 家 賃　　　　　3,120,000

　　9. 通 信 費　　　　　　（　　　　　　　　）

　　10. 保 険 料　　　　　　（　　　　　　　　）

　　11. 租 税 公 課　　　　（　　　　　　　　）

　　12. 雑 費　　　　　　　（　　　　　　　　）　　（　　　　　　　　）

　　　　営 業 利 益　　　　　　　　　　　　　　（　　　　　　　　）

IV 営 業 外 収 益

　　1. 受 取 地 代　　　　　　408,000

　　2. 受 取 配 当 金　　　　　96,000

　　3. （　　　　　　）　　（　　　　　　　　）　　（　　　　　　　　）

V 営 業 外 費 用

　　1. 支 払 利 息　　　　　（　　　　　　　　）

　　2. （　　　　　　）　　（　　　　　　　　）　　（　　　　　　　　）

　　　　経 常 利 益　　　　　　　　　　　　　　（　　　　　　　　）

VI 特 別 損 失

　　1. （　　　　　　）　　（　　　　　　　　）　　（　　　　　　　　）

　　　　税引前当期純利益　　　　　　　　　　　（　　　　　　　　）

　　　　法人税, 住民税
　　　　及 び 事 業 税　　　　　　　　　　　　（　　　　　　　　）

　　　　当 期 純 利 益　　　　　　　　　　　　（　　　　　　　　）

31-5 埼玉商事株式会社の総勘定元帳勘定残高と付記事項および決算整理事項によって，

(1) 報告式の損益計算書を完成しなさい。

(2) 貸借対照表の負債の部に記載する合計額を求めなさい。なお，貸借対照表の資産の部に記載する合計額は¥26,940,000である。

　　ただし，i　会社計算規則によること。

　　　　　　ii　会計期間は令和○8年4月/日から令和○9年3月3/日までとする。 第85回改題

元帳勘定残高

現　　　金	¥1,935,000	当座預金	¥1,974,000	受取手形	¥1,500,000
売 掛 金	1,213,000	貸倒引当金	24,000	売買目的有価証券	2,400,000
繰越商品	2,510,000	仮払法人税等	760,000	建　　物	9,000,000
建物減価償却累計額	2,400,000	備　　品	3,400,000	備品減価償却累計額	680,000
土　　　地	4,810,000	満期保有目的債券	1,476,000	その他有価証券	1,010,000
支払手形	1,610,000	買 掛 金	1,872,000	手形借入金	1,412,000
長期借入金	1,600,000	退職給付引当金	1,800,000	資 本 金	12,000,000
資本準備金	1,100,000	利益準備金	780,000	別途積立金	1,372,000
繰越利益剰余金	376,000	売　　　上	73,368,000	有価証券利息	30,000
受取配当金	180,000	仕　　　入	51,730,000	給　　料	7,290,000
発 送 費	2,280,000	広 告 料	3,150,000	支払家賃	3,135,000
保 険 料	350,000	租税公課	379,000	雑　　費	150,000
支払利息	32,000	固定資産除却損	120,000		

付記事項

① 売掛金のうち¥13,000は，西商店に対する前期末のものであり，同店はすでに倒産しており，貸し倒れとして処理する。

決算整理事項

　a. 期末商品棚卸高　　帳簿棚卸数量　680個　　原　　価　@¥3,400
　　　　　　　　　　　　実地棚卸数量　650〃　　正味売却価額　〃〃3,600
　　　　　　　　　　　　ただし，棚卸減耗損は売上原価の内訳項目とする。

　b. 貸倒見積高　　　　受取手形と売掛金の期末残高に対し，それぞれ貸倒実績率を/%として，貸倒引当金を設定する。

　c. 有価証券評価高　　保有する株式は次のとおりである。
　　　　　　　　　　　　売買目的有価証券：甲通信株式会社　20株　時価　/株　¥115,000
　　　　　　　　　　　　満期保有目的債券：償却原価法によって¥1,482,000に評価する。
　　　　　　　　　　　　その他有価証券：乙産業株式会社　/0株　時価　/株　¥103,000

　d. 減価償却高　　　　建物：定額法により，残存価額は零（0）　耐用年数は30年とする。
　　　　　　　　　　　　備品：定率法により，毎期の償却率を20%とする。

　e. 保険料前払高　　　保険料のうち¥300,000は，令和○8年6月/日から/年分の保険料として支払ったものであり，前払高を次期に繰り延べる。

　f. 利息未払高　　　　¥8,000

　g. 退職給付引当金繰入額　¥450,000

　h. 法人税，住民税及び事業税額　¥990,000

(1)

損 益 計 算 書

埼玉商事株式会社　　令和○8年4月1日から令和○9年3月31日まで　　　　　　（単位：円）

I 売 上 高 （　　　　　　　　　）

II 売 上 原 価

　1. 期首商品棚卸高　　　　　2,510,000

　2. 当期商品仕入高　（　　　　　　　　　）

　　　合　　　計　（　　　　　　　　　）

　3. 期末商品棚卸高　（　　　　　　　　　）

　　　　　　　　　　（　　　　　　　　　）

　4.（　　　　　　）（　　　　　　　　　）　（　　　　　　　　　）

　　　　売 上 総 利 益　　　　　　　　　　（　　　　　　　　　）

III 販売費及び一般管理費

　1. 給　　　料　　　　　　7,290,000

　2. 発　送　費　　　　　　2,280,000

　3. 広　告　料　　　　　　3,150,000

　4.（　　　　　　）（　　　　　　　　　）

　5.（　　　　　　）（　　　　　　　　　）

　6.（　　　　　　）（　　　　　　　　　）

　7. 支 払 家 賃　　　　　3,135,000

　8. 保　険　料　（　　　　　　　　　）

　9. 租 税 公 課　　　　　　379,000

　10.（　　　　　　）（　　　　　　　　　）　（　　　　　　　　　）

　　　　営 業 利 益　　　　　　　　　　　（　　　　　　　　　）

IV 営 業 外 収 益

　1.（　　　　　　）（　　　　　　　　　）

　2. 受 取 配 当 金　　　　180,000　（　　　　　　　　　）

V 営 業 外 費 用

　1. 支 払 利 息　（　　　　　　　　　）

　2.（　　　　　　）（　　　　　　　　　）　（　　　　　　　　　）

　　　　経 常 利 益　　　　　　　　　　　（　　　　　　　　　）

VI 特 別 損 失

　1. 固定資産除却損　（　　　　　　　　　）　（　　　　　　　　　）

　　　　税引前当期純利益　　　　　　　　　（　　　　　　　　　）

　　　　法人税, 住民税及び事業税　　　　　（　　　　　　　　　）

　　　　当 期 純 利 益　　　　　　　　　　（　　　　　　　　　）

(2) 貸借対照表の負債の部に記載する合計額　¥

総合問題 3 (2)

35 土岐物産株式会社の総勘定元帳勘定残高と付記事項および決算整理事項によって，

(1) 報告式の損益計算書を完成しなさい。

(2) 報告式の貸借対照表を完成しなさい。

ただし，i　会社計算規則によること。

ii　会計期間は令和○/年4月/日から令和○2年3月3/日までとする。

元帳勘定残高

現　　　金	¥ 2,350,100	当 座 預 金	¥ 8,970,000	受 取 手 形	¥ 7,800,000
売 　掛 　金	9,390,000	貸倒引当金	172,000	売買目的有価証券	11,500,000
繰 越 商 品	15,600,000	仮払法人税等	1,060,000	短期貸付金	1,940,000
備　　　品	9,600,000	備品減価償却累計額	4,200,000	の れ ん	2,500,000
支 払 手 形	9,492,000	買 　掛 　金	8,700,000	短期借入金	960,000
長期借入金	5,800,000	退職給付引当金	2,400,000	資 　本 　金	20,000,000
資本準備金	3,200,000	利益準備金	1,520,000	別途積立金	3,560,000
繰越利益剰余金	840,000	売　　　上	77,850,000	受 取 利 息	148,000
受取配当金	760,000	固定資産売却益	76,000	仕　　　入	54,260,000
給　　　料	9,678,000	広 　告 　料	792,000	支 払 家 賃	2,100,000
支 払 地 代	1,400,000	保 　険 　料	168,000	雑 　　　費	365,900
支 払 利 息	204,000				

付 記 事 項

① 高山商店に対する売掛金¥80,000は前期末のものであるが，同店倒産のため回収不能となったので貸し倒れとして処理する。

② 備品¥9,600,000のうち¥1,600,000は，本年度初頭に廃棄処分した商品陳列用ケースであり，これに対する減価償却累計額は¥700,000であった。この処理がなされていなかった。なお，廃棄した商品陳列用ケースの評価額は零（0）とする。

決算整理事項

a．期末商品棚卸高　　帳簿棚卸高 ¥15,200,000　　実地棚卸高 ¥14,870,000
　　　　　　　　　　ただし，差額は棚卸減耗損であり，売上原価の内訳項目とする。

b．貸 倒 見 積 高　　受取手形と売掛金の期末残高に対し，それぞれ/%と見積もり，貸倒引当金を設定する。

c．売買目的有価証券評価高　　売買目的で保有する次の株式について，時価によって評価する。
　　　　　　　　　　羽島物産株式会社　200株　　時　価　/株¥60,000

d．備品減価償却高　　定率法により，毎期の償却率を25%とする。

e．地 代 未 払 高　　支払地代¥1,400,000は，当期首に支払った8か月分であるため，未払分を見越し計上する。

f．家 賃 前 払 高　　¥ 840,000

g．のれん償却高　　のれん¥2,500,000は，当期首に多治見商事株式会社を取得したさいに発生したものであり，5年間で定額法により償却を行う。

h．退職給付引当金繰入額　　¥ 500,000

i．法人税，住民税及び事業税額　　¥2,000,000

(1)

損 益 計 算 書

土岐物産株式会社　　令和○/年4月/日から令和○2年3月3/日まで　　　　　　　（単位：円）

Ⅰ 売 上 高			（	）
Ⅱ 売 上 原 価				
1．期首商品棚卸高	（	）		
2．当期商品仕入高	（	）		
合　　計	（	）		
3．期末商品棚卸高	（	）		
	（	）		
4．（　　　　　）	（	）	（	）
売 上 総 利 益			（	）
Ⅲ 販売費及び一般管理費				
1．給　　　　料	（	）		
2．広　告　料	（	）		
3．貸倒引当金繰入	（	）		
4．（　　　　　）	（	）		
5．（　　　　　）	（	）		
6．（　　　　　）	（	）		
7．支 払 家 賃	（	）		
8．支 払 地 代	（	）		
9．（　　　　）	（	）		
10．（　　　　）	（	）	（	）
営 業 利 益			（	）
Ⅳ 営 業 外 収 益				
1．（　　　　）	（	）		
2．（　　　　）	（	）		
3．（　　　　）	（	）	（	）
Ⅴ 営 業 外 費 用				
1．（　　　　）	（	）	（	）
経 常 利 益			（	）
Ⅵ 特 別 利 益				
1．（　　　　）	（	）	（	）
Ⅶ 特 別 損 失				
1．（　　　　）	（	）	（	）
税引前当期純利益			（	）
法人税.住民税及び事業税			（	）
（　　　　　　　）			（	）

(2)

貸　借　対　照　表

土岐物産株式会社　　　　　　令和○2年3月3/日　　　　　　　　（単位：円）

資　産　の　部

I　流　動　資　産

1. 現　金　預　金　　　　　　　　　　　（　　　　　　　）
2. 受　取　手　形　　　（　　　　　　　）
   （　　　　　　　　）　（　　　　　　　）　（　　　　　　　）
3. （　　　　　　　　）　（　　　　　　　）
   （　　　　　　　　）　（　　　　　　　）　（　　　　　　　）
4. （　　　　　　　　）　　　　　　　　　　（　　　　　　　）
5. （　　　　　　　　）　　　　　　　　　　（　　　　　　　）
6. （　　　　　　　　）　　　　　　　　　　（　　　　　　　）
7. （　　　　　　　　）　　　　　　　　　　（　　　　　　　）
   　　　流動資産合計　　　　　　　　　　　　　　　　（　　　　　　　）

II　固　定　資　産

(1) 有形固定資産
1. （　　　　　　　　）　（　　　　　　　）
   （　　　　　　　　）　（　　　　　　　）　（　　　　　　　）
   　　　有形固定資産合計　　　　　　　　　（　　　　　　　）
(2) 無形固定資産
1. （　　　　　　　　）　　　　　　　　　　（　　　　　　　）
   　　　無形固定資産合計　　　　　　　　　（　　　　　　　）
   　　　固　定　資　産　合　計　　　　　　　　　　（　　　　　　　）
   　　　　資　産　合　計　　　　　　　　　　　　　（　　　　　　　）

負　債　の　部

I　流　動　負　債

1. 支　払　手　形　　　　　　　　　　　　（　　　　　　　）
2. 買　　掛　　金　　　　　　　　　　　　（　　　　　　　）
3. 短　期　借　入　金　　　　　　　　　　（　　　　　　　）
4. （　　　　　　　　）　　　　　　　　　　（　　　　　　　）
5. （　　　　　　　　）　　　　　　　　　　（　　　　　　　）
   　　　流動負債合計　　　　　　　　　　　　　　　　（　　　　　　　）

II　固　定　負　債

1. （　　　　　　　　）　　　　　　　　　　（　　　　　　　）
2. （　　　　　　　　）　　　　　　　　　　（　　　　　　　）
   　　　固定負債合計　　　　　　　　　　　　　　　　（　　　　　　　）
   　　　　負　債　合　計　　　　　　　　　　　　　　（　　　　　　　）

純　資　産　の　部

I　株　主　資　本

(1) 資　　本　　金　　　　　　　　　　　　　　　　（　　　　　　　）
(2) 資　本　剰　余　金
1. 資　本　準　備　金　　　　　　　　　　（　　　　　　　）
   　　　資本剰余金合計　　　　　　　　　　　　　　　（　　　　　　　）
(3) 利　益　剰　余　金
1. 利　益　準　備　金　　　　　　　　　　（　　　　　　　）
2. その他利益剰余金
   ① （　　　　　　　　）　　　　　　　　（　　　　　　　）
   ②　繰越利益剰余金　　　　　　　　　（　　　　　　　）
   　　　利益剰余金合計　　　　　　　　　　　　　　　（　　　　　　　）
   　　　株主資本合計　　　　　　　　　　　　　　　　（　　　　　　　）
   　　　　純　資　産　合　計　　　　　　　　　　　　（　　　　　　　）
   　　　負債及び純資産合計　　　　　　　　　　　　　（　　　　　　　）

◀**36**▶ 神戸商事株式会社の第3期の総勘定元帳勘定残高と付記事項および決算整理事項によって,

⑴ 報告式の損益計算書を完成しなさい。

⑵ 報告式の貸借対照表を完成しなさい。

　　　ただし，ⅰ　会社計算規則によること。

　　　　　　　ⅱ　会計期間は令和○/年4月/日から令和○2年3月3/日までとする。

元帳勘定残高

現　　　金	¥ 784,250	当座預金	¥ 4,800,000	受取手形	¥ 5,700,000
電子記録債権	1,800,000	売　掛　金	5,350,000	貸倒引当金	28,000
繰越商品	4,940,000	仮払法人税等	800,000	建　　物	9,000,000
建物減価償却累計額	900,000	備　　品	2,000,000	備品減価償却累計額	875,000
子会社株式	4,870,000	支払手形	3,960,000	買　掛　金	3,810,000
長期借入金	2,600,000	退職給付引当金	1,790,000	資　本　金	11,620,000
資本準備金	1,400,000	利益準備金	1,040,000	新築積立金	1,000,000
別途積立金	3,180,000	繰越利益剰余金	960,000	売　　上	71,190,000
有価証券利息	137,000	固定資産売却益	260,000	仕　　入	57,200,000
給　　料	3,140,000	発　送　費	460,000	広　告　料	980,000
旅　　費	340,000	消耗品費	680,000	支払地代	600,000
保　険　料	240,000	租税公課	404,000	雑　　費	349,750
支払利息	132,000	固定資産除却損	180,000		

付記事項

① 3月3/日現在の当座勘定残高証明書の金額は¥5,267,000であったので，銀行勘定調整表を作成し，その不一致の原因を確かめた結果，次の資料を得た。

　㋐ 長期借入金に対する利息¥65,000を取引銀行に支払ったさい，当社の帳簿には¥56,000と記入されていた。

　㋑ 保有する株式に対する配当金¥40,000が当座預金口座に振り込まれていたが，当社の帳簿に未記入であった。

　㋒ 電子記録債権のうち¥450,000を取引銀行で割り引くため電子債権記録機関に譲渡記録の請求を行い，割引料を差し引いた手取金¥436,000が当座預金口座に振り込まれていたが，未記帳であった。

決算整理事項

a．期末商品棚卸高　帳簿棚卸数量 5/0個　原　価 @¥9,200
　　　　　　　　　　実地棚卸数量 480〃　正味売却価額 〃9,000
　　　　　　　　　　ただし，棚卸減耗損は営業外費用とし，商品評価損は売上原価の内訳項目とする。

b．貸倒見積高　受取手形と売掛金および電子記録債権の期末残高に対し，それぞれ/%と見積もり，貸倒引当金を設定する。

c．減価償却高　建物：定額法による。耐用年数 20年 残存価額は零 (0) とする。
　　　　　　　　備品：定率法により，毎期の償却率を25%とする。

d．収入印紙未使用高　¥ 80,000

e．地代前払高　支払地代勘定のうち¥440,000は，本年/2月から22か月分を支払ったものであり，前払高を次期以降に繰り延べる。

f．利息未払高　¥ 4/,000

g．退職給付引当金繰入額　¥ 220,000

h．法人税，住民税及び事業税額　¥/,689,000

(1) 　　　　　　　　　　損　益　計　算　書

神戸商事株式会社　　令和○/年4月/日から令和○2年3月3/日まで　　　　　　　（単位：円）

Ⅰ　売　上　高　　　　　　　　　　　　　　　　　　　　　（　　　　　　　）

Ⅱ　売　上　原　価
　　1．期首商品棚卸高　　　　　4,940,000
　　2．当期商品仕入高　　　（　　　　　）
　　　　　合　　計　　　　　（　　　　　）
　　3．期末商品棚卸高　　　（　　　　　）
　　　　　　　　　　　　　　（　　　　　）
　　4．（　　　　　　）　　（　　　　　）　（　　　　　　　）
　　　　　売 上 総 利 益　　　　　　　　　（　　　　　　　）

Ⅲ　販売費及び一般管理費
　　1．給　　料　　　　　　　3,140,000
　　2．発　送　費　　　　　　　460,000
　　3．広　告　料　　　　　　　980,000
　　4．旅　　費　　　　　　　　340,000
　　5．（　　　　）　　　　（　　　　　）
　　6．（　　　　）　　　　（　　　　　）
　　7．消 耗 品 費　　　　　（　　　　　）
　　8．（　　　　）　　　　（　　　　　）
　　9．（　　　　）　　　　（　　　　　）
　10．保　険　料　　　　　（　　　　　）
　11．租　税　公　課　　　（　　　　　）
　12．（　　　　）　　　　（　　　　　）　（　　　　　　　）
　　　　　営 業 利 益　　　　　　　　　　（　　　　　　　）

Ⅳ　営 業 外 収 益
　　1．（　　　　）　　　　（　　　　　）
　　2．（　　　　）　　　　（　　　　　）　（　　　　　　　）

Ⅴ　営 業 外 費 用
　　1．支 払 利 息　　　　（　　　　　）
　　2．電子記録債権売却損　（　　　　　）
　　3．（　　　　）　　　　（　　　　　）　（　　　　　　　）
　　　　　経 常 利 益　　　　　　　　　　（　　　　　　　）

Ⅵ　特 別 利 益
　　1．（　　　　）　　　　（　　　　　）　（　　　　　　　）

Ⅶ　特 別 損 失
　　1．（　　　　）　　　　（　　　　　）　（　　　　　　　）
　　　　　税引前当期純利益　　　　　　　（　　　　　　　）
　　　　　法人税, 住民税
　　　　　及 び 事 業 税　　　　　　　　（　　　　　　　）
　　　　　当 期 純 利 益　　　　　　　　（　　　　　　　）

⑵

貸 借 対 照 表

神戸商事株式会社 　　　令和○2年3月3/日 　　　　　　　　（単位：円）

資 産 の 部

I　流 動 資 産
　1.現 金 預 金 　　　　　　　　　　　（　　　　　）
　2.受 取 手 形 　　（　　　　　）
　　（　　　　　　）　（　　　　　）　（　　　　　）
　3.（　　　　　　）　（　　　　　）
　　（　　　　　　）　（　　　　　）　（　　　　　）
　4.（　　　　　　）　（　　　　　）
　　（　　　　　　）　（　　　　　）　（　　　　　）
　5.（　　　　　　）　　　　　　　　　（　　　　　）
　6.（　　　　　　）　　　　　　　　　（　　　　　）
　7.（　　　　　　）　　　　　　　　　（　　　　　）
　　　流 動 資 産 合 計 　　　　　　　　　　　　　　（　　　　　　）
Ⅱ　固 定 資 産
　⑴ 有形固定資産
　1.（　　　　　　）　（　　　　　）
　　（　　　　　　）　（　　　　　）　（　　　　　）
　2.（　　　　　　）　（　　　　　）
　　（　　　　　　）　（　　　　　）　（　　　　　）
　　　有形固定資産合計 　　　　　　　（　　　　　）
　⑵ 投資その他の資産
　1.関 係 会 社 株 式 　　　　　　　　（　　　　　）
　2.（　　　　　　）　　　　　　　　　（　　　　　）
　　　投資その他の資産合計 　　　　　（　　　　　）
　　　固 定 資 産 合 計 　　　　　　　　　　　　　　（　　　　　　）
　　　　資 産 合 計 　　　　　　　　　　　　　　　（　　　　　　）

負 債 の 部

I　流 動 負 債
　1.支 払 手 形 　　　　　　　　　　　（　　　　　）
　2.買 掛 金 　　　　　　　　　　　　（　　　　　）
　3.（　　　　　　）　　　　　　　　　（　　　　　）
　4.（　　　　　　）　　　　　　　　　（　　　　　）
　　　流 動 負 債 合 計 　　　　　　　　　　　　　（　　　　　　）
Ⅱ　固 定 負 債
　1.（　　　　　　）　　　　　　　　　（　　　　　）
　2.（　　　　　　）　　　　　　　　　（　　　　　）
　　　固 定 負 債 合 計 　　　　　　　　　　　　　（　　　　　　）
　　　　負 債 合 計 　　　　　　　　　　　　　　　（　　　　　　）

純 資 産 の 部

I　株 主 資 本
　⑴ 資 本 金 　　　　　　　　　　　　　　　　　　（　　　　　　）
　⑵ 資 本 剰 余 金
　1.資 本 準 備 金 　　　　　　　　　　（　　　　　）
　　　資本剰余金合計 　　　　　　　　　　　　　　（　　　　　　）
　⑶ 利 益 剰 余 金
　1.利 益 準 備 金 　　　　　　　　　　（　　　　　）
　2.その他利益剰余金
　　① 新 築 積 立 金 　　　　　　　　（　　　　　）
　　② 別 途 積 立 金 　　　　　　　　（　　　　　）
　　③ 繰越利益剰余金 　　　　　　　　（　　　　　）
　　　利益剰余金合計 　　　　　　　　　　　　　　（　　　　　　）
　　　株 主 資 本 合 計 　　　　　　　　　　　　　（　　　　　　）
　　　　純 資 産 合 計 　　　　　　　　　　　　　（　　　　　　）
　　　　負債及び純資産合計 　　　　　　　　　　　（　　　　　　）

32 その他の財務諸表

1　株主資本等変動計算書の意味……………………………………………………………………

株主資本等変動計算書❶とは会社法の規定により作成される計算書類の一つで，貸借対照表の純資産の部の各項目について一会計期間にどのような事由でいくら変動したかを報告するものである。

2　株主資本等変動計算書の作成例……………………………………………………………………

次の資料によって，株主資本等変動計算書を作成すると下記のとおりである。

純資産の部の当期首残高

資 本 金	¥ 10,000,000	資 本 準 備 金	¥ 600,000
その他資本剰余金	800,000	利 益 準 備 金	500,000
新 築 積 立 金	240,000	別 途 積 立 金	600,000
繰越利益剰余金	6,000,000		

取　　　引

令和○/年4月 /日　　あらたに株式/00株を/株につき¥60,000で発行し，全額の引き受け・払い込みを受け，払込金は当座預金とした。また，払込金の全額を資本金に計上した。

6月28日　　株主総会において，繰越利益剰余金¥5,900,000について，次のとおり配当および処分することを決議した。

配 当 金	¥4,000,000	利益準備金	¥ 400,000
新築積立金	600,000	別途積立金	900,000

令和○2年3月3/日　　決算の結果，当期純利益¥7,500,000を計上した。

株 主 資 本 等 変 動 計 算 書

長野商事株式会社　　　　令和○/年4月/日から令和○2年3月3/日まで　　　　（単位：千円）

	株 主 資 本									純資産合計
	資本金	資本剰余金			利益剰余金					
		資本準備金	その他資本剰余金	資本剰余金合計	利益準備金	その他利益剰余金			利益剰余金合計	
						新築積立金	別途積立金	繰越利益剰余金		
当期首残高	10,000	600	800	1,400	500	240	600	6,000	7,340	18,740
当期変動額										
新株の発行	6,000									6,000
剰余金の配当					400			△4,400	△4,000	△4,000
新築積立金の積立						600		△600	—	
別途積立金の積立							900	△900	—	
当期純利益								7,500	7,500	7,500
当期変動額合計	6,000	—	—	—	400	600	900	1,600	3,500	9,500
当期末残高	16,000	600	800	1,400	900	840	1,500	7,600	10,840	28,240

❶statement of changes in shareholders' equity

32-1 千葉商事株式会社の下記の取引の仕訳を示し，株主資本等変動計算書を横に並べる様式で作成しなさい。なお，純資産の部の当期首（令和○/年4月/日）の残高は，次のとおりである。

　純資産の部の当期首残高

資　本　金	¥16,000,000	資本準備金	¥　500,000	その他資本剰余金	¥　700,000
利益準備金	400,000	新築積立金	250,000	別途積立金	300,000
繰越利益剰余金	5,000,000				

　取　　　引

令和○/年6月25日　　株主総会において，繰越利益剰余金¥4,600,000について，次のとおり配当および処分することを決議した。

　　　　　　　　　配　当　金　¥3,000,000　　利益準備金　¥　300,000

　　　　　　　　　新築積立金　　500,000　　別途積立金　　800,000

令和○2年3月3/日　　決算の結果，当期純利益¥6,500,000を計上した。

	借　　　　　方	貸　　　　　方
令和○1年 6/25		
令和○2年 3/31		

株 主 資 本 等 変 動 計 算 書

千葉商事株式会社　　　　　令和○/年4月/日から令和○2年3月3/日まで　　　　　（単位：千円）

	資本金	株　主　資　本									純資産合計
		資本剰余金			利益剰余金						
		資本準備金	その他資本剰余金	資本剰余金合計	利益準備金	その他利益剰余金			利益剰余金合計		
						新築積立金	別途積立金	繰越利益剰余金			
当期首残高											
当期変動額											
新株の発行											
剰余金の配当											
新築積立金の積立											
別途積立金の積立											
当期純利益											
当期変動額合計											
当期末残高											

32-2 福井商事株式会社（決算年1回　3月31日）の当期における純資産に関する取引は以下のとおりであった。よって，

(1) 取引の仕訳を示しなさい。

(2) 株主資本等変動計算書を横に並べる形式で作成しなさい。

取　　　引

令和○1年5月15日　　事業拡張のため，あらたに株式400株を1株につき¥15,000で発行し，全額の引き受け・払い込みを受け，払込金は当座預金とした。ただし，会社法に規定する最高限度額を資本金に計上しないことにした。

令和○1年6月25日　　株主総会において，次のとおり繰越利益剰余金を配当および処分することを決議した。

配 当 金 ¥2,500,000　　利益準備金　会社法による額
新築積立金　200,000　　別途積立金 ¥130,000

令和○2年3月31日　　決算の結果，当期純利益¥3,600,000を計上した。

(1)

	借　　　方	貸　　　方
令和○1年 5/15		
令和○1年 6/25		
令和○2年 3/31		

(2)

株 主 資 本 等 変 動 計 算 書

福井商事株式会社　　　　令和○1年4月1日から令和○2年3月31日まで　　　　（単位：千円）

	株　主　資　本									純資産合計
	資本金	資本剰余金			利益剰余金					
		資本準備金	その他資本剰余金	資本剰余金合計	利益準備金	その他利益剰余金			利益剰余金合計	
						新築積立金	別途積立金	繰越利益剰余金		
当期首残高	25,000	1,200	500	1,700	850	400	350	6,000	7,600	34,300
当期変動額										
新株の発行										
剰余金の配当										
新築積立金の積立										
別途積立金の積立										
当期純利益										
当期変動額合計										
当期末残高										

検定問題

32-3 次の資料から，A社の第18期における株主資本等変動計算書を完成しなさい。

資　料 第94回改題

i　第18期における純資産の部に関する事項

6月25日　株主総会において，次のとおり繰越利益剰余金を配当および処分すること
を決議した。

配　当　金　1,400千円　　　　利益準備金　会社法による額

新築積立金　　80千円

ii　当期純利益　2,400千円

（第18期）　株主資本等変動計算書

A社　　　　　　　　令和○3年4月1日から令和○4年3月31日まで　　　　（単位：千円）

| | 資本金 | 資本剰余金 | | 利益剰余金 | | | | | 純資産合計 |
| | | 資本準備金 | 資本剰余金合計 | 利益準備金 | その他利益剰余金 | | 利益剰余金合計 | | |
					新築積立金	繰越利益剰余金			
当期首残高	6,000	600	600	800	520	2,080	3,400		10,000
当期変動額									
剰余金の配当				( )		( )	( )		( )
新築積立金の積立					( )	△ 80	──		
当期純利益						( )	( )		( )
当期変動額合計	──	──	──	( )	( )	( )	( )		( )
当期末残高	6,000	600	600	( )	( )	( )	( )		11,000

32-4 次の資料から，新潟商事株式会社の第9期における株主資本等変動計算書を完成しなさい。

資　料 第86回改題

i　第9期における純資産の部に関する事項は次のとおりである。

5月11日　事業拡張のため，あらたに株式100株を1株につき1.6千円で発行した。た
だし，会社法に規定する最高限度額を資本金に計上しないことにした。

6月25日　株主総会において，次のとおり繰越利益剰余金を配当および処分すること
を決議した。

配　当　金　1,000千円　　　　利益準備金　会社法による額

別途積立金　　90千円

株主資本等変動計算書

新潟商事株式会社　　　　令和○4年4月1日から令和○5年3月31日まで　　　　（単位：千円）

| | 資本金 | 資本剰余金 | | 利益剰余金 | | | | | 純資産合計 |
| | | 資本準備金 | 資本剰余金合計 | 利益準備金 | その他利益剰余金 | | 利益剰余金合計 | | |
					別途積立金	繰越利益剰余金			
当期首残高	6,000	400	400	250	500	( )	2,600		9,000
当期変動額									
新株の発行	( )	( )	( )						( )
剰余金の配当				( )		( )	( )		( )
別途積立金の積立					( )	△ 90	──		──
当期純利益						1,440	( )		( )
当期変動額合計	( )	( )	( )	( )	( )	( )	( )		( )
当期末残高	( )	( )	( )	( )	( )	( )	( )		( )

33 役務収益・役務原価

1 役務収益

　旅行業やクリーニング店，美容室などのサービス業では，無形の役務（サービス）を提供することが事業の目的であり，その対価として顧客から金銭等を受け取る。

　このサービス業が役務を提供して得る収益を**役務収益**という。

　役務収益は，サービスの提供が行われた時点で計上する。そのため，サービスの提供が行われる前に代金を受け取ったときは，前受金勘定を用いて処理しておき，その後サービスの提供が完了した部分を**役務収益勘定**（収益の勘定）の貸方に振り替える。

例1 サービスの対価を先に受け取ったとき　大学受験に向けた予備校を経営している島根学園は，来月から3か月間開講する短期集中講座の申し込みを受け付け，同時に受講料¥900,000を現金で受け取った。

(借)現　　金　900,000　(貸)前 受 金● 900,000

例2 サービスの提供が完了したとき　本日決算日となった。**例1**の講座は全体の3分の1が終了している。

(借)前 受 金　300,000　(貸)役 務 収 益　300,000

$¥900,000 × \frac{1}{3} = ¥300,000$

2 役務原価

　商品売買業では，商品の売上高から売上原価を差し引いて売上総利益を計算する。これと同様にサービス業においても，役務収益からそれを得るためにかかった**役務原価**を差し引いて売上総利益を計算する。

損益計算書（商品売買業）	
I　売　　上　　高	×××
II　売　上　原　価	×××
売 上 総 利 益	×××

損益計算書（サービス業）	
I　役　務　収　益	×××
II　役　務　原　価	×××
売 上 総 利 益	×××

　サービスの提供にかかった費用は，**役務原価勘定**（費用の勘定）に計上する。

例3 サービスの提供のためにかかった費用を支払ったとき　旅行業を営む広島旅行社は，国内旅行のツアーを実施し，これにともなう費用¥470,000を現金で支払った。

(借)役 務 原 価　470,000　(貸)現　　金　470,000

　また，サービスの提供をする前に，そのサービスにかかる給料や旅費などの諸費用の支出があった場合は，その支出額を**仕掛品勘定**（資産の勘定）の借方に計上する。その後，サービスの提供があった時点で，その支出額を仕掛品勘定から役務原価勘定に振り替える。

例4 従業員の給料と旅費を支払ったとき　建築物の設計業務を行っている香川設計事務所は，従業員の給料¥280,000と旅費¥130,000を現金で支払った。

(借)給　　料　280,000　(貸)現　　金　410,000
　　　旅　　費　130,000

例5 サービスの提供前に，そのサービスにかかる諸費用の支出額が判明したとき　香川設計事務所は，徳島商店から依頼のあった建物の設計を行い，**例4**の費用のうち，給料¥210,000と旅費¥90,000はこの設計のためにかかったものであることがわかった。

(借)仕 掛 品　300,000　(貸)給　　料　210,000
　　　　　　　　　　　　　　　旅　　費　90,000

●契約負債勘定（負債の勘定）を用いる場合もある。

例6 サービスの提供が行われたとき **例5**の設計が完成し，設計図を徳島商店に渡して設計料¥480,000を現金で受け取った。

(借) 現　　金　480,000　　(貸) 役務収益　480,000
(借) 役務原価　300,000　　(貸) 仕　掛　品　300,000

33-1 次の各文の [　　] のなかに入るもっとも適当な用語を答えなさい。
(1) 旅行業やクリーニング店などのサービス業が役務を提供して得る収益を [ア] という。
(2) サービス業で，サービスの提供のためにかかった費用は [イ] 勘定に計上する。

ア	イ

33-2 次の取引の仕訳を示しなさい。
(1) 大学受験に向けた予備校を運営している長野学園は，来月から3か月間開講する講座の申し込みを受け付け，同時に受講料¥1,200,000を現金で受け取った。
(2) 長野学園は，本日決算日となった。上記(1)の講座は全体の3分の2が終了している。
(3) 旅行業を営む山梨旅行社は，国内旅行のツアーを実施し，それにともなう費用¥450,000を現金で支払った。

	借　　　　方	貸　　　　方
(1)		
(2)		
(3)		

33-3 次の一連の取引の仕訳を示しなさい。
(1) 建築物の設計業務を行っている愛知設計事務所は，従業員の給料¥200,000と旅費¥120,000を現金で支払った。
(2) 愛知設計事務所は，静岡商店から依頼のあった建物の設計を行い，上記(1)の費用のうち給料¥150,000と旅費¥90,000はこの設計のためにかかったものであることがわかった。
(3) 上記(2)の設計が完成し，設計図を静岡商店に渡して設計料¥340,000を現金で受け取った。

	借　　　　方	貸　　　　方
(1)		
(2)		
(3)		

33-4 次の取引の仕訳を示しなさい。

(1) 資格試験に向けた専門学校を経営している東部学園は，5か月間開講する資格試験対策講座の申し込みを受け付け，同時に受講料¥800,000を現金で受け取った。

(2) 東部学園は，本日決算日となった。上記(1)の講座は全体の5分の2が終了している。

(3) 旅行業を営む静岡旅行社は，国内旅行のツアーを実施し，それにともなう費用¥450,000を現金で支払った。

(4) 建築物の設計業務を行っている岐阜設計事務所は，三重商店から依頼のあった建物の設計を行い，すでに支払った費用のうち給料¥70,000と旅費¥50,000はこの設計のためにかかったものであることがわかった。

(5) 上記(4)の設計が完成し，設計図を三重商店に渡して，設計料¥230,000を現金で受け取った。

(6) 広告業を営む宮崎商事株式会社は，給料¥48,000および旅費¥6,300をすでに現金で支払い，記帳も行っていたが，これらが今後実施されるイベントにかかったものであることが判明したので，これらを仕掛品勘定へ振り替えた。

	借　　　　方	貸　　　　方
(1)		
(2)		
(3)		
(4)		
(5)		
(6)		

33-5 旅行業を営む神奈川旅行社（決算年1回　12月31日）の総勘定元帳勘定残高と付記事項から，報告式の損益計算書（一部）を完成しなさい。

元帳勘定残高（一部）

仕　掛　品　¥1,590,000　　役　務　収　益　¥9,562,000　　役　務　原　価　¥5,320,000
給　　　料　4,680,000　　旅　　　費　730,000

付　記　事　項

① 富士登山ツアーを実施し，それにともなう費用¥800,000を現金で支払っていたが，記帳していなかった。

② 世界遺産を巡るツアーを企画し，実施前にそのツアーの企画にかかった給料¥120,000と旅費¥40,000を，仕掛品勘定へ振り替えた。

損　益　計　算　書（一部）

神奈川旅行社　　　　令和○年1月1日から令和○年12月31日まで　　　　（単位：円）

Ⅰ（　　　　　　　　）　　　　　　　　　　　　　　　　　　　（　　　　　　　　　）
Ⅱ（　　　　　　　　）　　　　　　　　　　　　　　　　　　　（　　　　　　　　　）
　　　　売　上　総　利　益　　　　　　　　　　　　　　　　（　　　　　　　　　）

Ⅲ　販売費及び一般管理費

1．給　　　料　　　　　　（　　　　　　　）

　　　　　　　　：

4．旅　　　費　　　　　　（　　　　　　　）

34 外貨建取引

1 外貨建取引の意味……

売買価額やその他の取引価額が円でなく，ドルやユーロなどの外国通貨で表示されている取引を外貨建取引という。外貨建取引の会計処理は**円換算**が必要になる。

2 為替レート（外国為替相場）による円換算……

円換算額は外貨建ての取引額に為替レート（外国為替相場）をかけて求める。為替レートとは2国間の通貨の交換比率をいい，たとえば$1あたり¥105とあらわす。為替レートはつねに変動しているので，次の①～③の時点では一定の項目に対して円換算を行う。

   ① 取引発生時   ② 決算時   ③ 決済時

3 外貨建ての買掛金・売掛金の処理……

外貨建ての掛け仕入れの場合，取引発生時と代金決済時の円換算額の間に差額が生じるのがふつうである。この差額は取引発生後の為替レートの変動によるものであり，**為替差損益勘定**で処理をする。

例1 外貨建ての掛け仕入れを行ったとき　A社から商品$2,000を仕入れ，代金は掛けとした。（為替レート$1あたり¥105）

  （借）仕　　　　入　210,000　　（貸）買　掛　金　210,000
  $2,000×¥105 = ¥210,000

例2 外貨建ての買掛金を支払ったとき　例1の買掛金を現金で支払った。（為替レート$1あたり¥108）

  （借）買　掛　金　210,000　　（貸）現　　　　金　216,000
      為替差損益　　6,000
  $2,000×¥108 = ¥216,000

例3 外貨建ての掛け売り上げを行ったとき　B社に商品$1,500を売り上げ，代金は掛けとした。（為替レート$1あたり¥106）

  （借）売　掛　金　159,000　　（貸）売　　　　上　159,000
  $1,500×¥106 = ¥159,000

例4 外貨建ての売掛金を回収したとき　例3の売掛金を現金で受け取った。（為替レート$1あたり¥112）

  （借）現　　　　金　168,000　　（貸）売　掛　金　159,000
                        為替差損益　　9,000
  $1,500×¥112 = ¥168,000

4 外貨建ての前払金・前受金……

外貨建ての前払金・前受金は受払時の為替レートにより円換算する。その後，商品の受渡時や決算時において，前払金・前受金を円換算しなおすことはしない。なぜなら，代金の支払いおよび受け取りがすでに済んでいるからである。

例5 外貨建ての前払金を支払ったとき　C社と商品$4,000の売買契約をし，前払金として$1,000を現金で支払った。（為替レート$1あたり¥103）

  （借）前　払　金　103,000　　（貸）現　　　　金　103,000
  $1,000×¥103 = ¥103,000

例6 外貨建ての前払金を差し引き，商品を仕入れたとき　例5の商品を仕入れ，代金はさきに支払った前払金を差し引き，残額は掛けとした。（為替レート$1あたり¥106）

  （借）仕　　　　入　421,000　　（貸）前　払　金　103,000
                        買　掛　金　318,000
  （$4,000 - $1,000）×¥106 = ¥318,000

5　決算時の処理

　期中の外貨建取引時に円換算した売掛金・買掛金などは，決算時の為替レートにより換算替えをする。これにより生じた換算差額は，当期の為替差損益として処理する。

例7　決算にあたり，買掛金の換算替えを行ったとき　決算にあたり，買掛金のうち¥315,000はD社に対するドル建ての買掛金$3,000であったため，換算替えを行った。（為替レート$1あたり¥110）　なお，取引時の為替レートは$1あたり¥105であった。

　　　　　　　（借）為替差損益　15,000　（貸）買　掛　金　15,000
　　　　　　　$3,000×（¥110−¥105）=¥15,000

6　為替差損益の表示

　為替差損益は損益計算書に表示する。為替差損益勘定の残高が借方の場合は，営業外費用の区分に「為替差損」として記載し，貸方の場合は，営業外収益の区分に「為替差益」として記載する。

損　益　計　算　書（一部）

大阪商事株式会社　令和○年1月1日から令和○年12月31日まで　　　　（単位：円）

Ⅴ　営 業 外 費 用
　1．為 替 差 損　　　　　12,000

7　為替予約

　外貨建取引では，為替相場の変動による為替差損のリスクを回避するために**為替予約**が一般に利用される。為替予約とは，外国為替業務を行う銀行との間で，企業が将来に外貨と円とを交換するときに適用される為替レートを前もって契約しておくことをいう。

例8　次の各取引の仕訳を示しなさい。（決算年1回　3月31日）

2月1日　商品$2,000を仕入れ，代金は掛けとした。買掛金は4月30日に決済予定である。
　　　　（為替レート$1あたり¥102）

3月1日　上記の買掛金について，取引銀行との間で$1あたり¥106のレートで為替予約を行った。なお，為替予約にともなう差額は，すべて当期の損益として処理する。

3月31日　決算日をむかえた。（為替レート$1あたり¥108）

4月30日　買掛金$2,000について，取引銀行との為替予約にもとづき，仕入先に$2,000を当座預金口座から送金した。（為替レート$1あたり¥110）

　2/1　（借）仕　　　　入　204,000　（貸）買　掛　金　204,000
　3/1　（借）為替差損益　　8,000　（貸）買　掛　金　　8,000
　3/31　　　　仕　訳　な　し
　4/30　（借）買　掛　金　212,000　（貸）当座預金　212,000

34-1　次の外貨により示されている買掛金を，下記の資料によって円貨に換算しなさい。

　(1)　$700　(2)　€1,240　(3)　$430

　資　　料
　　為替レート　$1あたり¥109　　€1あたり¥120

(1)	¥	(2)	¥	(3)	¥

34-2 次の取引の仕訳を示しなさい。(決算年/回 3月3/日)

7月/日　X社から商品$3,000を仕入れ，代金は掛けとした。(為替レート$/あたり¥//0)

8月3/日　上記の買掛金を現金で支払った。(為替レート$/あたり¥//4)

9月6日　Y社に商品$4,500を売り上げ，代金は掛けとした。(為替レート$/あたり¥//2)

/0月3/日　上記の売掛金を現金で受け取った。(為替レート$/あたり¥//8)

	借　　　　方	貸　　　　方
7/ 1		
8/31		
9/ 6		
10/31		

34-3 次の取引の仕訳を示しなさい。(決算年/回 3月3/日)

//月/日　M社から商品$2,000を仕入れ，代金は掛けとした。(為替レート$/あたり¥//3)

/2月20日　上記の買掛金を現金で支払った。(為替レート$/あたり¥/09)

/月/0日　N社に商品$5,000を売り上げ，代金は掛けとした。(為替レート$/あたり¥//7)

2月28日　上記の売掛金を現金で受け取った。(為替レート$/あたり¥///)

	借　　　　方	貸　　　　方
11/ 1		
12/20		
1/10		
2/28		

34-4 次の取引の仕訳を示しなさい。

(1) 商品$3,000の売買契約をし，前受金として$1,000を現金で受け取った。(為替レート$/あたり¥/06)

(2) 上記(1)の商品を売り渡し，代金はさきに受け取った前受金を差し引き，残額は掛けとした。(為替レート$/あたり¥/02)

(3) 商品$4,000の売買契約をし，前払金として$1,500を現金で支払った。(為替レート$/あたり¥/04)

(4) 上記(3)の商品を仕入れ，代金はさきに支払った前払金を差し引き，残額は掛けとした。(為替レート$/あたり¥//0)

	借　　　　方	貸　　　　方
(1)		
(2)		
(3)		
(4)		

34-5 令和○3年3月/日に$2,000の商品を仕入れ，代金は令和○3年4月30日に現金で支払って決済した。3月/日（取引時　為替レート$/あたり¥/05），3月3/日（決算時　為替レート$/あたり¥/03），4月30日（決済時　為替レート$/あたり¥/04）の仕訳を示しなさい。なお，為替予約は行っていない。

	借　　　　方	貸　　　　方
3/ 1		
3/31		
4/30		

34-6 青森商事株式会社の令和○3年3月3/日の総勘定元帳勘定残高（一部）と決算整理事項は，次のとおりであった。よって，報告式の損益計算書（一部）と貸借対照表（一部）を完成しなさい。

元帳勘定残高（一部）

売　掛　金 ¥5,/20,000　　貸倒引当金 ¥24,300　　買　掛　金 ¥2,734,000

決算整理事項

a．外貨建取引の円換算　当社が所有している外貨建取引による売掛金および買掛金は，取引時の為替レートで円換算しており，為替予約は行っていない。

	取引額	取引日の為替レート	決算時の為替レート
売　掛　金	/5,000ドル	/ドル/07円	/ドル//5円
買　掛　金	20,000ドル	/ドル///円	/ドル//5円

b．貸倒見積高　売掛金の期末残高に対し，/%の貸倒引当金を設定する。

損　益　計　算　書（一部）

青森商事株式会社　　　令和○2年4月/日から令和○3年3月3/日まで　　　　　　　　（単位：円）

⋮

Ⅲ　販売費及び一般管理費

　4.（　　　　　　　　）　　　　　（　　　　　　　　　）

⋮

Ⅳ　営 業 外 収 益

　4.（　　　　　　　　）　　　　　（　　　　　　　　　）

貸　借　対　照　表（一部）

青森商事株式会社　　　　　　　　令和○3年3月3/日　　　　　　　　　　　（単位：円）

資　産　の　部

Ⅰ　流　動　資　産

　2. 売　　掛　　金　　（　　　　　　　）

　　　貸 倒 引 当 金　　（　　　　　　　）　　（　　　　　　　）

⋮

負　債　の　部

Ⅰ　流　動　負　債

　1. 買　　掛　　金　　　　　　　　　　（　　　　　　　）

34-7 次の一連の取引の仕訳を示しなさい。(決算年1回　3月31日)　ただし，仕訳が必要ない場合は「仕訳なし」と記入すること。

1月7日　商品$2,000を掛け取引により仕入れ，代金は5月20日に支払う予定とした。(為替レート$1あたり¥103)

2月15日　上記の買掛金について，取引銀行との間で$1あたり¥105のレートで為替予約を行った。なお，為替予約にともなう差額は，すべて当期の損益として処理する。

3月31日　決算日をむかえた。(為替レート$1あたり¥106)

5月20日　上記の買掛金を現金で支払った。(為替レート$1あたり¥108)

	借　　　　　方	貸　　　　　方
1/ 7		
2/15		
3/31		
5/20		

34-8 次の一連の取引の仕訳を示しなさい。(決算年1回　3月31日)　ただし，仕訳が必要ない場合は「仕訳なし」と記入すること。

1月12日　商品$3,000を掛け取引により売り上げ，代金は4月25日に受け取る予定とした。(為替レート$1あたり¥114)

2月23日　上記の売掛金について，取引銀行との間で$1あたり¥112のレートで為替予約を行った。なお，為替予約にともなう差額は，すべて当期の損益として処理する。

3月31日　決算日をむかえた。(為替レート$1あたり¥110)

4月25日　上記の売掛金を現金で受け取った。(為替レート$1あたり¥108)

	借　　　　　方	貸　　　　　方
1/12		
2/23		
3/31		
4/25		

34-9 新潟商事株式会社（決算年1回　3月31日）の次の決算時における外貨建ての売掛金と買掛金の資料から円換算を行い，損益計算書に表示される為替差益・または為替差損を答えなさい。なお，決算時の為替レートは$1あたり¥118であり，為替差損益勘定残高は¥2,000（貸方残高）である。ただし，為替予約にともなう差額は，すべて当期の損益として処理する。

	取引額	取引日の為替レート	備　　考
売掛金（A社）	30,000ドル	1ドル113円	為替予約は行っていない。
売掛金（B社）	25,000ドル	1ドル120円	2月25日に1ドル116円で為替予約していたが，未記帳であった。
買掛金（C社）	32,000ドル	1ドル112円	為替予約は行っていない。
買掛金（D社）	12,000ドル	1ドル114円	3月6日に1ドル119円で為替予約をしており，記帳済みである。

為替差（　益　・　損　）　¥

益または損を〇で囲むこと。

35 税効果会計

学習の要点

1 税効果会計の意味

会計上の収益・費用と課税所得計算上の**益金・損金**の認識時点の相違等により，企業会計上の資産と負債の額と課税所得計算上の資産と負債の額に相違がある場合に法人税等の額を適切に期間配分して，税引前当期純利益と法人税等を合理的に対応させる手続きを行う。これを**税効果会計**という。

2 貸倒引当金に関する税効果会計

貸倒引当金の損金算入限度超過額は**損金不算入**となる。これにより費用と損金の額に差異が生じ，その分だけ課税所得さらには法人税等の額も増加する。

この損金不算入額は，実際に貸し倒れが発生したときに損金算入が認められ，その時点で差異は解消し，その年度の課税所得は減額される。このようにいずれ解消し，解消した年度の課税所得を減額する効果をもつ差異を**将来減算一時差異**という。

将来減算一時差異に関する税金の額は，法人税等を前払いしたものと考え，**繰延税金資産勘定**（資産の勘定）の借方と**法人税等調整額勘定**の貸方に記入する。また，貸し倒れが発生したときは将来減算一時差異が解消されるので，発生したときと逆の仕訳を行う。

例1 税効果会計を適用し，将来減算一時差異が発生したとき　第1期の決算において，売掛金の期末残高に対して貸倒引当金を¥20,000計上したが，損金算入限度額は¥10,000のため，その超過額¥10,000については，損金として認められなかった。なお，法定実効税率は30%として，税効果会計を適用する。

（借）貸倒引当金繰入	20,000	（貸）貸倒引当金	20,000
繰延税金資産	3,000	法人税等調整額	3,000

繰延税金資産＝損金不算入額（¥20,000－¥10,000）×税率30%＝¥3,000

例2 将来減算一時差異が解消したとき　第2期の期中に例1の売掛金が回収不能になり，貸し倒れとして処理を行った。これにより，前期の損金不算入額¥10,000の損金算入が認められ，決算にあたり一時差異を解消した。

（借）法人税等調整額	3,000	（貸）繰延税金資産	3,000

例1と例2による税効果会計の手続きにより，損益計算書は次のように表示される。法人税等調整額の残高が貸方にある場合は，損益計算書の法人税等を減算し，残高が借方にある場合は法人税等に加算する。

損益計算書（第1期）		
：		
税引前当期純利益		200,000
法人税，住民税及び事業税	63,000	
法人税等調整額	△ 3,000	60,000
当期純利益		140,000

損益計算書（第2期）		
：		
税引前当期純利益		200,000
法人税，住民税及び事業税	57,000	
法人税等調整額	3,000	60,000
当期純利益		140,000

3 減価償却に関する税効果会計

減価償却費の償却限度超過額は損金不算入となる。これによる差異は将来減算一時差異であり，税効果会計の適用対象になる。

例3 税効果会計を適用し，将来減算一時差異が発生したとき

決算において，期首に購入した取得原価¥1,000,000の備品について，残存価額 零(0) 耐用年数4年として定額法により減価償却を行った。ただし，この備品に対する税法上の耐用年数は5年であるため，法定実効税率を30%として，税効果会計を適用する。

(借) 減価償却費	250,000	(貸) 備品減価償却累計額	250,000
繰延税金資産	15,000	法人税等調整額	15,000

減価償却費＝(¥1,000,000 − ¥0)÷4年＝¥250,000（会計上）

償却限度額＝(¥1,000,000 − ¥0)÷5年＝¥200,000（税法上）

償却限度超過額＝減価償却費¥250,000 − 償却限度額¥200,000＝¥50,000

繰延税金資産＝償却限度超過額¥50,000×税率30%＝¥15,000

4 その他有価証券に関する税効果会計 ··

その他有価証券評価差額金は貸借対照表に計上されるため，会計上の収益・費用と課税所得計算上の益金・損金との間に差異は生じない。しかし，将来その他有価証券が売却された場合，評価差額は，その期の益金または損金として課税所得に算入され，法人税等の金額に影響する。そのため，その他有価証券評価差額金は一時差異として，税効果会計の適用対象になる。

(1) 時価¥100,000＞取得原価¥80,000の場合（法定実効税率は30%）

一時差異が解消される年度の課税所得を増加させる効果をもつので，**将来加算一時差異**となる。

(借) その他有価証券	20,000	(貸) その他有価証券評価差額金	14,000
		繰延税金負債	6,000

繰延税金負債＝(時価¥100,000 − 取得原価¥80,000)×税率30%＝¥6,000

(2) 時価¥100,000＜取得原価¥120,000の場合（法定実効税率は30%）

一時差異が解消される年度の課税所得を減少させる効果をもつので，将来減算一時差異となる。

(借) その他有価証券評価差額金	14,000	(貸) その他有価証券	20,000
繰延税金資産	6,000		

繰延税金資産＝(取得原価¥120,000 − 時価¥100,000)×税率30%＝¥6,000

どちらの場合も評価差額に関する繰延税金資産または繰延税金負債をその評価差額から直接控除するため，法人税等調整額は生じない。繰延税金負債は将来の税金の増加分を示し，税金の未払分と考えられ，**繰延税金負債勘定**（負債の勘定）で処理する。

例4 税効果会計を適用し，将来加算一時差異が発生したとき

決算において，取得原価¥500,000のその他有価証券を，時価¥580,000に評価替えしたため，法定実効税率を30%として，税効果会計を適用する。

(借) その他有価証券	80,000	(貸) その他有価証券評価差額金	56,000
		繰延税金負債	24,000

繰延税金負債＝(時価¥580,000 − 取得原価¥500,000)×税率30%＝¥24,000

5 繰延税金資産と繰延税金負債の表示 ··

法人税等の計上は期末に行うので，通常は前期に生じた一時差異の解消と当期に発生した一時差異の計上をまとめて行う。また，繰延税金資産は固定資産の投資その他の資産の区分に，繰延税金負債は固定負債の区分に表示する。なお，繰延税金資産と繰延税金負債の両方がある場合は，相殺して純額を表示する。

35▶1 次の各文の ＿＿＿ のなかに入るもっとも適当な用語を答えなさい。

(1) 企業会計上の資産・負債の額と課税所得上の資産・負債の額に相違がある場合には, ［ ア ］ の手続きにより, 法人税等の額を適切に期間配分して, 税引前当期純利益と法人税等を合理的に対応させる。

(2) 課税所得の計算上, 損金として認められなかったことにより生じた差異は, 損金算入が認められた年度の課税所得を減額する効果をもつ。このような差異を ［ イ ］ という。

(3) 税効果会計を適用した場合に生じる, 税金の未払分に相当する金額を記録する勘定を ［ ウ ］ 勘定という。

(4) 税効果会計を適用した場合に生じる, 税金の調整額を記録する勘定を ［ エ ］ 勘定という。

ア	イ	ウ	エ

35▶2 次の取引の仕訳を示しなさい。ただし, 税効果会計を適用すること。なお, 法定実効税率は30%とする。

(1) 第/期の決算において, 売掛金の期末残高に対して貸倒引当金を¥/00,000計上したが, 損金算入限度額は¥80,000のため, その超過額¥20,000については, 損金として認められなかった。

(2) 第2期の期中に上記(1)の売掛金が回収不能になり, 貸し倒れとして処理を行った。これにより, 前期の損金不算入額¥20,000の損金算入が認められ, 決算にあたり一時差異を解消した。

(3) 第/期の決算において, 売掛金の期末残高に対して貸倒引当金を¥85,000計上したが, 損金算入限度額は¥60,000のため, その超過額ついては, 損金として認められなかった。

(4) 決算において, 期首に購入した取得原価¥/,800,000の備品について, 残存価額　零（0）耐用年数5年として, 定額法により減価償却を行った。ただし, この備品に対する税法上の耐用年数は6年である。

(5) 決算において, 期首に購入した取得原価¥6,000,000の建物について, 残存価額　零（0）耐用年数25年として, 定額法により減価償却を行った。ただし, この建物に対する税法上の耐用年数は30年である。

(6) 決算において, 取得原価¥400,000のその他有価証券を, 時価¥600,000に評価替えした。

(7) 決算において, 取得原価¥700,000のその他有価証券を, 時価¥550,000に評価替えした。

	借　　　　方	貸　　　　方
(1)		
(2)		
(3)		
(4)		
(5)		
(6)		
(7)		

35-3 京都商事株式会社（決算年/回　3月3/日）の第/期の決算整理事項によって，
(1) 決算整理仕訳を示しなさい。ただし，税効果会計を適用すること。なお，法定実効税率は30％とする。
(2) 報告式の損益計算書（一部）と貸借対照表（一部）を完成しなさい。

決算整理事項
a．貸倒引当金￥34,000を計上した。ただし，そのうち￥7,000については損金として認められなかった。
b．取得原価￥600,000の備品について，残存価額　零(0)　耐用年数3年の定額法により減価償却を行った。ただし，この備品に対する税法上の耐用年数は5年である。
c．取得原価￥900,000のその他有価証券を，時価￥1,000,000に評価替えした。

(1)

	借　　　　　方	貸　　　　　方
a		
b		
c		

(2)

損　益　計　算　書

京都商事株式会社　　　　令和○/年4月/日から令和○2年3月3/日まで　　　　　（単位：円）
⋮

税引前当期純利益		1,830,000
法人税，住民税及び事業税	575,100	
法人税等調整額	(　　　　　　　)	(　　　　　　　)
当期純利益		(　　　　　　　)

貸　借　対　照　表

京都商事株式会社　　　　令和○2年3月3/日　　　　　（単位：円）
⋮

Ⅱ　固　定　負　債
　4．繰延税金(　　　)　　　　　　　　　　(　　　　　　)
⋮

35-4 石川商事株式会社の第/期の決算における，決算整理事項は次のとおりであった。よって，税効果会計を適用し，貸借対照表に表示する繰延税金資産または繰延税金負債の金額を答えなさい。なお，法定実効税率は30％とする。

決算整理事項
a．貸倒引当金￥150,000を計上した。ただし，損金算入限度額は￥110,000である。
b．取得原価￥2,100,000の備品について，残存価額は零(0)　耐用年数6年の定額法により減価償却を行った。ただし，この備品に対する税法上の耐用年数は7年である。
c．保有するその他有価証券は次のとおりであり，時価によって評価する。
　北東商事株式会社　500株　帳簿価額/株　￥2,100　時価/株　￥2,240

繰延税金（　資産　・　負債　）	￥

資産または負債を○で囲むこと。

総合問題 ④

4-1 次の取引の仕訳を示しなさい。
(1) 資格取得に向けた予備校を経営している南部学園（決算年1回　12月31日）は，7月1日から8か月間開講する資格試験対策講座の申し込みを受け付け，同時に受講料¥2,400,000を現金で受け取った。
(2) 上記(1)の南部学園は決算日となったため，当期分の役務収益を計上した。
(3) 旅行業を営む北海道旅行社は，本日国内旅行のツアーを実施し，サービスの提供にともなう費用¥130,000を現金で支払った。
(4) 広告業を営む沖縄商事株式会社は，すでに支払い済みの給料¥300,000，旅費¥150,000，消耗品費¥20,000について，今月末に行われるイベントにかかる費用であることが判明したので，適切な勘定に振り替えた。
(5) 建物の設計業務を行っている鹿児島設計事務所は，宮崎商店から依頼のあった建物の設計図が完成したので，引き渡しを行い，設計料¥350,000を小切手で受け取り，ただちに当座預金に預け入れた。なお，この設計にかかった費用¥220,000は，仕掛品勘定に計上してある。

	借　　　　方	貸　　　　方
(1)		
(2)		
(3)		
(4)		
(5)		

4-2 新潟商事株式会社（決算年1回　3月31日）の次の一連の取引の仕訳を示しなさい。
1月13日　A社と商品$7,000の売買契約をし，前受金$1,500を現金で受け取った。（為替レート$1あたり¥120）
2月18日　A社に商品$7,000を売り渡し，1月13日の前受金を差し引き，残額は掛けとした。（為替レート$1あたり¥122）
3月31日　決算日をむかえた。（為替レート$1あたり¥126）
4月25日　A社に対する売掛金$5,500を現金で回収した。（為替レート$1あたり¥124）

	借　　　　方	貸　　　　方
1/13		
2/18		
3/31		
4/25		

43 和歌山商事株式会社（決算年/回　/2月3/日）の次の一連の取引の仕訳を示しなさい。ただし，仕訳の必要のない場合は「仕訳なし」と記入すること。

/0月 5日　B社に商品$8,000を注文し，前払金$2,000を現金で支払った。（為替レート$/あたり¥/04）

//月20日　B社に注文していた商品$8,000を仕入れ，/0月5日の前払金を差し引き，残額は掛けとした。（為替レート$/あたり¥/06）

/2月 4日　B社に対する買掛金$6,000について，取引銀行との間で$/あたり¥/08のレートで為替予約を行った。なお，為替予約にともなう差額は，すべて当期の損益として処理する。（為替レート$/あたり¥/05）

/2月3/日　決算日をむかえた。（為替レート$/あたり¥///）

/月20日　B社に対する買掛金$6,000を現金で支払った。（為替レート$/あたり¥//0）

	借　　　方	貸　　　方
10/ 5		
11/20		
12/ 4		
12/31		
1/20		

44 次の取引の仕訳を示しなさい。ただし，税効果会計を適用すること。なお，法定実効税率は30%とする。

(1) 青森商事株式会社は，第/期の決算において，売掛金の期末残高¥5,500,000に対して2%の貸し倒れを見積もった。ただし，損金算入限度額は¥80,000であり，超過額は損金として認められなかった。

(2) 秋田商事株式会社は，決算において次の資料により備品の減価償却費を計上した。なお，間接法により記帳している。

　　　資　　　料
　　　取得・使用開始日　○/年4月/日　　決算日　○2年3月3/日
　　　取得原価　　　　　¥840,000　　　耐用年数　6年（税法上の耐用年数7年）
　　　残存価額　　零（0）　　　　　　　償却方法　定額法

(3) 決算において，保有するその他有価証券は次のとおりであった。
　　東西商事株式会社　400株　/株の帳簿価額　¥2,600　時価/株　¥2,900

(4) 決算において，保有するその他有価証券は次のとおりであった。
　　南北商事株式会社　700株　/株の帳簿価額　¥3,700　時価/株　¥3,200

	借　　　方	貸　　　方
(1)		
(2)		
(3)		
(4)		

36 財務諸表分析

1 財務諸表分析の意味………………………………………………………………………

　企業の財政状態や経営成績を正確に判断するためには，貸借対照表や損益計算書を分析，比較することが重要である。いろいろな比率（百分率）や実数を用いて分析することを**財務諸表分析**という。

2 関係比率法による分析………………………………………………………………………

　関係比率法とは，財務諸表上のある項目の金額と他の項目の金額との割合によって分析する方法である。この方法は企業の安全性や収益性を分析するときに用いられる。

（1）　安全性分析

貸借対照表

現金預金・受取手形 売掛金・有価証券など →	流動資産	当座資産	流動負債	他人資本	
商品など →		棚卸資産・その他の流動資産	固定負債		総資本
	固定資産		純資産	自己資本	

新株予約権は自己資本に含まれない。

①　$流動比率＝\dfrac{流動資産}{流動負債}×100（\%）$
→短期（1年以内）の支払能力を示す。200%以上が望ましい。

②　$当座比率＝\dfrac{当座資産}{流動負債}×100（\%）$
→企業の即時支払能力を示す。100%以上が望ましい。

③　$自己資本比率＝\dfrac{自己資本}{総資本（他人資本＋自己資本）}×100（\%）$
→比率が高いほど，負債が少ないことを示し，財政状態は安全である。50%以上が望ましい。

④　$負債比率＝\dfrac{負債}{自己資本}×100（\%）$
→比率が低いほど企業は堅実で安全である。

⑤　$固定比率＝\dfrac{固定資産}{自己資本}×100（\%）$
→比率が100%以上のときは，固定資産の取得が他人資本にも依存していることを示し，堅実とはいえず資金繰りに注意する必要がある。

（2）　収益性分析

損益計算書

| 売上原価 | 売上高 |
| 売上総利益 | |

① $売上高純利益率 = \dfrac{当期純利益}{売上高} \times 100(\%)$ →高いほど収益性がよい。

② $売上高総利益率 = \dfrac{売上総利益}{売上高} \times 100(\%)$ →高いほど収益性がよい。

③ $売上原価率 = \dfrac{売上原価}{売上高} \times 100(\%)$ →比率が低いほど利幅が大きく収益性がよい。

④ $総資本利益率 = \dfrac{当期純利益}{総資本} \times 100(\%)$ →高いほど収益性がよい。

⑤ $自己資本利益率 = \dfrac{当期純利益}{自己資本} \times 100(\%)$ →高いほど収益性がよい。

⑥ $総資本回転率 = \dfrac{売上高}{総資本}$ →回転率が高いほど資本の利用状況がよい。

⑦ $自己資本回転率 = \dfrac{売上高}{自己資本}$ →回転率が高いほど資本の利用状況がよい。

⑧ $受取勘定回転率 = \dfrac{売上高}{受取勘定(受取手形+売掛金)^{※}}$ →高いほど回収状況がよい。

※ほかに通常の営業取引から生じた債権（電子記録債権など）がある場合は含める。

$平均回収日数 = 365日 \div 受取勘定回転率$

⑨ $商品回転率 = \dfrac{売上原価}{平均商品有高^{※}}$ →高いほど商品を販売する能力が高い。

※$平均商品有高 = \dfrac{期首有高+期末有高}{2}$

$平均在庫日数 = 365日 \div 商品回転率$

⑩ $固定資産回転率 = \dfrac{売上高}{固定資産有高}$ →高いほど設備の利用状態がよい。

(3) 成長性分析

① $売上高成長率 = \dfrac{当期売上高-前期売上高}{前期売上高} \times 100(\%)$ →高いほど売上高が伸びている。

② $経常利益成長率 = \dfrac{当期経常利益-前期経常利益}{前期経常利益} \times 100(\%)$ →高いほど経常利益が伸びている。

③ $総資産成長率 = \dfrac{当期総資産-前期総資産}{前期総資産} \times 100(\%)$ →高いほど総資産が伸びている。

36-1 次の計算式を完成しなさい。

(1) 流動比率 $= \dfrac{流動資産}{(\qquad)} \times 100 (\%)$

(2) 当座比率 $= \dfrac{当座資産}{(\qquad)} \times 100 (\%)$

(3) 自己資本比率 $= \dfrac{自己資本}{(\qquad)} \times 100 (\%)$

(4) 負債比率 $= \dfrac{負債}{(\qquad)} \times 100 (\%)$

(5) 固定比率 $= \dfrac{(\qquad)}{自己資本} \times 100 (\%)$

(6) 売上高純利益率 $= \dfrac{当期純利益}{(\qquad)} \times 100 (\%)$

(7) 売上高総利益率 $= \dfrac{売上総利益}{(\qquad)} \times 100 (\%)$

(8) 売上原価率 $= \dfrac{売上原価}{(\qquad)} \times 100 (\%)$

(9) 総資本利益率 $= \dfrac{(\qquad)}{総資本} \times 100 (\%)$

(10) 自己資本利益率 $= \dfrac{(\qquad)}{自己資本} \times 100 (\%)$

(11) 総資本回転率 $= \dfrac{売上高}{(\qquad)}$ （回）

(12) 自己資本回転率 $= \dfrac{(\qquad)}{自己資本}$ （回）

(13) 受取勘定回転率 $= \dfrac{(\qquad)}{受取勘定（受取手形＋売掛金）}$ （回）

(14) 商品回転率 $= \dfrac{(\qquad)}{平均商品有高}$ （回）

(15) 固定資産回転率 $= \dfrac{(\qquad)}{固定資産有高}$ （回）

(1)	(2)	(3)	(4)	(5)
(6)	(7)	(8)	(9)	(10)
(11)	(12)	(13)	(14)	(15)

36-2 次の南北商事株式会社の貸借対照表によって安全性分析にかかわる財務比率を計算し，安全性の良否を判断しなさい。ただし，パーセントの小数第1位未満を四捨五入すること。なお，当会計期間は，令和○1年4月1日から令和○2年3月31日までとする。

貸 借 対 照 表

南北商事株式会社　　　　　　　令和○2年3月31日　　　　　　　（単位：円）

資　　産	金　額		負債及び純資産	金　額
現 金 預 金		500,000	支 払 手 形	2,800,000
受 取 手 形	500,000		買 掛 金	420,000
貸倒引当金	5,000	495,000	短 期 借 入 金	400,000
売 掛 金	2,500,000		未払法人税等	80,000
貸倒引当金	25,000	2,475,000	長 期 借 入 金	1,000,000
有 価 証 券		3,700,000	退職給付引当金	700,000
商　　品		530,000	資 本 金	10,000,000
建　　物	8,000,000		資 本 準 備 金	1,200,000
減価償却累計額	1,200,000	6,800,000	利 益 準 備 金	800,000
備　　品	3,000,000		繰越利益剰余金	1,800,000
減価償却累計額	1,500,000	1,500,000		
の れ ん		200,000		
長 期 貸 付 金		3,000,000		
		19,200,000		19,200,000

財務比率	計　算　式	比　率	判　　定
流 動 比 率		％	
当 座 比 率		％	
自己資本比率		％	
負 債 比 率		％	
固 定 比 率		％	

36·3 次の南北商事株式会社の貸借対照表と損益計算書によって，収益性分析に関する財務比率を計算し，収益性の良否を判断しなさい。ただし，求めるパーセントまたは回数は，小数第／位未満を四捨五入すること。

貸 借 対 照 表

南北商事株式会社　令和○2年3月3／日　　　　　　（単位：円）

現 金 預 金		500,000	支 払 手 形	2,800,000
受 取 手 形	500,000		買 掛 金	420,000
貸倒引当金	5,000	495,000	短 期 借 入 金	400,000
売 掛 金	2,500,000		未払法人税等	80,000
貸倒引当金	25,000	2,475,000	長 期 借 入 金	1,000,000
有 価 証 券		2,100,000	退職給付引当金	700,000
商 品		2,130,000	資 本 金	10,000,000
建 物	8,000,000		資 本 準 備 金	1,200,000
減価償却累計額	1,200,000	6,800,000	利 益 準 備 金	800,000
備 品	3,000,000		繰越利益剰余金	1,800,000
減価償却累計額	1,500,000	1,500,000		
の れ ん		200,000		
長 期 貸 付 金		3,000,000		
		19,200,000		19,200,000

損 益 計 算 書

南北商事㈱　令和○／年4月／日から令和○2年3月3／日まで　（単位：円）

I	**売 上 高**		30,100,000
II	**売 上 原 価**		
	1．期首商品棚卸高	2,120,000	
	2．当期商品仕入高	24,050,000	
	合 計	26,170,000	
	3．期末商品棚卸高	2,130,000	24,040,000
	売上総利益		6,060,000
III	**販売費及び一般管理費**		3,840,000
	営 業 利 益		2,220,000
IV	**営 業 外 収 益**		140,000
V	**営 業 外 費 用**		220,000
	経 常 利 益		2,140,000
VI	**特 別 利 益**		80,000
VII	**特 別 損 失**		70,000
	税 引 前当期純利益		2,150,000
	法人税，住民税及び事業税		650,000
	当期純利益		1,500,000

（注）商品回転率は売上原価と平均商品有高 {（期首商品＋期末商品）÷2} によること。

財務比率	計　算　式	比　率	判　　定
売 上 高 純 利 益 率		％	
売 上 高 総 利 益 率		％	
売 上 原 価 率		％	
総資本利益率		％	
自 己 資 本 利 益 率		％	
総 資 本 回 転 率(回)		回	
自 己 資 本 回 転 率(回)		回	
受 取 勘 定 回 転 率(回)		回	
商 品 回 転 率(回)		回	
固 定 資 産 回 転 率(回)		回	

36-4 **36-3** の南北商事株式会社の前期の資料は，次のとおりである。よって，売上高成長率，経常利益成長率，総資産成長率を求め，成長性の良否を判断しなさい。ただし，パーセントの小数第/位未満を四捨五入すること。

前期の売上高 ￥29,000,000　　前期の経常利益 ￥2,050,000
前期の総資産 ￥18,500,000

財務比率	計　算　式	比率	判　　定
売上高成長率		%	
経常利益成長率		%	
総資産成長率		%	

36-5 次の中国商事株式会社の貸借対照表によって，下記の計算式と各比率を答えなさい。ただし，比率のパーセントの小数第/位未満を四捨五入すること。

貸　借　対　照　表

中国商事株式会社　　　令和○年3月3/日　　　（単位：円）

現 金 預 金	2,580,000	支 払 手 形	1,000,000
受 取 手 形	4,670,000	買 掛 金	4,100,000
売 掛 金	2,020,000	未 払 金	800,000
商 品	3,000,000	長 期 借 入 金	700,000
建 物	4,800,000	資 本 金	10,000,000
備 品	1,200,000	資 本 剰 余 金	1,400,000
土 地	1,930,000	繰越利益剰余金	2,200,000
	20,200,000		20,200,000

	財務比率	計　算　式	比率
(1)	流 動 比 率		%
(2)	当 座 比 率		%
(3)	自己資本比率		%
(4)	負 債 比 率		%
(5)	固 定 比 率		%

検定問題 ◆◆◆◆◆

36・6 茨城株式会社と栃木株式会社の下記の資料と貸借対照表によって，次の各問いに答えなさい。 第91回改題

(1) 茨城株式会社の次の比率を求めなさい。

  a．当座比率   b．固定比率

  c．商品回転率（商品有高の平均と売上原価を用いること。）

(2) 栃木株式会社の次の比率を求めなさい。

  a．流動比率   b．売上高総利益率

  c．受取勘定（売上債権）回転率（期首と期末の平均を用いること。）

(3) 次の文の ☐ のなかに入る適当な比率を記入しなさい。また，｜ ｜のなかから，いずれか適当な語を選び，その番号を記入しなさい。

 茨城株式会社と栃木株式会社の自己資本，当期純利益の各金額を比較すると，茨城株式会社の方がどちらも大きい。そこで，投下された資本が効率的に運用されているかを比較するため，自己資本利益率を計算してみると，茨城株式会社が ア ％に対して，栃木株式会社が8.0%であり，茨城株式会社の方が高かった。しかし，総資本利益率を計算してみると，茨城株式会社が4.2%に対して栃木株式会社は イ ％であり，茨城株式会社の方が低かった。これは，茨城株式会社の総資本に占める　ウ｜1．自己資本　2．他人資本｜の割合が高いことが原因である。

茨城株式会社の資料

i 売　上　高 ¥21,000,000

ii 期首商品棚卸高 ¥ 1,296,000

iii 当期商品仕入高 ¥14,558,000

iv 当期純利益 ¥ 420,000

v 棚卸減耗損と商品評価損は発生していない。

貸　借　対　照　表

茨城株式会社	令和○年3月3/日		（単位：円）
現 金 預 金	940,000	支 払 手 形	1,306,000
受 取 手 形	647,000	買 掛 金	1,614,000
売 掛 金	745,000	未払法人税等	80,000
有 価 証 券	530,000	長 期 借 入 金	2,700,000
商 品	1,154,000	退職給付引当金	300,000
建 物	1,800,000	資 本 金	2,000,000
備 品	600,000	資 本 準 備 金	1,000,000
土 地	1,400,000	利 益 準 備 金	241,000
投 資 有 価 証 券	1,284,000	繰越利益剰余金	759,000
関 係 会 社 株 式	650,000		
長 期 前 払 費 用	250,000		
	10,000,000		10,000,000

栃木株式会社の資料

ⅰ 売 上 高 ¥5,760,000
ⅱ 期首売上債権 ¥ 331,000
ⅲ 期首商品棚卸高 ¥ 307,000
ⅳ 当期商品仕入高 ¥3,706,000
ⅴ 当期純利益 ¥ 120,000
ⅵ 棚卸減耗損と商品評価損は発生していない。

貸 借 対 照 表

栃木株式会社	令和○年3月3/日		(単位：円)
現 金 預 金	309,000	支 払 手 形	249,000
受 取 手 形	186,000	買 掛 金	376,000
売 掛 金	123,000	未 払 法 人 税 等	15,000
有 価 証 券	3/0,000	長 期 借 入 金	300,000
商 品	269,000	退 職 給 付 引 当 金	60,000
前 払 費 用	5/,000	資 本 金	700,000
建 物	350,000	資 本 準 備 金	300,000
備 品	2/0,000	利 益 準 備 金	180,000
土 地	190,000	繰越利益剰余金	320,000
投 資 有 価 証 券	240,000		
関 係 会 社 株 式	262,000		
	2,500,000		2,500,000

(1)

a	当 座 比 率	%	b	固 定 比 率	%
c	商 品 回 転 率	回			

(2)

a	流 動 比 率	%	b	売上高総利益率	%
c	受取勘定回転率 （売上債権回転率）	回			

(3)

ア	イ	ウ
%	%	

36·7　A社とB社の下記の資料および当期の貸借対照表と損益計算書によって，次の文の
[　　　]のなかに適当な比率を記入しなさい。また，{　　　}のなかから，いずれか適当な語を
選び，その番号を記入しなさい。　　　　　　　　　　　　　　　　　[第85回改題]

【安全性の分析】

　　短期的な支払能力を調べるために，流動比率を計算すると，A社は[　ア　]％であり，B社
は120％である。さらに当座比率を計算すると，A社は118％であり，B社は[　イ　]％であ
る。また，長期の安全性を測るため，自己資本比率を計算すると，A社は[　ウ　]％で，B社
は30％であることがわかる。このことから，安全性が高いのは　エ {1．A社　2．B社} で
ある。

【収益性の分析】

　　総合的な収益性を調べるために，総資本利益率を期末の数値と税引後当期純利益を用いて計
算すると，A社は[　オ　]％であり，B社の5.6％と比較して資本の利用状況が　カ {1．良い
2．悪い} ことがわかる。さらに，総資本利益率を売上高純利益率と総資本回転率に分解し，売
上高純利益率を税引後当期純利益を用いて計算すると，A社は4.0％，B社は[　キ　]％であ
り，総資本回転率を期末の数値を用いて計算すると，A社が2.5回，B社は[　ク　]回である。

【成長性の分析】

　　企業の成長性を調べるために，売上高成長率（増収率）を計算すると，A社は[　ケ　]％で
あり，B社は20％となり，コ {1．A社　2．B社} のほうが高いことがわかる。

資　　　　　料

i　A社とB社の金額および財務比率

	前　期	当　期		
	売　上　高	売　上　原　価	期首商品棚卸高	商品回転率
A社	100,000千円	84,000千円	12,200千円	7回
B社	20,000千円	16,800千円	4,900千円	4回

　　商品回転率は期首と期末の商品有高の平均と売上原価を用いている。ただし，商品評価損
と棚卸減耗損は発生していない。

ii　損益計算書の科目の細目は省略している。

貸　借　対　照　表

A社　　　　　　　　　令和○9年3月31日　　　　（単位：千円）

資　　産	金　額	負債・純資産	金　額
現　金　預　金	4,400	支　払　手　形	6,600
受　取　手　形	6,500	買　　掛　　金	7,800
売　　掛　　金	9,100	短 期 借 入 金	5,200
有　価　証　券	3,600	未 払 法 人 税 等	400
商　　　　　品	11,800	長 期 借 入 金	1,900
短 期 貸 付 金	400	退職給付引当金	500
備　　　　　品	1,300	資　　本　　金	9,000
建　　　　　物	1,700	資 本 剰 余 金	5,400
土　　　　　地	1,800	利 益 剰 余 金	8,000
投 資 有 価 証 券	4,200		
	44,800		44,800

損 益 計 算 書

A社　　　令和○8年4月/日から令和○9年3月3/日まで　　（単位：千円）

費　用	金　額	収　益	金　額
売 上 原 価	84,000	売 上 高	112,000
販 売 費	17,860	営 業 外 収 益	2,130
一 般 管 理 費	2,300	特 別 利 益	390
営 業 外 費 用	2,710		
特 別 損 失	1,250		
法 人 税 等	1,920		
当 期 純 利 益	4,480		
	114,520		114,520

貸 借 対 照 表

B社　　　　　令和○9年3月3/日　　　　（単位：千円）

資　産	金　額	負債・純資産	金　額
現 金 預 金	1,000	支 払 手 形	（　　　）
受 取 手 形	1,860	買 掛 金	3,200
売 掛 金	1,840	短 期 借 入 金	2,100
有 価 証 券	200	未 払 法 人 税 等	300
商 品	（　　　）	長 期 借 入 金	1,100
備 品	300	退職給付引当金	300
建 物	700	資 本 金	1,800
土 地	600	資 本 剰 余 金	600
特 許 権	500	利 益 剰 余 金	1,200
投 資 有 価 証 券	1,500		
	（　　　）		（　　　）

損 益 計 算 書

B社　　　令和○8年4月/日から令和○9年3月3/日まで　　（単位：千円）

費　用	金　額	収　益	金　額
売 上 原 価	（　　　）	売 上 高	24,000
販 売 費	6,000	営 業 外 収 益	940
一 般 管 理 費	720	特 別 利 益	420
営 業 外 費 用	570		
特 別 損 失	310		
法 人 税 等	288		
当 期 純 利 益	（　　　）		
	（　　　）		（　　　）

ア	イ	ウ	エ	オ
％	％	％		％

カ	キ	ク	ケ	コ
	％	回	％	

36-8 鳥取商事株式会社（決算年/回　3月3/日）の下記の資料によって，次の各問いに答えなさい。

第90回改題

(1) 次の文の _____ のなかに入る適当な比率を記入しなさい。また，{　　　}のなかから，いずれか適当な語を選び，その番号を記入しなさい。

商品回転率を商品有高の平均と売上原価を用いて計算すると，第8期は2/.0回で，第9期は ア 回となり，第9期は第8期に比べ，イ{1. 安全性　2. 収益性}が高くなっている。

当座比率により即時の支払能力を判断すると，第8期の ウ ％に対して，第9期は/47.5％で，流動比率により短期的な支払能力を判断しても，第8期の207.5％に対して，第9期は エ ％となり，ともに改善されてきている。さらに，負債比率により オ{3. 短期　4. 長期}の支払能力を判断すると，第8期の78.5％に対して，第9期は カ ％であり，安全性に問題はないと思われる。

(2) 次の金額を求めなさい。

　　　a．第8期の自己資本　　b．第8期の固定負債　　c．第9期の有形固定資産

資　　　料

i　第9期における純資産の部に関する事項

4月/8日　新株300株を/株につき/.2千円で発行した。ただし，会社法に規定する最高限度額を資本金に組み入れないことにした。

6月27日　株主総会において，次のとおり繰越利益剰余金を配当および処分することを決議した。

　　　　配当金　/,400千円　　利益準備金　/40千円　　別途積立金　50千円

3月3/日　当期純利益/,640千円を計上した。

ii　比較貸借対照表

比 較 貸 借 対 照 表

（単位：千円）

資　　産	第8期	第9期	負債及び純資産	第8期	第9期
現 金 預 金	5,730	(　　　)	支 払 手 形	4,620	4,530
受 取 手 形	3,850	4,250	買 掛 金	5,795	5,605
売 掛 金	5,650	5,050	短 期 借 入 金	3,240	3,740
有 価 証 券	4,370	4,280	未 払 法 人 税 等	345	365
商 品	9,240	9,090	長 期 借 入 金	9,600	9,100
前 払 費 用	2/0	/66	退職給付引当金	(　　　)	3,894
建 物	/2,100	//,500	資 本 金	(　　　)	20,180
備 品	5,480	(　　　)	資 本 準 備 金	2,500	2,680
土 地	/4,645	/4,645	利 益 準 備 金	/,300	(　　　)
長 期 貸 付 金	/,200	/,200	別 途 積 立 金	(　　　)	2,650
			繰越利益剰余金	8,600	(　　　)
	(　　　)	(　　　)		(　　　)	(　　　)

iii　第8期に関する金額および財務比率

売　上　原　価　193,200千円

売 上 原 価 率　　80.0%

期首の売上債権　　9,820千円

受取勘定回転率　　25.0回（期首と期末の平均による）

期首商品棚卸高　　9,160千円

固 定 比 率　　95.5%

iv　第9期に関する金額および財務比率

売　上　原　価　205,296千円

売 上 原 価 率　　78.0%

受取勘定回転率　　28.0回（期首と期末の平均による）

固 定 比 率　　91.5%

v　第8期・第9期ともに棚卸減耗損および商品評価損は発生していない。

(1)

ア	イ	ウ	エ	オ	カ
回		%	%		%

(2)

a	第8期の自己資本	千円	b	第8期の固定負債	千円
c	第9期の有形固定資産	千円			

37 連結財務諸表のあらまし

1 企業グループと連結財務諸表

　企業は，経営の多角化や国際化などのために，いくつかの企業が経済的に密接な関係を保って企業グループ（企業集団）をつくり，グループで経営活動を行うことが多い。この場合，個別財務諸表だけでは，企業の経営活動の実態を的確につかむことはむずかしい。

　そこで，企業グループを単一の組織体とみなし，その企業グループの財政状態および経営成績を総合的に報告するために**連結財務諸表❶**を作成することが必要となる。連結財務諸表は，企業グループを構成する個々の会社の個別財務諸表の数値を合算し，連結のための一定の手続きを経て作成される。

　連結財務諸表には，**連結貸借対照表❷**，**連結損益計算書❸**，連結包括利益計算書，連結株主資本等変動計算書，連結キャッシュ・フロー計算書などがある。

2 親会社と子会社

　企業グループは，グループ内の頂点に位置する**親会社❹**と親会社に支配される**子会社❺**，親会社から強い影響を受ける関連会社がある。子会社の判定は支配力基準にもとづく。

　支配力基準による子会社の判定（P社：親会社　S社：子会社）
・P社がS社の議決権を過半数（50%超）所有している。
・P社がS社の高い比率の議決権を有し，意思決定機関を支配している。

3 連結財務諸表の重要性

① 連結貸借対照表は，グループ全体の財政状態を示しているので，親会社が子会社に投資した資本がどのように運用されているかが明らかになる。

② 連結損益計算書は，企業グループ内の売買取引が相殺消去されているので，グループ全体の経営成績が表示される。

4 連結財務諸表の特徴

　連結貸借対照表
① 子会社の資産と負債は，親会社に支配された日の時価で計上される。
② 親会社と子会社の間で生じた債権と債務は計上されない。
③ 子会社株式は計上されない。
④ 親会社の資本だけが計上される。
⑤ 親会社の子会社に対する投資と子会社の資本を相殺消去したさいに生じた差額を，のれんとして計上する。なお，のれんは原則として20年以内に規則的に償却する。
⑥ 親会社が子会社の株式数の100%を所有していない場合，子会社の資産と負債の一部は親会社に帰属しない。そこで，子会社の資本のうち親会社に帰属しない部分は**非支配株主持分❻**として計上され，株主資本と区別される。

　連結損益計算書
① 親会社と子会社の間の仕入と売上は相殺消去される。
② 親会社が子会社から受け取った受取配当金は計上されない。
③ 親会社と子会社の間で固定資産の売買が行われていても，固定資産売却損益は計上されない。
④ 親会社が子会社の株式数の100%を所有していない場合，当期純利益の一部は親会社ではなく，非支配株主に帰属する。そこで「非支配株主に帰属する当期純利益」が計上され，「親会社株主に帰属する当期純利益」と区別される。

---

❶consolidated financial statements　　❷consolidated balance sheet　　❸consolidated profit and loss statement
❹parent company　　❺subsidiary company　　❻non-controlling interests

37-1 次の各文の □□□ のなかに入るもっとも適当な用語を答えなさい。

(1) 企業は，それぞれ独立して経営活動を行っているが，経営の多角化や国際化などのために，いくつかの企業が経済的に密接な関係を保って ｜ ア ｜ をつくり経営活動を行うことが多い。

(2) 企業グループを単一の組織体とみなし，それを一つの会計単位として財政状態や経営成績などを報告するために ｜ イ ｜ を作成する。

(3) 連結財務諸表には，連結貸借対照表，連結損益計算書，連結包括利益計算書， ｜ ウ ｜ ，連結キャッシュ・フロー計算書などがある。

(4) 企業グループにおいて，親会社に支配される会社を子会社という。子会社にあたるかどうかの判定は， ｜ エ ｜ 基準にもとづいて行われる。

ア	イ	ウ	エ

37-2 次の各文のうち，正しいものには○印を，誤っているものには×印を記入しなさい。

(1) 連結財務諸表を作成するさい，子会社の資産と負債は連結決算日の時価で評価される。

(2) 連結貸借対照表には，親会社の資本だけが計上される。

(3) 連結財務諸表の作成において生じたのれんは，原則として10年以内に償却する。

(4) 親会社が子会社の株式数の100％を所有していない場合，子会社の資本のうち親会社に帰属しない部分を非支配株主持分として計上する。

(5) 連結損益計算書における固定資産売却損益は，親会社と子会社の間で生じた場合でも計上する。

(6) 親会社が子会社の株式数の100％を所有していない場合，連結損益計算書には「非支配株主に帰属する当期純利益」が表示される。

(1)	(2)	(3)	(4)	(5)	(6)

総合問題 ❺

5-1 東海商事株式会社（決算年/回　3月3/日）は，令和○/年4月/日に子会社として朝日株式会社と星空株式会社を設立した。よって，朝日株式会社と星空株式会社の下記の資料と貸借対照表から，次の各問いに答えなさい。

① 次の文の 　□　 のなかに適当な比率を記入しなさい。また，❘　　　❘のなかから，いずれか適当な語を選び，その番号を記入しなさい。

　　負債比率を使い，子会社の企業経営の安全性を判断すると，朝日株式会社の50％に対して，星空株式会社は ア ％である。よって，安全性が高いのは イ❘1．朝日株式会社　2．星空株式会社❘と判断される。収益性について期末の自己資本の金額を使った自己資本利益率は，朝日株式会社の ウ ％に対して，星空株式会社は エ ％である。また，売上債権の期首の金額と期末の金額の平均を使った受取勘定（売上債権）回転率は，朝日株式会社の24.0回に対して，星空株式会社は オ 回であるので，売上債権の回収状況が良いのは カ❘1．朝日株式会社　2．星空株式会社❘と判断される。

② 次の金額を求めなさい。

　　　　a．朝日株式会社の買掛金（キの金額）　　　b．星空株式会社の商品（クの金額）

朝日株式会社の資料

　i　損益計算書に関する金額（一部）

　　　売　上　高　¥13,500,000

　ii　財務比率

　　　総資本回転率　3.0回　　　当座比率　200％
　　　総資本利益率　12％　　　流動比率　240％
　　　（期末の総資本による）　　固定比率　90％

　iii　商品の平均在庫日数は/4.6日であった。（/年を365日とする）　商品回転率は期首と期末の商品有高の平均と売上原価を用いている。なお，期首商品棚卸高は¥301,500である。ただし，棚卸減耗損と商品評価損は発生していない。

　iv　期首の売上債権の金額は¥590,000である。

貸 借 対 照 表

朝日株式会社　　　　　令和○4年3月3/日　　　　　（単位：円）

資　産	金　額	負債・純資産	金　額
現 金 預 金	438,500	支 払 手 形	185,000
受 取 手 形	175,000	買　　掛　　金	（　キ　）
売　　掛　　金	360,000	短 期 借 入 金	330,000
有 価 証 券	526,500	未払法人税等	75,000
商　　　　品	292,500	長 期 借 入 金	591,500
前 払 費 用	（　　　）	退職給付引当金	158,500
建　　　　物	550,000	資　　本　　金	1,900,000
備　　　　品	630,000	繰越利益剰余金	1,100,000
土　　　　地	（　　　）		
特　　許　　権	112,500		
	（　　　）		（　　　）

星空株式会社の資料
　i　損益計算書に関する金額(一部)
　　　　売　上　原　価　¥8,662,500
　ii　財務比率
　　　　総資本回転率　2.5回　　　売上原価率　70%
　　　　総資本利益率　4%　　　　当座比率　126%
　　　（期末の総資本による）
　iii　商品の平均在庫日数は29.2日であった。(1年を365日とする)　商品回転率は期首と期末の商品有高の平均と売上原価を用いている。なお，期首商品棚卸高は¥671,000である。ただし，棚卸減耗損と商品評価損は発生していない。
　iv　期首の売上債権の金額は¥748,000である。

貸　借　対　照　表

星空株式会社　　　　令和○4年3月31日　　　　（単位：円）

資　産	金　額	負債・純資産	金　額
現　金　預　金	（　　　　）	支　払　手　形	580,000
受　取　手　形	750,000	買　　掛　　金	192,500
売　　掛　　金	377,000	短　期　借　入　金	437,500
商　　　　品	（　ク　）	未　払　法　人　税　等	165,000
前　払　費　用	（　　　　）	長　期　借　入　金	725,000
備　　　　品	500,000	退　職　給　付　引　当　金	600,000
土　　　　地	475,000	資　　本　　金	1,900,000
建　設　仮　勘　定	1,500,000	繰　越　利　益　剰　余　金	350,000
	4,950,000		4,950,000

（注意）エとオについては，小数第1位まで示すこと。

①

ア	イ	ウ	エ	オ	カ
%		%	%	回	

②

	a	朝日株式会社の買掛金(キの金額)	¥	b	星空株式会社の商品(クの金額)	¥

⑤2 次の文の □ にあてはまるもっとも適当な語を，下記の語群のなかから選び，その番号を記入しなさい。

　法律上は独立している二つ以上の企業が経済的な理由でグループを形成している場合，グループのなかで他の企業を支配している企業である □ア□ は，この企業グループの財政状態や経営成績を総合的に報告するために □イ□ を作成する。

　　1．個別財務諸表　　2．子　会　社　　3．連結財務諸表　　4．親　会　社

ア	イ

38 連結財務諸表

1 連結決算日における連結財務諸表の作成……………………………………………

```
○1年4月1日              ○2年3月31日
├───────────────┼────────────────────→
   支配獲得日              連結決算日
                        連 結 貸 借 対 照 表
                        連 結 損 益 計 算 書
                        連結株主資本等変動計算書
```

2 開始仕訳…………………………………………………………………………………

　連結決算日において連結財務諸表を作成する場合は，支配獲得日の仕訳（開始仕訳）を決算のつど行う必要がある。開始仕訳では，資本金，利益剰余金，非支配株主持分について連結株主資本等変動計算書上の科目を用いる。

　　資　本　金→資本金当期首残高
　　利 益 剰 余 金→利益剰余金当期首残高
　　非支配株主持分→非支配株主持分当期首残高

　　投資と資本の相殺消去仕訳　…ア
　　（借）　資本金当期首残高　×××　　（貸）　子 会 社 株 式　×××
　　　　　　利益剰余金当期首残高　×××　　　　　非支配株主持分当期首残高　×××
　　　　　　の　　れ　　ん　×××　　　　資本（資本金＋利益剰余金）×非支配株主持分
　　　　　　　　　　　　　差額

3 当期分の連結修正消去仕訳………………………………………………………………

　開始仕訳の次に当期分の連結修正消去仕訳を行い，連結貸借対照表，連結損益計算書，連結株主資本等変動計算書を作成する。

　　のれんの償却　…イ
　　（借）　の れ ん 償 却　×××　　（貸）　の　　れ　　ん　×××

　　非支配株主に帰属する当期純利益の計上　…ウ　　子会社の純利益×非支配株主持分
　　（借）　非支配株主に帰属する当期純利益（連結損益計算書）　×××　　（貸）　非支配株主持分当期変動額（連結株主資本等変動計算書）　×××

　　連結会社相互間の債権・債務の相殺消去　…エ
　　（借）　借　　入　　金　×××　　（貸）　貸　　付　　金　×××
　　　　　　受　取　利　息　×××　　　　　支　払　利　息　×××

　　連結会社相互間の仕入と売上の相殺消去　…オ
　　（借）　売　　上　　高　×××　　（貸）　売　上　原　価　×××

　　未実現利益の消去　…カ
　　（借）　売　上　原　価　×××　　（貸）　商　　　　品　×××
　　（借）　固定資産売却益　×××　　（貸）　土　　　　地　×××

　　子会社の配当金の修正　…キ　　子会社が支払った配当金×親会社の持分
　　（借）　受 取 配 当 金　×××　　（貸）　剰 余 金 の 配 当（連結株主資本等変動計算書）　×××
　　　　　　非支配株主持分当期変動額（連結株主資本等変動計算書）　×××　　子会社が支払った配当金×非支配株主持分

4 連結精算表の作成……………………………………………………………

連 結 精 算 表

令和〇年〇月〇日

科　　目	個別財務諸表 P 社	個別財務諸表 S 社	個別財務諸表 合　計	修正消去 借　方	修正消去 貸　方	連結財務諸表
（損益計算書）						**（連結損益計算書）**
売　　上　　高	(×××)	(×××)	(×××)	オ		(×××)
受　取　利　息	(×××)		(×××)	エ		
受　取　配　当　金	(×××)		(×××)	キ		
固定資産売却益	(×××)		(×××)	カ		
売　上　原　価	×××	×××	×××	カ	オ	×××
の れ ん 償 却				イ		×××
支　払　利　息		×××	×××		エ	
そ の 他 の 費 用	×××	×××	×××			×××
当　期　純　利　益	(×××)	(×××)	(×××)	×××	×××	(×××)
非支配株主に帰属する当期純利益				ウ		×××
親会社株主に帰属する当期純利益	(×××)	(×××)	(×××)	×××	×××	(×××)
（株主資本等変動計算書）						**（連結株主資本等変動計算書）**
資本金当期首残高	(×××)	(×××)	(×××)	ア		(×××)
資本金当期末残高	(×××)	(×××)	(×××)	×××		(×××)
利益剰余金当期首残高	(×××)	(×××)	(×××)	ア		(×××)
剰 余 金 の 配 当	×××	×××	×××		キ	×××
親会社株主に帰属する当期純利益	(×××)	(×××)	(×××)	×××	×××	(×××)
利益剰余金当期末残高	(×××)	(×××)	(×××)	×××	×××	(×××)
非支配株主持分当期首残高					ア	(×××)
非支配株主持分当期変動額				キ	ウ	(×××)
非支配株主持分当期末残高				×××	×××	(×××)
（貸借対照表）						**（連結貸借対照表）**
諸　　資　　産	×××	×××	×××			×××
商　　　　品	×××	×××	×××		カ	×××
貸　　付　　金	×××		×××		エ	
土　　　　地	×××	×××	×××		カ	×××
子　会　社　株　式	×××		×××		アイ	
の　　れ　　ん				ア	イ	×××
資　産　合　計	×××	×××	×××	×××	×××	×××
諸　　負　　債	(×××)	(×××)	(×××)			(×××)
借　　入　　金		(×××)	(×××)	エ		
資　　本　　金	(×××)	(×××)	(×××)	×××		(×××)
利　益　剰　余　金	(×××)	(×××)	(×××)	×××	×××	(×××)
非　支　配　株　主　持　分				×××	×××	(×××)
負債・純資産合計	(×××)	(×××)	(×××)	×××	×××	(×××)

注　（　）の金額は貸方を示す。

38-1 次の資料により，令和○2年3月31日（連結決算日）の連結貸借対照表の作成に必要な開始仕訳を示しなさい。また，開始仕訳を連結精算表（一部）に記入しなさい。

　資　　料

　　令和○1年4月1日に，P社はS社の発行済株式数の80％を¥100,000で取得し，支配した。支配獲得日におけるP社とS社の貸借対照表は次のとおりである。また，同日におけるS社の諸資産および諸負債の時価は帳簿価額に等しかった。

貸 借 対 照 表
P社　　　令和○1年4月1日

諸　資　産	687,000	諸　負　債	230,000
子会社株式	100,000	資　本　金	500,000
		利益剰余金	57,000
	787,000		787,000

貸 借 対 照 表
S社　　　令和○1年4月1日

諸　資　産	143,000	諸　負　債	27,000
		資　本　金	90,000
		利益剰余金	26,000
	143,000		143,000

投資と資本の相殺消去仕訳

借　　　　方		貸　　　　方	

連 結 精 算 表　（一部）

科　　目	個 別 財 務 諸 表			修 正 消 去		連結財務諸表
	P 社	S 社	合 計	借 方	貸 方	
（株主資本等変動計算書一部）						（連結株主資本等変動計算書）
資本金当期首残高	(500,000)	(90,000)	(590,000)			
利益剰余金当期首残高	(57,000)	(26,000)	(83,000)			
非支配株主持分当期首残高						
（貸借対照表一部）						（連結貸借対照表）
子 会 社 株 式	100,000		100,000			
の　れ　ん						

注　（　）の金額は貸方を示す。

38-2 当期首の支配獲得日に計上したのれん¥800,000を償却する仕訳を示しなさい。なお，償却期間は20年とし，定額法による。

借	方	貸	方

38-3 子会社が当期に計上した純利益は¥200,000である。よって，非支配株主持分30％に相当する額を非支配株主に帰属する当期純利益に計上しなさい。

借	方	貸	方

38-4 親会社は子会社に¥600,000貸し付けており，それにより利息¥7,200を受け取っている。よって，相殺消去の仕訳を示しなさい。

借	方	貸	方

38-5 子会社に対する債権¥600,000に対して1％の貸倒引当金を設定している親会社の貸倒引当金を修正する仕訳を示しなさい。

借	方	貸	方

38-6 親会社は子会社に商品を販売している。親会社の当期売上高のうち¥450,000は子会社に対するものである。よって，相殺消去の仕訳を示しなさい。

借	方	貸	方

38-7 子会社の期末棚卸資産には，親会社から仕入れた商品が¥190,000あり，未実現利益¥40,000が含まれている。よって，未実現利益を消去する仕訳を示しなさい。

借	方	貸	方

38-8 親会社は土地¥1,800,000を子会社に¥2,000,000で売却し，固定資産売却益¥200,000を計上している。よって，未実現利益を消去する仕訳を示しなさい。

借	方	貸	方

38-9 親会社は子会社の発行済株式数の70％を所有している。当期中に子会社が支払った配当金は¥100,000であった。よって，子会社の配当金を修正する仕訳を示しなさい。

借	方	貸	方

38-10 下記の資料によって，当期（令和○/年4月/日から令和○2年3月3/日）における連結精算表と，連結損益計算書，連結株主資本等変動計算書，連結貸借対照表を完成しなさい。

資 料

a. 令和○2年3月3/日における個別財務諸表

貸 借 対 照 表
令和○2年3月3/日

資 産	P 社	S 社	負債・純資産	P 社	S 社
諸 資 産	9,530	1,950	諸 負 債	4,380	970
商 品	725	460	借 入 金		450
貸 付 金	450		資 本 金	10,000	2,000
土 地	2,895	1,960	利 益 剰 余 金	940	950
子 会 社 株 式	1,720				
	15,320	4,370		15,320	4,370

損 益 計 算 書
令和○/年4月/日から令和○2年3月3/日まで

費 用	P 社	S 社	収 益	P 社	S 社
売 上 原 価	4,120	1,805	売 上 高	6,370	2,905
支 払 利 息		10	受 取 利 息	10	
その他の費用	1,630	690	受 取 配 当 金	90	
当 期 純 利 益	820	400	固定資産売却益	100	
	6,570	2,905		6,570	2,905

株 主 資 本 等 変 動 計 算 書
令和○/年4月/日から令和○2年3月3/日まで

	資 本 金		利 益 剰 余 金	
	P 社	S 社	P 社	S 社
当期首残高	10,000	2,000	900	700
当期変動額 剰余金の配当	—	—	△ 780	△ 150
当 期 純 利 益	—	—	820	400
当期末残高	10,000	2,000	940	950

b. P社は，令和○/年4月/日にS社の発行済株式数の60%を¥1,720で取得し，支配した。同日のS社の貸借対照表は次のとおりであった。なお，諸資産および諸負債の時価は帳簿価額に等しかった。

貸 借 対 照 表
S社　　　　　　　　　令和○/年4月/日

諸 資 産	2,720	諸 負 債	1,480
土 地	1,460	資 本 金	2,000
		利 益 剰 余 金	700
	4,180		4,180

c. のれんは償却期間を20年とし，定額法により償却する。

d. 当期にS社が計上した純利益は¥400である。

e. P社はS社に¥450を貸し付けており，それにより利息¥10を受け取っている。

f. P社の売上高のうち¥970はS社に対するものである。

g. S社の期末商品のうち，P社から仕入れた商品が¥125あり，未実現利益が¥25含まれている。なお，S社の期首商品にはP社から仕入れた商品はなかった。

h. 当期中にP社は土地¥400をS社に¥500で売却し，固定資産売却益¥100を計上している。

i. 当期中にS社が支払った配当金は¥150であった。

連 結 精 算 表

令和○2年3月3/日

科 目	個 別 財 務 諸 表			修 正 消 去		連結財務諸表
	P 社	S 社	合 計	借 方	貸 方	
(損 益 計 算 書)						**(連結損益計算書)**
売 上 高						
受 取 利 息						
受 取 配 当 金						
固定資産売却益						
売 上 原 価						
の れ ん 償 却						
支 払 利 息						
そ の 他 の 費 用						
当 期 純 利 益						
非支配株主に帰属する当期純利益						
親会社株主に帰属する当期純利益						
(株主資本等変動計算書)						**(連結株主資本等変動計算書)**
資本金当期首残高						
資本金当期末残高						
利益剰余金当期首残高						
剰 余 金 の 配 当						
親会社株主に帰属する当期純利益						
利益剰余金当期末残高						
非支配株主持分当期首残高						
非支配株主持分当期変動額						
非支配株主持分当期末残高						
(貸 借 対 照 表)						**(連結貸借対照表)**
諸 資 産						
商 品						
貸 付 金						
土 地						
子 会 社 株 式						
の れ ん						
資 産 合 計						
諸 負 債						
借 入 金						
資 本 金						
利 益 剰 余 金						
非 支 配 株 主 持 分						
負債・純資産合計						

(注意) 個別財務諸表と連結財務諸表の欄において，貸方は （　）で示すこと。

連 結 損 益 計 算 書

令和○/年4月/日から令和○2年3月3/日まで

売　上　原　価	売　上　高
の　れ　ん　償　却	
そ　の　他　の　費　用	
当　期　純　利　益	
非支配株主に帰属する当期純利益	当　期　純　利　益
親会社株主に帰属する当期純利益	

連結株主資本等変動計算書

令和○/年4月/日から令和○2年3月3/日まで

	資　本　金	利　益　剰　余　金	非支配株主持分
当期首残高			
当期変動額　剰余金の配当			
親会社株主に帰属する当期純利益			
株主資本以外の項目の当期変動額(純額)			
当期末残高			

連 結 貸 借 対 照 表

令和○2年3月3/日

諸　　資　　産	諸　　負　　債
商　　　　　品	資　　本　　金
土　　　　　地	利　益　剰　余　金
の　　れ　　ん	非　支　配　株　主　持　分

38▶11　下記の資料によって，当期（令和○/年4月/日から令和○2年3月3/日）における連結精算表と，連結損益計算書，連結株主資本等変動計算書，連結貸借対照表を完成しなさい。

資　　　料

a．令和○2年3月3/日における個別財務諸表

貸　借　対　照　表

令和○2年3月3/日

資　産	P　社	S　社	負債・純資産	P　社	S　社
諸　資　産	3,870	2,430	諸　負　債	4,000	1,140
商　　　品	760	810	借　入　金		1,000
貸　付　金	1,000		資　本　金	4,800	2,000
貸倒引当金	△ 10		利益剰余金	1,120	800
土　　　地	1,900	1,700			
子会社株式	2,400				
	9,920	4,940		9,920	4,940

損　益　計　算　書

令和○/年4月/日から令和○2年3月3/日まで

費　用	P　社	S　社	収　益	P　社	S　社
売　上　原　価	6,750	5,350	売　上　高	8,360	7,020
貸倒引当金繰入	10		受　取　利　息	30	
支　払　利　息		30	受取配当金	120	
その他の費用	1,480	1,440	固定資産売却益	80	
当　期　純利益	350	200			
	8,590	7,020		8,590	7,020

株 主 資 本 等 変 動 計 算 書

令和○/年4月/日から令和○2年3月3/日まで

	資　本　金		利 益 剰 余 金	
	P　社	S　社	P　社	S　社
当期首残高	4,800	2,000	1,040	750
当期変動額　剰余金の配当	—	—	△ 270	△ 150
当 期 純 利 益	—	—	350	200
当 期 末 残 高	4,800	2,000	1,120	800

b．P社は，令和○/年4月/日にS社の発行済株式数の80%を¥2,400で取得し，支配した。同日のS社の資産および負債の時価は帳簿価額に等しかった。

c．のれんは償却期間を20年とし，定額法により償却する。

d．当期に計上したS社の当期純利益を非支配株主持分に振り替える。

e．P社はS社に¥1,000を貸し付けており，それにより利息¥30を受け取っている。

f．P社はS社に対する債権に¥10の貸倒引当金を設定している。

g．P社の売上高のうち¥950はS社に対するものである。

h．S社の期末商品のうち，P社から仕入れた商品が¥220あり，未実現利益が¥20含まれている。なお，S社の期首商品にはP社から仕入れた商品はなかった。

i．当期中にP社は土地¥/80をS社に¥260で売却し，固定資産売却益¥80を計上している。

j．当期中にS社が支払った配当金は¥/50であった。

連　結　精　算　表

令和○2年3月3/日

科　　目	個 別 財 務 諸 表			修 正 消 去		連結財務諸表
	P 社	S 社	合 計	借 方	貸 方	
(損 益 計 算 書)						(連結損益計算書)
売　　上　　高						
受　取　利　息						
受　取　配　当　金						
固 定 資 産 売 却 益						
売　上　原　価						
貸 倒 引 当 金 繰 入						
の れ ん 償 却						
支　払　利　息						
そ の 他 の 費 用						
当　期　純　利　益						
非支配株主に帰属する当期純利益						
親会社株主に帰属する当期純利益						
(株主資本等変動計算書)						(連結株主資本等変動計算書)
資本金当期首残高						
資本金当期末残高						
利益剰余金当期首残高						
剰 余 金 の 配 当						
親会社株主に帰属する当期純利益						
利益剰余金当期末残高						
非支配株主持分当期首残高						
非支配株主持分当期変動額						
非支配株主持分当期末残高						
(貸 借 対 照 表)						(連結貸借対照表)
諸　　資　　産						
商　　　　品						
貸　付　金						
貸 倒 引 当 金						
土　　　　地						
子 会 社 株 式						
の　れ　ん						
資　産　合　計						
諸　　負　　債						
借　入　金						
資　　本　　金						
利　益　剰　余　金						
非支配株主持分						
負債・純資産合計						

（注意）　個別財務諸表と連結財務諸表の欄において，貸方は（　　　）で示すこと。

連 結 損 益 計 算 書

P社　　　　　令和○/年4月/日から令和○2年3月3/日まで

売　上　原　価	売　　上　　高
の　れ　ん　償　却	
そ　の　他　の　費　用	
当　期　純　利　益	
非支配株主に帰属する当期純利益	当　期　純　利　益
親会社株主に帰属する当期純利益	

連結株主資本等変動計算書

P社　　　　　令和○/年4月/日から令和○2年3月3/日まで

	資　　本　　金	利　益　剰　余　金	非支配株主持分
当期首残高			
当期変動額　剰余金の配当			
親会社株主に帰属する当期純利益			
株主資本以外の項目の当期変動額(純額)			
当期末残高			

連 結 貸 借 対 照 表

P社　　　　　令和○2年3月3/日

諸　　資　　産	諸　　負　　債
商　　　　　品	資　　本　　金
土　　　　　地	利　益　剰　余　金
の　　れ　　ん	非　支　配　株　主　持　分

検定問題　◆◆◆◇◇

38-12　次の資料により，令和○3年3月3/日（連結決算日）の連結損益計算書，連結株主資本等変動計算書および連結貸借対照表を作成しなさい。 [第93回改題]

　　資　　　料

　i　令和○3年3月3/日における個別財務諸表

損 益 計 算 書

P社　令和○2年4月/日から令和○3年3月3/日まで（単位：千円）

売上原価	2/0,000	売上高	308,600
給　料	37,000	受取配当金	5,400
当期純利益	67,000		
	3/4,000		3/4,000

損 益 計 算 書

S社　令和○2年4月/日から令和○3年3月3/日まで（単位：千円）

売上原価	73,000	売上高	/05,000
給　料	/2,000		
当期純利益	20,000		
	/05,000		/05,000

株 主 資 本 等 変 動 計 算 書

令和○2年4月/日から令和○3年3月3/日まで　　　（単位：千円）

	資　本　金		利 益 剰 余 金	
	P　社	S　社	P　社	S　社
当期首残高	/50,000	36,000	42,000	24,000
当期変動額　剰余金の配当			△/8,000	△9,000
当期純利益			67,000	20,000
当期末残高	/50,000	36,000	9/,000	35,000

貸 借 対 照 表

P社　令和○3年3月3/日（単位：千円）

諸資産	238,000	諸負債	37,000
子会社株式	40,000	資本金	/50,000
		利益剰余金	9/,000
	278,000		278,000

貸 借 対 照 表

S社　令和○3年3月3/日（単位：千円）

諸資産	85,000	諸負債	/4,000
		資本金	36,000
		利益剰余金	35,000
	85,000		85,000

　ii　P社は，令和○2年3月3/日にS社の発行する株式の60％を40,000千円で取得し支配した。なお，S社の取得日における資産および負債の時価は帳簿価額に等しかった。

　iii　のれんは償却期間/0年間とし，定額法により償却する。

　iv　P社，S社間の債権・債務の取引や資産の売買はなかった。

連 結 損 益 計 算 書

P社　　　　令和○2年4月1日から令和○3年3月31日まで　　　　（単位：千円）

売　上　原　価	283,000	売　　上　　高	413,600
給　　　　料	49,000		
（　　　　　　　）	（　　　　　）		
当　期　純　利　益	（　　　　　）		
	413,600		413,600
非支配株主に帰属する当期純利益	（　　　　　　）	当　期　純　利　益	（　　　　　　　）
親会社株主に帰属する当期純利益	（　　　　　）		
	（　　　　　）		（　　　　　）

連結株主資本等変動計算書

P社　　　　令和○2年4月1日から令和○3年3月31日まで　　　　（単位：千円）

		資　　本　　金	利　益　剰　余　金	非支配株主持分
当期首残高		150,000	42,000	24,000
当期変動額	剰余金の配当		△18,000	
	親会社株主に帰属する当期純利益		（　　　　　）	
	株主資本以外の項目の当期変動額(純額)			（　　　　　）
当期末残高		150,000	（　　　　　）	（　　　　　）

連 結 貸 借 対 照 表

P社　　　　令和○3年3月31日　　　　（単位：千円）

諸　　資　　産	323,000	諸　　負　　債	51,000
（　　　　　　　）	（　　　　　）	資　　本　　金	（　　　　　）
		利　益　剰　余　金	（　　　　　）
		非 支 配 株 主 持 分	（　　　　　）
	（　　　　　）		（　　　　　）

39 仕訳の問題

39-1 下記の取引の仕訳を示しなさい。ただし，勘定科目は，次のなかからもっとも適当なものを使用すること。

現　　　　　金	当 座 預 金	受 取 手 形	クレジット売掛金
仕　掛　品	満期保有目的債券	未 払 配 当 金	資　　本　　金
資 本 準 備 金	その他資本剰余金	利 益 準 備 金	繰越利益剰余金
自 己 株 式	売　　　　　上	役 務 収 益	有価証券利息
役 務 原 価	支 払 手 数 料	創　立　費	株 式 交 付 費

(1) 宮城商事株式会社は，自社が発行している株式のうち70株を/株につき¥45,000で取得し，小切手を振り出して支払った。

(2) 青森百貨店は，商品¥425,000をクレジットカード払いの条件で販売した。なお，クレジット会社への手数料（販売代金の4％）を計上した。

(3) 満期まで保有する目的で，岩手商事株式会社の額面¥6,750,000の社債を，額面¥/00につき¥98.40で買い入れ，代金は買入手数料¥/6,000および端数利息¥23,000とともに小切手を振り出して支払った。

(4) 秋田商事株式会社は，株主総会において，剰余金¥3,800,000（その他資本剰余金¥800,000　繰越利益剰余金¥3,000,000）の配当をおこなうことを決議した。なお，配当にともない，資本準備金¥80,000　利益準備金¥300,000を計上する。

(5) 旅行業を営む福島旅行社は，国内旅行のツアーを実施し，それにともなう費用¥462,000を現金で支払った。

(6) 静岡商事株式会社は，企業規模の拡大のため，株式700株を/株につき¥80,000で発行し，全額の引き受け・払い込みを受け，払込金は当座預金とした。ただし，払込金額のうち，資本金に計上しない金額は，会社法に規定する最高限度額とした。なお，株式の発行に要した諸費用¥520,000は小切手を振り出して支払った。

	借　　　　　方	貸　　　　　方
(1)		
(2)		
(3)		
(4)		
(5)		
(6)		

39-2 下記の取引の仕訳を示しなさい。ただし，勘定科目は，次のなかからもっとも適当なものを使用すること。

現　　　　　金	当 座 預 金	電 子 記 録 債 権	売　　掛　　金
売買目的有価証券	繰 越 商 品	機 械 装 置	機械装置減価償却累計額
の　　れ　　ん	電 子 記 録 債 務	買　　掛　　金	借　　入　　金
その他資本剰余金	自 己 株 式	有 価 証 券 利 息	仕 入 割 引
電子記録債権売却損	固 定 資 産 売 却 損	固 定 資 産 除 却 損	

(1) 売買目的で額面¥6,000,000の社債を額面¥100につき¥98.50で買い入れ，この代金は買入手数料¥24,000および端数利息¥18,000とともに小切手を振り出して支払った。

(2) 石川鉱業株式会社は，当期首にこれまで使用してきた取得原価¥4,200,000の採掘用の機械装置を除却し，廃棄処分した。ただし，この機械装置の残存価額は零（0）　予定総利用時間数は28,000時間　前期末までの実際利用時間数は26,600時間であり，生産高比例法によって減価償却費を計算し，間接法で記帳してきた。なお，この機械装置の評価額は零（0）である。

(3) 電子記録債権¥420,000を取引銀行で割り引くために電子債権記録機関に譲渡記録の請求をおこない，割引料を差し引かれた手取金¥411,600が当社の当座預金口座に振り込まれた。

(4) 福井商事株式会社は，次の財政状態にある南西商会を取得し，取得対価は小切手を振り出して支払った。ただし，同商会の平均利益額は¥256,000　同種企業の平均利益率を8％として収益還元価値を求め，その金額を取得対価と決定した。なお，南西商会の貸借対照表に示されている資産と負債の時価は，帳簿価額に等しいものとする。

南西商会		貸 借 対 照 表		（単位：円）
売　掛　金	3,200,000	買　　掛　　金	1,100,000	
商　　　品	2,600,000	借　　入　　金	1,900,000	
		資　　本　　金	2,800,000	
	5,800,000		5,800,000	

(5) 岐阜商事株式会社は，保有している自己株式（1株の帳簿価額¥50,000）のうち30株を1株につき¥57,000で売却し，受け取った代金を当座預金へ預け入れた。

(6) 富山商店に対する買掛金¥530,000の支払いにあたり，期日前のため3％の割引を受け，割引額を差し引いた金額は小切手を振り出して支払った。

	借　　　　　方	貸　　　　　方
(1)		
(2)		
(3)		
(4)		
(5)		
(6)		

39-3　下記の取引の仕訳を示しなさい。ただし，勘定科目は，次のなかからもっとも適当なものを使用すること。

当 座 預 金	定 期 預 金	備　　　　品	備品減価償却累計額
リ ー ス 資 産	鉱 業 権	繰 延 税 金 資 産	リ ー ス 債 務
退職給付引当金	繰 延 税 金 負 債	資 本 金	資 本 準 備 金
その他資本剰余金	自 己 株 式	新 株 予 約 権	鉱 業 権 償 却
減 価 償 却 費	支 払 利 息	法 人 税 等	法人税等調整額

(1)　山口鉱業株式会社は，¥480,000,000で鉱業権を取得した鉱区から，当期に45,000トンの採掘量があったので，生産高比例法を用いて鉱業権を償却した。ただし，この鉱区の取得時における推定埋蔵量は1,200,000トンであり，鉱業権の残存価額は零（0）である。

(2)　島根商事株式会社は，期首に備品のリース契約を結んでいたが，本日，決算（年1回）となり第1回のリース料¥160,000について小切手を振り出して支払った。なお，当該備品は次の条件でリースを受けている。また，このリース取引はファイナンス・リース取引であり，利子抜き法により処理する。

　　　　リース期間：4年　　　　リース料：年額¥160,000
　　　　リース資産の見積現金購入価額：¥580,000

(3)　従業員が退職したので，退職一時金¥9,450,000を定期預金から支払った。ただし，退職給付引当金勘定の残高が¥37,000,000ある。

(4)　鳥取商事株式会社は，保有する自己株式（1株の帳簿価額¥75,000）60株を消却した。

(5)　決算において，期首に購入した取得原価¥1,200,000の備品について，残存価額　零（0）耐用年数4年として定額法により減価償却をおこなった。ただし，この備品に対する税法上の耐用年数は5年であるため，法定実効税率を30％とした税効果会計を適用する。なお，間接法により記帳している。

(6)　広島商事株式会社は，次の条件で発行した新株予約権のうち20個の権利行使があったので，新株80株を発行し，権利行使価額の払込金を当座預金とした。ただし，会社法に規定する最高限度額を資本金に計上しないことにした。

　　　発 行 条 件
　　　　発 行 総 数　40個（新株予約権1個につき4株を付与）
　　　　払 込 金 額　新株予約権1個につき¥60,000
　　　　権利行使価額　1株につき¥90,000
　　　　権利行使期間　令和○4年10月1日から令和○6年9月30日

	借　　　　方	貸　　　　方
(1)		
(2)		
(3)		
(4)		
(5)		
(6)		

39-4 下記の取引の仕訳を示しなさい。ただし，勘定科目は，次のなかからもっとも適当なものを使用すること。

現　　　　　　金	当　座　預　金	受　取　手　形	売買目的有価証券
建　　　　　　物	建　設　仮　勘　定	ソ フ ト ウ ェ ア	ソフトウェア仮勘定
子 会 社 株 式	未　払　配　当　金	資　　本　　金	資　本　準　備　金
その他資本剰余金	新　築　積　立　金	繰越利益剰余金	有 価 証 券 利 息
有 価 証 券 売 却 益	修　　繕　　費	有 価 証 券 売 却 損	子会社株式評価損

(1) 売買目的で保有している群馬工業株式会社の社債　額面¥30,000,000のうち¥20,000,000を額面¥100につき¥98.50で売却し，代金は端数利息¥96,000とともに小切手で受け取った。ただし，この額面¥30,000,000の社債は当期に額面¥100につき¥97.70で買い入れたものであり，同時に買入手数料¥90,000および端数利息¥54,000を支払っている。

(2) かねて建築を依頼していた店舗用建物が完成し，引き渡しを受けたので，建築代金¥6,000,000のうち，すでに支払ってある¥3,500,000を差し引き，残額は小切手を振り出して支払った。なお，取締役会の決議により，新築積立金¥5,800,000を取り崩した。

(3) 秋田商事株式会社は，実質的に支配している南東商事株式会社の財政状態が悪化したので，保有する同社の株式200株（1株の帳簿価額¥70,000）を実質価額によって評価替えした。なお，南東商事株式会社の資産総額は¥40,000,000　負債総額は¥31,000,000で，発行済株式数は300株（市場価格のない株式）である。

(4) かねて自社利用目的として制作を外部に依頼していたソフトウェアが完成し，引き渡しを受けたので，契約総額¥4,500,000のうち，すでに支払ってある金額を差し引いた残額¥3,000,000を小切手を振り出して支払った。

(5) 東西商事株式会社は，株主総会において，資本金¥7,700,000を減少して，その他資本剰余金を同額増加したうえで，剰余金¥7,000,000の配当をおこなうことを決議した。これにともない，配当額の10分の1を準備金に計上した。

(6) 山形商事株式会社は建物の改良および修繕をおこない，その代金¥7,200,000は小切手を振り出して支払った。ただし，代金のうち¥5,400,000は建物の価値を増加させるための支出と認められ，残額は，通常の維持・管理のための支出とした。

	借　　　　　方	貸　　　　　方
(1)		
(2)		
(3)		
(4)		
(5)		
(6)		

40 適語選択の問題

40-1 次の各文の ☐ のなかに，下記の語群のなかから，もっとも適当なものを選び，番号を記入しなさい。

(1) 企業会計は，すべての取引につき，☐ ア ☐ の原則に従って，正確な会計帳簿を作成しなければならない。この原則は，すべての取引を整然と組織的に記帳することを要求し，この原則にそった記帳には ☐ イ ☐ がもっとも適している。

(2) 財務諸表は，利用目的に応じてその形式は異なることはあっても，それらは信頼できる ☐ ウ ☐ にもとづいて作成され，実質的な内容は同じでなければならない。これは ☐ エ ☐ の原則によるものである。

(3) 企業会計では，財務諸表によって，利害関係者に必要な会計事実をわかりやすく表示し，企業の状況に関する判断を誤らせないようにしなければならない。これを ☐ オ ☐ の原則といい，勘定の分類や配列に一定の基準を設けたり，重要な会計方針を ☐ カ ☐ することなどがこの原則の適用例である。

(4) 企業会計ではいったん採用した会計処理の原則および手続きは，正当な理由により変更をおこなう場合を除き，みだりにこれを変更してはならない。これを ☐ キ ☐ の原則という。この原則により財務諸表の ☐ ク ☐ が可能となり，また，利益操作の防止ができる。

1. 注　記　　2. 単式簿記　　3. 継続性　　4. 重要性
5. 正規の簿記　　6. 会計方針　　7. 明瞭性　　8. 期間比較
9. 会計期間　　10. 単一性　　11. 発生主義　　12. 会計記録
13. 真実性　　14. 複式簿記　　15. 財務諸表

(1)		(2)		(3)		(4)	
ア	イ	ウ	エ	オ	カ	キ	ク

40-2 次の各文の ☐ のなかに，下記の語群のなかから，もっとも適当なものを選び，番号を記入しなさい。

(1) 企業会計は，すべての取引について ☐ ア ☐ の原則に従って，正確な会計帳簿を作成しなければならない。しかし，消耗品などのうち，重要性の乏しいものについては，その買入時に費用として処理することができる。これは ☐ イ ☐ の原則の適用例である。

(2) 取引先との通常の商取引の過程にある受取手形・売掛金・商品などの資産を ☐ ウ ☐ とする基準を ☐ エ ☐ という。

(3) 貸借対照表を作成するにあたり，貸付金勘定と ☐ オ ☐ 勘定の残高を相殺して，その差額だけを表示することは ☐ カ ☐ の原則に反することになる。

(4) 会社法によれば，繰越利益剰余金を配当する場合は，その配当により減少する額の10分の1を，資本準備金と利益準備金の合計額が資本金の ☐ キ ☐ に達するまで，☐ ク ☐ として計上しなければならない。

1. 10分の1　　2. 資本準備金　　3. 流動資産　　4. 正規の簿記
5. 実現主義　　6. 重要性　　7. 4分の1　　8. 借入金
9. 当座資産　　10. 利益準備金　　11. 営業循環基準　　12. 発生主義
13. 総額主義　　14. 明瞭性　　15. 現金主義

(1)		(2)		(3)		(4)	
ア	イ	ウ	エ	オ	カ	キ	ク

40·3 次の各文の □ のなかに，下記の語群のなかから，もっとも適当なものを選び，番号を記入しなさい。

(1) 有形固定資産の価値を増加させたり，耐用年数を延長させたりするための支出を ア といい，その支出は有形固定資産の取得原価に加算する。しかし，このような支出を当期の費用として処理した場合，純利益は イ に計上されることになる。

(2) 正しい期間損益計算をおこなうため，資産の取得原価は ウ の原則によって当期の費用となる部分と，次期以降の費用とするために資産として繰り越す部分とに分けられる。たとえば，商品の取得原価は，当期に販売されて エ となる部分と，当期に販売されずに期末商品棚卸高として繰り越す部分とに分けられる。

(3) 商品売買業における売上収益は，原則として，商品の引き渡しとともに，代金として現金および短期間に現金化できる受取手形や売掛金などの オ を取得したときにおこなう。これは，資金的な裏付けのある確実な収益を計上し，不確実な収益を計上しないという カ の考え方によるものである。

(4) 適正な期間損益計算をおこなうために，現金の収支とは関係なく，発生した事実にもとづいて一会計期間の費用および収益を計上する。この考え方を キ といい，未収収益および ク は当期の損益計算に計上しなければならない。

1. 過　　　大　　　2. 貸借対照表　　3. 発 生 主 義　　4. 売 上 高
5. 売 上 原 価　　6. 流 動 資 産　　7. 実 現 主 義　　8. 取 得 原 価
9. 貨幣性資産　　10. 過　　　小　　11. 前 受 収 益　　12. 費 用 配 分
13. 総 額 主 義　　14. 資本的支出　　15. 未 払 費 用

	(1)		(2)		(3)		(4)
ア	イ	ウ	エ	オ	カ	キ	ク

40·4 次の各文の □ のなかに，下記の語群のなかから，もっとも適当なものを選び，番号を記入しなさい。

(1) 一会計期間に実現したすべての収益と，その収益を得るために要したすべての費用は，その発生源泉に従って ア に対応表示しなければならない。これは イ の原則によるものである。

(2) 企業がグループ化している場合，企業グループを単一の組織体とみなし，その企業グループの財政状態および経営成績を総合的に報告するために ウ が作成される。これは，グループ内で他の企業を支配している エ によって作成される。

(3) 企業グループには，グループ内の頂点に位置する親会社と親会社に支配される オ ，親会社から影響を受ける関連会社があり， オ にあたるかどうかの判定は カ にもとづいておこなわれる。

(4) 1949年に設定されて以来， キ は，わが国の企業会計制度において中心的な役割をはたしてきた。その後，1990年代後半から国際会計基準に合わせる動きが強まり，多くの新しい会計基準が設定されてきた。また，2001年から会計基準は民間組織である ク により設定されている。

1. 企業会計基準委員会　2. 親 会 社　　3. 貸借対照表　　4. 貨幣性資産
5. 関 連 会 社　　6. 損益計算書　　7. 1 年 基 準　　8. 企業会計原則
9. 子 会 社　　10. 会 計 方 針　　11. 費用収益対応　12. 連結財務諸表
13. 営業循環基準　　14. 支 配 力 基 準　15. 費 用 配 分

	(1)		(2)		(3)		(4)
ア	イ	ウ	エ	オ	カ	キ	ク

41 計算の問題

41-1 売価還元法を採用している新潟商店の下記の資料によって，期末商品棚卸高（原価）を求めなさい。

資　　　料

		原　　価	売　　価
i	期首商品棚卸高	¥ 375,000	¥ 500,000
ii	当期商品仕入高	3,135,000	4,000,000
iii	期末商品棚卸高	⬚	450,000

期末商品棚卸高(原価)	¥

41-2 次の資料から，売価還元法によって期末商品棚卸高（原価）を求めなさい。

資　　　料

		原　　価	売　　価
i	期首商品棚卸高	¥ 9,048,000	¥12,480,000
ii	当期商品仕入高	33,696,000	49,920,000
iii	期末商品棚卸高	⬚	14,200,000

期末商品棚卸高(原価)	¥

41-3 愛知鉱業株式会社（決算年1回　3月31日）の次の資料から，貸借対照表に記載する鉱業権の金額を求めなさい。ただし，鉱業権は当期に取得したもののみである。

資　　　料

令和○4年7月 1日　　鉱業権を¥260,000,000で取得した。なお，この鉱区の取得時における推定埋蔵量は4,800,000トンである。

令和○5年3月31日　　決算にあたり，当期に120,000トンの採掘量があったので，生産高比例法を用いて鉱業権を償却した。ただし，鉱業権の残存価額は零（0）である。

貸借対照表に記載する鉱業権の金額	¥

41-4 次の(1)から(3)について，当期に計上する工事収益の金額を求めなさい。なお，工事収益を計上しない場合は，解答欄に0（零）と記入すること。

(1) 建物の建設を引き受け，工事収益総額¥952,000,000で工事契約をし，工事原価総額を¥714,000,000と見積もった。当期中の工事原価は¥228,480,000であった。期末に，工事進行基準により工事収益を計上した。

(2) 建物の建設を引き受け，工事収益総額¥952,000,000で工事契約をしたが，工事原価総額については見積もることができなかった。よって，期末に原価回収基準により工事収益を計上することにした。なお，当期中に発生した工事原価は¥228,480,000であった。

(3) 建物の建設を引き受け，工事収益総額¥952,000,000で工事契約をし，工事原価総額を¥714,000,000と見積もった。当期中の工事原価は¥571,200,000であったが，次期に完成予定であるため，工事完成基準により工事収益を計上することにした。

(1)	¥	(2)	¥	(3)	¥

全商検定形式別問題

41-5 金沢商事株式会社は令和○年4月/日に能登商会を取得した。よって，下記の貸借対照表と資料により次の金額を求めなさい。なお，能登商会の取得直前の当座比率は/25%である。

　　　　　a．備品（アの金額）　　　　b．のれんの取得原価

貸借対照表

能登商会		令和○年4月/日	（単位：円）
受取手形	400,000	支払手形	420,000
売掛金	500,000	買掛金	（　　　）
商品	975,000	長期借入金	1,020,000
備品	（ア）	資本金	1,520,000
	（　　　）		（　　　）

資料

i 能登商会の資産と負債の時価は，帳簿価額に等しい。

ii 収益還元価値を求め，取得の対価とする。

iii 能登商会の年平均利益額　¥136,000

iv 同種企業の平均利益率　8%

a	備品（アの金額）	¥	b	のれんの取得原価	¥

41-6 高知商事株式会社の決算日における当座預金出納帳の残高は¥1,480,000であり，銀行が発行した当座勘定残高証明書の金額は¥1,620,000であった。そこで，不一致の原因を調査したところ，次の資料を得た。よって，当座預金出納帳の次月繰越高を求めなさい。

資料

i 保有の株式に対する配当金¥180,000が，当座預金に振り込まれたが，当社の帳簿には未記入であった。

ii かねて仕入先に振り出していた小切手¥160,000が，銀行でまだ支払われていなかった。

iii 決算日に現金¥200,000を預け入れたが，営業時間外のため銀行では翌日の日付の入金として扱われていた。

当座預金出納帳の次月繰越高	¥

41-7 茨城商事株式会社の決算日における当座預金出納帳の残高は¥1,738,000であり，銀行が発行した当座勘定残高証明書の金額は¥1,935,000であった。そこで，不一致の原因を調査したところ，次の資料を得た。よって，当座預金出納帳の次月繰越高を求めなさい。

資料

i かねて水戸商店あてに振り出していた小切手¥180,000が，銀行で，まだ支払われていなかった。

ii 買掛金支払いのために小切手¥150,000を作成して記帳していたが，仕入先に未渡しであった。

iii 決算日に預け入れた現金¥125,000が，営業時間外のため銀行では翌日付けの入金として扱われていた。

iv 通信費¥8,000が当座預金口座から引き落とされていたが，当社ではまだ記帳していなかった。

当座預金出納帳の次月繰越高	¥

41-8　下記の資料により，令和○5年3月31日（連結決算日）における連結損益計算書，連結株主資本等変動計算書および連結貸借対照表の（ア）から（エ）の金額を求めなさい。

連結損益計算書

P社　　　　　令和○4年4月1日から令和○5年3月31日まで　　　（単位：千円）

借方		貸方	
売　上　原　価	55,100	売　　上　　高	73,000
給　　　　　料	14,190		
の　れ　ん　償　却	（　　　）		
当　期　純　利　益	（　　　）		
	（　　　）		（　　　）
非支配株主に帰属する当期純利益	（　ア　）	当　期　純　利　益	（　　　）
親会社株主に帰属する当期純利益	（　　　）		
	（　　　）		（　　　）

連結株主資本等変動計算書

令和○4年4月1日から令和○5年3月31日まで　　　（単位：千円）

	資　本　金	利益剰余金	非支配株主持分
当期首残高	16,000	5,700	2,400
当期変動額　剰余金の配当		△1,400	
親会社株主に帰属する当期純利益		（　　　）	
株主資本以外の項目の当期変動額（純額）			（　　　）
当期末残高	16,000	（　イ　）	（　　　）

連結貸借対照表

P社　　　　　令和○5年3月31日　　　（単位：千円）

借方		貸方	
諸　　資　　産	59,400	諸　　負　　債	34,000
の　　れ　　ん	（　ウ　）	資　　本　　金	（　　　）
		利　益　剰　余　金	（　　　）
		非　支　配　株　主　持　分	（　エ　）
	（　　　）		（　　　）

資　料

i　令和○5年3月31日における個別財務諸表

損益計算書

P社　令和○4年4月1日から令和○5年3月31日まで（単位：千円）

借方		貸方	
売上原価	34,700	売上高	46,000
給　料	9,090	受取配当金	490
当期純利益	2,700		
	46,490		46,490

損益計算書

S社　令和○4年4月1日から令和○5年3月31日まで（単位：千円）

借方		貸方	
売上原価	20,400	売上高	27,000
給　料	5,100		
当期純利益	1,500		
	27,000		27,000

株主資本等変動計算書

令和○4年4月1日から令和○5年3月31日まで　　　（単位：千円）

	資　本　金		利　益　剰　余　金	
	P　社	S　社	P　社	S　社
当期首残高	16,000	6,000	5,700	2,000
当期変動額　剰余金の配当			△1,400	△700
当期純利益			2,700	1,500
当期末残高	16,000	6,000	7,000	2,800

貸借対照表

P社　令和○5年3月31日（単位：千円）

借方		貸方	
諸　資　産	40,800	諸　負　債	24,200
子会社株式	6,400	資　本　金	16,000
		利益剰余金	7,000
	47,200		47,200

貸借対照表

S社　令和○5年3月31日（単位：千円）

借方		貸方	
諸　資　産	18,600	諸　負　債	9,800
		資　本　金	6,000
		利益剰余金	2,800
	18,600		18,600

ii　P社は，令和○4年3月31日にS社の発行する株式の70％を6,400千円で取得し支配した。取得日のS社の資本は，資本金6,000千円　利益剰余金2,000千円であった。なお，諸資産および諸負債の時価は帳簿価額に等しかった。

iii　のれんは償却期間を20年間とし，定額法により償却する。

iv　P社とS社相互間の債権・債務の取引や資産の売買はなかった。

ア	イ	ウ	エ
千円	千円	千円	千円

41-9　下記の資料により，令和○5年3月31日（連結決算日）における次の金額を求めなさい。

ア．連結損益計算書に計上するのれん償却

イ．連結損益計算書に計上する非支配株主に帰属する当期純利益

ウ．連結貸借対照表に計上する利益剰余金

エ．連結貸借対照表に計上する非支配株主持分

資　　料

i　令和○5年3月31日における個別財務諸表

損 益 計 算 書

P社　　　令和○4年4月1日から令和○5年3月31日まで（単位：千円）

売上原価	189,800	売 上 高	251,000
給　　料	55,200	受取利息	100
当期純利益	7,000	受取配当金	900
	252,000		252,000

損 益 計 算 書

S社　　　令和○4年4月1日から令和○5年3月31日まで（単位：千円）

売上原価	64,500	売 上 高	84,000
給　　料	15,400		
支払利息	100		
当期純利益	4,000		
	84,000		84,000

株 主 資 本 等 変 動 計 算 書

令和○4年4月1日から令和○5年3月31日まで　　　　（単位：千円）

		資 本 金		利 益 剰 余 金	
		P 社	S 社	P 社	S 社
当期首残高		54,000	15,000	22,000	6,000
当期変動額	剰余金の配当			△3,000	△1,500
	当 期 純 利 益			7,000	4,000
当期末残高		54,000	15,000	26,000	8,500

貸 借 対 照 表

P社　　　令和○5年3月31日（単位：千円）

諸 資 産	87,000	諸 負 債	21,000
子会社株式	14,000	資 本 金	54,000
		利益剰余金	26,000
	101,000		101,000

貸 借 対 照 表

S社　　　令和○5年3月31日（単位：千円）

諸 資 産	32,500	諸 負 債	9,000
		資 本 金	15,000
		利益剰余金	8,500
	32,500		32,500

ii　P社は，令和○4年3月31日にS社の発行する株式の60％を14,000千円で取得し支配した。取得日のS社の資本は，資本金15,000千円　利益剰余金6,000千円であった。なお，諸資産および諸負債の時価は帳簿価額に等しかった。

iii　のれんは償却期間を10年間とし，定額法により償却する。

iv　P社とS社相互間の債権・債務の取引や資産の売買はなかった。

ア	イ	ウ	エ
千円	千円	千円	千円

42 分析の問題

42-1 東西商事株式会社の下記の資料および比較貸借対照表と比較損益計算書によって，

① 第6期の次の金額を求めなさい。

　　　a．有形固定資産合計　　　b．当期商品仕入高

② 第7期の次の金額または比率を求めなさい。

　　　a．固 定 負 債 合 計　　　b．売上高総利益率

③ 次の各文の □□□ のなかに入る比率を求めなさい。また，{　　}のなかから，いずれか適当な語を選び，その番号を記入しなさい。

　　a．流動比率は第6期が235％であり，第7期は □ア□ ％である。よって，流動比率によれば，第7期は第6期に比べて短期の支払能力が　イ{1．高く　2．低く} なったといえる。

　　b．商品有高の平均と売上原価を用いて計算した商品回転率は第6期が □ウ□ 回であり，第7期は9回である。よって，第7期は第6期に比べて，販売効率が　エ{3．良い　4．悪い} といえる。

資　　　料

　i　第6期の期首商品棚卸高は￥719,000である。

　ii　第7期の当座比率は145％　売上高純利益率（当期純利益による）は3.0％である。

　iii　第6期・第7期ともに商品評価損および棚卸減耗損は発生していない。

比較貸借対照表　　　（単位：円）

資　産	第6期	第7期	負債・純資産	第6期	第7期
現 金 預 金	370,000	358,000	支 払 手 形	310,000	342,000
受 取 手 形	460,000	431,000	買 掛 金	321,000	308,000
売 掛 金	425,000	382,000	短期借入金	195,000	(　　)
有 価 証 券	140,000	163,000	未 払 費 用	14,000	25,000
商 品	701,000	895,000	未払法人税等	60,000	45,000
前 払 費 用	19,000	(　　)	長期借入金	600,000	580,000
建 物	1,560,000	1,532,000	退職給付引当金	408,000	418,000
備 品	300,000	284,000	資 本 金	2,600,000	2,600,000
土 地	850,000	850,000	資 本 剰 余 金	300,000	300,000
投資有価証券	265,000	270,000	利 益 剰 余 金	282,000	372,000
	5,090,000	(　　)		5,090,000	(　　)

比較損益計算書　　　（単位：円）

項　　目	第6期	第7期
売 　上 　高	8,875,000	9,450,000
売 上 原 価	7,100,000	(　　)
売 上 総 利 益	1,775,000	(　　)
販売費及び一般管理費	1,369,000	1,819,000
営 業 利 益	406,000	(　　)
営 業 外 収 益	72,000	84,000
営 業 外 費 用	118,000	128,000
経 常 利 益	360,000	(　　)
特 別 損 失	5,000	—
税引前当期純利益	355,000	(　　)
法人税，住民税及び事業税	106,500	121,500
当 期 純 利 益	248,500	(　　)

①
a	有形固定資産合計	￥	b	当期商品仕入高	￥

②
a	固 定 負 債 合 計	￥	b	売 上 高 総 利 益 率	％

③
a		b	
ア	イ	ウ	エ
％		回	

42-2 京都商事株式会社の下記の資料と比較貸借対照表および株主資本等変動計算書によって，

① 第9期の次の金額を求めなさい。

      a．利益剰余金合計   b．固定資産合計

② 次の各文の □□□ のなかに適当な比率を記入しなさい。また，{ } のなかから，いずれか適当な語を選び，その番号を記入しなさい。

  a．自己資本比率を求めてみると，第9期は ┃ ア ┃ ％，第10期は50％と一般に望ましいとされている50％以上を維持しているので イ {1. 収益性 2. 安全性} には問題がない。

  b．当座比率を求めてみると，第9期は135％，第10期は ┃ ウ ┃ ％と一般に望ましいとされている100％を超えているので エ {3. 販売能力 4. 支払能力} にも問題はない。

  c．期末の自己資本を用いて自己資本利益率を調べてみると，第9期は2.5％，第10期は ┃ オ ┃ ％と カ {5. 上昇 6. 下降} している。

資　料

i　当期純利益　第9期　¥11,700　　　ii　流動比率　第9期　190％

比較貸借対照表 (単位：円)

資　産	第9期	第10期	負債・純資産	第9期	第10期
現 金 預 金	84,000	82,000	支 払 手 形	125,000	75,000
受 取 手 形	( )	68,000	買 掛 金	112,000	131,000
売 掛 金	165,000	154,500	未払法人税等	3,000	4,000
商 品	126,000	115,000	長 期 借 入 金	130,000	150,000
前 払 費 用	6,000	5,000	退職給付引当金	62,000	90,000
備 品	50,000	70,000	資 本 金	142,000	142,000
土 地	352,000	352,000	資 本 準 備 金	( )	20,000
の れ ん	11,000	10,000	利 益 準 備 金	15,500	15,500
関 係 会 社 株 式	( )	38,500	新 築 積 立 金	( )	42,500
長 期 貸 付 金	3,000	5,000	繰越利益剰余金	250,000	230,000
	( )	900,000		( )	900,000

(第10期) 株主資本等変動計算書

京都商事株式会社　　　　令和○6年4月1日から令和○7年3月31日まで　　　　(単位：円)

| | 資本金 | 資本剰余金 | | 利益剰余金 | | | | 純資産合計 |
| | | 資本準備金 | 資本剰余金合計 | 利益準備金 | その他利益剰余金 | | 利益剰余金合計 | |
					新築積立金	繰越利益剰余金		
当期首残高	142,000	( )	20,000	( )	( )	250,000	( )	468,000
当期変動額								
剰余金の配当						△27,000	△27,000	△27,000
新築積立金の積立					2,000	△2,000	—	
当期純利益						9,000	9,000	9,000
当期変動額合計	—	—	—	—	2,000	△20,000	△18,000	△18,000
当期末残高	142,000	20,000	( )	( )	( )	230,000	( )	450,000

①

a	利益剰余金合計 ¥	b	固定資産合計 ¥

②

	ア	イ	ウ	エ	オ	カ
	％		％		％	

42-3 三重商事株式会社（決算年/回　3月3/日）の次の資料と比較損益計算書および比較貸借対照表によって，　ア　から　ケ　のなかに入る適当な比率または金額を求めなさい。

資　料

i　発行済株式総数　2,000千株

ii　第8期における純資産の部に関する事項

a.　6月27日　剰余金の配当　/株につき¥30

b.　〃　　　利益準備金の計上　□□□□千円

c./ /月26日　自己株式の取得　82,600千円

d.　3月3/日　当期純利益　327,600千円

iii　財務比率

	第7期	第8期
(1) 当 座 比 率	//2.5%	ア %
(2) 流 動 比 率	イ %	206.0%
(3) 自己資本比率	ウ %	62.5%
(4) 売上高純利益率	3.0%	エ %
(5) 総資本利益率	オ %	/2.6%

(5) 期末の総資本と税引後の当期純利益を用いている。

(6) 売上高成長率(増収益)	/2.0%	カ %

(6) 第6期の売上高　5,000,000千円

(7) 商品回転率	//.2回	/2.0回

(7) 期首と期末の商品有高の平均と売上原価を用いている。ただし，棚卸減耗損と商品評価損は発生していない。

(8) 第7期の期首商品棚卸高　346,000千円

比 較 損 益 計 算 書 （単位：千円）

項　　目	第7期	第8期
売　　上　　高	5,600,000	6,552,000
売　上　原　価	( )	4,830,000
売 上 総 利 益	( )	1,722,000
販売費及び一般管理費	キ	1,202,000
営　業　利　益	( )	520,000
営 業 外 収 益	37,000	34,000
営 業 外 費 用	2/,000	29,000
経　常　利　益	254,000	525,000
特　別　損　失	/4,000	57,000
税引前当期純利益	( )	468,000
法人税, 住民税及び事業税	72,000	( )
当　期　純　利　益	( )	327,600

比 較 貸 借 対 照 表 （単位：千円）

資　　産	第7期	第8期	負債・純資産	第7期	第8期
現 金 預 金	2/8,500	/89,000	支 払 手 形	/84,000	/42,000
受 取 手 形	63,000	82,000	買 掛 金	20/,000	238,000
売 掛 金	/07,000	/3/,000	未払法人税等	35,000	70,000
有 価 証 券	84,000	/02,000	長期借入金	3/0,000	3/0,000
商 品	394,000	ク	退職給付引当金	230,000	2/5,000
前 払 費 用	/5,500	/2,000	資 本 金	/,020,000	/,020,000
建 物	528,000	6/5,000	資本準備金	//0,000	//0,000
土 地	460,000	460,000	利益準備金	64,000	( )
長 期 貸 付 金	324,000	( )	繰越利益剰余金	246,000	ケ
投資有価証券	206,000	223,000	自 己 株 式	—	△82,600
	2,400,000	( )		2,400,000	( )

ア	イ	ウ	エ	オ	カ
%	%	%	%	%	%

キ	ク	ケ
千円	千円	千円

42-4 A社とB社の下記の資料によって，次の各問いに答えなさい。

(1) 次の文の ☐ のなかに入る適当な比率を求めなさい。

【安全性の分析】

A社とB社の債務の支払能力を知るために，流動比率を計算したところ，A社は ア ％で，B社は137.5％であった。次に当座比率を計算すると，A社は85.0％で，B社は イ ％であった。また，自己資本比率は，A社が ウ ％で，B社は40.0％であった。

【収益性の分析】

収益獲得能力を知るために，期末の数値と当期純利益を用いて各比率を計算してみた。すると総資本利益率は，A社が14.4％で，B社は エ ％であった。次に，総資本利益率を売上高純利益率と総資本回転率に分解し計算してみたところ，売上高純利益率は，A社が オ ％で，B社は5.0％であった。また，総資本回転率は，A社が カ 回で，B社は2.6回であった。

【成長性の分析】

成長性を比較するために，売上高成長率（増収率）を計算してみると，A社は25.0％で，B社は キ ％であった。

(2) B社の貸借対照表の短期貸付金（ク）の金額を求めなさい。

資　　　料

i　損益計算書に関する金額（単位：千円）

	前　期	当　　　期			
	売　上　高	期首商品棚卸高	売　上　高	売 上 原 価	当期純利益
A社	24,000	1,480	30,000	21,000	1,800
B社	40,000	1,650	46,800	39,780	2,340

ii　当期の商品回転率

A社　15.0回　　B社　25.5回

商品回転率の計算は，商品有高の平均と売上原価を用いている。なお，棚卸減耗損と商品評価損は発生していない。

iii　当期の貸借対照表

貸　借　対　照　表

A社　　令和○5年3月31日　（単位：千円）

資　　産	金　額	負債・純資産	金　額
現 金 預 金	745	電子記録債務	1,615
電子記録債権	1,360	買　掛　金	2,175
売　掛　金	1,295	未　払　金	940
有 価 証 券	850	未払法人税等	270
商　　　品	1,320	長期借入金	1,870
短期貸付金	180	退職給付引当金	1,380
備　　　品	1,375	資　本　金	2,800
建　　　物	2,840	資本剰余金	795
土　　　地	1,650	利益剰余金	655
投資有価証券	885		
	12,500		12,500

貸　借　対　照　表

B社　　令和○5年3月31日　（単位：千円）

資　　産	金　額	負債・純資産	金　額
現 金 預 金	1,565	電子記録債務	1,425
電子記録債権	1,840	買　掛　金	3,075
売　掛　金	2,180	短期借入金	1,150
有 価 証 券	925	未払法人税等	350
商　　　品	(　　　)	長期借入金	3,100
短期貸付金	(　ク　)	退職給付引当金	1,700
備　　　品	2,290	資　本　金	5,000
建　　　物	4,350	資本剰余金	1,235
土　　　地	3,110	利益剰余金	965
	18,000		18,000

(1)

ア	イ	ウ	エ	オ
％	％	％	％	％

カ	キ
回	％

(2)

千円

43 財務諸表作成の問題

43-1 埼玉産業株式会社の総勘定元帳勘定残高と付記事項および決算整理事項によって，
(1) 報告式の損益計算書を完成しなさい。
(2) 報告式の貸借対照表（負債の部と純資産の部）を完成しなさい。
(3) 貸借対照表に記載する商品の金額を求めなさい。
　　ただし，i　会社計算規則によること。
　　　　　　ii　会計期間は令和○5年4月/日から令和○6年3月3/日までとする。

元帳勘定残高

現　　　金	¥ 872,000	当 座 預 金	¥ 2,3/6,000	受 取 手 形	¥ 2,700,000
売 掛 金	4,280,000	貸倒引当金	/7,000	売買目的有価証券	2,300,000
繰 越 商 品	3,742,000	仮払法人税等	960,000	備　　　品	1,875,000
備品減価償却累計額	375,000	土　　　地	/0,400,000	特 許 権	720,000
その他有価証券	1,/20,000	支 払 手 形	1,648,000	買 掛 金	2,7/4,000
手形借入金	1,800,000	仮 受 金	80,000	長期借入金	2,750,000
退職給付引当金	720,000	資 本 金	/2,/60,000	資本準備金	1,280,000
利益準備金	580,000	新築積立金	860,000	別途積立金	4/2,000
繰越利益剰余金	/24,000	売　　　上	6/,342,000	有価証券利息	76,000
固定資産売却益	252,000	仕　　　入	44,/67,000	給　　　料	7,320,000
発 送 費	6/2,000	広 告 料	1,2/3,000	支 払 家 賃	1,536,000
保 険 料	528,000	租 税 公 課	248,000	雑　　　費	85,000
支 払 利 息	67,000	固定資産除却損	/29,000		

付 記 事 項
① 仮受金¥80,000は，熊谷商店に対する売掛金の回収額であることが判明した。
② 行田商店に対する買掛金¥300,000を期日前に支払い，契約によって2%の割引を受け，割引額を差し引いた金額は小切手を振り出して支払ったが，未記帳であった。

決算整理事項

a. 期末商品棚卸高　　帳簿棚卸数量　8,500個　　原　　　価　@¥640
　　　　　　　　　　実地棚卸数量　8,400〃　　正味売却価額　〃630
　　　　　　　　　　ただし，棚卸減耗損および商品評価損は売上原価の内訳項目とする。

b. 貸倒見積高　　　　受取手形と売掛金の期末残高に対し，それぞれ/%と見積もり，貸倒引当金を設定する。

c. 有価証券評価高　　保有する株式は次のとおりであり，時価によって評価する。

	銘　　　柄	株数	/株の帳簿価額	/株の時価
売買目的有価証券	北商事株式会社	50株	¥46,000	¥43,000
その他有価証券	西商事株式会社	40株	¥28,000	¥30,000

d. 備品減価償却高　　定率法により，毎期の償却率を20%とする。

e. 特許権償却高　　　¥ /20,000

f. 保険料前払高　　　保険料のうち¥420,000は，令和○5年7月/日から/年分の保険料として支払ったものであり，前払高を次期に繰り延べる。

g. 利 息 未 払 高　　¥ 49,000

h. 退職給付引当金繰入額　¥ 240,000

i. 法人税，住民税及び事業税額　¥ /,900,000

(1)

損 益 計 算 書

埼玉産業株式会社　　令和○5年4月/日から令和○6年3月3/日まで　　　　　　（単位：円）

I　売　上　高　　　　　　　　　　　　　　　　　　　　　　　　　　　6/,342,000

II　売　上　原　価

　　1．期首商品棚卸高　　　　　　　　3,742,000

　　2．当期商品仕入高　　　　（　　　　　　　　）

　　　　　　合　　　計　　　　（　　　　　　　　）

　　3．期末商品棚卸高　　　　（　　　　　　　　）

　　　　　　　　　　　　　　　（　　　　　　　　）

　　4．（　　　　　　）　　　（　　　　　　　　）

　　5．（　　　　　　）　　　（　　　　　　　　）　　（　　　　　　　　　）

　　　　　　売 上 総 利 益　　　　　　　　　　　　　　　（　　　　　　　　　）

III　販売費及び一般管理費

　　1．給　　　　　料　　　　　　　　7,320,000

　　2．発　送　費　　　　　（　　　　　　　　）

　　3．広　告　料　　　　　　　　　/,2/3,000

　　4．（　　　　　　）　　　（　　　　　　　　）

　　5．（　　　　　　）　　　（　　　　　　　　）

　　6．（　　　　　　）　　　（　　　　　　　　）

　　7．支 払 家 賃　　　　　　　　　/,536,000

　　8．保　険　料　　　　　（　　　　　　　　）

　　9．租 税 公 課　　　　　　　　　248,000

　10．（　　　　　　）　　　（　　　　　　　　）

　11．（　　　　　　）　　　（　　　　　　　　）　　（　　　　　　　　　）

　　　　　　営 業 利 益　　　　　　　　　　　　　　　　（　　　　　　　　　）

IV　営 業 外 収 益

　　1．有 価 証 券 利 息　　　　　　　76,000

　　2．（　　　　　　）　　　（　　　　　　　　）　　（　　　　　　　　　）

V　営 業 外 費 用

　　1．支 払 利 息　　　　　（　　　　　　　　）

　　2．（　　　　　　）　　　（　　　　　　　　）　　（　　　　　　　　　）

　　　　　　経 常 利 益　　　　　　　　　　　　　　　　（　　　　　　　　　）

VI　特 別 利 益

　　1．固定資産売却益　　　　　　　252,000　　　　　　252,000

VII　特 別 損 失

　　1．固定資産除却損　　　　　　　/29,000　　　　　　/29,000

　　　　　　税引前当期純利益　　　　　　　　　　　　　（　　　　　　　　　）

　　　　　　法人税，住民税
　　　　　　及 び 事 業 税　　　　　　　　　　　　　　（　　　　　　　　　）

　　　　　　当 期 純 利 益　　　　　　　　　　　　　　（　　　　　　　　　）

(2)

貸 借 対 照 表

埼玉産業株式会社　　　　　　令和〇6年3月3/日　　　　　　　（単位：円）

資 産 の 部

資 産 合 計　　　　　　　　　　　　　　　　　　　30,672,000

負 債 の 部

Ⅰ　流 動 負 債

1. 支 払 手 形　　　　　　　　1,648,000
2. 買 掛 金　　　　　　　　　（　　　　　）
3. （　　　　　　）　　　　　　（　　　　　）
4. （　　　　　　）　　　　　　（　　　　　）
5. （　　　　　　）　　　　　　（　　　　　）
　　流 動 負 債 合 計　　　　　　　　　　　　　（　　　　　）

Ⅱ　固 定 負 債

1. 長 期 借 入 金　　　　　　　2,750,000
2. 退職給付引当金　　　　　　（　　　　　）
　　固 定 負 債 合 計　　　　　　　　　　　　　（　　　　　）
　　　負 債 合 計　　　　　　　　　　　　　　　（　　　　　）

純 資 産 の 部

Ⅰ　株 主 資 本

(1) 資 本 金　　　　　　　　　　　　　　　　　12,160,000
(2) 資 本 剰 余 金
　1. 資 本 準 備 金　　　　　　1,280,000
　　資本剰余金合計　　　　　　　　　　　　　　1,280,000
(3) 利 益 剰 余 金
　1. 利 益 準 備 金　　　　　　580,000
　2. その他利益剰余金
　①　新 築 積 立 金　　　　　　860,000
　②　別 途 積 立 金　　　　　　4/2,000
　③　繰越利益剰余金　　　　　（　　　　　）
　　利益剰余金合計　　　　　　　　　　　　　　（　　　　　）
　　株 主 資 本 合 計　　　　　　　　　　　　（　　　　　）

Ⅱ　評価・換算差額等

　1. その他有価証券評価差額金　（　　　　　）
　　評価・換算差額等合計　　　　　　　　　　　（　　　　　）
　　　純 資 産 合 計　　　　　　　　　　　　　（　　　　　）
　　　負債及び純資産合計　　　　　　　　　　　（　　　　　）

(3)　貸借対照表に記載する商品　￥

43-2 東京物産株式会社の総勘定元帳勘定残高と付記事項および決算整理事項によって,
(1) 報告式の貸借対照表を完成しなさい。
(2) 報告式の損益計算書(営業損益計算の区分)を完成しなさい。
(3) 損益計算書に記載する営業外収益の合計額を求めなさい。
　ただし, i　会社計算規則によること。
　　　　 ii　会計期間は令和○4年4月/日から令和○5年3月3/日までとする。

元帳勘定残高

現　　　金	¥ 1,241,000	当座預金	¥ 2,510,000	受取手形	¥ 3,800,000
売　掛　金	4,615,000	貸倒引当金	8,000	売買目的有価証券	3,200,000
繰越商品	4,914,000	仮払法人税等	810,000	備　　　品	3,600,000
備品減価償却累計額	900,000	土　　　地	12,900,000	建設仮勘定	2,000,000
支払手形	2,752,000	買　掛　金	3,905,000	手形借入金	1,620,000
長期借入金	2,000,000	退職給付引当金	1,820,000	資　本　金	15,000,000
資本準備金	1,300,000	利益準備金	470,000	新築積立金	2,285,000
別途積立金	360,000	繰越利益剰余金	241,000	売　　　上	72,748,000
受取配当金	24,000	仕　　　入	53,687,000	給　　　料	6,924,000
発　送　費	827,000	広　告　料	1,290,000	支払家賃	1,896,000
通　信　費	314,000	消耗品費	138,000	保　険　料	348,000
租税公課	231,000	雑　　　費	121,000	支払利息	67,000

付記事項
① 配当金領収証¥24,000を受け取っていたが, 未処理であった。
② 売掛金のうち¥45,000は東西商店に対する前期末のものであり, 同店はすでに倒産しているので, 貸し倒れとして処理する。

決算整理事項
a. 期末商品棚卸高　帳簿棚卸数量 1,250個　原　価 @¥3,800
　　　　　　　　　実地棚卸数量 1,240〃　正味売却価額 〃¥3,750
　　　　　　　　　ただし, 棚卸減耗損および商品評価損は売上原価の内訳項目とする。
b. 外貨建取引の円換算　当社が保有している外貨建取引による売掛金および買掛金について換算替えをおこなう。なお, 取引日の為替レートで円換算しており, 為替予約はおこなっていない。

	取引額	取引日の為替レート	決算日の為替レート
売掛金	10,000ドル	/ドル/05円	/ドル//8円
買掛金	8,000ドル	/ドル/07円	/ドル//8円

c. 貸倒見積高　受取手形と売掛金の期末残高に対し, それぞれ/%と見積もり, 貸倒引当金を設定する。
d. 売買目的有価証券評価高　売買目的で保有する次の株式について, 時価によって評価する。
　　　　南東商事株式会社 40株　時　価 /株 ¥78,000
e. 備品減価償却高　定率法により, 毎期の償却率を25%とする。
f. 保険料前払高　保険料のうち¥324,000は, 令和○4年7月/日から3年分の保険料として支払ったものであり, 前払高を次期に繰り延べる。
g. 利息未払高　¥ 25,000
h. 退職給付引当金繰入高　¥ 490,000
i. 法人税, 住民税及び事業税額　¥1,560,000

(1)

貸 借 対 照 表

東京物産株式会社 　　　　　令和〇5年3月3/日　　　　　　　（単位：円）

資 産 の 部

Ⅰ 流 動 資 産
1. 現 金 預 金 　　　　　　　　　　　（　　　　　　　）
2. 受 取 手 形 　　（　　　　　　　）
　 （　　　　　　　）（　　　　　　　）（　　　　　　　）
3. 売 掛 金 　　　（　　　　　　　）
　 貸 倒 引 当 金 （　　　　　　　）（　　　　　　　）
4. （　　　　　　　）　　　　　　　　（　　　　　　　）
5. （　　　　　　　）　　　　　　　　（　　　　　　　）
6. （　　　　　　　）　　　　　　　　（　　　　　　　）
　 流 動 資 産 合 計 　　　　　　　　　　　　　　　　（　　　　　　　）

Ⅱ 固 定 資 産
(1) 有形固定資産
1. 備 品 　　　　　　　3,600,000
　 減価償却累計額 　（　　　　　　　）（　　　　　　　）
2. 土 地 　　　　　　　12,900,000
3. （　　　　　　　）　　　　　　　　（　　　　　　　）
　 有形固定資産合計 　　　　　　　　（　　　　　　　）
(2) 投資その他の資産
1. （　　　　　　　）　　　　　　　　（　　　　　　　）
　 投資その他の資産合計 　　　　　　（　　　　　　　）
　 固 定 資 産 合 計 　　　　　　　　　　　　　　　（　　　　　　　）
　 　資 産 合 計 　　　　　　　　　　　　　　　　　（　　　　　　　）

負 債 の 部

Ⅰ 流 動 負 債
1. 支 払 手 形 　　　　　　2,752,000
2. 買 掛 金 　　　　　　　（　　　　　　　）
3. （　　　　　　　）　　　　　　　　（　　　　　　　）
4. （　　　　　　　）　　　　　　　　（　　　　　　　）
5. （　　　　　　　）　　　　　　　　（　　　　　　　）
　 流 動 負 債 合 計 　　　　　　　　　　　　　　　（　　　　　　　）

Ⅱ 固 定 負 債
1. （　　　　　　　）　　　　　　　　（　　　　　　　）
2. 退職給付引当金 　　　　　　　　　（　　　　　　　）
　 固 定 負 債 合 計 　　　　　　　　　　　　　　　（　　　　　　　）
　 　負 債 合 計 　　　　　　　　　　　　　　　　　（　　　　　　　）

純 資 産 の 部

Ⅰ 株 主 資 本
(1) 資 本 金 　　　　　　　　　　　　　　　　　　15,000,000
(2) 資 本 剰 余 金
1. （　　　　　　　）　　　　　　　　（　　　　　　　）
　 資本剰余金合計 　　　　　　　　　　　　　　　（　　　　　　　）
(3) 利 益 剰 余 金
1. （　　　　　　　）　　　　　　　　（　　　　　　　）
2. その他利益剰余金
　① 新 築 積 立 金 　　　　　　2,285,000
　② 別 途 積 立 金 　　　　　　　360,000
　③ 繰越利益剰余金 　　　　　　（　　　　　　　）
　 利益剰余金合計 　　　　　　　　　　　　　　　（　　　　　　　）
　 株 主 資 本 合 計 　　　　　　　　　　　　　　（　　　　　　　）
　 　純 資 産 合 計 　　　　　　　　　　　　　　　（　　　　　　　）
　 負債及び純資産合計 　　　　　　　　　　　　　　（　　　　　　　）

(2)

損 益 計 算 書

東京物産株式会社　　令和○4年4月1日から令和○5年3月31日まで　　　　（単位：円）

Ⅰ　売　上　高　　　　　　　　　　　　　　　　　　　　　　　72,748,000
Ⅱ　売　上　原　価
　　1．期首商品棚卸高　　　　　　　　　4,914,000
　　2．当期商品仕入高　　　　　　　　　53,687,000
　　　　　合　　　計　　　　　　　　　　58,601,000
　　3．期末商品棚卸高　　　　　（　　　　　　　　）
　　　　　　　　　　　　　　　（　　　　　　　　）
　　4．（　　　　　　　）　　　（　　　　　　　　）
　　5．（　　　　　　　）　　　（　　　　　　　　）　　　（　　　　　　　　　）
　　　　　売 上 総 利 益　　　　　　　　　　　　　　　　　（　　　　　　　　　）
Ⅲ　販売費及び一般管理費
　　1．給　　　　　料　　　　　　　　　6,924,000
　　2．発　送　費　　　　　　　　　　827,000
　　3．広　告　料　　　　　　　　　1,290,000
　　4．（　　　　　）　　　　　（　　　　　　　　）
　　5．（　　　　　）　　　　　（　　　　　　　　）
　　6．（　　　　　）　　　　　（　　　　　　　　）
　　7．（　　　　　）　　　　　（　　　　　　　　）
　　8．支　払　家　賃　　　　　　　1,896,000
　　9．通　信　費　　　　　　　　　314,000
　　10．消　耗　品　費　　　　　　　138,000
　　11．保　険　料　　　　　　　（　　　　　　　　）
　　12．租　税　公　課　　　　　　　231,000
　　13．（　　　　　）　　　　　（　　　　　　　　）　　　（　　　　　　　　　）
　　　　　営 業 利 益　　　　　　　　　　　　　　　　　　（　　　　　　　　　）

(3)　損益計算書に記載する　　¥
　　営業外収益の合計額

43-3　山梨商事株式会社の総勘定元帳勘定残高と付記事項および決算整理事項によって，
(1)　報告式の貸借対照表を完成しなさい。
(2)　報告式の損益計算書（営業損益計算の区分）を完成しなさい。
(3)　損益計算書に記載する当期純利益を求めなさい。
　　ただし，i　会社計算規則によること。
　　　　　　ii　会計期間は令和○4年4月1日から令和○5年3月31日までとする。

元帳勘定残高

現　　　金	¥814,000	当 座 預 金	¥2,368,000	受 取 手 形	¥2,700,000
売 掛 金	3,500,000	貸倒引当金	11,000	売買目的有価証券	3,240,000
繰 越 商 品	4,650,000	仮払法人税等	850,000	建　　　物	5,200,000
建物減価償却累計額	2,808,000	リース資産	750,000	リース資産減価償却累計額	150,000
その他有価証券	5,720,000	支 払 手 形	1,740,000	買 掛 金	1,504,000
長期借入金	1,860,000	リース債務	450,000	退職給付引当金	726,000
資 本 金	12,000,000	資本準備金	1,300,000	利益準備金	740,000
繰越利益剰余金	237,000	売　　　上	65,128,000	受取配当金	120,000
固定資産売却益	135,000	仕　　　入	51,562,000	給　　　料	4,296,000
発 送 費	572,000	広 告 料	864,000	保 険 料	474,000
租 税 公 課	113,000	支 払 地 代	984,000	水道光熱費	187,000
雑　　　費	27,000	支 払 利 息	38,000		

付 記 事 項

①　リース債務のうち¥150,000は，決算日の翌日から1年以内に支払期限が到来する。

決算整理事項

a．期末商品棚卸高

	帳簿棚卸数量	実地棚卸数量	原　　価	正味売却価額
A　品	2,300袋	2,300袋	@¥1,050	@¥1,000
B　品	3,000〃	2,950〃	〃〃860	〃〃990

　　　　ただし，棚卸減耗損および商品評価損は売上原価の内訳項目とする。

b．貸 倒 見 積 高　　受取手形と売掛金の期末残高に対し，それぞれ1%と見積もり，貸倒引当金を設定する。

c．有価証券評価高　　保有する株式は次のとおりであり，時価によって評価する。

	銘　　柄	株数	1株の帳簿価額	1株の時価
売買目的有価証券	東産業株式会社	4,500株	¥720	¥680
その他有価証券	北運輸株式会社	5,200株	¥1,100	¥1,140

d．減 価 償 却 高　　建　　物：取得原価¥5,200,000　残存価額は取得原価の10%　耐用年数は40年とし，定額法により計算している。
　　　　　　　　　　リース資産：見積現金購入価額¥750,000　残存価額は零（0）　耐用年数は5年とし，定額法により計算している。

e．保険料前払高　　保険料のうち¥384,000は，令和○4年9月1日から2年分の保険料として支払ったものであり，前払高を次期に繰り延べる。

f．利 息 未 払 高　　¥18,000

g．退職給付引当金繰入高　　¥270,000

h．法人税，住民税及び事業税額　　¥1,780,000

(1)

貸　借　対　照　表

山梨商事株式会社　　　　　令和○5年3月3/日　　　　　　　（単位：円）

資　産　の　部

I　流　動　資　産
1. 現　金　預　金　　　　　　　　　　　　　　（　　　　　）
2. 受　取　手　形　　　（　　　　　）
　　　　貸　倒　引　当　金　（　　　　　）　　（　　　　　）
3. 売　　掛　　金　　　（　　　　　）
　　　　貸　倒　引　当　金　（　　　　　）　　（　　　　　）
4.（　　　　　　）　　　　　　　　　　　　　（　　　　　）
5.（　　　　　　）　　　　　　　　　　　　　（　　　　　）
6.（　　　　　　）　　　　　　　　　　　　　（　　　　　）
　　　　流　動　資　産　合　計　　　　　　　　　　　　　（　　　　　）

II　固　定　資　産
(1) 有形固定資産
1. 建　　　　　物　　　　　5,200,000
　　　　減価償却累計額　　（　　　　　）　　（　　　　　）
2. リ　ー　ス　資　産　　（　　　　　）
　　　　減価償却累計額　　（　　　　　）　　（　　　　　）
　　　　有形固定資産合計　　　　　　　　　　（　　　　　）
(2) 投資その他の資産
1.（　　　　　　）　　　　　　　　　　　　　（　　　　　）
2.（　　　　　　）　　　　　　　　　　　　　（　　　　　）
　　　　投資その他の資産合計　　　　　　　　（　　　　　）
　　　　固　定　資　産　合　計　　　　　　　　　　　　（　　　　　）
　　　　　資　産　合　計　　　　　　　　　　　　　　　（　　　　　）

負　債　の　部

I　流　動　負　債
1. 支　払　手　形　　　　　　　　　　　1,740,000
2. 買　　掛　　金　　　　　　　　　　　1,504,000
3. リ　ー　ス　債　務　　　　　　　　　（　　　　　）
4.（　　　　　　）　　　　　　　　　　　（　　　　　）
5.（　　　　　　）　　　　　　　　　　　（　　　　　）
　　　　流　動　負　債　合　計　　　　　　　　　　　　（　　　　　）

II　固　定　負　債
1.（　　　　　　）　　　　　　　　　　　（　　　　　）
2. リ　ー　ス　債　務　　　　　　　　　（　　　　　）
3. 退職給付引当金
　　　　固　定　負　債　合　計　　　　　　　　　　　　（　　　　　）
　　　　　負　債　合　計　　　　　　　　　　　　　　　（　　　　　）

純　資　産　の　部

I　株　主　資　本
(1) 資　　本　　金　　　　　　　　　　　　　　　　12,000,000
(2) 資　本　剰　余　金
1.（　　　　　　）　　　　　　　　　　　（　　　　　）
　　　　資本剰余金合計　　　　　　　　　　　　　　　（　　　　　）
(3) 利　益　剰　余　金
1.（　　　　　　）　　　　　　　　　　　（　　　　　）
2. その他利益剰余金
① 繰越利益剰余金　　　　　　　　　　（　　　　　）
　　　　利益剰余金合計　　　　　　　　　　　　　　　（　　　　　）
　　　　株　主　資　本　合　計　　　　　　　　　　　（　　　　　）

II　評価・換算差額等
1. その他有価証券評価差額金　　　　　　（　　　　　）
　　　　評価・換算差額等合計　　　　　　　　　　　　（　　　　　）
　　　　　純　資　産　合　計　　　　　　　　　　　　（　　　　　）
　　　　負債及び純資産合計　　　　　　　　　　　　　（　　　　　）

(2)

損　益　計　算　書

山梨商事株式会社　　　令和○4年4月/日から令和○5年3月3/日まで　　　　　　（単位：円）

Ⅰ　売　上　高			65,128,000
Ⅱ　売　上　原　価			
1．期首商品棚卸高	4,650,000		
2．当期商品仕入高	51,562,000		
合　　　計	56,212,000		
3．期末商品棚卸高	（　　　　　）		
	（　　　　　）		
4．（　　　　　）	（　　　　　）		
5．（　　　　　）	（　　　　　）	（　　　　　）	
売　上　総　利　益		（　　　　　）	
Ⅲ　販売費及び一般管理費			
1．給　　　料	4,296,000		
2．発　送　費	572,000		
3．広　告　料	864,000		
4．（　　　　　）	（　　　　　）		
5．（　　　　　）	（　　　　　）		
6．（　　　　　）	（　　　　　）		
7．保　険　料	（　　　　　）		
8．租　税　公　課	113,000		
9．支　払　地　代	984,000		
10．水　道　光　熱　費	187,000		
11．（　　　　　）	（　　　　　）	（　　　　　）	
営　業　利　益		（　　　　　）	

(3)

損益計算書に記載する 当　期　純　利　益	¥

43-4 千葉商事株式会社の純資産の部に関する事項と総勘定元帳勘定残高および決算整理事項によって，

(1) 報告式の損益計算書を完成しなさい。

(2) 株主資本等変動計算書を完成しなさい。

(3) 貸借対照表に記載する流動負債合計の金額を求めなさい。

ただし， i 会社計算規則によること。

　　　　 ii 会計期間は令和○6年4月1日から令和○7年3月31日までとする。

純資産の部に関する事項

令和○6年6月27日　定時株主総会において，次のとおり繰越利益剰余金を配当および処分することを決議した。

　　　　　　　　配　当　金　¥2,100,000　　　利益準備金　会社法による額
　　　　　　　　別途積立金　¥　60,000

元帳勘定残高

現　　　金	¥ 584,000	当座預金	¥ 3,976,000	受取手形	¥ 2,750,000
売　掛　金	3,650,000	貸倒引当金	11,000	売買目的有価証券	1,470,000
繰越商品	892,000	仮払法人税等	540,000	建　　物	7,600,000
建物減価償却累計額	912,000	備　　品	3,250,000	備品減価償却累計額	1,170,000
土　　地	8,342,000	その他有価証券	1,400,000	支払手形	1,930,000
買　掛　金	2,370,000	手形借入金	600,000	短期借入金	450,000
長期借入金	2,700,000	退職給付引当金	1,625,000	資　本　金	13,500,000
資本準備金	1,900,000	利益準備金	770,000	別途積立金	890,000
繰越利益剰余金	711,000	売　　上	54,204,000	受取地代	420,000
受取配当金	49,000	固定資産売却益	184,000	仕　　入	38,715,000
給　　料	7,440,000	発　送　費	413,000	広　告　料	1,237,000
通　信　費	681,000	消耗品費	278,000	保　険　料	456,000
租税公課	298,000	雑　　費	173,000	支払利息	87,000
固定資産除却損	164,000				

決算整理事項

a．期末商品棚卸高

	帳簿棚卸数量	実地棚卸数量	原　価	正味売却価額
A 品	1,500個	1,460個	@¥400	@¥560
B 品	1,180〃	1,180〃	〃〃300	〃〃250

　ただし，棚卸減耗損および商品評価損は売上原価の内訳項目とする。

b．貸倒見積高　受取手形と売掛金の期末残高に対し，それぞれ1％と見積もり，貸倒引当金を設定する。

c．有価証券評価高　保有する株式は次のとおりである。

	銘　柄	株数	1株の時価
売買目的有価証券	東商事株式会社	350株	¥4,500
その他有価証券	南商事株式会社	400株	¥3,800

d．減価償却高　建物：取得原価¥7,600,000　残存価額は零（0）　耐用年数は50年とし，定額法による。

　　　　　　　備品：取得原価¥3,250,000　毎期の償却率を20％とし，定率法により計算している。

e．保険料前払高　保険料のうち¥336,000は，令和○6年8月1日から1年分の保険料として支払ったものであり，前払高を次期に繰り延べる。

f．利息未払高　¥　9,000

g．退職給付引当金繰入高　¥ 813,000

h．法人税，住民税及び事業税額　¥1,031,000

(1)

損 益 計 算 書

千葉商事株式会社　　　令和○6年4月/日から令和○7年3月3/日まで　　　　　　（単位：円）

Ⅰ	売　上　高		54,204,000
Ⅱ	売　上　原　価		
	1．期首商品棚卸高	892,000	
	2．当期商品仕入高	(　　　　　　)	
	合　　計	(　　　　　　)	
	3．期末商品棚卸高	(　　　　　　)	
		(　　　　　　)	
	4．(　　　　　)	(　　　　　　)	
	5．(　　　　　)	(　　　　　　)	(　　　　　　)
	売 上 総 利 益		(　　　　　　)
Ⅲ	販売費及び一般管理費		
	1．給　　　料	7,440,000	
	2．発　送　費	(　　　　　　)	
	3．広　告　料	1,237,000	
	4．(　　　　　)	(　　　　　　)	
	5．(　　　　　)	(　　　　　　)	
	6．通　信　費	681,000	
	7．消　耗　品　費	278,000	
	8．(　　　　　)	(　　　　　　)	
	9．保　険　料	(　　　　　　)	
	10．租　税　公　課	298,000	
	11．(　　　　　)	(　　　　　　)	(　　　　　　)
	営 業 利 益		(　　　　　　)
Ⅳ	営 業 外 収 益		
	1．受　取　地　代	420,000	
	2．受 取 配 当 金	(　　　　　　)	
	3．(　　　　　)	(　　　　　　)	(　　　　　　)
Ⅴ	営 業 外 費 用		
	1．(　　　　　)	(　　　　　　)	(　　　　　　)
	経 常 利 益		(　　　　　　)
Ⅵ	特 別 利 益		
	1．(　　　　　)	(　　　　　　)	(　　　　　　)
Ⅶ	特 別 損 失		
	1．(　　　　　)	(　　　　　　)	(　　　　　　)
	税引前当期純利益		(　　　　　　)
	法人税, 住民税及 び 事 業 税		(　　　　　　)
	当 期 純 利 益		(　　　　　　)

(2)

株 主 資 本 等 変 動 計 算 書

千葉商事株式会社　　令和○6年4月/日から令和○7年3月3/日まで　　　　　（単位：円）

	株 主 資 本							
	資 本 金	資本剰余金		利益剰余金				株主資本合　　計
		資本準備金	資本剰余金合計	利益準備金	その他利益剰余金		利益剰余金合計	
					別途積立金	繰越利益剰余金		
当 期 首 残 高	13,500,000	1,900,000	1,900,000	560,000	830,000	3,081,000	4,471,000	19,871,000
当 期 変 動 額								
剰余金の配当				(　　　　)		(　　　　)	△2,100,000	△2,100,000
別途積立金の積立					60,000	△60,000	—	—
当 期 純 利 益						(　　　　)	(　　　　)	(　　　　)
株主資本以外（純額）								
当期変動額合計	—	—	—	(　　　　)	(　　　　)	(　　　　)	(　　　　)	(　　　　)
当 期 末 残 高	13,500,000	1,900,000	1,900,000	770,000	890,000	(　　　　)	(　　　　)	(　　　　)

下段へ続く

上段より続く

	評価・換算差額等		純資産合計
	その他有価証券評価差額金	評価・換算差額等合計	
当 期 首 残 高	—	—	19,871,000
当 期 変 動 額			
剰余金の配当			△2,100,000
別途積立金の積立			—
当 期 純 利 益			(　　　　)
株主資本以外（純額）	(　　　　)	(　　　　)	(　　　　)
当期変動額合計	(　　　　)	(　　　　)	(　　　　)
当 期 末 残 高	(　　　　)	(　　　　)	20,536,000

(3)

貸借対照表に記載する 流 動 負 債 合 計	￥

公益財団法人全国商業高等学校協会主催　**簿記実務検定試験規則**　（平成27年2月改正）

第1条　公益財団法人全国商業高等学校協会は，簿記実務の能力を検定する。

第2条　検定は筆記試験によって行う。

第3条　検定は第1級，第2級および第3級の3種とする。

第4条　検定試験は全国一斉に同一問題で実施する。

第5条　検定試験は年2回実施する。

第6条　検定の各級は次のように定める。

第1級　会計（商業簿記を含む）・原価計算

第2級　商業簿記

第3級　商業簿記

第7条　検定に合格するためには各級とも70点以上の成績を得なければならない。ただし，第1級にあっては，各科目とも70点以上であることを要する。

第8条　検定に合格した者には合格証書を授与する。

第1級にあっては，会計・原価計算のうち1科目が70点以上の成績を得たときは，その科目の合格証書を授与する。

前項の科目合格証書を有する者が，取得してから4回以内の検定において，第1級に不足の科目について70点以上の成績を得たときは，第1級合格と認め，合格証書を授与する。

第9条　省　略

第10条　検定試験受験志願者は所定の受験願書に受験料を添えて本協会に提出しなければならない。

第11条　試験委員は高等学校その他の関係職員がこれに当たる。

施　行　細　則　（平成27年2月改正）

第1条　受験票は本協会で交付する。受験票は試験当日持参しなければならない。

第2条　試験規則第5条による試験日は，毎年1月・6月の第4日曜日とする。

第3条　検定の第1級の各科目および第2・3級の配点は各100点満点とし，制限時間は各1時間30分とする。

第1級にあっては，会計・原価計算のうち，いずれか一方の科目を受験することができる。

第4条　試験問題の範囲および答案の記入については別に定めるところによる。

第5条　受験料は次のように定める。（消費税を含む）

第1級　1科目につき　1,300円

第2級　　　　　　　1,300円

第3級　　　　　　　1,300円

第6条　試験会場では試験委員の指示に従わなければならない。

第7条　合格発表は試験施行後1か月以内に行う。その日時は試験当日までに発表する。

答 案 の 記 入 に つ い て　（昭和26年6月制定）

1. 答案はインクまたは鉛筆を用いて記載すること。けしゴムを用いてさしつかえない。

2. 朱記すべきところは赤インクまたは赤鉛筆を用いること。ただし線は黒でもよい。

出 題 の 範 囲 に つ い て　（令和5年3月改正）

この検定試験は，文部科学省高等学校学習指導要領に定める内容によっておこなう。

Ⅰ　各級の出題範囲

各級の出題範囲は次のとおりである。ただし，2級の範囲は3級の範囲を含み，1級の範囲は2・3級の範囲を含む。

内　　容	3　級	2　級	1　級　（会計）
(1)簿記の原理	ア．簿記の概要 　資産・負債・純資産・収益・費用 　貸借対照表・損益計算書 イ．簿記の一巡の手続 　取引・仕訳・勘定 　仕訳帳・総勘定元帳 　試算表 ウ．会計帳簿 　主要簿と補助簿 　現金出納帳・小口現金出納帳・当座預金出納帳・仕入帳・売上帳・商品有高帳（先入先出法・移動平均法）・売掛金元帳・買掛金元帳	受取手形記入帳 支払手形記入帳	(総平均法)
(2)取引の記帳	ア．現金預金 イ．商品売買 ウ．掛け取引	現金過不足の処理 当座借越契約 エ．手形 　手形の受取・振出・決済・裏書・割引・書換・不渡 　手形による貸付及び借入 　営業外取引による手形処理 オ．有価証券 　売買を目的とした有価証券	銀行勘定調整表の作成 予約販売 サービス業会計 工事契約 契約資産・契約負債 満期保有目的の債券・他企業支配目的株式・その他有価証券・有価証券における利息

内　容	3　級	2　級	1　級（会計）
	カ．その他の債権・債務 キ．固定資産 　取得 ク．販売費と一般管理費 ケ．個人企業の純資産	クレジット取引 電子記録債権・債務 売却 追加元入れ・引き出し コ．税金 所得税・住民税・固定資産税・事業 税・印紙税・消費税・法人税 サ．株式会社会計 設立・新株の発行・当期純損益の計 上・剰余金の配当と処分	除却・建設仮勘定・無形固定資産 リース会計（借り手の処理） 課税所得の計算 税効果会計に関する会計処理 合併・資本金の増加・資本金の減 少・任意積立金の取り崩し・自己株 式の取得・処分・消却 新株予約権の発行と権利行使 シ．外貨建換算会計
(3)決　　　算	ア．決算整理 　商品に関する勘定の整理 　貸倒れの見積もり 　固定資産の減価償却（定額法） 　　　　　　　　　　　（直接法） イ．精算表 ウ．財務諸表 　損益計算書（勘定式） 　貸借対照表（勘定式）	 （定率法） （間接法） 有価証券の評価 収益・費用の繰り延べと見越し 消耗品の処理	商品評価損・棚卸減耗損 （生産高比例法） 税効果会計を含む処理 退職給付引当金 リース取引における利息の計算 外貨建金銭債権の評価 （報告式） （報告式） 株主資本等変動計算書
(4)本支店会計		ア．本店・支店間取引 　支店相互間の取引 イ．財務諸表の合併	
(5)記帳の効率化	ア．伝票の利用 　入金伝票・出金伝票・振替伝票の起 　票 イ．会計ソフトウェアの活用	伝票の集計と転記	
(6)財務会計の概要			ア．企業会計と財務会計の目的 イ．会計法規と会計基準 ウ．財務諸表の種類
(7)資産,負債,純資産			ア．資産，負債の分類，評価基準 イ．資産，負債の評価法
(8)収益，費用			ア．損益計算の基準 イ．営業損益 ウ．営業外損益 エ．特別損益
(9)財務諸表 　分析の基礎			ア．財務諸表の意義・方法 イ．収益性，成長性，安全性の分析 ウ．連結財務諸表の目的，種類，有用性

内　容	1　　　級（原価計算）
(1)原価と原価計算	ア．原価の概念と原価計算 イ．製造業における簿記の特色と仕組み
(2)費目別計算	ア．材料費の計算と記帳 イ．労務費の計算と記帳 ウ．経費の計算と記帳
(3)部門別計算と製品別計算	ア．個別原価計算と製造間接費の計算 　　　（製造間接費差異の原因別分析（公式法変動予算）を含む） イ．部門別個別原価計算 　　　（補助部門費の配賦は，直接配賦法・相互配賦法による） ウ．総合原価計算 　　　（月末仕掛品原価の計算は，平均法・先入先出法による） 　　　（仕損と減損の処理を含む）
(4)内部会計	ア．製品の完成と販売 イ．工場会計の独立 ウ．製造業の決算
(5)標準原価計算	ア．標準原価計算の目的と手続き 　　　（シングルプラン及びパーシャルプランによる記帳を含む） イ．原価差異の原因別分析 ウ．損益計算書の作成
(6)直接原価計算	ア．直接原価計算の目的 イ．損益計算書の作成 ウ．短期利益計画

II　各級の勘定科目（第97回より適用）

勘定科目のおもなものを級別に示すと，次のとおりである。

ただし，同一の内容を表せば，教科書に用いられている別の名称の科目を用いてもさしつかえない。

3　級

——ア行——
受取地代　勘定
受取手数料　〃
受取家賃　〃
受取利息　〃
売上　〃
売掛金　〃

——カ行——
買掛金　勘定
貸倒損失　〃
貸倒引当金　〃
貸倒引当金繰入　〃
貸付金　〃
借入金　〃
仮受金　〃

仮払金　勘定
給料　〃
繰越商品　〃
減価償却費　〃
現金　〃
広告料　〃
交通費　〃
小口現金　〃

——サ行——
雑費　勘定
仕入　〃
支払地代　〃
支払手数料　〃
支払家賃　〃
支払利息　〃

資本金　勘定
車両運搬具　〃
従業員預り金　〃
従業員立替金　〃
商品売買益　〃
商品売買損　〃
消耗品　〃
所得税預り金　〃
水道光熱費　〃
損益　〃

——タ行——
建物　勘定
通信費　〃
定期預金　〃

当座預金　勘定
土地　〃

——ハ行——
発送費　勘定
備品　〃
普通預金　〃
保険料　〃

——マ行——
前受金　勘定
前払金　〃
未収入金　〃
未払金　〃

——ラ行——
旅費　勘定

2　級

——ア行——
印紙税　勘定
受取商品券　〃
受取手形　〃
営業外受取手形　〃
営業外支払手形　〃

——カ行——
開業費　勘定
株式交付費　〃
仮受消費税　〃
仮払法人税等　〃
仮払消費税　〃
繰越利益剰余金　〃
クレジット売掛金　〃
現金過不足　〃
固定資産税　〃
固定資産売却益　〃
固定資産売却損

——サ行——
雑益　勘定
雑損　〃
事業税　〃
支店　〃
支払手形　〃
資本準備金　〃
社会保険料預り金　〃
車両運搬具減価償却累計額　〃
修繕費　〃
消耗品　〃
新築積立金　〃
創立費　〃
租税公課　〃

——タ行——
建物減価償却累計額　勘定
貯蔵品　〃
手形貸付金　〃

手形借入金　勘定
手形売却損　〃
電子記録債権　〃
電子記録債務　〃
電子記録債権売却損　〃
当座借越　〃

配当平均積立金　勘定
引出金　〃
備品減価償却累計額　〃
不渡手形　〃
別途積立金　〃
法人税等　〃
法定福利費　〃
本店　〃

——マ行——
未払消費税　勘定
未払税金　〃

未払配当金　勘定
未払法人税等　〃

——ヤ行——
有価証券　勘定
有価証券売却益　〃
有価証券売却損　〃
有価証券評価益　〃
有価証券評価損　〃

——ラ行——
利益準備金　勘定

ほかに
前払費用に関する勘定
前受収益に関する　〃
未払費用に関する　〃
未収収益に関する　〃

1　級（会　計）

——ア行——
受取配当金　勘定
役務原価　〃
役務収益　〃

——カ行——
開発費　勘定
火災損失　〃
為替差損益　〃
関連会社株式　〃
関連会社株式評価損　〃
機械装置　〃
機械装置減価償却累計額　〃
繰延税金資産　〃
繰延税金負債　〃
契約資産　〃
契約負債　〃
研究開発費　〃
建設仮勘定　〃

鉱業権　勘定
鉱業権償却　〃
工事収益　〃
工事原価　〃
構築物　〃
構築物減価償却累計額　〃
子会社株式　〃
子会社株式評価損　〃
固定資産除却損　〃

——サ行——
災害損失　勘定
仕入割引　〃
仕掛品　〃
自己株式　〃
支払リース料　〃
商品評価損　〃
新株予約権　〃
新株予約権戻入益　〃

その他資本剰余金　勘定
その他有価証券　〃
その他有価証券評価差額金　〃
ソフトウェア　〃
ソフトウェア仮勘定　〃
ソフトウェア償却　〃

——タ行——
退職給付引当金　勘定
退職給付費用　〃
棚卸減耗損　〃
投資有価証券売却益　〃
投資有価証券売却損　〃
特許権　〃
特許権償却　〃

——ナ行——
のれん　勘定
のれん償却　〃

——ハ行——
売買目的有価証券　勘定
法人税等調整額　〃
保険差益　〃
保証債務　〃
保証債務取崩益　〃
保証債務費用　〃
保証債務見返　〃

——マ行——
満期保有目的債券　勘定
未決算　〃

——ヤ行——
有価証券利息　勘定

——ラ行——
リース資産　勘定
リース資産減価償却累計額　〃
リース債務　〃

1　級（原価計算）

——ア行——
売上原価　勘定

——カ行——
買入部品　勘定
外注加工賃　〃
ガス代　〃
機械装置　〃
機械装置減価償却累計額　〃
組間接費　〃
月次損益　〃
健康保険料　〃
健康保険料預り金　〃
工具器具備品　〃
工具器具備品減価償却累計額　〃
工場　〃
工場消耗品費　〃
厚生費　〃

——サ行——
材料消費価格差異　勘定
材料消費数量差異　〃
作業くず　〃
作業時間差異　〃
雑給　〃
仕掛品に関する勘定
仕掛品　勘定
×組仕掛品　〃
××工程仕掛品　〃
仕損費　〃
仕損品　〃
修繕料　〃
従業員賞与手当　〃
消費材料　〃
消費賃金　〃
消耗工具器具備品　〃
水道料　〃

製造間接費　勘定
製造間接費配賦差異　〃
製造部門に関する勘定
××製造部門費　勘定
製造部門費配賦差異　〃
製品に関する勘定
製品　勘定
×級製品　〃
×組製品　〃
操業度差異　〃
素材　〃

——タ行——
退職給付費用　勘定
棚卸減耗損　〃
賃金　〃
賃金給料　〃
賃率差異　〃
電力料　〃

特許権使用料　勘定

——ナ行——
年次損益　勘定
燃料　〃
能率差異　〃

——ハ行——
半製品に関する勘定
××工程半製品　勘定
販売費及び一般管理費　〃
副産物　〃
部門共通費　〃
補助部門に関する勘定
××部門費　勘定
本社　〃

——ヤ行——
予算差異　勘定

英語表記一覧表

英数	
1年基準	One-year rule

あ	
移動平均法	moving average method
売上原価	cost of goods sold
売上総利益	gross profit on sales
売上高	sales
売上割引	sales discount
営業外収益	non-operating revenues
営業外費用	non-operating expenses
営業循環基準	Operating cycle rule
（正常営業循環基準）	（normal operating cycle rule）
営業損失	operating loss
営業利益	operating profit
親会社	parent company

か	
会計	accounting
会計期間	accounting period
会計公準	accounting postulates
会計責任	accountability
株主資本	shareholders' equity
株主資本等変動計算書	statement of changes in shareholders' equity
管理会計	management accounting
企業会計基準委員会	ASBJ；Accounting Standards Board of Japan
継続企業	going concern
減価償却	depreciation
現金主義	cash basis
子会社	subsidiary company
国際会計基準	IAS
国際会計基準委員会	IASC
国際会計基準審議会	IASB
国際財務報告基準	IFRS
固定資産	fixed assets
固定負債	fixed liabilities

さ	
財務会計	financial accounting
財務諸表	financial statements
先入先出法	first-in first-out method；FIFO
仕入割引	purchase discount
自己資本利益率	ROE；Return on Equity
資産	assets
実現主義	realization principle
支払利息	interest expense
資本金	stated capital
資本剰余金	capital surplus
収益	revenues
純資産	net assets
証券監督者国際機構	IOSCO
総資産利益率	ROA：Return On Assets
総平均法	weighted average method
損益計算書	profit and loss statement；P/L income statement；I/S

た	
貸借対照表	balance sheet；B/S statement of financial position
棚卸資産	inventories
ディスクロージャー	disclosure
当期純利益	net income
当座資産	quick assets
投資家	investors

な	
のれん	goodwill

は	
発生主義	accrual basis
販売費及び一般管理費	selling and administrative expenses
引当金	allowance（評価性引当金） provisions（負債性引当金）
非支配株主持分	non-controlling interests
費用	expenses
負債	liabilities
法人税等	corporate income taxes

ま	
無形固定資産	intangible fixed assets

や	
有形固定資産	tangible fixed assets property, plant and equipment

ら	
利益剰余金	earned surplus retained earnings
流動資産	current assets
流動負債	current liabilities
連結財務諸表	consolidated financial statements
連結損益計算書	consolidated profit and loss statement
連結貸借対照表	consolidated balance sheet

表紙デザイン
本文基本デザイン
エッジ・デザインオフィス

反復式　会計問題集　全商 1 級会計

●編　者──実教出版編修部

●発行者──小田　良次

●印刷所──株式会社広済堂ネクスト

●発行所──実教出版株式会社

〒102-8377
東京都千代田区五番町 5
電話〈営業〉(03) 3238-7777
　　〈編修〉(03) 3238-7332
　　〈総務〉(03) 3238-7700
https://www.jikkyo.co.jp/

002402023　　　　　　　　ISBN　978-4-407-35727-1